困學紀聞

四部備要

子部

中華書局據通行本校刊

桐鄉　陸費逵　總勘
杭縣　高時顯　吳汝霖　輯校
杭縣　丁輔之　監造

周易字數
乾惕震恐
修辭立誠
上下繫終以
月幾望
文辭今古異
稱

困學紀聞注卷一

餘姚翁元圻載青輯

易〔元圻案〕〔宋鄭畊老曰〕周易二萬四千二百七字〔晁氏讀書附志曰〕石經周易十卷經註六萬六千八百四十四字

危者使平。易者使傾。易之道也。處憂患而求安平者。其惟危懼乎。故乾以惕无咎。震以恐致福。〔元圻案〕震以恐致福乃宋張魏公紫巖易傳語見泰九三象辭　唐開元初禮部侍郎張廷珪上疏曰臣聞古有多難興王殷憂啓聖者皆以事危則志銳情迫則思深故能自下登高轉禍爲福云云其知易者乎

修辭立其誠。修其內則爲誠。修其外則爲巧言。易以辭爲重。上繫終於默而成之。養其誠也。下繫終於六辭。驗其誠不誠也。辭非止言語。今之文古所謂辭也。〔三箋〕全云易以辭爲重語意微有病○〔元圻案〕〔宋呂成公東萊易說曰〕辭之所發貴乎誠敬修於外而不信於內此乃巧言令色〔宋朱氏震漢上易傳曰〕上繫終於默而成之不言而信下繫終於六辭語默一也〔朱子答鞏豐曰〕修辭豈作文之謂哉設若盡如文言之本旨則猶恐此事在忠信進德之後而未可以遽及若如或者詩賦之所詠歎則恐其於乾乾夕惕之意又益遠而不相似也厚齋今文古辭之語似與朱子意未合〔魏鶴山師友雅言〕迂叟有言今人所謂文古人所謂辭也古之所謂文觀乎天文以察時變觀乎人文以化成天下豈詞章之謂哉厚齋語實本於溫公

易防未然履霜堅冰邵子言剝復姤夬

潛龍不見括囊无咎

貞固爲元之本

履霜戒於未然。月幾望戒於將然。易貴未然之防。至於幾則危矣。〔元圻案〕〔邵子觀物外篇下〕復次剝明治生於亂乎姤次夬明亂生於治乎時哉時哉未有剝而不復未有姤而不夬者也防乎其防邦家之光子孫其昌是以聖人貴未然之防是謂易之大綱〔司馬溫公易說曰〕履霜堅冰君子攘惡於未芽杜禍於未萌〔楊龜山易說曰〕月遡日以爲明者也望則與日敵故幾望則不可過

潛龍以不見成德。管寧所以箴邴原也。全身以待時。杜襲所以戒繁欽也。易曰。括囊无咎无譽。〔元圻案〕〔三國志魏管寧傳注〕傅子曰邴原性剛直清議以格物寧謂原曰潛龍以不見成德言非其時皆招禍之道也〔又杜襲傳〕襲避亂荊州劉表待以賓禮同郡繁欽數見奇於表襲喻之曰吾所以與子俱來者徒欲龍蟠幽藪待時鳳翔豈謂劉牧當爲撥亂之主而規長者委身哉子見能不已非吾徒也吾其與子絕矣〔呂成公史說曰〕處危亂之際正不可露圭角邴原於干戈擾攘之區乃一一欲以清議格之自然招禍此不知與時消息之理坤之六四括囊无咎无譽六四處危疑之地與六五無相得之義正當如囊之括其口更無一毫露出若有分毫露出只是招怨

貞者元之本。周公曰。冬日之閉凍也不固。則春夏之長草木也不茂。原注見韓非解老可以發明貞固之說。〔元圻案〕〔宋真西山大學衍義曰〕闔者闢之基貞者元之本〔四庫全書目錄子部法家類〕韓子二十卷周韓非撰凡五十五篇其注不知何人作

潛龍閉關義
堅冰女壯義
乾坤爲大父母卦
姤復小父母
終日乾乾
夕惕若厲句讀
以陰陽言日夕

乾初九。復也。潛龍勿用。卽閉關之義。坤初六。姤也。履霜堅冰至。卽女壯之戒。〔元圻案〕〔唐李鼎祚周易集解乾初九注〕干寶曰陽在初九十一月之時自復來也又坤初六注干寶曰陰氣在初五月之時自姤來也〔宋沈括夢溪筆談曰〕江南人鄭夬爲一書談易其間一說曰乾坤大父母也姤復小父母也〔邵子八卦正位圖曰〕乾坤大父母也故能生八卦姤復小父母也故能生六十四卦

淮南人間訓云。易曰。潛龍勿用者。言時之不可以行也。故君子終日乾乾。夕惕若厲无咎。終日乾乾。以陽動也。夕惕若厲。以陰息也。因日以動。因夜以息。惟有道者能行之。〔案人間訓云〕今霜降而樹穀冰泮而求穫欲其食則難矣易曰潛龍勿用云云以陰陽言日夕。易說所未及。〔閻按〕君子終日乾乾爲句夕惕若爲句厲无咎爲句證以下文言雖危无咎益驗句讀斷宜如此不意淮南子誤讀厲聯上至王輔嗣猶然今朱子本義正之〔何云〕以惕爲息最爲淺陋先儒所以不之取宏辭人說經徒欲誇多鬭靡耳〔全云〕據首條云乾以惕无咎震以恐致福亦非以惕爲息者特有取其陰陽日夕之說耳〔又云〕漢人皆以厲字連上無異讀者如張竦班固張衡文不一而足是必田何以來句法如此不止淮南也但朱子更定於義爲協〔方樸山云〕書有怵惕惟厲之句從厲字絕亦有說○〔元圻案〕〔王弼注曰〕終日乾乾至於夕惕猶若厲也〔孔穎達正義曰〕夕惕曰謂至向夕之時猶懷憂惕此卦九三所居之處實有危厲〔又文言云〕雖危无咎是實有危也據其上下文勢若字宜爲語辭諸儒並以若爲如如似有厲是實無厲也理恐未然蓋唐人已疑之矣〔欽定四庫全

亢龍潛龍

勿用義賈干不同

書總目子部雜家類）淮南子二十一卷漢淮南王劉安撰〔漢書藝文志雜家〕淮南內二十一篇外三十三篇〔師古注曰〕內篇論道外篇雜說今所存者二十一篇蓋內篇也

蔡澤謂易曰亢龍有悔。此言上而不能下信而不能詘往而不能自反者也。亦善言易矣。澤相秦數月而歸相印。非苟知之。賈誼書〔容經篇〕云亢龍往而不能反。故易曰有悔。潛龍入而不能出。故易曰勿用。龍之神也。其惟蜚龍乎。案下文云能與細細能與巨巨能與高高能與下下吾故曰龍變無常能幽能章〇〔全云〕蔡澤安知易澤以傾危之口乘范雎之急而奪之位是其進不以正也居位無所建白是其存不以正也不過巧於自全未久即歸相印耳夷攷澤之生平蓋以蘇張之術始以黃老之術終然於蘇張則已黠於黃老則尚粗〔又云〕賈生潛龍入而不能出之說非也潛蓋其時爲之〇〔元圻案〕〔史記蔡澤列傳〕澤說范雎引易曰亢龍有悔云云應侯因謝病免相昭王新悅蔡澤計畫遂拜爲秦相東收周室澤相秦數月人或惡之懼誅乃謝病歸相印號爲綱成君〔漢書藝文志儒家〕賈誼五十八篇〔四庫全書總目子部儒家類〕新書十卷漢賈誼撰〔崇文總目云〕本七十二篇劉向定爲五十八篇〔深寧通鑑答問曰〕范雎鑒於穰侯主眷既衰亟思變計蔡澤倨見而不怒闡成功者去之言翻然謝秦富貴如脫屣也澤也激辭譎說攫相印而得之然心邪而論正其自謀亦以爲雎謀也澤克踐其言纔數月而免歸見險能止居寵知退其全身非幸也蝂負而躋蝸升而枯彼鄙家覆餗者曾二蟲之無知張華李德裕之才猶失於不早退吾非取范蔡也觀此則深寧非章許蔡澤以知易也〔唐李鼎祚周易集解〕〔一〕崔憬曰君子韜光待時故曰勿用干寶曰此文王在羑里之爻也雖有聖明之德未被時用故曰勿用故全氏以賈生之言爲非

進退存亡得喪互伏

坤六五象羿莽媧武干寶說坤五

越絕引易進退存亡之言曰進有退之義存有亡之幾得有喪之理（案見外傳計倪篇）陸宣公（收復河中後請罷兵狀）云喪者得之理得者喪之端（下文云故晉勝鄢陵范燮祈死吳克勁越夫差啓殃）其語本此

〔元圻案〕（宋吳侍珍珠船曰）越絕書（崇文總目云）子貢撰或曰子胥撰（陳氏書錄解題云）不知撰人名氏其書雜記吳越事下至秦漢直至建武二十八年蓋戰國後人所爲而後人又附益之者予按篇末敘則草創越絕者爲會稽袁康而潤色之者乃同郡吳平耳（明田藝衡留青日札曰）篇末敘云以去爲姓得衣乃成厥名有米覆之以庚以口爲姓承之以天楚相屈原與之同名是紀其姓與名也禹來東征死葬其疆文辭屬定自於邦賢是紀其地也（四庫全書總目史部載記類）越絕書十五卷漢袁康撰其友吳平同定（按王充論衡按書篇曰）東番鄒伯奇臨淮袁太伯袁文術會稽吳君高周長生之輩位雖不至公卿誠能知之囊橐文雅之英雄也觀伯奇之元思太伯之易章句文術之箴銘君高之越紐錄長生之洞歷劉子政揚子雲不能過也所謂吳君高殆即平字所謂越紐錄殆即此書歟（唐房元齡諫征遼東表）全用進有退之義三語見唐書本傳文苑英華載此表三有字俱作者字（紫巖易傳曰）進有退之道存有亡之理得有喪之幾蓋亦取於越絕（唐書陸贄傳）贄字敬輿蘇州嘉興人貞元八年以中書侍郎同中書門下平章事班宏判度支卒官帝用裴延齡贄上書極諫貶忠州別駕順宗立召還未至卒謚曰宣

坤之六五程子以爲羿莽媧武非常之變干寶之說曰柔居尊位若成昭之主周霍之臣也百官總己專斷萬機雖情體信順而貌近僭疑言必

忠信行必篤敬。然後可以取信於神明。无尤於四海。〔案〕干寶說見唐李鼎祚周易集解坤六五爻注 愚謂此說爲長。〔元圻案〕〔伊川易傳〕陰者臣道也婦道也臣居尊位羿莽是也猶可言也婦居尊位女媧氏武氏是也非常之變不可言也故有黃裳之戒而不盡言也 〔宋邵博聞見後錄〕云女媧不見於書果有煉石補天之事亦非變也 〔周密曰〕伊川不滿宣仁故云爾毛伯玉易傳非之曰臣子於君父皆陰也羿莽是已何必以女媧武氏當之 〔晉書干寶傳〕干寶字令升新蔡人平杜弢有功賜爵關內侯 〔朱竹垞經義攷〕干寶周易注隋志十卷佚今止存一卷鹽邑志林載之

乾坤之次。屯曰建侯。封建與天地並立。一旅復夏。共和存周。封建之效也。匹夫亡秦。五胡覆晉。郡縣之失也。〔何云〕晉室八王樹兵非不封建也終收琅邪渡江之效則失中有得 〔全云〕封建兼有得失郡縣亦然如唐以藩鎮而亡宋以削除藩鎮而亦亡也典午封建之初原無先王之規制致其後日尋干戈而平吳以來遂盡削郡縣武備則天子之勢反弱此於封建郡縣直兩失之何說謬○〔元圻案〕〔皇甫謐帝王世紀〕帝羿有窮氏帝嚳以上世掌射正封於鉏及夏之衰自鉏遷於窮石因夏民以代夏政帝相徙於商邱依同姓諸侯斟尋羿不修民事而信寒浞浞殺羿襲有窮之號因羿之室生奡及豷使奡帥師滅斟灌斟尋殺夏帝相 〔哀公元年左傳〕后緡方娠歸於有仍生少康焉爲仍牧正澆使椒求之逃奔有虞虞思於是妻之以二姚而邑諸綸有田一成有衆一旅以收夏衆遂滅過戈復禹之績 〔史記周本紀〕召公周公二相行政號曰共和共和十四年厲王死於彘太子靜長於召公之家二相乃共立之是爲宣王二相輔之諸侯復宗周 〔魯連子〕衛州共城縣本周共伯之國也共伯名和好行仁義諸侯賢之厲王奔彘諸侯奉和以行天子事號曰共和元年 〔呂氏春秋開春論〕共伯和修其行好仁賢而海內皆以來爲稽矣〔竹書紀年〕厲王十三年

履分嚴咸情通

否泰以下濟爲義

陰陽浸勝剛浸一長臨將泰遯將否

共伯和攝行天子事〔馬氏繹史曰〕莊子稱共伯得乎共首亦指此也諸書多言共伯和史記獨言周召共政未知孰是〔賈誼過秦論〕秦以區區之地致萬乘之權一夫作難而七廟隳〔史記陳涉世家〕勝雖已死其所置遣王侯將相竟亡秦〔晉書載記〕前趙劉淵匈奴後趙石勒羯前燕慕容皝鮮卑前秦苻洪氏後秦姚萇羌爲五胡〔漢書地理志〕秦以周制微弱終爲諸侯所喪故不立尺土之封分天下爲郡縣

古者君臣之際分嚴而情通。上天下澤履。其分嚴也。山上有澤咸。其情通也。不嚴則爲未濟之三陽失位。不通則爲否之天下無邦。〔元圻案〕〔宋樓氏鑰攻媿集二十五論通下情疏曰〕臣聞天尊地卑乾坤定矣然天不以高爲貴而以下濟爲光明在易坤上乾下卦反爲泰其象曰天地交而萬物通也上下交而其志同也乾上坤下卦反爲否其象曰天地不交而萬物不通也上下不交而天下無邦也此皆聖人之深意也故古之君子分甚嚴而道則同勢甚尊而情則通。〔宋何坦西疇常言曰〕分嚴則尊卑貴賤不逾情通則是非利害易達

陰符經云。天地之道浸。故陰陽勝。〔案〕此勝字與吉凶者貞勝者也勝字同義

愚嘗讀易之臨曰。剛浸而長。遯曰。浸而長也。自臨而長爲泰。自遯而長爲否。浸者漸也。聖人之戒深矣。〔元圻案〕〔朱子語類〕天地間一陰一陽如環無端便是相勝的道理陰符經說天地之道浸故陰陽勝浸字最下得好天地不陡頓恁他陰陽勝〔四庫全書總目子部道家類〕陰符經一卷舊本題黃帝撰太公范蠡鬼谷子張良諸葛亮李筌六家注又考異一卷朱子撰陰符經出於唐李筌晁公武讀書志引黃庭堅跋定爲筌所僞託朱子亦以爲

否姤繫桑繫柅　初筮原筮　童蒙童觀　孚嘉孚剝

然〔宋李氏椿爲吏部侍郎上書孝宗曰〕臨剛浸而長將泰之時也遯小浸而長將否之時也不言柔不與其長也

繫於苞桑。二三柔在下而戒之也。繫於金柅。一柔方進而止之也。〔元圻案〕否三陰在下姤一陰初生〔否九五程傳〕五以陽剛中正之德居尊位故能休息天下之否以循至於泰猶未離乎否也故有其亡之戒桑之爲物其根深固苞謂叢生者其固尤甚聖人之戒深矣〔姤初六傳曰〕姤陰始生而將長之卦制之當於其微而未盛之時柅止車之物金爲之堅强之至也止之以金柅而又繫之使不得進則陽剛貞正之道吉也

蒙之剛中二也。占而求之曰初筮。比之剛中五也。占而從之曰原筮。〔元圻案〕〔宋游氏酢易說〕蒙之初筮者致一以有求比之原筮者再思以有擇

童蒙應於二之剛則吉。養之早也。童觀遠於五之剛則吝。見之小也。〔元圻案〕〔周易集解蒙象辭注〕虞翻曰童蒙謂五〔又六五爻辭注〕虞翻曰艮爲童蒙處貴承上有應於二動而成巽故吉〔觀初六象辭王弼注〕失位處下最遠朝美无所鑒見故曰童觀處大觀之時而童觀趣順而已小人爲之无可咎責君子爲之鄙吝之道〔楊龜山易說〕蒙以養正聖功也者正以蒙養之則不失赤子之心矣〔程傳觀初六〕以陰柔之質居遠於陽是以觀見者淺近如童穉然故曰童觀

信君子者治之原。隨之九五曰孚于嘉吉。信小人者亂之機。兌之九五曰孚于剝有厲。〔元圻案〕〔漢書楚元王傳〕劉更生上

鳴謙鳴豫

頻復頻巽

月幾望三占不同

封事曰正臣進者治之表也正臣陷者亂之機也

鳴謙則吉。鳴豫則凶。鳴者心聲之發也。未知獲戾于上下。湯誥 鳴謙者歟二三子亦姑謀樂。左傳哀公五年 鳴豫者歟。〔元圻案〕〔謙六二程傳〕二以柔居中是爲謙德積於中故發於外見於聲音顏色故曰鳴謙〔又豫初六傳〕初六以陰柔居下四豫之主也而應之是不中正之小人處豫而爲上所寵其志意滿極不勝其豫至發於聲音輕淺如是必至於凶也〔呂東萊易說曰〕鳴謙是謙之發於聲音者也然而謙之鳴當觀其所發處其發也出於真心則吉使其不出於真心而發於聲音笑貌則有凶〔又曰〕鳴謙一爻備極小人之情狀小人一得意於上便志得意滿易傳輕淺兩字最好〔楊誠齋易傳豫初六傳曰〕鳴謙則吉鳴豫則凶何謙可鳴也豫不可鳴也

柔而剛。則能遷善。剛而柔。則能順理。復之六三。柔而不中。勉爲初之剛。而屢失。故頻復。巽之九三。剛而不中。勉爲初之柔。而屢失。故頻巽。〔元圻案〕〔宋藍田呂氏曰〕復之六三陷衆陰之中而未遠於陽不得已而求復故致於頻復巽之九三以陽居陽主於高亢而爲陰柔之所乘不得已而卑巽故致於頻巽

小畜上九月幾望則凶。陰亢陽也。〔案〕御纂周易折中引此條作陰疑陽也諸本作亢者誤幾望尚不至於亢也 歸妹六五月幾望則吉。陰應陽也。中孚六

同人隨言出門

冥豫冥升

大蹇朋來渙其羣

復解豫言朋

四月幾望則无咎。陰從陽也。曰幾者戒其將盈

陰盈則陽消矣。〔元圻案〕〔小畜上九程傳〕月望則與日敵矣幾望言其盛將敵也不已則將盛於陽而凶矣〔歸妹六五傳曰〕六五居尊下

應於二〔中孚六四朱子本義曰〕六四居陰得正位近於君爲月幾望之象馬匹謂初與己匹四乃絕之而上信於五故爲馬匹亡之象占者如是則无咎也

同人之初曰出門隨之初曰出門謹於出門之初

則不苟同不詭隨。〔元圻案〕〔晉羊祜曰〕委質事人復何容易其知出門之義乎

冥於豫而勉其有渝開遷善之門也冥於升而勉

其不息回進善之機也。〔元圻案〕〔豫上六程傳〕耽肆於豫昏迷而不知反故冥豫以成苟能有渝則無可咎聖人發

此義所以勸遷善也故不言豫之凶專言渝之无咎又升上六傳求升不已之心有時而用於貞正而當不息之事則爲宜矣

大蹇朋來。進君子之真朋也。渙其羣。退小人之僞

朋也〔原注〕泰言朋否言羣○〔元圻案〕〔歐陽公朋黨論曰〕小人之所好者利祿也所貪者財貨也當其同利之時暫相黨引以爲朋者僞也君子則不然所守者道義所

行者忠信所惜者名節以之修身則同道而相益以之事國則同心而共濟此君子之朋也故爲人君者但當退小人之僞朋用君子之真朋則天下治矣

君子進而衆賢聚。故復朋來无咎。衆賢盛而君子

安。故解朋至斯孚。君子之志行而小人之心服。

密雲不雨　甘節甘臨　舍車而徒自求口實　碩果不食證史

故豫勿疑朋盍簪。

易言密雲不雨者二。小畜終於既雨者。陽之極爲陰也。小過終於已亢者。陰之極爲陽也。〔原注〕畜極則通過極則亢〇〔元圻案〕原注乃王弼注語

謹乃儉德惟懷永圖。〔案〕愼作謹避孝宗諱 故甘節吉盜言孔甘。亂是用餤。小雅巧言 故甘臨无攸利。〔元圻案〕〔宋耿氏南仲曰〕節之九五以中正爲甘則吉臨之六三以不正爲甘則无攸利

不義而富且貴。於我如浮雲。故曰舍車而徒。義弗乘也。萬鍾則不辨禮義而受之。萬鍾於我何加焉。故曰自求口實。觀其自養也。〔元圻案〕〔賁初九象傳郭氏雍曰〕初九以賤自居舍車而徒所謂窮不失義者矣頤彖傳自求口實觀其自養也〔朱子語類曰〕只是說君子之所養養浩然之氣模樣

召平董公四皓魯兩生之流。士不以秦而賤也。伏生浮邱伯之徒。經不以秦而士也。萬石君之家

俗不以秦而壞也。剝之終曰。碩果不食。陽非陰之所能剝。〔閻按〕召平有三此必指謂蕭相國客者但秦時封東陵侯非士也伏生下浮邱伯上宜增高堂生高堂生亦秦之博士〔全云〕東郭先生梁石君蕭公齊士也甘公楚士也孔甲田何毛亨高堂生顏芝皆秦人而張蒼嘗仕秦〔又云〕此深寧有感於身世之言據袁清容集言深寧當元初嘗爲俗吏所窘其時甬上故公相家子弟皆不免於折辱惟杜門用晦而已久之始有稍稍致敬於深寧者會修學宮求深寧作記然深寧杜門如故也士不以秦賤經不以秦亡俗不以秦壞言雖壯而心則痛矣深寧序桃源世譜已有此數語〇〔元圻案〕〔史記蕭相國世家〕上已聞淮陰侯誅使使拜丞相何爲相國益封五千戶諸君皆賀召平獨弔召平者故秦東陵侯秦破爲布衣貧種瓜於長安城東瓜美故世俗謂之東陵瓜從召平以爲名也〔漢書高帝紀〕董公說漢王曰臣聞順德者昌逆德者亡兵出無名事故不成名其爲賊敵乃可服項羽爲無道放殺其主天下之賊也夫仁不以勇義不以力三軍之衆爲之素服以告之諸侯爲此東伐四海之內莫不仰德此三王之舉也漢王曰善非夫子無所聞於是漢王爲義帝發喪〔史記留侯世家〕上從擊布軍歸疾益甚愈欲易太子及燕置酒太子侍四人從太子年皆八十有餘鬚眉皓白衣冠甚偉上怪之問曰彼何人者四人各言姓名曰東園公甪里先生綺里季夏黃公上乃大驚曰吾求公數歲公避逃我今公何自從我兒遊乎〔後漢書鄭康成傳〕南山四皓注鬚眉皓白故言皓　史記叔孫通列傳〕通使徵魯諸生三十餘人魯有兩生者不肯行曰公所事且十主皆面諛以得親貴今天下初定死者未葬傷者未起又欲起禮樂禮樂所由起積德百年而後可興也吾不忍爲公所爲〔又儒林列傳〕伏生濟南人也故爲秦博士孝文帝時欲求能治尚書者天下無有乃聞伏生能治欲召之是時伏生年九十餘老不能行乃詔太常使掌故鼂錯往受之集解張晏曰伏生名勝伏氏碑云索隱紀年云字子賤　〔漢書楚元王傳〕楚元王交少時嘗與魯穆生白生申公俱受詩於浮邱伯伯者孫卿門人也〔注〕服虔曰浮邱伯秦時儒生　〔史記萬石列傳〕萬石君名奮其父趙人也姓石氏趙亡徙居溫奮長子建次子甲次子乙次子慶皆以馴行孝謹官皆至二千石於是景帝曰石君及四子皆二千石人臣尊寵皆集其門號奮爲萬石君萬石君家以孝謹聞乎郡國雖齊魯諸儒質行皆自以爲不及也　閻云召平有三一見

設險守國證史

思患豫防證史

史記齊悼惠王世家爲齊相一見項羽本紀廣陵人爲陳王徇廣陵〔漢書儒林傳〕漢與魯高堂生傳士禮十七篇

下陽舉而虢亡。〔左傳〕僖公二十五年虎牢城而鄭懼。襄公二十九年西河失而魏蹙。大峴度而燕危。故曰設險以守其國。狄患攘而民怨結。宗藩弱而戚黨顓。柄臣擅而宦寺恣。寇叛平而方鎮彊。故曰思患而豫防之。

〔全云〕姜維守漢樂諸城而魏得平行入蜀梁武帝不守采石而臺城坐困周德威失榆關而契丹取營平金人過獨松而笑宋之無備一也○〔元圻案〕〔史記商君列傳〕魏惠王兵數破於齊秦國內空日以削恐乃使使割河西之地獻於秦以和而魏遂去安邑徙都大梁〔晉書載記慕容超傳〕劉裕帥師將討之超引見羣臣議拒王師公孫五樓曰吳兵輕果所利在戰宜據大峴使不得入超不從王師次東莞超遣步騎五萬進據臨朐俄而王師度峴超懼〔顧祖禹讀史方輿紀要〕山東一穆陵關在青州府臨朐縣東南百有五里大峴山上一名破車峴其左右有長城書案二嶺峻狹僅容一軌故爲齊南天險　周宣王服犬戎平淮夷北伐玁狁南征蠻荊以成中興之功其後敗於姜氏之戎料民太原不納仲山甫之諫於是沔水祈父白駒黃鳥我行其野諸篇怨刺與矣　漢景帝時鼂錯創削地之議以致七國之叛誅夷削奪宗室日微至武帝時齊以有罪除淮南衡山以謀反誅觀中山靖王聞樂之對知景武二帝之於一本亦少恩矣其後田蚡驕侈於元鼎之間諸霍恣肆於元鳳之際至王氏顓政而漢祚中移戚黨之禍烈焉　後漢和帝用鉤盾令鄭衆誅竇憲而宦豎始封侯順帝以中黃門孫程等定策繼統誅閻顯而宦官侯者十九人桓帝以中常侍單超等誅梁冀而侯者五人至靈帝時中常侍曹節等擅殺三公張讓等劫遷太后漢遂以亡　唐代宗時成德李寶臣魏博田承嗣相衞薛嵩盧龍李懷僊收安史餘黨各擁勁卒數萬治兵完城自署將吏不供貢賦與山南東道梁崇義李正己皆結爲昏姻互相表裏朝廷專事姑息不能復制

朋來朋亡

陰陽闔闢終則有始

器象以卦命名

易爻終始皆九

易言天行有人事

家人言物行恆

復曰朋來所以致泰泰曰朋亡所以保泰〔何云〕兩朋字異義〇〔元圻案〕〔唐仲友帝王經世圖譜卷二〕復欲朋來慮其無助也泰欲朋亡慮其絶物也朋來所以爲泰朋亡所以保泰　蹇之朋亡與復之朋同義

陽大陰小而言陰陽闔而闢也朔先晦後而言晦朔終而始也〔元圻案〕繫辭傳曰一闔一闢謂之變〔蠱彖傳曰〕終則有始天行也此復之所以次剝也此匪風下泉所以居變風之終也

爾雅小罍謂之坎釋器大琴謂之離釋樂萬物之象無非易也〔閻按〕又有轡首謂之革康謂之蠱和樂謂之節〇〔元圻案〕〔閻注〕上二句釋器文下一句釋樂文

易之終始皆陽也始於乾之初九終於未濟之上九

易於蠱終則有始於剝消息盈虛於復反復其道皆曰天行也然則無與於人事歟曰聖人以天自處扶陽抑陰盡人事以回天運而天在我矣〔元圻案〕无平不陂无往不復天道之必至者也周公於泰之九三勗以艱貞扶陽抑陰以天自處也于食有福則天運在我矣

言行可以欺於人而不可以欺於家故家人之象

復初卽乾元頑果生仁

易爲君子謀易中諸貞字包承爲小人謀

曰君子以言有物而行有恆。〔元圻案〕〔東萊易說曰〕夫言之無物猶可以欺外至於在家之人則必究其實行之無常猶可以飾一時至於在家之久則必暴露

復之初卽乾之元頑果不食則生矣復之所謂仁也乾爲木果在春爲仁〔案〕此仁爲果中之仁發生也在冬爲幹歸根也終而復始〔元圻案〕邵子曰木結實而種之又成是木而結是實木非舊木也此木之仁不二也此實生生之理也〔元董真卿周易會通〕剝上九載邱氏曰果中有核實也核中有仁仁也仁則生矣此自剝而復也

張子曰易爲君子謀不爲小人謀〔正蒙大易篇文〕朱子謂聖人作易示人以吉凶言利貞不言利不貞言貞吉不言不貞吉言利禦寇不言利爲寇也〔全云〕爲君子謀亦正所以爲小人謀○〔元圻案正蒙大易篇〕易爲君子謀不爲小人謀故撰德於卦雖爻有小人及繫辭其爻必諭之以君子之義〔左傳〕僖二十年南蒯之將叛也筮之遇坤之比曰黃裳元吉以爲大吉也示子服惠伯曰欲有事何如惠伯曰吾嘗學此矣忠信之事則可不然必敗卽張子不爲小人謀之意〔宋李氏衡周易義海撮要雜論學例云〕貞者皆專固之稱不可獨訓以正或專一固守而獲吉或不知通變不當固守之則凶　易言大貞凶者一貞凶者五貞厲者六貞吝者三或遇非其時或處非其位本有貞凶貞厲貞吝之道故雖貞亦然否之象不利君子貞言君子道消也蠱九二不可貞以幹母之蠱當巽以入之不可堅貞也恆之六五貞夫子凶以柔乃婦人之德不可常也節彖不可貞爲節過苦傷於刻薄物所不堪也小過

乾坤言中庸誠敬乾坤於二言仁義

復以自知

致命遂志

九四勿用永貞言當隨時之宜不可固守也〔朱子語類曰〕易中亦有時而爲小人謀如包承小人吉大人否亨言小人當否之時皆包承君子則吉〔明章楓山懋曰〕易不爲小人謀特不爲之謀爲小人之事爾小人而欲爲君子易固未始不爲之謀也

聞之前修曰。中庸誠敬。自有乾坤。即具此理乾九二。言龍德正中庸言之信。庸行之謹。閑邪存其誠坤言敬以直內。〔元圻案〕〔魏鶴山簡州四先生祠堂記曰〕一日有講授於學官者曰伊洛之學以中庸爲宗以誠敬爲教者也僕聞之瞿然曰吁自有乾坤即具此理而謂伊洛云乎哉乾九二言龍德正中庸言之信庸行之謹閑邪存其誠坤六二言敬以直內然則中庸誠敬是乃天地自然之則古今至實之理帝王所以扶世立極聖賢所以明德新民無不由之者〔朱氏震漢上易傳曰〕乾九二之動龍德而正中者也庸者中之用也顏子擇乎中庸而勿失之夫子告之以爲邦九二君德故也〔馮氏椅厚齋易學曰〕易者理學之宗而乾坤二卦又易學之宗也子思孟子言誠者天之道先儒謂誠敬者聖學之源皆本於此〔李氏舜臣曰〕乾九二言誠坤六二言敬誠敬者乾坤之別也先儒誠敬之學起於此乾九二言仁坤六二言義仁義者陰陽之辨也先儒論仁義之用取諸此三說皆在鶴山之前

復以自知。必自知然後見天地之心。有不善。未嘗不知。自知之明也。〔元圻案〕〔周易集解〕〔虞翻曰〕有不善未嘗不知故自知也〔朱子語類曰〕今人只知知之未嘗復行爲難不知有不善未嘗不知是難處〔程伊川曰〕顏子有不善未嘗不知知之至也知之至故未嘗復行他人復行知之不至也

致命遂志。命可致而志不可奪。〔案〕此何妥語見周易義海撮要行法俟

命。命可俟而法不可變。

下學而上達。故大畜上九。何天之衢亨。

魏相以易相漢。能上陰陽之奏而不能防戚宦之萌。不知繫於金柅之戒也。匡衡以詩相漢。能陳關雎之義而不能止奄寺之惡。不知昏椓靡共之戒也。經術雖明奚益焉。方樸山云以魏相與匡衡並論可云不膠者卓矣〔全云〕魏相與匡衡不同科魏相言得有失至附和奄黨之匡衡則無足道矣然魏相原未能以易相漢〇〔元圻案〕〔漢書魏相傳〕相字弱翁少學易宣帝卽位徵相入爲大司農於是韋賢以老病免相代爲丞相數表采易陰陽及明堂位月令奏之戚宦蓋指諸霍宏恭石顯之屬〔又匡衡傳〕衡字稚圭好學諸儒爲之語曰無說詩匡鼎來匡說詩解人頤建昭三年代韋元成爲丞相成帝卽位衡上書戒妃匹勸經學威儀之則曰孔子論詩以關雎爲始言太上者民之父母后夫人之行不侔乎天地則無以奉神靈之統而理萬物之宜云云初元帝時中書令石顯用事自前相韋元成及衡皆畏顯不敢失其意〔楊龜山易說曰〕繫于金柅蓋於未壯而止使之勿行也〔詩召旻毛傳〕椓夭椓也〔箋〕昏椓皆奄人也昏其官名也椓椓毀其陰者也王遠賢者而近任刑奄之人無肯共其職事者

五陽之盛而一陰生。謂天風姤是以聖人謹於微。齊桓公七年始霸。十四年陳完奔齊。士齊者已至矣。漢

宣帝甘露三年。匈奴來朝。而王政君已在太子宮。唐太宗以武德丙戌即位。而武氏已生於前二年。我藝祖受命之二年。女真來貢。而宣和之禍。乃作於女真。張芸叟曰。易者極深而研幾。當潛而勿用之時。必知有亢。當履霜之時。必知有戰。

〔閻按〕劉元城器之夏至日與門人論陰陽消長之理以爲物禁太盛者衰之始也門人因曰漢宣帝甘露三年呼韓邪單于稽侯狦來朝此漢極盛時也是年王政君得幸於皇太子生帝驁於甲觀畫堂爲世嫡皇孫爲新室代漢之兆此正夏至生一陰之時元城曰然王氏此條純從劉元城論來〇〔元圻案〕〔馬永卿元城語錄〕先生曰今日夏至僕對曰然先生曰天道遠矣六陽至此而極萬物繁鮮可謂盛矣然一陰已生於九地之下他日天道沍寒肅殺萬物蓋從今日始正如齊自太公以來無盛於桓公之時桓公七年始霸而會諸侯至十四年陳公子完來奔是年歲在己酉而不知有齊國者由此人也又經三己酉至齊簡公之四年歲在庚申田常弒其君遂專齊國後二年楚滅陳自己酉至庚申一百九十三年其事始驗僕因對曰某觀漢宣帝時事正與先生之言合甘露三年呼韓邪單于稽侯狦來朝此漢極盛時也是年王政君得幸於皇太子生成帝於甲觀畫堂爲世適皇孫此新室代漢之兆也豈不如夏至一陰生之類乎先生曰是則然矣然漢再受命已見於景帝生長沙定王發之時則其朕兆固已久矣〔容齋隨筆十五〕秦始皇幷六國一天下東游會稽渡浙江後然謂子孫帝王萬世之固不知項羽已縱觀其傍劉季起喟然之歎於咸陽矣曹操芟夷羣雄遂定海內日夜窺伺龜鼎不知司馬懿已入幕府矣梁武帝殺東昏侯覆齊祚而侯景以是年生於漢北唐太宗殺建成元吉遂登天位而武氏已生於并州宣宗之世無故而復河隴戎狄既衰藩鎮順命而朱溫生矣是豈智力謀慮所可爲哉 魯莊公九年齊桓公立左傳莊公十五年春復會焉

積善之家

田獲三狐

易象升鼎頤飛鳥

齊始霸也莊公二十二年陳公子完與顓孫奔齊齊侯使敬仲爲卿〔漢書孝元皇后傳〕皇太子所愛幸史良娣病且死太子悲恚發病忽忽不樂久之宣帝乃令皇后擇後宮家人子可以娛侍太子者政君與在其中見丙殿得御幸有身甘露三年生成帝爲世適皇孫元帝崩太子立是爲孝成皇帝尊皇后爲皇太后以鳳爲大司馬大將軍領尚書事案鳳是政君同母弟王氏之盛自鳳始〔通鑑唐紀〕太宗貞觀十一年十一月上幸懷州還故荊州都督武士彠女年十四上聞其美召入後宮爲才人案武氏生於武德七年甲申太宗以丙戌即位至十一年丁酉入宮正十四歲是生於即位之前二年也〔宋李氏燾續通鑑長編〕太祖建隆二年八月辛亥女真國遣溫圖刺來貢名馬　晉以太康元年平吳而前一年劉淵爲左部帥張芸叟名舜民自號浮休居士又號矴齋邠州人中進士第坐元祐黨籍謫商州後集賢殿修撰事跡具宋史本傳所著筆記名畫墁錄詩文名畫墁集〔通攷〕載畫墁集一百卷奏議十卷久已散佚　四庫全書從永樂大典中蒐輯僅得八卷內七八兩卷則郴行錄也其詩文蓋十不存一此條所引語不見今集

易言積善曰家大學言與仁與讓曰家家可以不正乎。

世之治也君子以直勝小人之邪易曰田獲三狐得黃矢世之亂也小人以狡勝君子之介詩曰有兔爰爰雉離于羅。〔元圻案〕〔東萊易說曰〕解之爲卦有四陰六五一爻是君位其餘三爻皆是小人今田獲三狐是盡去其三小人小人盡去則中直之道得〔逸齋詩補傳曰〕兔狡而難取雉介而易羈兔則爰爰而自得雉則罹網羅之多君子不樂其生自比於雉也

易者象也木上有水爲井以木巽火爲鼎上止下

王輔嗣忘象說

伏羲十言之教

易緯言正本理物毫釐千里

漢上易

動爲頤。頤中有物爲噬嗑。小過有飛鳥之象焉。餘卦可以類求。王輔嗣忘象之說。蒙莊緒餘爾。

〔元圻案〕〔王弼周易略例〕〔明象曰〕言者所以明象得象而忘言象者所以存意得意而忘象猶蹄者所以在兎得兎而忘蹄筌者所以在魚得魚而忘筌也然則言者象之蹄也象者意之筌也是故存言者非得象者也存象者非得意者也象生於意而存象焉則所存者乃非其象也言生於象而存言焉則所存者乃非其言也然則忘象者乃得意者也忘言者乃得象者也得意在忘象得象在忘言　〔宋王氏炎讀易筆記〕〔自序曰〕王弼棄象不論後人樂其說之簡且便也故漢儒之學盡廢而弼注獨行然木上有水爲井以木巽火爲鼎上止下動爲頤頤中有物爲噬嗑此四卦雖弼不能削去其象也弼之言曰筌所以在魚得魚而忘筌蹄所以在兎得兎而忘蹄言者象之筌也象者意之蹄也捨筌蹄無以得魚兎則捨象求意弼亦自知其不可而復曰義苟在健何必乾始爲馬類苟在順何必坤始爲牛是未得魚兎先棄筌蹄之說也　〔宋鄭氏雍傳家易說自序曰〕易之爲書其道其詞皆由象出未有忘象而知易者　〔莊子外物篇〕筌者所以在魚得魚而忘筌蹄者所以在兎得兎而忘蹄言者所以在意得意而忘言吾安得忘言之人而與之言哉〔又讓王篇〕道之真以治身其緒餘以爲國家其土苴以治天下　〔三國志魏鍾會傳〕初會弱冠與山陽王弼並知名弼好論儒道注易及老子注弼字輔嗣

左傳疏引易云。伏羲作十言之教。曰乾坤震巽坎離艮兌消息。朱子發〔全云〕漢上先生朱震以爲鄭康成之語。

〔案〕漢上易傳引之謂是鄭六藝論之文羅泌路史後紀注亦云

愚謂正其本而萬物理。失之毫釐。差以千里。見於易緯通卦驗。漢儒皆謂之

康成注易多改讀

易則此所謂易二云者。蓋緯書也。〔何云〕差之毫釐謬以千里見於董子之論在緯書未作以前即經解亦非哀平以後書也〔全云〕緯書萌芽於春秋戰國之間秦穆公趙簡子紀夢二冊其始也降至始皇之際則有亡秦者胡之說故隋志云漢儒習於緯書惟孔安國毛公王璜諸人以爲妖妄然則奚至哀平之際始出乎張衡謂劉向校七略尚無讖緯不知此係秘學不在羣書之列〔元圻案〕〔左傳定公四年正義曰〕古者一字與二字並爲一言易云伏羲作十言之教曰云云乾坤雖是一字亦一出口乃得言之故謂之一言今則一字爲一言二三字以上爲一句　大戴禮禮察篇保傅篇小戴記經解賈子胎教雜事太史公自序說苑建本篇漢書東方朔傳皆引易曰正其本三句其文小有異同惟文選任彥昇竟陵文宣王行狀聽受一謬差以千里句李善注引乾鑿度文與此條所引正同〔後漢書王充王符仲長統傳論〕注引差以毫釐失之千里亦云易緯〔宋陳振孫直齋書錄解題易類〕漢上易十一卷叢說一卷翰林學士荊門朱震子發撰

鄭康成詩箋多改字。其注易亦然。如包蒙謂包當作彪。文也。〔案〕今本鄭注兩包字俱作苞泰包荒謂荒讀爲康。虛也。大畜。豶豕之牙。謂牙讀爲互。〔鄭注〕互作牙大過枯楊生荑。謂枯音姑。无姑山榆。〔鄭注〕荑木更生謂山榆之實晉。錫馬蕃庶。讀爲蕃遮。謂蕃遮禽也。以上俱見陸氏經典釋文〔國朝惠氏棟九經古義曰〕管子侈靡篇云六畜遮育五穀遮熟則蕃遮猶蕃育也解。百果草木皆甲宅。皆讀如解。〔閻按〕〔王氏集鄭注〕〔周易云〕解皆讀如人倦之解解謂坼呼皮曰甲。根曰宅。見文選蜀都賦注〔九經古義曰〕古文宅作垞與坼相似故誤作坼馬鄭皆從古

八卦之說爲八索

文非改坼爲宅也〔又引釋文云〕馬陸坼作宅云根也困劓刖當爲倪仉〔釋文〕荀王肅本劓刖作臲卼云不安貌鄭云當爲倪仉萃一握爲笑握讀爲夫三爲屋之屋此條當在困劓刖之前夫三爲屋周禮小司徒攷夫屋註文繫辭道濟天下道當作導言天下之至殰殰當爲動說卦爲乾卦乾當爲幹以上俱見釋文其說多鑿鄭學今士傳釋文及正義閒見之〔元圻案〕鄭注周易異字俱見於厚齋所輯鄭注中其厚齋所遺而惠氏棟所增輯者附錄於此屯君子以經論謂論撰書禮樂施政事蒙擊蒙鄭作繫蒙師王三錫命鄭作賜命以上俱見釋文小畜視履考祥〔晁氏會通引鄭注云〕履道之終考正詳備豐日中則昃昃作㫳見公羊疏麗澤兌麗作離云猶併也小過已上也上作尙云庶幾也說卦震爲龍龍讀爲厖取日出時色雜也見漢上易巽爲繩直爲工工作墨俱見晁氏兌爲羊羊作陽云此陽謂養无家女行賃炊爨也今時有之賤於妾也見漢上易晁氏同 小雅賓之初筵酌彼康爵〔箋云〕康虛也大雅召旻我居圉卒荒箋云荒虛也是康荒二字皆有虛義不知鄭何以於包荒獨改讀爲康

書序漢孔安國作八卦之說謂之八索求其義也而賈逵以爲八王之法張平子以爲周禮八議之刑索空也空設之〔全云〕〔尙書正義〕以九邱爲周禮蓋亦類此唯馬融以爲八卦杜預但云古書名蓋孔安國書序猶未行也愚按

伏羲文王周公作易孔子十翼爲傳作繫辭二說爻辭多文王

國語史伯曰。平八索以成人。韋昭注。謂八體以應八卦也。（全云）八索亦未必是八體謂乾爲首坤爲腹震爲足巽爲股離爲目兌爲口坎爲耳艮爲手此足以證孔馬之說。（元圻案）（左傳昭公十二年正義曰）孔安國尚書序云伏犧神農黃帝之書謂之三墳言大道也少昊顓頊高辛唐虞之書謂之五典言常道也八卦之說謂之八索求其義也九州之志謂之九邱邱聚也言九州所有土地所生風氣所宜皆聚此書也（賈逵云）三墳三王之書五典五帝之典八索八王之法九邱九州亡國之戒延篤言張平子說三墳三禮禮爲人防爾雅曰墳大防也書曰誰能典朕三禮三禮天地人之禮也五典五帝之常道也八索周禮八議之刑索空空設之九邱周禮之九刑邱空也亦空設之馬融說三墳三氣陰陽始生天地人之氣也五典五行也八索八卦九邱九州之數也此諸家者各以意言無正驗杜所不信故云皆古書名耳　孔安國漢書無傳（儒林傳曰）孔氏有古文尚書孔安國以今文讀之因以起家逸書得十餘篇遭巫蠱未立於學官（隋書經籍志）東晉豫章內史梅賾始得安國之傳奏之時又闕舜典一篇齊建武中吳姚方興於大桁市得其書奏上比馬鄭所注多二十八字於是始立國學　賈逵字景伯扶風平陵人張平子名衡南陽西鄂人馬融字季長扶風茂陵人後漢書皆有傳杜預字元凱京兆杜陵人晉書有傳韋昭字宏嗣吳郡雲陽人三國志本傳昭作曜注云史爲晉諱改之

易正義云。伏犧制卦。文王繫辭。孔子作十翼。案見卷首論卦辭爻辭誰作朱子。本義謂繫辭本文王周公所作之辭。繫於卦爻之下者。上繫下繫乃孔子所述繫辭之傳

後事

也。彖即文王所繫之辭。象者卦之上下兩象及兩象之六爻。周公所繫之辭也。彖象上下傳者。孔子釋經之辭也。〔案〕〔易正義曰〕周易繫辭凡有二說一說所以卦辭爻辭並是文王所作知者案繫辭云易之興也其於中古乎作易者其有憂患乎又曰易之興也其當殷之末世周之盛德邪當文王與紂之事邪又乾鑿度云垂皇策者犧卦道演德者文成命者孔準此諸文伏犧制卦文王繫辭孔子作十翼易歷三聖只謂此也故史遷云文王因而演易即是作易者其有憂患乎鄭學之徒並依此說也二以爲驗爻辭多是文王後事案升卦六四王用亨于岐山武王克殷之後始追號文王爲王若爻辭是文王所制不應云王用亨于岐山又明夷六五箕子之明夷武王觀兵之後箕子始被囚奴文王不宜豫言箕子之明夷又既濟九五東鄰殺牛不如西鄰之禴祭說者皆云西鄰謂文王東鄰謂紂文王之時紂尚南面豈容自言己德受福勝殷又欲抗君之國遂言東西相鄰而已又左傳韓宣子適魯見易象云吾乃知周公之德周公被流言之謗亦得爲憂患也驗此諸說以爲卦辭文王爻辭周公馬融陸績等並同此說今依而用之又繫辭正義曰謂之繫辭者取繫屬之義聖人繫屬此辭於卦爻之下則上下二篇經辭是也夫子本作十翼申說上下二篇經文繫辭條貫義理別自爲卷總曰繫辭分爲上下二篇 愚按釋文云。王肅本作繫辭上傳。訖於雜卦。皆有傳字。本義從之。漢儒林傳叙云。孔子晚而好易。讀之韋編三絕。而爲之傳。王肅本是也。〔何云〕揚子雲解難云伏犧氏之作易也綿絡天地經以八卦文王附六爻孔子錯其象而彖其辭似與正義及朱子之說異顏師古儒林傳注亦云傳謂彖象繫辭文言說卦之屬○〔元圻案〕〔宋晁氏郡齋讀書志〕〔一〕周易正義十四卷唐國子祭酒孔穎達等撰序稱王弼之學獨冠古今以弼爲本采諸說附益之又經典

易著商周事
存乎其人
阮天隱易筌

文王箕子
用晦而明

連山歸藏

釋文三十卷唐陸德明撰釋易書詩三禮三傳孝經論語爾雅老莊頗載古文及諸家同異德明蓋博極羣書也〔三國志魏王肅傳〕肅字子雍善賈馬之學而不好鄭氏采會同異爲尚書詩論語三禮左傳解及撰定父朗所作易傳皆列於學官

阮逸云易著人事皆舉〔案〕〔朱竹垞經義考〕引阮逸說舉作主商周帝乙歸妹高宗伐鬼方箕子之明夷商事也密雲不雨自我西郊王用亨于岐山周事也朱子發云革存乎湯武明夷孝乎文王箕子復存乎顏氏之子故曰孝乎其人見漢上易繫辭傳上朱文公語錄謂疑皆帝乙高宗箕子占得此爻〔全云〕解存乎其人句頗附會○〔元圻案〕〔書錄解題經部易類〕易筌六卷太常丞建安阮逸天隱撰易筌今佚此條見宋李衡周易義海撮要泰六五

明夷之彖曰文王箕子者易洪範道統在焉用晦所以明道也象數相爲經緯皆演於商之季世〔全云〕用晦所以明道微有語疵易爲小人藉口○〔元圻案〕晦地象明日象用晦所以象地也外晦而內明所以象日也

桓譚新論曰連山八萬言歸藏四千三百言夏易

孔子卜卦得賁

夬五陽決一陰小人道憂孚號有厲牽復吉

詳而商易簡未詳所據。〔元圻案〕〔後漢書桓譚傳〕譚字君山沛國相人哀平間爲郎世祖即位拜議郎給事中著書言當世事二十九篇號曰新論上書獻之世祖善焉 新論已佚此二語見太平御覽六百八經義考引之并以夏易詳而商易簡爲桓氏之言似誤

孔子卜得賁孔子曰不吉子貢曰夫賁亦好矣何謂不吉乎孔子曰夫白而白黑而黑夫賁又何好乎。〔原注〕〔呂氏春秋〕賁色不純也 〔何云〕何用蔓引○〔元圻案〕此條紀呂氏春秋愼行論壹行篇之文原注賁色不純也五字乃高誘注語 〔說苑反質篇〕孔子卦得賁喟然仰而歎息意不平子張進舉手而問曰師聞賁者吉卦而歎之乎孔子曰賁非正色也是以歎之蓋一事而傳之者異

苕溪劉氏上殿論用君子小人劄子云夬以五君子決一小人不曰小人道消而曰道憂蓋上下交而志同如泰之時然後小人之道不行若以五君子臨一小人徒能使之憂而已惟其有憂則將圖之無不至矣愚謂小人道消嘉祐是也小人道憂元祐是也。〔全云〕劉一止字行簡○〔元圻案〕〔宋王得臣麈史〕載李翺易詮云自古小人在上最爲難去蓋得位得權而勢不能搖奪以四凶尚歷堯至舜而後能去嘗玩易之夬一陰在上五陽並進以剛決柔宜若易然然爻辭俱險而肆蓋小人在上故繇辭曰剛長乃終是也與劉氏之說可以參看 嘉祐仁宗三十四年改元時文潞公富鄭公韓魏公同平章事趙清獻

荊公說求王明
王介甫易義

為殿中侍御史包孝肅副樞密司馬溫公知諫院歐陽公參知政事衆正盈廷羣邪屏跡小人道消之象元祐哲宗初元〔魏鶴山奏疏曰〕哲宗踐阼崇慶垂簾於是司馬光文彥博呂公著在相位呂大防韓維劉摯范純仁在政府鮮于侁孫覺蘇轍梁燾范祖禹朱光庭傅堯俞呂陶為臺諫蘇軾在翰苑范百祿曾肇劉攽在詞掖而經筵講讀官則傅堯俞韓維范祖禹趙彥若崇政殿說書則程頤召而不至則范鎮也史官則陸佃黃庭堅自餘此類不可殫記〔又曰〕紹聖親政之後首相章惇繼以李清臣鄧溫伯蔡卞曾布登二府而司馬以下諸賢死者追責生者貶竄於是熙豐之政事盡復元祐之黨人皆黜　方司馬文正當國之日惇京方假紹述之說以惑人主假朋黨之名以傾正人小人道憂之象惟其有憂則將圖之無不至矣此夬之象辭所以有危厲之戒而姤之所以次夬也〔呂成公己丑課程曰〕小畜九二牽復吉易傳云二五皆陽剛為陰所畜俱上欲復陽之復其勢必強二以處中故雖強於進亦不至於剛元祐諸賢似當深體此義〔四庫全書總目別集類〕苕溪集五十五卷宋劉一止撰一止字行簡湖州歸安人宣和三年進士紹興初召試除祕書省校書郎以敷文閣直學士致仕事蹟具宋史本傳

井之九三。荊公解云。求王明。孔子所謂異乎人之求也。君子之於君也。以不求求之。其於民也。以不取取之。其於天也。以不禱禱之。其於命也。以不知知之。井之道無求也。以不求求之而已。文意精妙。諸儒所不及。〔何云〕是亦輔嗣清言之儔也　〔全云〕何氏以為此特輔嗣清言之儔尚未盡其實荊公學術略具於此所謂以不求求之者即其初年屢徵不赴之術也以不取取之者即其不加賦而國用足之說也以不禱禱之者一變而遂為天變不足畏之妄談矣豈特清言也已哉〔又云〕荊公作易

復見天地之心
陽進陰退俱爲復
復爲反本

解而不列於三經其後承其學者有耿南仲龔原諸家然南軒頗有取於荊公之說○〔元圻案〕〔宋晁公武郡齋讀書志一〕王介甫易義二十卷龔原注易二十卷耿南仲注易二十卷王介甫三經義皆頒學宮獨易解自謂少作未善不專以取士故紹聖後復有龔原耿南仲注易三書偕行於場屋　荊公易解今佚此條見易義海撮要

王輔嗣復象傳注以寂然至无爲復。又復大象注云冬至陰之復。夏至陽之復。蘇子美辨其非。〔何云〕子美復辨一篇出於程子之前其聰明非尋常才士所及愚謂先儒云至靜之中有動之端所以見天地之心與寂然至无之說異矣。冬至陰之復蓋如周子太極圖說利貞誠之復就歸處言之。荊公曰陽以進爲復初九是也。陰以退爲復六二六三六四是也。〔元圻案〕〔王弼復象傳注曰〕復者反本之謂也天地以本爲心者也凡動息則靜靜非對動者也語息則默默非對語者也然則天地雖大富有萬物雷動風行運化萬變寂然至无是其本矣故動息地中乃天地之心見也復大象正義曰復爲反本靜爲動本冬至一陽生是陽動用而陰復於靜也夏至一陰生是陰動用而陽復於靜也　〔蘇子美復辨曰〕復其見天地之心乎王弼解云復者反本之謂天地以本爲心寂然至無是其本也故動息地中乃天地之心見矣予竊惑焉夫復也者以一陽始生而得名也象曰剛反又曰剛長安得謂寂然至無耶安得謂動息耶象曰雷在地中雷者陽物也動物也今在地中則是有陽動之象也輔嗣昧舉卦之體乃以寂然至無爲復斯失之矣又云冬至陰之復夏至陽之復何冬夏陰陽之不辨耶　〔元胡氏一桂易本義附錄纂注〕引朱子語錄鄭兄問程傳云先儒皆以靜見天地之心因舉王輔嗣寂然至無乃天地之心曰他說无是亂說若靜處說无不知下

七日復七日得

薛温其易義

易言用无體

面一畫作甚麼又程子以動之端乃天地之心動乃心之發處何故云天地之心曰此須就卦上看上坤下震坤是靜震是動十月純坤當貞之時萬物收斂寂然無蹤跡到此一陽復生便是動然不直下動字卻云動之端端又從此起雖動而物未生未到大動處凡發生萬物都從這裏起豈不是天地之心　荊公說見周易義海撮要復六二　蘇子美名舜欽參知政事易簡之孫舉進士官至大理評事集賢校理宋史有傳歐陽公序其集曰子美之齒少於予而予學古文反在其後

薛氏曰。易以初爻爲七日者。舉前卦而云也。復之七日來復。震既濟之七日得。皆舉初爻。〔元圻案〕此薛温其之說也見易義海撮要震六二〔朱竹垞經義考曰〕薛氏温其易義散見周易義海其釋皆引唐事以爲之證當屬宋初人

葉少蘊謂凡易見於有爲者皆言用。用之者何。體也。而易不以體對用。故別而論之曰易無體。晁景迂曰。體用本乎釋氏。〔閻按〕景迂名說之即後所云晁以道也〔全云〕李二曲嘗暢此論○〔元圻案〕溧陽周孝廉柄中書李中孚答顧寧人論體用二字書後曰李中孚集中有答顧亭林三書謂體用二字出於佛經亭林遺書辨之云易曰陰陽合德而剛柔有體又曰顯諸仁藏諸用此天地之體用也記曰禮時爲大順次之體又次之又曰降與上下之神而凝是精粗之體又曰無體之禮上下和同有子曰禮之用和爲貴此人事之體用也經傳之文言體用者多矣未有對舉爲言者爾彼之竊我非我藉彼不得援儒而入于墨李答書云經傳之文拈體或不及用語用則遺夫體初未嘗兼舉並稱如內外本末形影之不相離有之實自佛書盧惠能始其解金剛經以爲金者性之體剛者性之用又見於所說法寶壇經既而禪宗咸主其說雖以吾儒賢者亦習見習聞藉以立論解書不復察其淵源所自矣〔又云〕體用二字相連並稱不但六經之所未

有郎十三經註疏亦未有也以之解經作傳始於朱子一見於未發節再見於費隱一貫忠恕章其文集語類所載尤不一而足〔又云〕朱子弱冠未受學延平時嘗從僧謙開善遊以故蚤聞其說愚按體用本乎釋氏晁以道已有此言而未明指其所本今李氏云爾不知易曰乾元亨利貞孔疏天者定體之名乾者體用之稱故說卦云乾健也言天之體以健爲用繫辭曰鼓萬物而不與聖人同憂韓康伯注聖人雖體道以爲用不能全无以爲體此非體用兼舉見於注疏者乎孔疏姑置勿論康伯晉人在惠能之前自注惠能初唐人是體用本出儒書彼之竊我信有徵已以之解經亦不始於朱子二程遺書云上天之載無聲無臭其體則謂之易其理則謂之道其用則謂之神此明道之言也〔又云〕忠恕一以貫之忠者體恕者用大本達道也〔又云〕心一也有指體而言者有指用而言者又云浩然之氣是集義所生者既生得此氣語其體則與道合語其用則莫不是義此伊川之言也至體用一源顯微無間則見伊川易傳序中伊川生平不看雜書大儒立言闡道固不必有所本郎云有本亦本於易注斷非本於其所不讀之佛書伊川之學三傳而爲李延平延平與其友羅博文書云元晦潛心於學今漸能融釋於日用處一意下工夫若於此漸熟則體用合矣是延平教人亦標此二字朱子近師延平遠宗伊洛全體大用提唱發揮可以知其淵源所自矣今不考易注之文以爲出於惠能又不考程子之言以爲聞之謙開善亭林雖再三往復而引據未詳其說卒詘而不得伸余病其張異學之幟而滋後世之疑也是以撫而論之　厚齋此條引葉晁之說而未有折衷蓋未信以爲然也嘉慶壬申在黔於狄觀察夢松處得見周燭齋此說因詳錄之以補厚齋未申之旨葉夢得字少蘊吳縣人清臣之孫紹聖四年進士高宗朝除尚書右丞江東安撫使知建康府行宮留守居吳興弁山自號石林居士〔經義考〕引晁氏世譜曰說之一字伯以元豐五年進士累官徽猷閣待制生平慕司馬公之爲人自號景迂生　李二曲名顒字中孚盩厔人康熙己未薦舉鴻詞以年老不赴四十二年　聖祖仁皇帝西巡召中孚入見中孚以衰老遣子慎言詣　行在陳情以所著二曲集及反身錄奏進　御書操志高潔四字以奬之

利貞者。性情也。王輔嗣注。不性其情。何能久行其

小人道消

泰不拔茅言吉以其彙絶句

正程子顏子好學論性其情之語本此。〔元圻案〕伊川顏子所好何學論曰〕覺者約其情始合於中正其心養其性故曰性其情愚者則不知制之縱其情而至於邪僻梏其性而忘之故曰情其性時伊川始冠遊太學胡定安以是試諸生得此論大驚異之即請相見遂以爲學職〔唐李翺之著復性書三篇〕其首篇曰性與情不相先也雖然無性則情無所生也是情由性而生情不自情因性而情性不自性由情而明性者天之命也聖人得之而不惑者也情者性之動也百姓溺之而不能知其本者也以復性名篇亦即性其情之意

君子道盛小人自化故舜湯舉皋伊而不仁者遠。〔案〕此朱子答陳文蔚語 玉泉喻氏〔全云〕名樗字子才龜山弟子云泰小人道消非消小人也化小人爲君子也〔元圻案〕〔全氏經史問答曰〕此言似新而實戾經旨小人道消是化小人而爲君子然則君子道消是化君子爲小人也可以知其說之訛矣須知小人或可化而爲君子君子必不化而爲小人不如舊說之爲妥〔邵子觀物內篇曰〕唐堯之世非無小人也是難其爲小人也故雖有四凶不敢肆其惡殷紂之世非無君子也是難其爲君子故雖有三仁不能遂其善〔經義考〕喻氏樗易義今佚王圻曰祥符人建炎進士〔同年蕭山王穀暨宗炎曰〕玉泉喻氏之說見程迥周易古占法二

泰初九拔茅茹以其彙征吉本義云郭璞洞林讀至彙字絶句下卦放此愚按正義曰以其彙者彙類也以類相從征吉者征行也上坤而順下

儉德避難

无往不復有命无咎

羸豕孚蹢躅入於左腹

應於乾已去則納。故征行則吉。亦以彙字絕句

泰之征吉。引其類以有爲。否之貞吉。絜其身以

有待。〔元圻案〕〔唐李鼎祚周易集解〕引虞翻曰彙類也初應四故拔茅茹以彙洞林正義蓋皆本於仲翔 〔晉書郭璞傳〕璞字景純河東聞喜人撰前後筮驗六十餘事名爲洞林 〔唐仲友帝王經世圖譜卷二〕泰不拔茅則君子无繼无以保泰否不拔茅則君子將盡於小人无以傾否拔茅於初九引其類而有爲故曰志在外也拔茅於初六愛其身以有待故曰志在君也

儉德避難。朱子本義謂收斂其德。不形於外。以之〔原注〕申屠蟠〔全云〕原注是正文〇〔元圻案〕〔後漢書申屠蟠傳〕蟠字子龍陳留外黃人先是范滂等非訐朝政自公卿以下皆折節下之太學生爭慕其風以爲文學將興處士復用蟠獨歎曰昔戰國之世處士橫議列國之主至爲擁篲先驅卒有阬儒焚書之禍今之謂矣乃絕迹於梁碭之閒因樹爲屋自同傭人居二年滂等果罹黨禍蟠確然免於疑論

泰之三。无往不復。陽之極也。而否將萌。否之四有命无咎。陽之復也。而泰將至。〔元圻案〕〔宋項氏安世周易玩辭曰〕泰雖極治以命亂而成否否雖極亂以有命而成泰

一許敬宗在文館。唐爲武氏矣。一楊畏居言路。元祐爲紹聖矣。羸豕之孚。左腹之入。可不戒哉。〔元圻案〕

觀風設教證史
居賢德善俗證史

一〔唐書姦臣傳〕許敬宗杭州新城人高宗卽位復官爲宏文館學士帝將立武昭儀大臣切諫而敬宗陰揣帝私卽妄言曰田舍子賸穫十斛麥尚欲更故婦天子富有四海立一后謂之不可何哉帝意遂定　宋高斯得恥堂存稾經筵進講云楊畏一來元祐變爲紹聖〔續通鑑綱目〕哲宗元祐八年楊畏上疏言神宗更立法制以垂萬世乞賜講求以成繼述之道帝卽召對詢以先朝故臣孰可召用者畏遂列上章惇安燾呂惠卿鄧潤甫李清臣等行義各加品題且言神宗所以建立法度之意與王安石學術之美乞召章惇爲相帝深納之復惇惠卿官劉安世諫以爲不可出知成德軍呂大防范祖禹范純仁相繼罷斥紹聖元年鄧潤甫首陳武王能廣文王之聲成王能嗣武王之道以開紹述故改元紹聖〔姤初六王弼注〕羸豕謂牝豕也羣豕之中豭強而牝弱謂之羸豕孚猶務躁也〔程傳〕羸弱之豕其心在乎蹢躅蹢躅猶跳躍也陰微而在下可謂羸矣然其中心嘗在乎消陽也又明夷六四傳小人之事君未有由顯明以道合者也必以隱僻之道自結於上右當用故爲明顯之所左不當用故爲隱僻之所四由隱僻之道深入其君故云入于左腹　高宗之立武氏始於李世勣成於許敬宗元祐之爲紹聖始於楊畏成於鄧潤甫李許逢君之惡者也楊鄧長君之惡者也

家聲之隤。隴西以爲愧。城角之缺。新平以爲恥。清議所以維持風俗也。清議廢。風俗壞。則有毀宗澤。而譽張邦昌者。有貶張浚而褒秦檜者。觀民風設教。居賢德善俗。可不謹哉。〔閻按〕〔通鑑〕晉孝武帝太元九年初新平人殺其郡將秦王堅缺其城角以恥之新平民望深以爲病欲立忠義以雪之晉書載記民作酋病作慚則此新平以爲恥恥似當作慚蓋恥屬苻堅慚屬新平人也新平今之邠州〇〔元圻案〕〔史記李將軍列傳〕李將軍廣者隴西成紀人也廣子三人曰當戶椒敢當戶有遺腹子名陵善射愛士卒降匈奴而隴西之士居門下者皆用爲恥焉〔漢書司馬遷傳〕遷報任安書曰陵既生降

隤其家聲〔晉傅休奕舉清遠疏云〕魏文慕通達而天下賤守節其後綱維不攝而虛無放
誕之論盈於朝野使天下無復清議〔宋劉時舉續編年資治通鑑一〕高宗建炎元年七月
東京留守宗澤上表諫東南巡幸又請回鑾汴京不報澤每疏奏上以付中書省黃潛善汪伯
彥以爲狂〔趙與旹賓退錄〕謂孫覿作吳幵墓誌極論屈體求金之是倡言復讎之非又作
韓忠武墓誌極詆岳飛作万俟禼墓誌極表其殺飛一事尤顛倒悖謬〔汪藻爲張邦昌雪
罪表云〕孔子從佛肸之召本爲尊周紀信乘漢王之車蓋將誑楚〔周紫芝太倉稊米集〕
有高宗中興頌歸美秦檜稱爲元臣良弼張嵲紹興復古頌用意亦然〔朱子張魏公行狀
云〕臺臣王珏徐嘉輩有所彈劾語必及公謂公國賊必欲殺之　宗澤字汝霖婺州義烏人
張邦昌僭位上書言宜亟行天討興復社稷高宗即位陳興復大計金人聞其名常尊憚之稱
爲宗爺爺汪黃輩譖澤懷異圖召拜門下侍郎憂憤疽發於背臨卒猶大呼過河者三謚忠簡
張邦昌東光人欽宗即位拜太宰力主和議
京師陷邦昌受金人冊寶即僞位僭號大楚

齊德衰於召陵。〔闇按〕當作葵邱　晉志怠於蕭魚。淮平而昇鑄
用。潞定而歸真惑。易曰。日中則昃。元曰。月闕其
摶不如開明于西。〔全云〕以此衆戰誰能禦之以此攻城何城不克已有震
而矜之意深寧之語不錯○〔元圻案〕召陵之會在魯僖
公四年葵邱之會在僖公九年鄭康成謂葵邱之會桓德極而將衰　蕭魚之會在襄公十一
年鄭人賂晉而悼公受之〔朱子通鑑綱目〕唐憲宗元和十二年十月李愬夜襲蔡州擒吳
元濟淮西平上浸驕侈判度支皇甫鎛鹽鐵使程异曉其意數進羨餘由是有寵十三年七月
以皇甫鎛程异同平章事又武宗會昌四年八月邢洺磁三州降潞人聞之大懼郭誼與王協
謀使人說劉稹以兵授誼束身歸朝稹許之誼遂殺稹遣使奉表降是年三月以趙歸眞爲道
門教授先生〔太元中次六〕月闕其摶不如開明於西晉范望注生明於西日以就盛到十
六毀圓於東方故不如開明于西也〔漢書
揚雄傳〕雄以爲經莫大於易故作太元

童牛禁未發

白賁素履證物

艮觀身復觀心

泰拔茅漸進正證史

制官刑則具訓蒙士〔伊訓〕無彝酒則誥教小子〔酒誥〕易曰童牛之梏記曰禁於未發之謂豫

龜靈而焦雉文而翳是以衣錦尚絅蘭薰而摧玉剛而折是以危行言孫此白賁素履所以无咎〔元圻案〕〔黃山谷詩〕龜以靈故焦雉以文故翳〔藝文類聚〕顏延之祭屈原文蘭薰而摧玉縝則折

知止而後有定故觀身於艮惻隱之心仁之端也故觀心於復

惟進賢可以正君故公仲進牛畜欣越而歌者之田止孔明進攸之禕允而宮府之體一惟正己可以格君故管仲有三歸不能諫六嬖之惑魏相因許伯不能過宏石之惡泰曰拔茅漸曰進以正〔何云〕滿朝皆霍氏之私人欲不因許伯得乎中書置自武帝不可以病弱翁也此等盲論只可任致堂輩不討論者爲之耳〔全云〕欲發霍氏弑君之罪故因許伯此不甚爲弱翁病是也謂中書置自武帝則先朝敝政獨不可更革乎弱翁固是賢相然不能防宏石之惡究屬美中之瑕○〔元圻案〕〔史記趙世家〕趙烈侯好音謂相國公仲連曰鄭歌

者槍石二人吾賜之田萬畝公仲曰諾不與番吾君自代來謂公仲曰公仲相趙四年亦有進士乎公仲曰未也番吾君曰牛畜荀欣徐越皆可公仲乃進三人牛畜侍烈侯以仁義約以王道烈侯逌然明日荀欣侍以選練舉賢任官使能明日徐越侍以節財儉用察度功德所與無不允君說烈侯謂公仲曰歌者之田且止　〔三國志諸葛亮傳〕建興五年率諸軍北駐漢中臨發上疏曰宮中府中俱爲一體陟罰臧否不宜異同侍中郭攸之費禕董允等此皆良實志慮忠純是以先帝簡拔以遺陛下愚以爲宮中之事事無大小悉以咨之然後施行　〔史記管晏列傳正義曰〕三歸三姓女也婦人謂嫁曰歸　〔僖公十七年左傳〕齊侯好內多內寵內嬖如夫人者六人　〔漢書魏相傳〕霍光薨上思其功德以其子禹爲右將軍兄子樂平侯山復領尙書事相因平恩侯許伯奏封事又故事諸上書者皆爲二封署其一曰副領尙書者先發副封所言不善屏去不奏相復因許伯白去副封以防壅蔽　許伯名廣漢外戚傳孝宣許皇后元帝母也父廣漢少時爲昌邑王郎從武帝上甘泉誤取它郎鞍以被其馬發覺吏劾從行而盜當死有詔募下蠶室後爲宦者丞　宏恭石顯宣帝時宦官注見前十一頁今第六頁　〔宋薛士龍都堂審察劄子曰〕公仲連賢相也不以正義咈君之心番吾君嘗謀也乃以賢賢易君之慮公仲用人如己烈侯改過不吝賢矣哉　〔袁絜齋管仲器小論曰〕管仲經營霸業八年而後成蓋亦勤矣然功業甫定而其心侈然娶三姓女官事不攝臺門反坫用國君禮己爲淫奢若是又安能止其君之縱欲乎

乾文言曰。寬以居之。朱子謂心廣而道積。程子易小畜傳曰。止則聚矣。呂成公謂心散則道不積。充拓收斂。當兩進其功。〔元圻案〕〔朱子語類〕人之爲心不可迫促也善之來無窮而吾心受之有餘地方好若只著得一善第二般來又未便容得如此無緣心廣而道積也　〔張子曰〕心大則百物皆通心小則百物皆病必寬以居之則吾之所以學聚問辨者常見其與心爲一矣　呂成公名祖謙字伯恭諡曰成

坤二敬義本丹書

艮有天命人欲之限

小畜言復同復卦

丹書敬義之訓。夫子於坤六二文言發之。孟子以集義爲本。程子以居敬爲先。〔案〕此二句亦南軒答李敬修語張宣公答李敬修書謂工夫並進。相須而相成也。〔元圻案〕〔大戴禮武王踐阼篇〕太公道丹書之言曰敬勝怠者吉怠勝敬者滅義勝欲者從欲勝義者凶〔朱子答黃𤓰曰〕敬而無義則做出事來便錯了只義而無敬則無本何以爲義〔龜山語錄曰〕敬與義本無二所主者敬而義則自此出焉故有內外之辨其實義亦敬也故孟子之言曰行吾敬義而已觀此則孟子程子非有二意　張宣公名栻字敬夫學者稱南軒先生謚曰宣

艮者限也。限立而內外不越。天命限之。內也不可出。人欲限之。外也不可入。郭沖晦云。〔閻按〕沖晦郭雍所賜號〔全云〕此條出白羊問答〔又云〕郭雍字子和父忠孝號兼山程子門人〇〔元圻案〕〔宋史隱逸傳〕郭雍字子和其先洛陽人傳其父忠孝學居峽州放浪長楊山谷間號白雲先生乾道中旌召不起賜號沖晦處士後更封頤正先生〔四庫全書〕總目載郭雍傳家易說十一卷與宋志合今聚珍版本無此一條郭子和又著卦辭旨要經義考引此條於卦辭旨要之下蓋原書已佚也〔朱子語類〕吳伯豐問兼山所得於程門者云艮內外皆止是內止天理外止人欲又如門限然在外者不得入在內者不得出此意如何蓋兼山有是言而子和述之

小畜上〔案〕上當作下諸本皆誤體乾。復上體坤。乾坤相應。故小畜初九復自道。九二牽復吉與復六四中行獨復六五敦復无悔。義甚相類。牽復中不自失。敦復

同人于野艮其背

隨弗兼與證史

賁後受剝之義

莫益之或擊之證史

中以自考。一五皆得中故也。澹庵云。〔全云〕胡忠簡公銓字邦衡〇〔元圻案〕〔書錄解題〕載澹庵易傳拾遺十卷大概宗主程氏而時出新意李泰發爲之序今 四庫全書不著錄經義考云佚而引此條於後蓋即拾遺之說也 胡澹庵名銓廬陵人建炎二年進士抗疏詆和議謫吉陽軍孝宗即位召還以資政殿學士致仕謚忠簡宋史有傳

同人于野。公之大也。艮其背。止之至也。皆見於象。明一卦之義也。

里克之中立。鄧析之兩可。終於邪而已。故隨之六二曰。弗兼與也。〔全云〕宋建中靖國之說所以致亂〇〔元圻案〕〔程傳曰〕人之所隨得正則遠邪從非則失是无兩從之理二苟係初則失五矣弗能兼與也所以戒人從正當專一也 〔晉語〕優施曰君既許驪姬殺太子而立奚齊謀既成矣里克曰吾秉君以殺太子吾不忍通復故交吾不敢中立其免乎 〔列子力命篇〕鄧析操兩可之說設無窮之辭當子產執政作竹刑鄭國用之數難子產之治子產屈之子產執而戮之俄而誅之

虛美熏心。〔閻按〕路温舒語 秦亂之萌。浮文妨要。王羲之語 晉衰之兆。故賁受之以剝。〔元圻案〕〔漢書路温舒傳上疏曰〕虛美熏心實禍蔽塞此乃秦之所以亡天下也 〔晉書謝安傳〕安與王羲之登冶城悠然遐想有高世之志羲之謂曰夏禹勤王手足胼胝文王旰食日不暇給今四郊多壘宜思自效而虛談廢務浮文妨要恐非所宜

廉恥。國之脈也。廉恥泯則國從之。是以楚瓦好賄

益之屯占上爻

郢城危。晉盈求貨霸業衰。秦賂讒牧遷爲虜。漢金閒增垓敗羽利之覆邦。可畏哉。大學之末。七篇之始。謂孟子所以正人心。塞亂原也。在益之屯曰。莫益之。或擊之。〔萬氏集證曰〕晉盈當作晉寅〔左傳定公四年〕合諸侯於召陵荀寅求貨於蔡侯不得遂辭蔡侯晉由是失諸侯晉寅卽謂荀寅也若欒黶之子欒盈荀罃之子荀盈均無求貨事○〔元圻案〕〔左傳定公三年〕蔡昭侯爲兩珮與兩裘以如楚獻一珮一裘於昭王蔡侯亦服其一子常欲之弗與三年止之唐成公如楚有兩肅霜馬子常欲之弗與亦三年止之冬蔡侯吳子唐子伐楚五戰及郢子常卽囊瓦之字〔戰國策〕李牧數敗走秦軍王翦惡之乃多與趙王寵臣郭開等金使爲反閒曰李牧司馬尚欲與秦反趙趙王使趙葱及顏聚代將殺李牧史記李牧傳王翦因急擊趙大破殺趙葱虜趙王遷遂滅趙〔史記陳丞相世家〕陳平曰項王骨鯁之臣亞夫鍾離昧龍且周殷之屬不過數人耳大王誠能出捐數萬斤金行反閒項王爲人意忌信讒必內相誅漢王乃出黃金四萬斤與陳平縱反閒於楚軍項王果意不信鍾離昧等亞夫乞骸骨歸〔項羽本紀〕亞父者范增也項王軍壁垓下兵少食盡漢軍及諸侯兵圍之數重又〔孟子列傳〕與萬章之徒序詩書述仲尼之意作孟子七篇〔程傳〕利者衆人所同欲也專欲一己其害大矣故夫子曰放於利而行多怨孟子謂先利則不奪不饜聖賢之深戒也上九以剛而求益之極衆人所共惡故無益之者而或擊之〔余友上虞王汾原煦曰〕益震下巽上屯震下坎上益第六爻變爲益之屯則占本卦上六爻辭

翰音登天

翰音登于天。無實之名也。殷浩房琯以之。〔全云〕殷浩與房琯有別○〔元圻案〕〔漢上易中孚上九傳曰〕巽爲雞鳥之類聲聞於天者鶴也雞無是實虛聲聞于上雞登于天須臾則反其可長乎〔晉書殷浩傳〕浩字深源陳郡長平人也識度清遠弱冠有

困不失亨證史

連山首艮證史

坎冠以習

卦氣起中孚

美名三府辟皆不就于時擬之管葛朝廷欲遂蕩平關河以浩爲中軍將軍假節都督揚豫徐兗青五州軍事既至許昌會張遇反謝尙又敗績浩還壽陽後復進軍次山桑而姚襄反浩懼棄輜重退保譙城史臣曰浩淸徽雅量衆議攸歸及其入處國鈞未有嘉謨善政出總戎律惟聞蹙國喪師是知風流異貞固之才談論非奇正之要違方易任以致播遷悲夫〔唐書房琯傳〕琯字次律河南人元宗狩蜀拜同平章事奉冊靈武見肅宗辭吐華暢帝爲改容琯既有重名帝傾意待之琯請自將平賊詔琯持節招討西京得自擇參佐次便橋遇賊陳濤斜大敗殺卒四萬

君子無斯須不學也。黃霸之受尙書。趙岐之注孟子。皆在患難顛沛中。況優游暇餘之時乎。易曰困而不失其所亨。

〔元圻案〕〔漢書循吏傳〕黃霸字次公淮陽陽夏人爲廷尉繫獄當死霸因從勝受尙書〔夏侯勝傳〕勝霸既久繫霸欲從勝受經勝辭以罪死霸曰朝聞道夕死可矣勝善其言遂授之繫再更冬講論不怠〔後漢書趙岐傳〕岐字邠卿京兆長陵人初名嘉生於御史臺因字臺卿後避難故自改名字示不忘本土也著孟子章句三輔決錄〔趙岐孟子題辭曰〕余困吝之中精神遐漂靡所濟集聊欲係志於翰墨得以亂思遺老也儒家惟有孟子閎遠微妙蘊奧難見於是乃述己所聞證以經傳爲之章句具載本文章別其旨分爲上下凡十四卷　李泰發以論和議忤秦檜謫嶺南自號讀易老人著讀易詳說嘗爲胡邦衡易解序曰昔遷貶之士率多怨懟感憤邦衡流落瘴鄉而玩意三畫可謂困而不失其所亨非聞道者能之乎〔後漢書崔駰傳〕駰字子瑗以事繫東都發干獄獄掾善爲禮瑗閒考訊時輒問以禮說其專心好學雖顛沛必如是

連山首艮。艮萬物之所終始也。八風始於不周。卦氣始於中孚。冬至爲曆元。黃鍾爲律本。北方終

六日七分坎六爻節氣物候

陰而始陽故謂之朔方太元紀日於牛宿紀氣於中首而以罔冥爲元艮之終始萬物也虞仲翔云萬物成始乾甲成終坤癸艮東北是甲癸之間〔見周易集解〕沙隨程氏〔全云沙隨先生迥字可久〕云醫家難經爲百刻圖一歲陰陽升降會於立春一日陰陽昏曉會於艮時此說與易合又云北方之氣至陰而陽生焉象曰習坎重險也於物爲龜爲蛇於方爲朔爲北於太元配罔與冥所以八純卦中獨冠以習

〔元圻案〕〔程沙隨周易古占法卷一〕乾坤六爻新圖說曰連山首艮歸藏首坤今乾初在艮位坤初在坤位三易無異致也夫明夷之謙初九變也左氏載卜楚邱之言以爲日一之日古人以寅配初其來尚矣醫家難經爲百刻圖云云 北方之氣至陰而陽生焉一條見周易古占法卷二 〔周禮春官太卜〕掌三易之法一曰連山註杜子春云連山宓戲疏曰連山易其卦以純艮爲首艮爲山山上山下是名連山易〔正義〕鄭康成云夏曰連山象山之出雲連連不絕〔史記律書〕不周風居西北廣莫風居北方條風居東北明庶風居東方清明風居東南景風居南方涼風居西南閶闔風居西方 〔按易緯通卦驗〕〔春秋緯考異郵〕〔淮南天文訓〕〔地形訓〕〔白虎通〕〔劉熙釋名〕言八風皆先條風惟左傳隱五年正義引服虔說始不周風與史記同 〔孔穎達易疏〕七日來復云易稽覽圖卦氣起中孚故離坎震兌各主一方其餘六十卦卦有六爻別主一日凡主三百六十日餘有五

日四分日之一每日分爲八十分五日分爲四百分日之一又分爲二十分是四百二十分六十卦分之六七四十二卦别各得七分每卦得六日七分也〔易緯是類謀曰〕冬至日在坎春分日在震夏至日在離秋分日在兌四正之卦卦有六爻爻主一氣〔漢上易〕載李漑卦氣圖坎初六冬至九二小寒六三大寒六四立春九五雨水上六驚蟄中孚主蚯蚓結麋角解在冬至小寒之間〔漢書律曆志上〕黄帝制十二筩以聽鳳之鳴其雄鳴六雌鳴亦六比黄鍾之宫而皆可以生之是爲律本〔春秋繁露〕陰陽終始天之道終而復始故北方者天之所終始也〔李巡曰〕萬物盡於北方蘇而復生故曰朔方〔京房易傳〕坎牛宿從位降戊子〔太元八十一首〕第一首曰中范望注曰象中孚卦中者冬至之節日起牛宿一度斗建子律應黄鍾夏之十一月萬物萌芽於黄宫之中故首曰中〔元文曰〕罔直蒙酋冥罔北方也冬也未有形也直東方也春也質而未有文也蒙南方也夏也物之修長也皆可得而載也酋西方也秋也物皆成象而就也有形則復於無形故曰冥范望注五者太元之德萬物因以生長四方以名北爲萬物之終始故冥罔重也罔無冥昧也〔司馬温公說元曰〕易有元亨利貞元有罔直蒙酋冥〔惠氏棟易漢學曰〕仲翔之意艮爲東北之卦而消於丙當在南方乾十五日也坤三十日也艮在中距乾坤皆八日甲東癸北故云艮東北甲癸之間〔漢上易太元準易圖說曰〕律曆之元始於冬至卦氣起於中孚其書本於夏后氏之連山而連山則首艮所以首艮者八風始於不周實居西北之方七宿之次是爲東壁營室東壁者辟生氣而東之營室者營陽氣而產之於辰爲亥於律爲應鍾於時爲立冬此顓頊之曆所以首十月也漢巴郡洛下閎運算轉曆推步晷刻以太初元年十一月甲子夜半冬至而名節會察寒暑定清濁起五部違氣初分數然後陰陽離合之道行焉然洛下閎能知曆法而止揚子雲通敏叡達極陰陽之數不惟知其法而又知其意故太元之作與太初相應而兼該乎顓頊之曆發明連山之旨以準周易爲八十一卦王氏此條似取於朱子發之說〔三國志吳虞翻傳〕翻字仲翔會稽餘姚人翻與孔融書幷示以所著易注融答書曰聞延陵之理樂覩吾子之治易乃知東南之美者非徒會稽之竹箭也　程沙隨睢陽人浙江通志稱爲寧陵人靖康之亂從居餘姚著易章句十卷周易外編一卷古易考一卷古易占法一卷〔書錄解題醫家類〕難經二卷渤海秦越人撰漢志但有扁鵲內外經隋志始有難經唐志始題秦越人

日月爲易。一奇一耦。陰陽之象也。王介甫詩說云。彼曰七月九月。此曰一之日二之日。何也。陽生矣則言日。陰生矣則言月。（何云此說精審有味朱子謂變月言日者是月之日也則詩人何必屢變其解哉）與易臨至於八月有凶復七日來復同意。四月正陽也。秀葽言月。何也。以言陰生也。陰始於四月。生於五月。而於四月言陰生者。氣之先至者也。李子思（全云名舜臣）云。復剛長以日云者。幸其至之速。臨陰消以月云者。幸其消之遲。沙隨程氏云。陽極於九而少陰生於八。陰之義配月。陰極於六而少陽復於七。陽之義配日。（集證）（參同契）坎戊月精離己日光日月爲易剛柔相當說文祕書說日月爲易象陰陽也惠氏曰虞翻易注引參同契亦云字從日下月說文所謂祕書者參同契之類也○（元圻案）（晁氏讀書志）新經毛詩義二十卷熙寧中置經義局撰三經義皆本王安石說毛詩先命王雱訓其辭復命安石訓其義書成以賜太學布之天下以取士云（淮南時則訓）孟夏之月螻蟈鳴（高誘注）（四月陰氣始動於下故鳴） 介甫詩義已佚散見於李黃毛詩集解中按七月篇黃實夫曰先儒以一之日爲用周正因謂周公以月記夏以日記周不知所謂日者特以一陽之復故以日言之豈謂周正乎其說與介甫合而不引介

卦有十百千之數各卦中卦名相錯

甫說何也〔漢上易七日來復圖說〕王洙曰復初體震震居少陽其數七復則君子道長因慶之也慶在乎始其言速故稱日蓋用褚氏莊氏變月言日者欲見陽長欲速大同而小異

李子思名舜臣隆州井研人宋史有傳書錄解題載其所著易本傳三十三卷經義考云已佚

一卦變六十四六十四卦變四千九十有六六爻
不變與六爻皆變者其別各六十有四一爻變
與五爻變者其別各三百八十有四二爻變與
四爻變者其別各九百有六十三爻變者其別
一千二百有八十朱子發謂需利用恆者需之
恆也蒙六五順以巽者蒙之觀也乾九四乾道
乃革者乾之小畜也小畜之中又有離兌故曰
革是謂天下之至變〔案〕此漢上易需初九傳文張真父謂易無所
不變蒙曰困蒙小畜曰復自道又曰牽復履曰
夬履離曰履錯然歸妹曰跛能履泰曰帝乙歸
妹臨曰咸臨咸曰執其隨艮曰不拯其隨噬嗑

八月七日三說

曰頤中有物。曰噬嗑。曰損曰勿損益之。又曰或益之。夬曰壯于前趾。又曰壯于頄。遯曰執之用黃牛之革。鼎曰鼎耳革。兌曰孚于剝。未濟曰震用伐鬼方。皆有卦變之象。小畜以一陽爲復。兌以一陰爲剝。變之變者也。六十有四相錯而不亂。張文饒〔全云〕名行成謂臨之初二皆曰咸。臨有咸象也。咸之用在兌之說也。履之九五曰夬履。有夬象也。夬與履乾兌相易之卦也。〔元圻案〕〔錢塘厲氏鶚宋詩紀事曰〕張震字真父號無隱居士蜀之益寧人慶元中知湖州除福建提刑〔四庫全書總目術數類〕宋張行成皇極經世索隱二卷觀物外篇衍義九卷易通變四十卷俱從永樂大典錄出行成字文饒臨邛人始末不甚可考玉海稱乾道二年六月以行成進易可採除直徽猷閣

臨所謂八月。其說有三。一云自丑至申爲否。一云自子至未爲遯。一云自寅至酉爲觀。本義兼取遯觀二說。復所謂七日。其說有三。一謂卦氣起

中孚六日七分之後爲復。一謂過坤上六位至復爲七日。一謂自五月姤一陰生至十一月一陽生。本義取自姤至復之說。（元圻案）（周易集解五案）臨十二月卦也自建丑之月至建申之月凡歷八月則道長君子道消故八月有凶也（集解）虞翻曰臨消於遯六月卦也於周爲八月故至於八月有凶（又鄭康成曰）臨自周二月用事訖其七月至八月而遯卦受之（易正義）何氏云從建子陽生至建未爲八月朱子發曰王昭素胡旦從之（易正義）褚氏云自建寅至建酉爲八月（朱子語錄）問臨卦至於八月有凶有兩說前說自復一陽之月至遯二陰之月陰長陽遯之時後說自泰至觀觀二陽在上四陰在下與臨相反亦陰長陽消之時二說孰長先生曰前說是周正八月後說是夏正八月恐文王作卦辭時只用周正紀之未可知也王弼注陽氣始剝盡至來復時凡七日（正義曰）易稽覽圖云卦氣起中孚故離坎震兌各主其一方其餘六十卦卦有六爻爻別主一日凡主三百六十日餘有五日四分日之一每卦得六日七分剝卦陽氣之盡在九月之末十月當純坤用事坤卦有六日七分坤卦之盡則復卦陽來是從剝盡至陽氣來復隔坤之一卦六日七分舉成數言之故輔嗣言凡七日也（易正義序）康成曰建亥之月純陰用事至建子之月陽氣始生隔此純陰一卦卦主六日七分舉其成數言之而云七日來復（漢上易七日來復圖說曰）兩漢諸儒皆用六日七分之說故孔穎達述而明之又曰九月剝也有艮有既濟有噬嗑有大過凡五卦而後成坤十月坤卦也有未濟有蹇有頤有中孚凡五卦而後成復大綱而言則剝九月坤十月復十一月故京房曰剝復相去三十日別而言之復主冬至冬至中氣起於中孚自中孚之後七日而復故曰七日來復又曰以消息言之自立冬十月節至大雪十一月節坤至復卦凡歷七爻以卦氣言之自冬至十一月中氣卦氣起中孚至復卦凡歷七日（案）孔疏似併二說爲一至朱子發乃分明厚齋蓋據以爲說（周易集解）侯果曰五月天行至午陽復而陰生也十一月天行至子陰復而陽生也凡歷七月故曰七日來復（漢上易）卦氣圖說先儒褚氏莊氏云五月一陰生至十一月

純陽純陰中有陰陽

坤象傳無堅冰字郭京周易舉正

一陽生凡七月而云七日者欲見陽長須速故變月言日

易賁象傳正義云四月純陽陰在其中而靡草死十月純陰陽在其中而薺麥生漢和帝紀有司奏以爲夏至則微陰起靡草死可以決小事與月令不同張文饒曰陽雖生於子實兆於亥故十月薺麥生陰雖生於午實兆於巳故四月靡草死

原注參同契二月榆死八月麥生○見卯酉刑德章○〔元圻案〕〔後漢書和帝紀注〕曰月令孟夏之月靡草死麥秋至斷薄刑決小罪臣賢案五月一陰交生可以言微陰起今月令云孟夏乃是純陽之月此言夏至與月令不同〔董仲舒雨雹對曰〕建巳之月爲純陽不容都無復陰也但是陽家用事陽氣之極耳薺麥枯由陰殺之也建亥之月爲純陰不容都無復陽也但是陰家用事陰氣之極耳薺麥始生由陽升也其尤者葶藶死於盛夏款冬花於嚴冬水極陰而有溫泉火至陽而有涼焰故知陰不得無陽陽不容都無陰也

初六履霜陰始凝也見於魏文帝紀注太史丞許芝引易傳之言沙隨程氏朱文公皆從之〔原注〕郭京本無初六字○〔元圻案〕〔項氏安世周易玩辭曰〕程子以此句堅冰二字爲衍文安世按魏書曹丕時許芝奏云易傳曰初六履霜陰始凝也則是時猶未有此二字明後人妄加也郭京徐氏本皆無此二字〔讀書志〕周易舉正三卷唐郭京撰京嘗任蘇州司戶序稱京家藏王弼韓康伯手札周易本及石經校正一百三十五處二百七十三字蓋以繇象相證有闕漏處可推而

包承小人

頤初九王弼說爲精

慎言語節飲食

知訢云得王韓手札與石經耳

龜山曰子見南子包承者也此大人處否而亨之道朱文公謂非所以爲訓若使大人處否而包承小人以得亨利則亦不足以爲大人矣全云聖人非道廣之太邱○〔元圻案〕〔楊龜山易說曰〕上下不交而小人道長極矣故包承之吉若子見南子是也其爲言曰予所否者天厭之則其見南子也是豈得已哉此大人處否而亨之道〔朱子語類曰〕龜山以包承小人爲一句言否之世當包承那小人如此卻不成句龜山之意蓋欲解洗他從蔡京父子之失也　龜山先生名時字中立將樂人受業程子著易說熙寧九年進士高宗朝官工部侍郎諡文靖

頤初九王輔嗣注云安身莫若不競修己莫若自保守道則福至求祿則辱來至哉斯言可書諸紳〔閻按〕宋李孟傳亦嘗取斯四言戒其子云

病從口入禍從口出傅元口銘也頤慎言語節飲食正義用其語〔集證〕〔太平御覽三百六十七〕傅子口銘云神以感通心由口宣福生有兆禍來有端情莫多妄口莫多言蟻穴潰河溜沈傾山病從口入禍從口出存亡之機闔闢之術口與心謀安危之源樞機之發榮辱存焉〔朱子語類〕或曰諺謂禍從口出病從口入甚好曰此語前輩曾用以解頤之象〔晉書傅元

教人用蒙不用復
學易自復始

艮趾艮輔艮身艮背

帝乙歸妹子夏易傳

傳〕元字休奕北地泥陽人武帝時爲司隸校尉賁遊憪服臺閣生風謚曰剛

聖人教人用蒙而不用復。蓋復者去其不善而復於善之謂也。若蒙則無不善。亦未有所失也。周南仲云。〔何云〕好語而無味各因其時與其人則蒙復兼施也　〔全云〕南仲謂人能養之於蒙則無須乎復耳此古人胎教與少儀之說若不得已而用復是兼施矣何說滯○〔元圻案〕〔劉屏山聖傳論曰〕學易者必有門戶復卦易之門戶也入室者必自戶始學易者必自復始得是者其惟顏氏乎觀此知南仲之說失之過高　周南字南仲吳郡人淳熙庚戌進士官至秘書省正字著周氏山房集

趾所以行。輔所以言。艮其趾。雖行猶不行也。艮其輔。雖言猶不言也。故能時行時止。動靜不失其時。其道光明。馮當可〔何云〕名時行一云。〔原注〕艮六四艮其身象以躬解之偃背爲躬見背而不見面朱文公詩云反躬艮其背止其所不見止於至善也○〔元圻案〕反躬艮其背朱子感興詩句也止其所不見本程子語〔經義考〕馮氏當可易論三卷佚程迥曰蜀人馮時行字當可號縉雲先生朱子曰馮當可字時行　馮椅厚齋易學聞引當可之說

帝乙歸妹。子夏傳謂湯之歸妹也。京房載湯嫁妹之辭曰。無以天子之尊而乘諸侯。無以天子之

富而驕諸侯。陰之從陽。女之順夫。本天地之義也。往事爾。夫必以禮義。〔案〕〔漢上易傳〕以帝乙為湯。亦以前二說為證 荀爽對策引帝乙歸妹。言湯以娶禮歸其妹於諸侯也。張說鄎國公主銘。亦云帝唐降女。天乙歸妹。〔何云〕燕公文不足據以證經 若左傳〔哀公九年〕筮遇泰之需。曰微子啟。帝乙之元子也。虞翻亦云紂父。〔見周易集解〕二說不同。正義皆略之。〔繼序〕〔按易乾鑿度〕以易之帝乙為成湯。鄭康成引以注禮記檀弓。又按白虎通姓名章亦同。○〔元圻案〕〔馮椅易學〕曰。商君有三乙。成湯為天乙。一也。祖乙圮於耿。二也。自成湯至於帝乙。乃微子之父。三也。今湯嫁妹之辭。見漢京房傳。則非微子之父明矣。〔書錄解題〕曰。隋唐志有子夏易傳三卷。陸德明李鼎祚亦時稱引。攷漢志初無此書。孫坦周易析蘊言此漢杜子夏也。〔後漢書荀爽傳〕爽字慈明。一名諝。延熹九年拜郎中。對策陳便宜云云。〔註曰〕史記紂父名帝乙。此文以帝乙為湯。湯名天乙也。〔唐書張說傳〕說字道濟。或字說之。洛陽人。元宗召為中書令。封燕國公。諡曰文貞。 鄎國公主銘載唐文粹。 〔周易集解〕九家易曰。五者帝位。震象稱乙。是為帝乙。虞翻又曰。震為帝。坤為乙。 〔宋沈作喆寓簡曰〕帝乙歸妹者。言人君之德與帝者相甲乙。故能正人倫。又與諸說不同。

離言明兩作。坎言水洊至。起而上者作也。趨而下者至也。此陸農師之說。朱文公〔語類〕取之。〔全云〕陶山陸佃字農師。荆公之弟子而放翁之祖也○〔元圻案〕〔陶山集九八卦解上〕起而上者作也推而下者至也火炎上水潤下故離言明兩作坎言水洊至兩物相差爲二二物相敵爲兩於離言兩作者以重明相繼而作於上也文於象形鳥飛而下爲至於會意水洊而至爲洊於坎言洊至者以重險相繼而存於下故也〔康成注〕作起也〔藍田呂氏曰〕水之走下繼至而不絕與農師之說合 陸佃越州山陰人熙寧三年擢甲科累官吏部尚書著陶山集已佚 四庫全書由永樂大典錄出次爲十六卷

范諤昌證墜簡震象辭脫不喪七鬯四字程子取之漸上九疑陸字誤胡安定取之〔全云〕范諤昌宋初隱士劉牧之易本於諤昌諤昌之易得於种放〔方樸山云〕以陸爲逵謂於協韻可也注逵爲雲路則可疑〔集證〕〔惠定宇曰〕按御覽一百六十六載王肅注云有靈而尊者莫若於天有靈而貴者莫若於王有聲而畏者莫若於雷有政而嚴者莫若於侯是以天子當乾諸侯用震地不過一同雷不過百里政行百里則七鬯不喪祭祀國家大事不喪宗廟安矣范諤昌王昭素謂象辭出上脫不喪七鬯四字〔按〕王肅注當如二人之說 〔讀書志〕〔一〕證墜簡一卷天禧中毗陵從事建溪范諤昌撰其書酷類郭京易舉正如震卦象辭內云脫不喪七鬯四字程正叔取之漸上六疑陸字誤胡翼之取之自謂其學出於湓浦李處約廬山許堅○〔元圻案〕〔經義考〕范諤昌證墜簡一卷佚 〔漢上易圖說〕河圖劉牧傳於范諤昌諤昌傳於許堅堅傳於李溉溉傳於种放放傳於陳摶 胡瑗字翼之泰州如皋人仁宗朝以布衣召拜校書郎爲湖州學官學者稱安定先生著易傳十卷晁公武曰或云門人倪天隱所纂非其自著也

釋文全云陸德明作引子夏傳云地得水而柔水得地而流故曰比周禮夏官大司馬疏謂坤爲土坎爲水水得土而流土得水而柔是水土和合故象先王建萬

國。親諸侯。〔元圻案〕〔周易集解〕引子夏傳作地得水而柔水得土而流今本子夏傳作地藏水而澤水得地而安 〔讀書志一〕周禮疏四十卷唐賈公彥撰公彥洺州人永徽中仕至大學博士今併爲十二卷

睇于左股

釋文。引鄭注異字。然內則注明夷睇于左股。猶有所遺。〔元圻案〕〔內則〕跛倚睇視〔註〕睇傾視也易曰明夷睇于左股正義曰明夷睇于左股者是明夷六二爻辭彼註云旁視爲睇六二辰在酉酉在西方又下體離離爲目九三體在震震東方九三又在辰辰得巽氣爲股此謂六二有明德欲承九三故云睇于左股引之者證睇爲旁視也按釋文夷于左股釋云夷如字子夏作睇鄭陸同云旁視曰睇亦作睼是未嘗遺也豈深寧所見之本與今不同耶

朋盍簪

朋盍簪。簪疾也。王弼注 至侯果始有冠簪之訓。晁景迂云古者冠禮。未有簪名。〔閻按〕〔杜詩〕盍簪喧櫪馬近杜註號爲詳博皆未知其從侯果來者侯果說見李鼎祚周易集解〇〔元圻案〕〔集解〕侯果曰朋從大合若以簪簪之固括也又引虞翻曰盍合也坤爲盍戠聚會也戠舊讀作撍〔王弼注〕盍合也簪疾也朱子本義從虞王之說〔程傳〕郭兼山楊龜山俱從侯說義海撮要載劉牧曰簪所以固冠而總髮冠之危賴簪以固之猶君之危賴臣以安之則遵用侯說自牧始 〔朱新仲倚覺寮雜記云〕古冠有笄不謂之簪簪後人所名〇〔程沙隨周易古占法二〕朋盍簪王弼曰簪疾也陸希聲本作捷所以爲疾晁以道云古冠服無簪故迥於豫傳占法中辨之卽弁服之笄也 〔明何氏楷周易訂詁曰〕鹽鐵論神禹治水遺簪不顧非簪而何晁氏之說見易規訓詁條

說苑引易佚文

說苑。〔全云〕劉向作 周公戒伯禽曰。易曰。有一道。大足以守

鹽鐵論引易佚文

說文引易佚文

天下。中足以守國家。小足以守其身。謙之謂也。孔子曰。易曰。不損而益之。故損。自損而終。故益。見敬慎篇今易無此言。又泄冶曰。易曰。夫君子居其室二云。云君子之所以動天地。可不慎乎。天地動而萬物變化。見君道篇今易無末一句。然泄冶在夫子之前。而引易大傳之言。殆非也。〔元圻案〕〔說苑君道篇〕陳靈公行僻而言失。泄冶曰。陳其亡矣。吾驟諫君。君不吾聽而愈失威儀。夫上之化下。猶風靡草。東風則草靡而西。西風則草靡而東。是故人君之動不可不慎也。夫樹曲木者。惡得直景。人君不直其行。不敬其言者。未有能保帝王之號垂顯令之名者也。易曰。夫君子居其室。出其言善。云云。靈公聞之。以泄冶為妖言而殺之。後果弒於徵舒。

鹽鐵論遵道篇文學引易曰。小人處盛位。雖高必崩。不盈其道。不恆其德。而能以善終身。未之有也。是以初登于天。後入于地。說文目部相字注引易曰。地可觀者莫可觀於木。今易無之。疑易傳及易緯。〔元圻案〕一〔漢書藝文志〕桓寬鹽鐵論六十篇。師古曰。寬字次公。汝南人也。孝昭帝時。丞相御史與諸賢良文學論鹽鐵事。寬撰次之。〔讀書志二〕說文解字十五卷。漢許慎纂。李陽冰刊定。僞唐

漢魯恭趙温說易
潛龍履霜應氣候
讞獄應中孚氣候
姤施誥應夏至
有孚盈缶
過澤滅頂

徐鉉再是正之又增加其闕字〔錢氏大昕養新錄曰〕地可觀者莫可觀於木殆是釋觀卦名義巽上坤下木在地上之象其卦爲觀於文木旁目爲相相亦觀也

後漢魯恭上鄧太后奏議引易曰潛龍勿用言十一月十二月陽氣潛藏未得用事雖昫嘘萬物養其根荄而猶盛陰在上地凍水冰陽氣否隔閉而成冬故曰履霜堅冰陰始凝也馴致其道至堅冰也言五月微陰始起至十一月堅冰至也又云易十二月君子以議獄緩死〔案〕〔章懷注曰〕易中孚象辭稽覽圖中孚十二月卦也何本三箋本皆作十一月案卦氣圖坤十月卦至十一月復中隔未濟蹇頤中孚四卦則中孚正是十一月卦當從之又諫盛夏斷獄疏云案易五月姤用事經曰后以施令誥四方言君以夏至之日施命令止四方行者所以助微陰也又諫擊匈奴疏引易曰有孚盈缶終來有它吉言甘雨滿我之缶誠來有我而吉已趙温曰於易一爲過再爲涉三而弗改滅其頂凶漢儒說易可以參考〔元圻案〕〔後漢書

噬乾胏得金矢

西鄰禴祭

魯恭傳）恭字仲康扶風平陵人其先出於魯頃公爲楚所滅遷於下邑因氏焉永元十二年代呂蓋爲司徒諸疏俱載本傳　趙溫字子柔獻帝西遷代楊彪爲司空附見後漢書趙典傳溫典之子也（三國志董卓傳注）引獻帝起居注趙溫與李傕書曰公前屠陷王城今不改悟而復欲輔乘輿於黃白城此誠老夫所不解也於易一爲過云云

王肅注易十卷今不傳其注噬乾胏得金矢曰四體離陰卦骨之象骨有乾肉脯之象金矢所以獲野禽故食之反得金矢君子於味必思其毒於利必備其難見太平御覽（閻按）（宋史藝文志）易類有王肅傳十一卷○（元圻案）王肅說見御覽八百六十二卷（唐徐堅初學記）二十六脯類引王肅此注離陰作純陰故食之作以食之（易王肅注）隋唐志宋史經典釋文敘錄皆著錄肅朗之子也三國志與父朗同傳陸德明曰肅字子邕東海蘭陵人魏衛將軍太常蘭陵景侯又注尚書禮容服論語孔子家語述毛詩注作聖證論難鄭康成（書錄解題類書類）太平御覽一千卷翰林學士扈蒙等撰以前代修文御覽藝文類聚文思博要及諸書參詳條次修纂本號太平總類太平興國二年受詔八年書成改名御覽

漢郊祀志引西鄰之禴祭顏師古注瀹煮新菜以祭蓋以禴爲瀹王輔嗣云禴祭之薄者也沼沚之毛蘋蘩之菜可羞於鬼神亦與顏注同（何云）顏郎承輔嗣說何用蔓引炫博必應劭伏儼之徒乃兩漢經師緒言可舉以參考耳　鄭康成謂禴夏祭之名（元圻案）鄭注見釋

鼓缶歌嗟

剝牀以簋

履言禮豫言樂

文〔集解〕虞翻曰禴夏祭也〔周禮大宗伯〕以禴夏享先王詩毛傳亦謂夏曰禴爾雅作夏礿禮記注皇氏曰礿薄也〔程傳〕〔橫渠易說郭氏傳家易說〕〔漢上易傳〕俱從王輔嗣說朱子本義略之

離九三。蔡伯靜。〔何云〕名淵西山長子解云。鼓缶而歌。當衰〔經義考〕引之衰作哀而樂也。大耋之嗟。當衰〔經義考〕衰作樂而哀也。盛衰之道。天之常也。君子之心。順其常而已。不樂則哀。皆爲其動心而失其常者。故凶。此說長於古注。

〔何云〕張子云悲衰耋故爲樂不爲則復嗟年景之不足明正將老離過於中故哀樂之不常其德伯靜之說蓋本於此○〔元圻案〕蔡淵字伯靜號節齋建安人西山先生之長子有周易經傳訓解四卷易象意言一卷〔會稽茹先生敦和讀易日札曰〕不鼓缶而歌則大耋之嗟所謂今我不樂逝者其耋是也則以日昃之離故也

京氏易。剝牀以簋。謂祭器。見釋文澹庵云。易於剝坎取象簋。簋以精意寓焉。

上天下澤。履。此易之言禮。雷出地奮。豫。此易之言樂。呂成公之說。見東萊易說本於漢書。敘傳上天下澤。春雷奮作。先王觀象。爰制禮樂。〔元圻案〕太元樂陽始出奧舒疊得以和淖物咸喜樂〔注曰〕象豫卦禮

渙其羣

蒙泉履霜

不菑畬凶
括囊爲腐儒
元亨利貞隨
四德

乾坤鑿度
宰相宜讀易

陰在下而陽在上上下正體物與有禮〔注曰〕象履卦此又孟堅之所本也〔崑山徐氏乾學曰〕東萊易說非有成書乃先生平時講說所及而門人記錄之者

渙其羣。蘇明允（仲兄字文甫說）云。羣者聖人所欲渙以一天下者也。本義取之。謂程傳有所不及。〔元圻案〕〔程傳曰〕方渙之時用剛則不能使之懷附用柔則不足以爲之依歸四以巽順之正道輔剛中正之君君臣同功所以能濟渙也天下渙散而能使之羣聚可謂大善之吉也〔朱子語錄老蘇云〕渙之六四曰渙其羣元吉夫羣者聖人之所欲渙以混一天下者也此說雖程傳有所不及如程傳之說則是羣其渙非渙其羣也蓋當人心渙散之時各相朋黨不能混一惟六四能渙小人之私羣成天下之公道此所以元吉也

充善端於蒙泉之始。絕惡念於履霜之萌。

坊記曰。不耕穫。不菑畬。凶。荀子（非相篇）曰。括囊无咎无譽。腐儒之謂也。左氏傳。（襄九年）穆姜以元亨利貞爲隨之四德。是說者。其未見象文言歟。〔元圻案〕〔漢書藝文志儒家〕孫卿子三十三篇名況趙人爲齊稷下祭酒有列傳〔師古曰〕本曰荀卿避宣帝諱故曰孫卿

易緯乾坤鑿度注云。虞世南曰。不讀易。不可爲宰相。

注者未詳其人。亦天下名言也。〔元圻案〕〔四庫全書總目易類〕乾坤鑿度二卷隋唐志崇

乾乾夬夬諸疊字

坤畜泰濟爻無卦名

巽木離電坎有雲泉雨之象大象取卦義有異革言水火

坎離內景外景

文總目皆未著錄至宋元祐間始出紹興讀書目有蒼頡注鑿度二卷後以鄭氏所注乾鑿度有別本單行故亦稱此爲巛鑿度〔注文曰〕後漢王鳳舉曰不讀易經者不得登朝須道德二經與宰相剌勅批魏亦如此至唐虞世南舉曰不讀易不可爲宰相

乾乾夬夬皆九三。重剛也。謙謙初六。居下卦之下也。坎坎六三。居重險之間也。蹇蹇六二。陰居陰也。

諸卦之爻皆及卦名。坤小畜泰大畜既濟上六爻悉無之。

八卦之象又有六焉。巽曰木。坎曰雲。曰泉。曰雨。離曰明。曰電。〔元圻案〕專指大象之取象而言如屯震下坎上而象曰雲雷屯蒙坎下艮上而象曰山下出泉噬嗑震下離上而象曰雷電噬嗑大過巽下兌上而象曰澤滅木離之象曰明兩作晉坤下離上而象曰明出地上解坎下震上而象曰天地解而雷雨作〔革象傳曰〕革水火相息〔漢上傳曰〕兌澤離火而象曰水火何也曰坎兌一也澤者水所鍾无水則无澤矣坎上爲雲下爲雨上爲雲者澤之氣也下爲雨則澤萬物也故屯需之坎爲雲小畜之兌亦爲雲坎爲川大畜之兌亦爲川坎爲水革兌亦爲水又兌爲金金者水之母此水所以周流而不窮乎坎陽兌陰陰陽二端其理則一如此始可言象矣余友正定王棫園定柱曰〕大畜之兌亦爲川大畜疑當是大過上六過涉卽涉川之義

曾子天圓篇。火日外景。金水內景。薛士龍〔全云〕名季宣號艮齋

韓康伯注繫辭康伯不受業王弼

詩二云嘗聞曾子書。金火中外明。圓方遞含施。二景參黃庭。〔案〕此詩題曰還反釋言 愚按周髀二云日猶火。月猶水。火則外光。水則含景。其說本於易之坎離。坎內陽外陰。故爲水爲月。離內陰外陽。故爲火爲日。〔元圻案〕〔淮南子天文訓〕天道曰圓地道曰方方者主幽圓者主明明者吐氣者也是故火日外景幽者含氣者也是故水月內景與天圓篇說同〔張子正蒙參兩篇〕火日外光能直而施金水內光能闢而受〔注〕火日陰質也故內暗而外光金水陽質也故外暗而內明〔一讀書志三〕曾子二卷考其書已見於大戴禮漢有禮經七十篇后氏戴氏記百三十一篇七十子後學者所記是時未有大小戴之分不知曾子在其中與否也 薛季宣永嘉人曾知常州故或稱薛常州著浪語集三十五卷 四庫全書著錄〔陳振孫曰〕周髀者蓋天之書也稱周公受之商高而以句股爲術故曰周髀

繫辭正義二云韓氏親受業於王弼。承王弼之旨。故引弼二云以證成其義。愚攷王弼終於魏正始十年。韓康伯東晉簡文帝引爲談客。事見晉書韓伯傳 二人不同時。相去甚遠。謂之親受業。誤矣。〔何云〕〔晁公武讀書志〕亦承正義之誤〔又云〕郭京亦爲此言又云晉書本傳不言其注繫辭惟隋書經籍志及陸氏釋文載之〔閻按〕韓康伯名伯穎川長社人殷浩之外甥也官太常晉書有傳嘗謂唐李嘉祐詩輔嗣外孫還解易惠

易家分象數義理李氏集解宗康成朱子發去取易家鄭王言易不同

連羣從總能詩王輔嗣年二十四卒無子絕嗣見三國志晉張湛雖稱輔嗣女壻趙季子家有列子未聞季子之子能明易以傳其學此必殷浩外甥之誤記蓋詩人多不契勘或曰安知其不別有所據余笑而不敢答○〔元圻案〕〔三國志〕王弼見魏鍾會傳注引何劭弼傳曰正始十年秋遇癘疾亡年二十四無子絕嗣　魏主芳正始十年己巳晉簡文帝元年辛未相去一百二十三年　〔世說新語三〕殷中軍云康伯未得我牙後慧〔注〕浩別傳曰浩舍老易能清言康伯浩甥也甚愛之

程子伊川答張閎中書言易謂得其義則象數在其中。朱子答鄭子上問以爲先見象數方說得理。不然事無實證則虛理易差。愚嘗觀顏延之庭誥〔案〕本傳庭誥者施於閨庭之內謂不遠也云馬陸得其象數取之於物。荀王舉其正宗得之於心。〔何云〕馬陸當指馬融陸績荀則荀爽也〔全云〕荀爽亦象數之學何說恐誤考隋志於王弼易下附注魏散騎常侍荀煇易十卷意者近王弼之學故附之顏氏所指或是煇耶其說以荀王爲長李泰發亦謂一行明數而不知其義。管輅明象而不通其理。蓋自輔嗣之學行。而象數之說隱然義理象數一以貫之。乃爲盡善。故李鼎祚獨宗康成之學。朱子發兼取程邵之說。〔元圻案〕顏延之字延年琅琊臨沂人宋書有傳本傳錄庭誥節此數語不載〔太平御覽六百八卷〕引之曰馬陸得其象數而失其

輔嗣伊川言易不同晁子止易廣傳

成理荀王舉其正宗而略其象數四家之見雖各爲所志總而論之情理出於微明氣數生於形分然則荀王得之於心馬陸取之於物其無惡迄可知矣　李泰發名光上虞人諡莊簡自號讀易老人著讀易詳說宋史有傳　一行唐時僧也精於曆數其說見唐書曆志天文志唐書有傳晁說之曰唐一行專明大衍之數著以七備卦以八用〔三國志管輅傳〕輅字公明平原人注引輅別傳曰及成人明周易仰觀風角占相之道無不精微　〔唐李鼎祚周易集解自敘曰〕刊輔嗣之野文補康成之逸象蓋發明漢學者也〔朱子發進易傳表曰〕馬鄭荀虞說雖不同要知去象數之源猶未遠也王弼盡去舊說雜之以老莊之言於是儒者專尚文辭不復推原大傳天人之道分裂而不合臣以程頤易傳爲宗和會雍載之論上採漢魏吳晉元魏下逮有唐及今包括異同補苴罅漏庶幾道離而復合〔晁說之曰〕易雜老莊而專明人事自王弼始江左祖尚元虛弼學始盛然晉專立鄭學宋元嘉王鄭兩立顏延之爲祭酒而黜鄭置王

馮當可謂王輔嗣蔽於虛無而易與人事疏伊川專於治亂而易與天道遠又謂近有伊川然後易與世故通而王氏之說爲可廢〔全云〕輔嗣疵類誠有之然未嘗不近人事未可廢也然伊川往往捨畫求易故時有不合又不會通一卦之體以觀其全〔全云〕誠齋易傳亦然每求之爻辭離散之間故其誤十猶五六晁子止〔閻按〕晁子止名公武卽撰昇氏讀書志者爲易廣傳當可答書曰判渾全之體使後學無

坎離先天地氣數之惑

伏羲易當觀圖八卦之畫皆字左傳引易有畫卦易起於畫

以致其思非傳遠之道。〔元圻案〕〔書錄解題〕昭德易詁訓傳十八卷敷文閣直學士清豐晁公武子止撰乾道中上之其議論精博不主一家然亦略於象數沖之叔用其父也　經義考詁訓傳一名易廣傳佚

呂元鈞云求於八卦之先而牽於數故謂坎離先天地得於六爻之後而惑乎氣故謂卦氣起中孚。〔元圻案〕〔四庫全書總目別集類〕淨德集三十八卷宋呂陶撰陶字元鈞號淨德成都人皇祐中進士熙寧閒復登制科事跡具宋史本傳宋志載陶集六十卷久無傳本今就永樂大典採掇裒輯分爲三十八卷案今本第十五卷載易論上中下三篇此條所引其中篇之文也　周易義海撮要亦載其全篇

伏羲之易當以圖觀文王以後始有書艾軒〔閣按〕艾軒林光朝號云易不畫詩不歌無悟入處〔案〕此三句見林希逸艾軒集序誠齋〔閣按〕誠齋楊萬里號云卦者其名畫者非卦也此伏羲氏初製之字也愚按易緯乾鑿度以八卦之畫爲古文天地風山水火雷澤字。〔何云〕恐未必然觀左傳既列卦象又舉卦名可見○〔元圻案〕誠齋語見所作劉文郁周易宏綱序誠齋易傳一☰☷古之天地字也曷由知之由坎離知之偃之爲☵☲立之爲水火若雷風山澤之字亦然故漢書坤字作巛八字立而聲畫不可勝窮矣豈待鳥跡哉後代草書天字作互卽☰也　今本乾鑿度無以八卦之畫爲古文之文見乾坤鑿度上卷〔項氏安世家說〕〔說經篇曰〕說文益字從水從皿以水注皿故謂之益以此推之坎卦☵卽

卦氣圖陰陽爻數

復至咸姤至中孚卦

孔子釋易法

文言詳乾略坤

上下繫釋易見例

龜山論解易法

水字也初作八卦之時乾坤坎離震兌艮巽必皆以三畫爲字今巛尙爲坤川尙爲水餘可知矣〔左傳正義曰〕今書有畫卦者當是後之學者自恐不識私畫以備忘然則卦象非左氏本文也　林艾軒名光朝向謙之莆田人〔謚文節〕〔牟子才艾軒謚議曰〕平生未嘗著書惟於易書詩禮精通默識間爲章句口授學者　〔李舜臣隆山易本傳自序曰〕易起於畫捨畫無以見易

上繫七爻。起於中孚鳴鶴在陰。下繫十一爻。起於咸憧憧往來。卦氣圖。〔案〕〔李漑卦氣圖〕見漢上易朱子發曰其說源於易緯自復至咸。凡三十卦八十八陽。九十二陰。自姤至中孚。亦三十卦八十八陰。九十二陽。咸至姤。凡六日七分。中孚至復亦六日七分。乾四月卦也至五月姤中隔大有家人井咸四卦坤十月卦也至十一月復中隔未濟蹇頤中孚四卦幷乾坤計之每卦得六日七分陰陽自然之數也。〔全云〕卦氣之說起於漢儒十翼未必遂有此義

龜山曰。乾坤兩卦。聖人釋其義於後。是解易之法。

沙隨曰。乾坤易之門。文言於乾四致意焉。坤則一而已。舉乾坤之義。則他卦可知。上繫解七爻。下繫解十一爻。大略類文言。學者可以三隅反。

守位曰人聚人曰財

筮卦古用木畫地以錢代蓍法三多三少

〔元圻案〕〔龜山語錄〕或勸解易曰某嘗觀聖人言易便覺措辭不得只如乾坤兩卦聖人嘗釋其義於後是則解易之法也乾之初九潛龍勿用釋云陽在下也又曰龍德而隱者也又曰下也又曰陽氣潛藏又曰隱而未見行而未成此一爻耳反覆推明至五變其說然後已今之說者其於他卦能如是推明乎若不能爾則一爻之義只可用之一事其於繫辭發明卦義尚多故某嘗謂說易須彷彿聖人之意然後可以下筆

何以守位曰人釋文云王肅卞伯玉桓元明僧紹作仁釋文今本乃從桓元誤矣本義作人云呂氏從古蓋所謂非衆罔與守邦〔元圻案〕〔文公易說〕守位曰仁釋文仁作人伯恭常欲擔當此以爲當從釋文　〔蔡邕釋誨〕曰蓋聞聖人之大寶曰位故以仁守位以財聚人〔周易集解泰大象注〕引虞翻曰坤富稱財守位以人聚人以財然則漢魏以前從仁從人傳本互異耳〔隋書經籍志〕晉桓元宋卞伯玉俱有周易繫辭注今佚〔釋文敘錄〕桓元字敬道譙國龍亢人僞楚皇帝卞伯玉濟陰人宋東陽太守黃門郎明僧紹字承烈平原人國子博士徵不起並注繫辭經義考云俱佚

筮法依七八九六之爻而記之古用木畫地少牢云卦者在左坐卦以木特牲云卒筮寫卦筮者執以示主人〔原注〕卦者主畫地識爻六爻備乃以方版寫之今則用錢以三少爲重錢九也三多爲交錢六也兩多一少爲單錢七也兩少一多爲拆錢八也見儀〔閻按〕儀當作士冠禮疏〔元圻案

易中多舉數為義二十九卦數例

一〔項氏家說〕今占家以三錢擲之兩面一背爲拆此卽兩少一多少陰爻也兩背一面爲單此卽兩多一少少陽爻也俱面者爲交交者拆之此卽三多爲老陰爻也俱背者爲重重者單之此卽三少爲老陽爻也蓋以錢代蓍一錢當一揲〔錢氏養新錄曰〕賈公彥疏本於北齊黃慶隋李孟悊二家是則齊隋與唐初皆已用錢重交單之拆名與今不異但古人先揲蓍而後以錢記之其後術者漸趨簡易但擲錢得數不更揲蓍〔朱子與郭沖晦書〕三多三少之說雖不經見然其實以一約四以奇爲少以偶爲多而已九八者兩其四也陰之偶也故謂之多五四者一其四也陽之奇也故謂之少乾陽體圓其法徑一圍三而用其全故少之數三偶陰體方其法徑一圍四而用其半故多之數二

易者數之原也屯十年乃字需三人訟三百戶〔案〕今本乾坤鑿度作戶三百三褫師三錫比三驅同人三歲今本多高陵二字蠱先甲後甲三日今本作蠱三日甲臨八月復七日十年頤十年坎窞貳三歲晉三接明夷三日不食睽二女一車解三狐損貳簋三人一人十朋益十朋夬五剛萃一握困三歲革三就震七日漸三歲豐三歲旅一矢巽先庚後庚今本無先庚後庚四字三日三品既濟七日今本無七日二字三年未濟三年其數例總釋於乾鑿度如月幾望已日乃孚皆陰陽氣數之變〔閻按〕王氏云數亦

七卦具四德
乾不言所利

過惡揚善
財成天地之
道

屯作君蒙作
師

多遺如乾萬物六位六龍萬國四德四時坤萬物一朝一夕四支蒙再三瀆師萬邦比萬國泰萬物否萬物謙萬民豫四時觀四時无妄萬物頤萬物萬民離百穀四方咸二氣萬物恆四時萬物從一明夷四國睽萬物解百果姤四方萃萬物革二女四時震百里九陵歸妹萬物節四時亦有誤三品置於先庚後庚三日之下是也○〔元圻案〕王氏此條悉述乾坤鑿度之文閣氏謂有遺誤蓋易緯七種今　四庫全書從永樂大典錄出校刊閣氏不及見也又案乾坤鑿度此則標目曰總釋二十九卦數例注曰其間有數無數假象假物今王氏所述止二十八卦案鑿度原文頤十年下有剝字注曰九月陽盡王氏未載所以卦數不符

卦具四德者七。乾坤屯隨臨无妄革也。唯乾不言所利。〔元圻案〕此條述乾卦文言正義之文　〔張氏舜民畫墁集五〕易論曰卦具四德者有七乾坤屯隨臨无妄革也坤之利牝馬屯之利建侯至於諸卦各因其德唯乾不言所利孔子曰乾始能以美利利天下不言所利大矣哉以言天之道無所不利也　〔蔡氏淵易象意言曰〕乾坤屯隨臨无妄革皆有元亨利貞乾主造化全體无所不備坤承乾以成化故加牝馬字其餘卦則或主一時或主一事而已

過惡揚善。所以順天休命。內君子外小人。所以財成天地之道。

乾坤既位。人居其中。屯以建侯。作之君。蒙以養正作之師。〔集證引元胡炳文本義通釋曰〕有天地即有君師乾坤之後繼以屯主震之一陽而曰利建侯君道也又繼以蒙主坎之一陽而曰童蒙求我師道也君師之道皆利於貞

大畜爲學賁爲文艮止有篤實義

易立乎中行乎中

斯其取災亦作廝郭京周易舉正

大畜爲學。賁爲文。能止健而後可以爲學。文明以止而後可以爲文。止者篤實而已。不以篤實爲本則學不足以成德。文不足以明理。〔元圻案〕〔程傳曰〕大畜在人爲學術道德充積於內乃所畜之大也〔藍田呂氏曰〕賁致飾以文也〔兼山易說曰〕健天德也能止天德其畜大矣〔龜山易說曰〕文明而麗乎止卦之所以爲賁也〔漢上易傳曰〕艮爲山篤實也

易立乎其中。體也。易行乎其中。用也。朱子謂行以造化言。立以卦位言。〔元圻案〕〔朱子答連嵩卿書曰〕天地設位而易行乎其中以造化言之也乾坤成列而易立乎其中以卦位言之也〔蔡氏淵易象意言曰〕乾坤成列而易立乎其中是言太極具於形器之中也天地設位而易行乎其中是言太極在形器之中復動而生萬物也

旅初六斯其所取災。王輔嗣注云爲斯賤之役。唐郭京〔全云〕郭氏京著周易舉正謂斯合作廝。愚按後漢左雄傳職斯祿薄注云斯賤也。不必改廝字。〔元圻案〕王定柱曰廝當同廝養之廝與本卦童僕義全非泛訓爲賤也以廝爲訓於其所二字文義不甚可通當從語助爲長案旅六二得童僕貞九家易曰初者卑賤二得履之故得童僕則斯似當作賤義然陸績解初六曰斯其所取災也則語助之訓亦已古矣　郭京周易舉正新舊唐書皆不著錄惟見於崇文總目書錄解題於宋咸易補注條下稱咸得此書於歐陽修是天聖慶歷間乃行於世〔文獻通考云〕李燾以京爲開元後人

其命亂也證史

易大傳
易家別說
易緯語誤易

城復于隍。其命亂也。湯伯紀〔全云〕東澗先生湯漢二云。亂如疾病則亂之亂愚謂唐元宗極熾而豐泰之極也以李林甫楊國忠爲周召以安祿山哥舒翰爲方虎。非命亂而何。〔元圻案〕〔韓昌黎平淮西碑云〕至於元宗受報收功極熾而豐〔司馬溫公稽古錄十五〕論曰明皇再清內難開元之初海內庶富四夷賓服浸淫於貞觀之風矣及天寶以降自以功成治定無復後艱志欲既滿侈心乃生以娛樂爲良謀以聲色爲急務以李林甫楊國忠爲周召以安祿山哥舒翰爲方虎一旦變生所忽乘輿播蕩生民塗地安之不可恃治之不可保如此〔唐書姦臣傳〕林甫長平肅王叔良曾孫林甫善刺上意時帝春秋高重接對大臣及得林甫任之不疑自是深居燕適沈蠱衽席主德衰矣〔又外戚傳〕楊國忠太眞妃之從祖兄李林甫死遂拜右相便佞專徇帝嗜欲不顧天下成敗〔又逆臣傳〕安祿山營州柳城胡也本姓康隨母嫁安延偃乃冒姓安更名祿山李林甫嫌儒臣以戰功進尊寵間己乃請顓用蕃將故帝寵祿山益牢羣議不能乾卒亂天下林甫啓之也〔又哥舒翰傳〕哥舒翰其先蓋突厥酋長哥舒部之裔安祿山反拜太子先鋒兵馬元帥守潼關戰敗火拔歸仁執以降賊京師震動由是天子西幸　湯漢字伯紀饒州安仁人官端明殿學士謚文清

漢郊祀志劉向引易大傳曰。誣神者殃及三世。愚按大戴禮本命篇誣鬼神者罪及二世。易大傳豈即此篇歟。〔閻按〕凡書引易爲今周易所無者顏師古曰蓋易家之別說者豈得謂即大戴禮記〇〔元圻案〕〔本命篇〕大罪有五逆天地者罪及五世誣文武者罪及四世逆人倫者罪及三世誣鬼神者罪及二世殺人者罪止其身故大罪有五殺人爲下〔宋李心傳丙子學易編曰〕司馬談論六經要旨引天下殊塗而同歸一致

荀九家易名氏　馬荀易義　雲行雨施　離坎爲陰陽府　九家易內張氏朱氏　李氏集解三十五家

而百慮謂之易大傳此今繫辭下傳中語也故相承以繫辭爲大傳然劉向封事引易大傳曰誣神者殃及三世此豈繫辭傳中語乎意者秦漢諸儒自爲易大傳如伏生尚書大傳之比其間引繫辭之文而談不考詳誤以爲大傳耳亦猶差之毫釐繆以千里本易緯之文而漢儒所引乃冠以易曰二字鹵莽類此要不足據也

說卦釋文。引荀爽九家集解。得八卦逸象三十有一。朱子本義取之 隋唐志十卷。唯釋文序錄引九家名氏云。不知何人所集。稱荀爽者。以爲主故也。其序有荀爽京房馬融鄭玄宋衷虞翻陸績姚信翟子玄爲易義。注內又有張氏朱氏。並不詳何人。荀悅漢紀云。馬融著易解。頗生異說。〔案〕漢紀此下有及臣悅叔父故司徒八字 爽著易傳。據爻象承應陰陽變化之義。以十篇之文。解說經意。由是兗豫言易者。咸傳荀氏學。〔何云〕荀悅漢紀約班書爲之又無自敘二字蓋誤〔全云〕此在荀紀河平三年有此數語何氏讀荀紀不審而反以此爲誤 今其說見於李鼎祚集解。若乾升於坤曰雲行。坤降於乾曰雨施。雲行雨施天下平也注 乾起坎而終於離。坤起離而終

序卦離至咸十四字序卦不言乾坤咸易分上下經

於坎離坎者乾坤之家而陰陽之府故曰大明終始大明終始注皆諸儒所未發〔元圻案〕〔釋文敘錄〕荀爽九家集注十卷又京房章句十二卷京房字君明東郡頓邱人魏郡太守馬融傳十卷馬融字季長茂陵人南郡太守議郎荀爽注十卷荀爽字慈明官至司空宋衷注九卷宋衷字仲子南陽章陵人後漢荊州五等從事陸績述十三卷績字公紀吳郡吳人後漢偏將軍鬱林太守姚信注十卷姚信字德祐七錄云字元直吳興人吳太常卿翟子元不詳何人為易義〔三國志陸績傳〕注載姚信集請褒績女鬱生為義姑表一篇

翟子元易義隋唐志皆不著錄〔經義考〕十陸德明謂九家易內有張氏朱氏不詳何人釋文載有張倫本未審即其人否〔又曰〕李鼎祚集解引諸家易中有朱仰之疑即其人〔四庫全書總目易類〕周易集解十七卷唐李鼎祚撰鼎祚唐書無傳惟據序末結銜知其官為祕書省著作郎據袁桷清容居士集載資州有鼎祚讀書臺知為資州人耳所採凡子夏孟喜焦贛京房馬融荀爽鄭康成劉表何晏宋衷虞翻陸績干寶王肅王弼姚信王廙張璠向秀王凱沖侯果蜀才翟元韓康伯劉瓛何妥崔憬沈驎士盧氏崔覲伏曼容孔穎達姚規朱仰之蔡景君等三十五家之說〔陳振孫曰〕凡隋唐以前易家諸書逸不傳者賴此猶見其一二而所取於荀虞者尤多

王昭素謂序卦云離者麗也麗必有所感故受之以咸咸者感也凡十四字晁以道古易取此二句增入正文謂後人妄有上下經之辯〔案〕〔晁以道錄古周易自序曰〕如古者竹簡重大以經為二篇今又何必以二篇成帙哉吳仁傑亦從王晁之論沙隨程氏按繫辭曰二篇之策從韓康伯本張文饒云〔何

吳晁古周易序卦雜經師說

名行成二云序卦上經不言乾坤。下經不言咸者。天地人物之本。必藏諸用也。朱新仲〔何云〕名希真〔集證曰〕謂名翌希真乃朱敦儒之名一行易纂。引孟喜序卦曰。陰陽養萬物。必訟而成之。君臣養萬民。亦訟而成之。然則序卦亦雜以經師之言歟。〔元圻案〕此亦沙隨易古占法下引新仲之語〔吳仁傑兩漢刊誤補遺十〕稱荀爽傳夫婦人倫之始故文王作易上經首乾坤下經首咸常仁傑按王昭素謂易序卦云離者麗也諸本此下更有麗必有所感故受之以咸咸者感也凡十四字晁以道舍人古易取此三句增入正文謂後人妄有上下經之辯故倒省云〔按〕荀卿書曰易之咸見夫婦故序卦始言天地而不言乾坤此言夫婦而不言咸蓋昭然已見不必申言之也仁傑編次古易十二篇於序卦正文止從其舊王氏此條似據此爲說然云仁傑亦從王晁之論何也書錄解題載吳仁傑古周易十二卷其篇第以彖傳象傳繫辭傳上下說卦上中下文言序卦雜卦幷上下經爲十二篇其不從王晁實有明證萬氏集證謂亦從疑作不從或亦不字相近而誤也仁傑稱晁以道謂後人妄有上下經之辯據書錄解題載以道古周易八卷卦爻一彖二象三文言四繫辭五說卦六序卦七雜卦八稱卦象各爲一卷是經不分上下與仁傑之說合而晁公武讀書志又稱其先詹事公以道古周易十二卷依漢田何本分易經上下幷十翼通爲十二篇並無取麗必有所感十四字增入正文之文公武述其家學不應舛誤如此當考〔宋釋文瑩玉壺清話云〕王昭素酸棗人學古純直李穆師之薦於朝太宗召至便殿賜坐講乾卦至九五飛龍在天奏曰此爻正當陛下今日之事引喻該證微含箴補賜國子博士上問治世養身之術對曰治世莫若愛民養身無非寡欲〔讀書志一〕王昭素易論三十三卷以注疏異同互相詰難蔽以己意〔經義考〕引崐山縣志吳仁傑字斗南一字南英其先洛陽人居崐山博洽經史講學朱子之門登淳熙進士歷羅田令國子學錄自號蠹隱〔玉海三十六〕舊史一行撰大衍論三卷中興書目一行易傳十

夢得子厚九六論

朱子論三揲掛扐

二卷（漢書儒林傳）孟喜字長卿東海蘭陵人也從田王孫受易　朱翌字新仲號灊山居士政和間進士南渡後居桐廬爲中書舍人卜居鄞自號省事老人有灊山集朱敦儒字希真洛陽人卽十九卷中所載作小盡行者

劉夢得辨易九六論曰。董生言本畢中和。中和本其師。師之學本一行。朱文公曰。畢氏揲法視疏義爲詳。柳子厚詆夢得膚末於學誤矣。（閻按）子厚謂董生膚末於學非詆夢得（何云）雖視義疏爲詳然亦非有別傳據孔氏而詳之耳柳譏之非過也〇（元圻案）（劉禹錫與董生辨易九六論曰）乾之爻在九而坤六何也世之儒者皆曰吾聞諸孔穎達云陽尊得兼乎陰陰不得兼乎陽也他日與董生言及易生曰吾聞諸畢中和云舉老而稱也因舉揲蓍變之所遇多少以明老陰老陽之數以明二篇之策復取左傳國語昔人之筮以爲證（柳宗元與劉夢得書曰）見與董生論周易九六義取老而變以爲畢中和承一行僧得此說異孔穎達疏而以爲新奇彼畢子董子何膚末於學而遽云云也都不知一行僧承韓氏孔氏說而果以爲新奇不亦可笑矣哉韓氏注乾之策二百一十有六曰乾一爻三十有六策則是取其過揲四分而九也坤之策一百四十有四曰坤一爻二十四策則是取其過揲四分而六也孔穎達等作正義論九六有二義其一者曰陽得兼陰陰不得兼陽其二者曰老陽數九老陰數六二者皆變用周易以變者占鄭康成注易亦稱以變者占故云九六也所以老陽九老陰六者九過揲得老陽六過揲得老陰此具在正義乾篇中周簡子之說亦若此而又詳備何畢子董子之不視其書而妄以口承之也（朱子答程泰之書曰）畢氏揲法視疏義爲詳柳子厚詆夢得以爲膚末於學者誤矣畢論三揲皆掛一正合四營之義惟以三揲之掛扐分措於三指間爲小誤然於其大數亦不差也其言餘一益三之屬乃夢得立文太簡之誤使讀者疑其不出於自然而出於人意耳

宋儒言古易七家
洪興祖易攷異釋疑
一行纂子夏傳
邵李二家古易

古易五家。呂微仲。晁以道。睢陽王氏。東萊呂氏。九江周燔。又有程迥。吳仁傑二家。而洪興祖以一行所纂古子夏傳爲正。以諸書附著其下。爲考異釋疑。〔全云〕一行所纂非舊本明矣但未知與張弧本若何○〔元圻案〕〔書錄解題一〕周易古經十二卷丞相汲郡呂大防微仲所錄上下經並錄爻辭彖象隨經分上下共爲六卷上下繫辭二卷文言說序雜卦各一卷又古易十二卷出翰林學士睢陽王洙原叔家上下經惟載爻辭外卦辭一象辭二大象三小象四文言五上繫六下繫七說卦八序卦九雜卦十葉石林以爲此卽藝文志所謂古易十二篇者也〔案〕隋唐志皆無古易之目當亦是後人依倣錄之耳又古易十二卷音訓二卷著作郞東萊呂祖謙伯恭所定篇次與汲郡呂氏同音訓則其門人王莘叟筆受朱晦庵刻之於臨濟會稽悉以程氏是正文字及晁氏說其所著本義據此本也又古易考一卷沙隨程迥撰闕序雜卦又古周易十二卷國子錄吳郡吳仁傑斗南所錄以爻爲繫辭今之繫辭爲說卦其言十翼謂彖傳象傳繫辭傳上下說卦上中下文言序卦雜卦弁上下經爲十二篇〔案〕漢世傳易者施孟梁邱京費費最晚出東京馬鄭皆傳之其合彖象文言於經蓋自康成輔嗣以來展轉相傳學者遂不識古文本經凡此諸家所錄雖頗有同異大較經自爲經傳自爲傳而於傳之中彖象文言亦各不相混稍復古人之舊宜並存之又有九江周燔所次附見吳氏書篇末視諸本爲無據〔玉海三十六續書目云〕洪興祖謂漢以來諸儒各有師承唐陸德明著音義兼存別本諸儒各以所見去取今以一行所纂古子夏傳爲正而以諸書附著其下爲易古經考異釋疑一卷〔宋稅氏與權校正古周易序曰〕呂汲公元豐壬戌昉刻周易古經十二篇於成都學官晁景迂生建中靖國辛巳弁爲八篇號古周易繕寫而藏於家巽巖李文簡公紹興辛未謂北學各有師授經名從呂篇第從晁而重刻之逮淳熙壬寅朱文公表出東萊古文周易經傳音訓謂古易自晁生始豈二公或不見汲公蜀本歟然成公則譏晁生弁上下經爲非而文公本義則篇第與汲公脗合〔邵公濟聞見後錄云〕子家藏大父手寫百源易實古易也百源在衞門山下

張弧作子夏傳阮逸作關朗易戴師愈作麻衣易正易心法

先陰後陽觀殷道得坤乾周易備三易之義

康節讀易之地舊秘閣亦有本據此二說則古易又有邵李二家 洪興祖字慶善丹陽人政和中登上舍第南渡後歷知真州饒州忤秦檜貶曾昭州宋史入儒林傳 〔一〕唐劉肅大唐新語〕沙門一行俗姓張名遂剡公公瑾之曾孫年少出家以聰穎學行見重於代

經說多依託易爲甚子夏傳張弧作也〔何云本景迂語〕關子明傳阮逸作也〔何云本后山語〕麻衣正易戴師愈作也〔何云本之朱子〇〔元圻案〕〔晁以道傳〕易堂記曰今號爲子夏易者崇文總目亦斥其非是而不知其所作之人予知其爲唐張弧之易也 〔四庫全書總目〕按唐以前所謂子夏傳已爲僞本晁說之又稱爲張弧之易是唐時又一僞本朱彝尊經義攷證以陸德明李鼎祚王應麟所引皆今本所無然則今本又出僞託不但非子夏書亦並非張弧書矣 陳師道后山叢談何遠春渚紀聞邵博聞見後錄皆云阮逸嘗以僞撰關子明易傳稾示蘇老泉 〔朱子語類〕浩問李壽翁最好麻衣易與關子明易如何先生曰偶然兩書皆是僞書關子明易是阮逸僞作陳無已集中說得分明麻衣易乃是南康戴主簿作 師愈之名見朱子再跋麻衣易說後〔書錄解題〕正易心法一卷舊稱麻衣道者授希夷先生崇寧間廬山隱者李潛得之凡四十二章 麻衣易有戴師愈跋師愈字孔文 關子明名朗河東人 阮逸字天隱建陽人安定先生門人天聖五年進士皇祐中與胡安定同典樂事遷尚書屯田員外郎

越絕外傳〔枕中第十六〕范子曰道生氣氣生陰陰生陽愚謂先陰後陽即歸藏先坤之義闔而闢靜而動也〔元圻案〕禮記禮運觀殷道吾得坤乾焉〔正義曰〕殷易以坤爲首周禮太卜掌三易之法一曰連山二曰歸藏三曰周易〔注〕杜子春云歸藏以坤爲首坤爲地故萬物莫不歸而藏於其中故名歸藏也〔魏鶴山曰〕周易備三易之義闔戶謂之坤即歸藏終萬物始萬物莫盛乎艮即連山

康成易贊
易一名三義

易含萬象
京易占驗本
周孔
四易地人天

鄭志張逸問贊云。我先師棘下生何時人。答云。齊田氏時。善學者所會處也。齊人號之棘下生。無常人也。愚按康成有易贊。所謂贊云者。易贊也。棘下。即稷下也。劉向別錄。談說之士。會於稷門下。〔閻按〕魯亦有棘下。爲城內地名。見左傳定公八年。水經注竟認亦儒者之所萃焉。恐誤〇〔元圻案〕〔水經注〕淄水又東過利縣東。注云。系水旁城北流逕陽門西。水次有故封處所謂齊之稷下也。齊宣王喜文學游說之士。鄒衍淳于髡田駢接子愼到之徒七十六人。皆賜列第爲上大夫。不治而論議。劉向別錄以稷爲齊城門名也。談說之士期會於稷門下。故曰稷下也。鄭志張逸問云云。余按左傳昭公二十二年。莒子如齊盟于稷門之外。漢以叔孫通爲博士。號稷嗣君。〔史記音義曰〕欲以繼蹤齊稷下之風矣。然棘下又是魯城內地名。左傳定公八年。陽虎刼公伐孟氏。入自上東門。戰於南門之內。又戰於棘下者也。蓋亦儒者之所萃焉。故張逸疑而發問。康成釋而辯之。〔四庫全書簡明目錄五經總義類〕鄭志三卷。補遺一卷。魏鄭小同撰。小同。鄭元之孫也。元沒之後。門人述其問答爲八篇。小同編次爲十一卷。原本久佚。此亦好古者從諸書輯綴以存鄭學之崖略者也〔易正義〕論易之三名曰。易緯乾鑿度云。易一名而含三義。所謂易也。變易也。不易也。〔又云〕易者其德也。變易者其氣也。不易者其位也。鄭元依此義作易贊〔今本鄭志上載書贊云〕我先師棘下生安國。亦好此學云云〔又張逸問贊云〕我先師棘下生何人云云。水經注引此條作張逸問書贊云。今厚齋以爲易贊。必有所據。俟攷

京氏易積算法。引夫子曰。八卦因伏羲。暨于神農。重乎八純。聖理元微。易道難究。迄乎西伯父子。

鬼
易體一用三
桓譚先中後
三易
京氏易本焦
氏

研理窮通。上下囊括。推爻考象。配卦世應。加乎星宿局於六十四所。二十四氣。分天地之數。定人倫之理。驗日月之行。尋五行之端。災祥進退。莫不因茲而兆矣。故考天地日月星辰山川草木蟲魚鳥獸之情狀。運氣生死休咎。不可執一隅。故曰易含萬象。〔案惠氏棟易漢學四〕引此條曰如京說則今占法所謂納甲世應游歸六親六神之說皆始于西伯父子也此條今京氏易傳無之見困學紀聞 又引孔子云。易有四易。一世二世爲地易。三世四世爲人易。五世六世。〔惠氏棟曰〕八純俗作六世誤〇〔案項氏家說〕一作五世及八純爲天易 爲天易。游魂歸魂爲鬼易。〔陸績易說〕引孔子曰與此辭同 此占候之學。決非孔子之言也。張文饒言四易。又異於是。易有四體。一用三伏。羲先天體也。連山天易。歸藏地易。周易人易。用也。〔全云〕文饒之言亦无據桓譚所云先天中天後天三易尚不可信況晚出譚後之謬語云 〔四庫書簡明目錄術數類〕京氏易傳三卷漢京房撰房傳焦氏之學故言術數者稱焦京而房之推衍災祥更甚於延壽其書凡十四種今佚十三惟此書以近正得

互體約象言互體始左傳鍾荀王去取互體

天地定位節虞義消午息子順逆

傳今世錢卜之法實出於此〔魏鶴山師友雅言曰〕吾鄉觀物先生張行成文饒頗得易數之詳有通變經世述翼元元包通靈等凡七書

京氏謂二至四爲互體。三至五爲約象。儀禮疏云。二至四。三至五。兩體交互。各成一卦。先儒謂之互體。〔全云〕深寧於集鄭氏易注發明互體最精〔集證〕〔王氏康成易注序〕康成學費氏易爲注九卷多論互體以互體求易左氏以來有之凡卦爻二至四三至五兩體交互各成一卦是謂一卦含四卦繫辭謂之中爻所謂八卦相盪六爻相雜唯其時物雜物撰德是也惟乾坤無互體蓋純乎陽純乎陰也餘六子之卦皆有互體坎之六畫其互體含艮震而艮震之互體亦含坎離之六畫其互體含兌巽而兌巽之互體亦含離三陽卦之體互自相含三陰卦之體亦互自相含也王弼尙名理譏互體然注睽六二曰始雖受困終獲剛助睽自初至五成困此用互體也弼注比六四之類或用康成之說鍾會著論力排互體而荀顗難之〇〔元圻案〕〔日知錄曰〕晉書荀顗嘗難鍾會易無互體見稱於世其文不傳　此條所引儀禮疏今本無而莊二十二年左傳正義有之

說卦。虞翻曰。乾坤五貴二賤。故定位。艮兌同氣相求。故通氣。震巽同聲相應。故相薄。坎戊離己月三十日一會於壬。故不相射。坤消從午至亥。故順。乾息從子至巳。故逆。見李氏集解蓋用納甲卦氣之說。〔元圻案〕〔京氏易傳〕陰從午陽從子子午分行子左行午右行　納甲卦氣之說項氏家說言之最詳文多不錄

辭變象占
乾動自震始
項氏易玩辭

陽大陰小
過畜分大小

謙卦三吉三利
家人五爻皆吉

乾六爻不言吉

初九潛龍。辭也。有九則有六。變也。潛龍。象也。勿用。占也。輔漢卿〔全云〕輔廣朱子弟子謂易須識辭變象占四字。〔原注〕〔項氏曰〕不稱乾馬而稱震龍震動也乾之動自震始○〔元圻案〕〔魏鶴山答丁大監黼書曰〕曾親聞輔漢卿廣之說易須是識得辭變象占四字如初九潛龍云云此辭也有九則有六此變也潛龍卽象勿用卽占人謂本義專主占筮者此未識先生之意〔原注〕引項說見項氏安世周易玩辭一〔項氏周易玩辭自序曰〕易之道四其實則二象與辭是也變則象之進退也占則辭之吉凶也不知其象何以知其變不通其辭何以決其占

陽爲大。陰爲小。大畜小畜。大過小過。取陰陽爲義。〔元圻案〕〔朱子語錄〕陽爲大陰爲小大過小過之類皆是以陰陽而言〔宋蔡氏淵易象意言曰〕凡卦中陽爲大陰爲小陽利君子陰利小人大畜小畜大過小過皆取陰陽爲義又曰小畜者巽畜乾也大畜者艮畜乾也巽之主柔爻也艮之主剛爻也故小畜主四柔大畜主上剛畜剛也〔又曰〕大者爲陽巽下兌上則兩陰包四陽陽數過焉故曰大過小者爲陰艮下震上則四陰包兩陽陰數過焉故曰小過

六爻有得有失。唯謙三吉三利。家人一爻悔。七五爻皆吉。〔元圻案〕〔元曾氏道傳易學通變曰〕乾六爻不言吉無往而非吉也初九處之以勿用卽初九之吉上九處之无悔卽上九之吉二之見五之飛三四之无咎皆然蓋位或過於中而聖人處之則無不中位或失於正而聖人處之則無不正所謂剛健中正純粹精者吉有大於此乎

漢書敘傳。上六世耽耽。其欲浟浟。〔原注〕音滌。注。頤上六四爻

其欲浟浟

皇極經世師承

辭浟浟欲利之貌今易作逐逐子夏傳作攸攸顏注以浟浟爲欲利輔嗣以逐逐爲尚實其義不同[集證][釋文]逐逐如字敦實也子夏傳作攸攸[志林]云攸當爲逐蘇林音迪荀作悠悠劉作篴篴云遠也說文篴音式六反○[元圻案]今本子夏傳亦作逐逐[王弼易注]其欲逐逐尚敦實也

上蔡謝子爲晁以道傳易堂記後序言安樂邵先生皇極經世之學師承頗異安樂之父昔於廬山解后文恭胡公從隱者老浮圖遊隱者曰胡子世福甚厚當秉國政邵子仕雖不稱學業必傳因同授易書上蔡之文今不傳僅載於張栻書文恭集後康節之父伊川丈人名古字天叟[元圻案][四庫書胡文恭集]四十卷從永樂大典裒錄無張栻書後文蓋已佚矣　胡文恭公名宿字武平常州晉陵人天聖二年進士歷官樞密副使以太子少師致仕文恭其謚也宋史有傳　[朱子上蔡語錄後序曰]先生名良佐字顯道學於程夫子昆弟之門篤志力行於從遊諸公間所見最爲超越　[晁氏讀書志一]邵古周易解五卷古康節之父也世本范陽治平初卒於洛年九十七其學先正音文云

先天圖合運數

歐陽公不信圖書
蘇曾論圖書可信

邵子觀物外篇曰。天地之氣運北而南則治。南而北則亂。亂久則復北而南矣。張文饒（觀物外篇衍義）謂先天圖。（圖在邵子皇極經世）自泰歷蠱而至否。自否歷隨而至泰。即南北之運數也。聞見錄載邵子之言曰天下將治。地氣自北而南。將亂。自南而北。蓋爲聞杜鵑聲（聲閣本作發）也。陳忠肅謂重南輕北分裂有萌則以人事知之。（方樸山云）以陰陽言　（全云）忠肅之說恐未然是時章蔡曾皆南人故重南是其私意然不必以南人用而遂致分裂也前此寇萊公以北人重北亦是私意若王文正竟謂南人不可作相則唐之陸象先陸贄非南人乎○（元圻案）（晁氏讀書志易類）邵康節皇極經世十二卷又有觀物篇繫於後其子伯溫解（陳氏振孫曰）觀易外篇康節門人張嵎子望記其平生之言雖十纔一二而足以發明成書者多故名外篇嵎登進士第仕至太常寺主簿（聞見錄曰）嘉祐末康節行洛陽天津橋忽聞杜宇聲歎曰北方無此物異哉不及十年其有江南人以文字亂天下者乎客曰聞杜鵑何以知之康節曰天下將治云云（聞見前錄）二十卷邵伯溫子文撰康節子也南渡後官至利路轉運副使宋史入儒林傳　陳忠肅名瓘字瑩中沙縣人元豐二年進士徽宗朝歷右司諫權給事中紹興中賜諡忠肅彈蔡京疏曰絕滅史學一似王衍重南輕北分裂有萌

歐陽公以河圖洛書爲怪妄。東坡云。著於易見於論語。不可誣也。（語見東坡易傳）南豐云。以非所習見則果

心易事易易備兵法將才薛仁貴易注郭氏父子易說漢丁寬易

於以爲不然。是以天地萬物之變。爲可盡於耳目之所及。亦可謂過矣。蘇曾皆歐陽公門人。而論議不苟同如此。〔元圻案〕〔歐陽公廖氏文集序曰〕秦焚書六經中絕漢興蓋久而後出諸儒因得措異說於其間如河圖洛書其怪妄之尤甚者〔曾子固洪範傳曰〕其曰天乃錫禹洪範九疇蓋易亦曰洛出書然而世或以爲不然原其說之所以如此者以非其耳目之所習見也天地之大萬物之衆不待非常之智而知其變之不可盡也人之耳目之所及亦不待非常之智而知其不能遠也彼以非其所習見則果於以爲不然是以天地萬物之變爲可盡於耳目之所及亦可謂過矣爲是說者不獨蔽於洪範之錫禹至鳳凰麒麟元鳥生民之見於經者亦且以爲不然執小而量大用一而齊萬信臆決而疑經不知其不可亦可謂惑矣　〔蘇子由撰東坡墓誌曰〕嘉祐二年歐陽文忠公考試禮部進士梅聖俞時與其事得公論刑賞以示文忠文忠驚喜以爲異人欲以冠多士疑曾子固所爲子固文忠門下士也乃寘公第二復以春秋對義居第一　〔蘇詩王注〕子固名鞏南豐人嘉祐二年永叔知貢舉子固兄弟四人同登科

迂齋〔閻按〕迂齋樓昉號〔全云〕昉東萊弟子講易。謂伏羲未作易之前。天下之人心無非易。伏羲既作易之後。天下之萬事無非易。又策問謂种明逸以易學名。而其後世衡至師道。累葉爲名將。郭逵以將帥顯。而其後兼山〔閻按〕兼山郭忠孝號白雲〔閻按〕白雲郭雍號皆明易。蓋易之爲書。兵法

崇效天卑法地

既濟崇智卑禮

狐涉水濡尾

盡備其理一也。愚聞之先君云。(閻按)(王氏玉海易云)有未畫之易易之理有既畫之易易之書　唐薛仁貴亦有周易新注本義十四卷　(何云)前語蹈空後語卑狹　(全云)丁寬及身爲名將何須至种郭而始悟○(元圻案)种明逸名放洛陽人自號雲溪醉侯康節之易出於李之才之才受之穆脩脩受之种放放受之陳摶世衡字仲平放兄子知環州專以信結諸羌子古諤診皆有將材號曰三种世衡幼子誼知蘭州莅軍嚴整每戰未嘗負諤子朴朴弟師道字彝叔少從張子學金人南下加檢校少保靖難軍節度使聞命即行趨汴水南徑逼敵營金人斂游騎守牟駝岡增壘自衛建炎中追謚忠憲弟師中字端孺與金兵戰於榆次死之師中老成持重時稱名將諡莊愍　郭逵字仲通開封人治平二年以檢校太保領陝西宣撫使判渭州討平番部黨令征等郭忠孝字立之逵之子受易中庸於伊川著易說號兼山先生郭雍字子和忠孝之子著傳家易說　薛仁貴周易新注本義唐藝文志著錄今佚諸家亦無引用其說者　(漢書儒林傳)丁寬字子襄梁人從田何受易學成寬東歸何謂門人曰易以東矣景帝時寬爲梁孝王將軍距吳楚號丁將軍作易說三萬言訓故舉大誼而已

知識欲高明。故效天。操履貴篤實。故法地。(元圻案)此真西山書頴齋記中語　(橫渠易說)智極高故效天禮著實處故法地　(朱子語類)知識貴乎高明踐履貴乎著實(又曰)知識高便是象天所行實便是法地

晁景迂述郭敏修之言曰。所以生生者。智水不可不崇。而禮火則卑之。此卦之所以既濟也。(原注)養生之說陰升陽降

史記。春申君說秦昭王。引易曰。狐涉水。濡其尾。(戰國策)

鬼方鬼戎
高宗

未濟三陽失
位

一作狐濡其尾此言始之易終之難也。今易未濟曰小狐汔濟濡其尾。〔元圻案〕〔史記春申君列傳〕春申君者楚人也名歇姓黃氏游學博聞事楚頃襄王頃襄王以爲辯使於秦上書說秦昭王云云

高宗伐鬼方後漢西羌傳武丁征西羌鬼方三年乃克。竹書紀年武丁三十五年周王季伐西落鬼戎。然則鬼方即鬼戎與詩殷武奮伐荊楚朱子集傳云易曰高宗伐鬼方三年克之蓋謂此愚按大戴禮帝繫篇陸終氏娶于鬼方氏楚世家陸終生子六人六曰季連芊姓楚其後也可以證集傳之說。〔全云〕漢人以鬼方爲西戎則非荊楚也即如楚世家以季連爲鬼方之所自出豈得遽襲其號朱子之說似誤○〔元圻案〕〔竹書紀年〕武丁三十二年伐鬼方次于荊三十四年王師克鬼方又武乙三十五年周公季歷伐西落鬼戎此條作武丁三十五年疑誤二事爲一〔史記殷本紀〕祖己嘉武丁之以祥雉爲德立其廟爲高宗〔詩小序〕殷武祀高宗也傳殷武殷王武丁也〔晉書束皙傳〕咸和七年汲縣人發魏襄王冢得古書七十五卷中有竹書紀年十二篇今本二卷梁沈約注〔水經注二十二〕世本曰陸終娶于鬼方氏之妹謂之女隤是生六子

未濟三陽失位。程子得之成都隱者。朱子謂火珠

剳桶人問易伊川　火珠林言卜筮

虞翻呑易三爻　陸希聲夢三聖

林已有。蓋伊川未曾看雜書。〔元圻案〕〔宋朱鑑輯文公易說曰〕伊川說未濟男之窮也爲三陽失位以爲斯義也得之成都隱者張欽夫說伊川之在涪也一日讀易有剳桶人以此問伊川伊川不能答其人云三陽失位故伊川記之不知此語火珠林已有蓋伊川未會看雜書所以被他說動了〔朱子語類〕火珠林猶是漢人遺法〔書錄解題〕卜筮類火珠林一卷無名氏今賣卜擲錢占卦盡用此書

虞翻夢呑三爻而通易。陸希聲夢三聖人而括象數作傳。然翻未知言有序之戒。希聲未知比之匪人之訓。踐履與易相違。〔閻按〕〔陸希聲傳〕見唐書百十六陸質傳見唐書百六十八各爲一人希聲雖有在位無所輕重之文不似質黨韋執誼此云比之匪人似認陸希聲爲陸質不知一侍憲宗於東宮一相昭宗者〔全云〕翻雖狂直不失爲貞士不似希聲由宦官而進用又云閻注誤希聲事不載唐書本傳別見楊文公談苑及葉石林避暑錄話蓋希聲嘗授僧䛒音辯光書法後䛒光以書供奉得幸希聲因祈使援己贈以詩有云筆底龍蛇似有神天池風雨變逡巡寄言昔日不龜手應念當時洴澼人䛒光遂以其名達於中書因得召用深寧所謂比之匪人也豈得以陸質黨韋執誼而疑深寧之譌質爲希聲耶○〔元圻案〕〔三國志吳虞翻傳〕注別傳曰翻初立易注奏上曰臣郡吏陳桃夢臣與道士相遇放髮披鹿裘布易六爻撓其三以飲臣臣乞盡呑之道士言易道在天三爻足矣豈臣受命應當知經〔又傳曰〕權與張昭論仙翻指昭曰彼皆死人而論神仙世豈有仙人也權積怒非一遂徙翻交州　〔陸希聲易傳自序曰〕予在乾符初任右拾遺歲暮端居夢在大河陽曠野數百里有三人偃臥東首各長數丈有告者曰上伏羲中文王下孔子也三聖皆無言意中甚愕寤而震悸伏而思之河與天通圖之自來三聖衡列乾之象也天道無言示人以象天將以易道畀予乎由是考覈少小以來所集諸家註說貫以自得之理著易傳十篇〔唐書陸希聲傳〕希聲通易春秋老子昭宗召爲給事中拜戶部侍郎同中書門下平章事在位無所輕重謚曰文〔陸質傳〕質素善韋執誼方執誼附

何晏疑易七事九事

叔文竊威柄用其力召爲給事中憲宗爲太子詔侍讀質本名淳避太子名故改執誼懼太子怒己專故以質侍東宮陰伺意解釋左右之（晁說之以道易規曰）虞翻夢吞三爻而通易陸希聲夢三聖人而捨象象作傳意夫二子者可與言伏羲之易邪翻乃蔽於互體旁通希聲不出王輔嗣之藩籬惜哉（葉夢得避暑錄話上）陸希聲所隱君陽山或曰頤山在宜興湖洑今金沙寺其故宅也方閑居時內供奉僧䛒光以善書得幸嘗從希聲授筆法祈使援己乃以詩寄之云云䛒光卽以名達貴倖乃得召䛒光事亦見楊文公談苑國初去唐未遠猶有所傳聞文公之言宜信

張緒云。何平叔不解易中七事。伏曼容云。何晏疑易中九事。愚謂晏以老莊談易。係小子觀朵頤。所不解者豈止七事哉。（原注）以義理解易自王弼始何晏非弼比也清談亡晉衍也非弼也范甯以王弼何晏並言過矣（何云）平叔自言不解易九事見管輅別傳皆陰陽之占○（元圻案）（南齊書張緒傳）緒字思曼吳郡吳人也長於周易見宗一時常云何平叔所不解易中七事諸卦中所有時義是其一也（梁書伏曼容傳）曼容字公儀平昌安丘人少篤學善老易倜儻好大言常云何晏疑易中九事以吾觀之晏了不學也（三國志曹爽傳）南陽何晏鄧颺明帝以其浮華皆抑黜之及爽秉政乃復進敘任爲腹心晏等共分割洛陽野王典農部桑田數百頃及壞湯沐地以爲產業承勢竊取官物晏何進孫也少以才秀知名好老莊言作道德論註晏字平叔（晉書范甯傳）甯字武子時以浮虛相扇儒雅日替甯以爲其源始於王弼何晏二人之罪深於桀紂乃著論曰王何蔑棄典文不遵禮度游辭浮說波蕩後生遂令仁義幽淪儒雅蒙塵禮壞樂崩中原傾覆古之所謂言僞而辯行僻而堅其斯人之徒歟王衍傳衍字夷甫總角嘗造山濤濤嗟歎良久既去目而送之曰何物老嫗生寧馨兒然誤天下蒼生者未必非此人也衍妙善元言唯談老莊爲事朝野翕然謂之一世龍門矣矜高浮誕遂成風俗焉累遷太尉洛陽爲石勒所破勒呼王公與語衍因勸勒稱尊號勒使人夜排牆填殺之衍將死顧而言曰

坎爲雲爲雨　女子貞不字

咸感兌說徵史

感德精義

衛元嵩易元包

太元本易緯

嗚呼吾曹雖不如古人向若不祖尚虛浮戮力以匡天下猶可不至今日

上坎爲雲。下坎爲雨。虞翻之說也。（案）見周易集解乾彖傳注郭子和從之。（原注）坎在上爲雲故雲雷屯坎在下爲雨故雷雨作解○（原注）郎郭雍傳家易說中語女子貞不字。謂許嫁笄而字。耿氏（何云）南仲之說也。朱文公從之。（元圻案）耿南仲字希道開封人欽宗時尚書左丞門下侍郎宋史有傳（經義考）耿氏南仲易解義十卷存說文字乳也虞仲翔解作姙娠程傳從之葉給事紹榿云（正定王定柱曰）女子貞不字連貞字爲文當從笄而字之訓爲長

咸之感无心。感以虛也。兌之說无言。說以誠也。堯之於變時雍。孔子之綏來動和。其感至矣。文王靈臺之樂。宣王雲漢之憂。（閻按）初刊本作喜其說深矣。德非日新。不足以言盛。義非入神。不足以言精。

館閣書目。周易元包十卷。唐衛元嵩撰。今按楊楫序序作於徽宗政和元年結銜稱奉議郎知漢州什邡縣事云元嵩益州成都人。明陰陽曆算。獻策後周。賜爵持節蜀郡公。武帝尊禮不

易始龍馬龜書

宋人言數宗劉牧易

徐復推卦值年

林瑀易會元紀

敢臣之。北史藝術傳。蜀郡衛元嵩好言將來事。不信釋教。嘗上疏極論之。（全云）據隋書經籍志則元嵩沙門也而不信釋教異矣書目以爲唐人。誤矣。（元圻案）（書錄解題易類）元包十卷唐衛元嵩撰秘書少監蘇源明傳四門助教趙郡李江注其書以八卦爲八篇先坤次乾次兌艮離坎巽震（又目錄類）中興館閣書目三十卷秘書監臨海陳騤叔進等撰淳熙五年上之大凡著錄四萬四千四百八十六卷（張行成元包數總義曰）揚子雲太元其法本於易緯卦氣圖衛先生元包其法合於火珠林卦氣圖之用出於孟喜章句火珠林之用出於京房（唐李江衛氏元包序曰）包者藏也言善惡是非吉凶得失皆藏乎其書也六五經而四三易雖太元莫之與京（經義考）二百七載釋道宣曰衛元嵩本河東人遠祖從宦遂家於蜀梁末爲僧佯狂放蕩周氏平蜀因爾入關

揚雄覈靈賦曰。大易之始。河序龍馬。洛貢龜書。劉牧謂河圖洛書。同出於伏羲之世。（何云）子雲傳本自序止於四賦覈靈或出於依託何足據乃欲持以斷此等大公案耶〇（元圻案）覈靈賦語見文選陸倕石闕銘注（晁氏讀書志）劉長民易十五卷皇朝劉牧撰仁宗時言數者皆宗之田況爲序又鈎隱圖三卷劉牧撰皆易之數也凡四十八圖幷遺事九有歐陽永叔序而其文殊不類（漢書揚雄傳）雄字子雲蜀郡成都人也嘗好辭賦先是蜀有司馬相如作賦甚宏麗溫雅雄心壯之每作賦常擬之以爲式（贊曰）雄之自序云爾（禮緯含文嘉曰）伏羲德洽上下天應以鳥獸文章地應以河圖洛書此劉牧之說所本

曾子固爲徐復傳。云康定中。仁宗命講易乾坤既濟未濟。又問今歲直何卦。西兵欲出如何。復對

歲直小過。而太一守中宮。兵宜內不宜外。仁宗嘉其言。與林瑀同修周易會元紀。今考侍講林瑀上會元紀。推帝王卽位。必遇辟卦而直。真宗乃得卿卦。每開說。皆詔諛之辭。緣飾以陰陽。賈昌朝奏瑀所學不經。不宜備顧問。遂絀之。復與瑀同修不經之書。不可謂知易也。荀子大略篇曰。善爲易者不占。〔元圻案〕〔曾子固徐復傳曰〕復字希顏興化軍莆田人博學於書無所不讀〔又曰〕歲餘固求東歸仁宗禮以東帛賜號沖晦處士因家杭州以周易太元授學者〔葉石林曰〕萬松嶺復故居也〔宋王偁東都事略曰〕復字復之與郭京同召對問以天時人事復舉京房易卦推今年所配年月日時當小過剛失位而不中宜在強君德〔李燾長編一百三十二〕仁宗慶曆元年四月建州布衣徐復賜號沖晦處士復初舉進士不中退而學易自筮知無祿遂亡進取意游淮浙間范仲淹過潤州見復問曰今以卦衍占之四方無異變乎復對西方當用兵推其日月後無少差於是與郭京俱召見帝問天時人事對曰以京房易卦推之今年所配年月日當小過也剛失位而不中其在強君德乎帝問變故與前世何若對曰如唐德宗居奉天時帝驚曰何至此復曰雖然君德不同德宗好功利欲以兵伏天下其德與凶運會故奔走失國僅乃能免陛下恭儉仁恕不難屈己容納西羌之變起自元昊陛下不得已應之時與德宗同而德與之異卦氣雖不祥無他也不久定矣帝稱善〔又一百三十五〕仁宗慶曆二年二月太常博士天章閣侍講林瑀落職通判饒州先是瑀奉詔撰周易天人會元紀其說用天子卽位年月日辰占所直卦以推吉凶且言自古帝王卽位必直乾卦若漢高祖及太祖皇帝皆是也書成上之及是瑀又言上卽位其卦直需其象曰

砎于石

坤早辯解夙吉

程子晚授易傳

雲上於天需君子以飲食燕樂臣願陛下頻出宴遊極水陸玩好之美則合卦體當天心矣上駭其言賈昌朝劾奏瑀儒士不師聖人之言專挾邪說罔上聽不宜在經筵上乃謂輔臣曰人臣雖有材學若過爲巧僞終涉形跡遂罷黜瑀〔王介甫賈魏公碑曰〕公諱昌朝字子明姓賈氏開封人天禧元年召試同進士出身節度鳳翔加僕射鳳翔尹進封魏國公謚曰文元〔經義考易類〕徐氏復林氏瑀等周易會元紀佚閩書瑀莆田人舉天聖二年進士

介于石。古文作砎。晉孔坦書曰。砎石之易悟。〔何云〕說文下引易作砎〇〔元圻案〕釋文古文作砎鄭古八反云謂磨砎也馬作扴云觸小石聲〔晉書孔坦傳〕坦字君平咸康元年石聰寇歷陽王導爲大司馬討之請坦爲司馬會石聰遣使請降坦與聰書曰知將軍忿疾醜類翻然同舉承問欣豫慶若在己何知幾之先覺砎石之易悟哉〔又桓温傳〕砎如石焉所以成務〔朱子語類云〕介于石言兩石相磨擊而出火之意蓋從古文作砎讀爲戛〔本義云〕其介如石則從侯果假如堅石不可移變之說　說文無砎字何注說文當是釋文之誤

坤曰早辯。解曰夙吉。治之於未亂。爲之於未有。周子謂之幾。在張子謂之豫。〔元圻案〕〔周子通書誠幾德篇〕誠無爲幾善惡〔張子正蒙神化篇〕精義入神事豫吾內求利吾外　周子字茂叔春陵人知南康軍酷愛廬阜買田其旁築室以居號曰濂溪二程子師之　張子字子厚長安人學古力行篤學好禮爲關中士人所宗所謂橫渠先生者也

程子易傳。晚始授門人。止齋〔閻按〕止齋陳傅良號〔全云〕陳傅良字君舉〔春秋後傳〕亦曰。此身後之書。劉道原〔全云〕名恕謂柳芳唐曆

易緯詮八卦精言

易緯辨中備

左氏論易

本皆不同由芳書未成而傳之故也〔閻按〕〔晉書孫盛傳〕著晉陽秋咸稱良史諸子私改之盛初寫兩定本寄慕容儁後孝武帝博求異聞始於遼東得之以相考校多有不同書遂兩存〔太平寰宇記〕高句麗國書籍中有晉陽秋安得今日有人向彼國購得乎○〔元圻案〕〔楊龜山程子易傳跋曰〕伊川先生著易傳未及成書而先生得疾將啓手足以其書授門人張繹未幾繹卒政和之初予友謝顯道得其書示予乃始校定去其重複踰年而始完　〔樓攻媿止齋春秋後傳序曰〕春秋後傳左氏章指二書故中書舍人止齋陳公傅良之所著也鑰從止齋遊雖不得執經其門嘗深叩之同在西掖時始以隱公後傳數篇相示爲道春秋之所以作左氏之所以有功於經者其說卓然未幾去國而鑰亦歸朋友之來必以此書爲問雖親炙之者跪以請則曰此某身後之書也既不幸卒於嘉泰三年而此書始出於篋中　〔司馬溫公劉道原十國紀年序曰〕道原好著書其成者十國紀年四十二卷包羲至周厲王疑年譜共和至熙寧年略譜各一卷資治通鑑外紀十卷餘皆未成亦未以傳人曰今柳芳唐曆本皆不同由芳書未成而傳之故也期於瞑目然後傳　劉道原筠州人渙子舉進士官祕書丞與司馬溫公同修資治通鑑　〔唐書柳芳傳〕芳字仲敷蒲州河東人開元末擢進士第直史館坐事徙黔中時高力士亦貶巫州因從力士質開元天寶及禁中事倣編年法爲唐曆四十篇頗有異聞　〔范甯穀梁傳敘曰〕君子之於春秋沒身而已矣亦此意

易緯辨終備曰煌煌之燿乾爲之綱合凝之類坤握其方雄雌呿吟六節搖通萬物孳甲日營始東六節蓋謂六子日營始東震也〔三箋〕〔方心醇粹然云〕呿音區張口也○〔元圻案〕〔四庫全書總目易類〕易緯辨終備一作辨中備馬氏經籍志稱爲鄭康成注而著錄者一卷今永樂大典所載僅寥寥數十言已非完本

東坡曰左氏論易唯南蒯穆姜之事爲近正〔原注〕知莊子曰師

純坤稱龍 十月無陽稱陽月 復積陽於坤

困利用祭祀 困於人感於神 李公晦困齋說

樽酒簋貳用缶

出以律有律以如己也〔杜預注〕法行則人從法法徽則法從人亦格言也〇〔元圻案〕南蒯事見昭公十二年穆姜事見襄公九年知莊子語見宣公十二年

天地未嘗一日無陽亦未嘗一日無君子故十月爲陽純坤稱龍朱子曰復之一陽是坤卦積來一日生一分至十一月一陽始成〔元圻案〕漢上易坤文言陰疑於陽必戰節傳十月純坤用事而稱龍者天地未嘗一日而无陽亦未嘗一日而无君子爲其純陰嫌於无陽也故稱龍也〔詩采薇〕歲亦陽止〔箋云〕十月爲陽時坤用事嫌於无陽故以名此月爲陽〔朱子語類〕剝盡爲坤復則一陽生也復之一陽不是頓然便生乃是自坤中積來且一月三十日以復之一陽分作三十分從小雪後一日生一分則十一月半一陽始成也

困九五曰利用祭祀李公晦謂明雖困於人而幽可感於神豈不以人不能知而鬼神獨知之乎〔原注〕愚謂孔子云知我者其天乎韓子云惟乖於時乃與天通不求人知而求天知處困之道也〇〔元圻案〕〔真西山讀書記三十三〕載李公晦困齋說曰困之爲卦二五皆剛而得中爲賢人君子成德於內之象而外爲三陰所揜蔽而不獲施言而不見信可謂困矣然遯世無悶不見是而無悶其身可屈而其志不可奪安於義命類乎其處順也然明雖困於人而幽可感於神卦爻也皆無所利而獨利祭祀豈不以人不能知而鬼神獨知之乎〔韓文公語〕見送窮文〔經義考〕〔九十四〕李方子禹貢解下引邵武府志曰李方子字公晦光澤人朱子高弟自號果齋嘉定七年進士第三寶慶二年眞德秀袁甫取所著禹貢解以進特授朝奉郎

坎之六四曰樽酒簋貳用缶在險之時用禮之薄

言酒皆有坎險象

莧陸夬夬項安世易玩辭

虎尾猶朽索深淵

說本朱子它爻之言酒者三。需九五。需于酒食。困九二。困於酒食。未濟上九。有孚于飲酒。卦皆有坎文王周公。以酒誥。戒其象見於易。其言詳於書。三爻皆陽剛制之意也。(元圻案)(謝疊山易說曰)坎爲水爲險爲毒水之險毒者酒也

莧陸夬夬。項氏玩辭曰。莧音丸山羊也。陸其所行之路也。猶鴻漸于陸之陸。兌爲羊在上卦。有山羊之象。愚按說文。艸部莧山羊細角也。從兔足苜聲。讀若丸。寬字從此。徐鍇按本草注莧羊如麢羊角有文。俗作羱。(元圻案)(宋羅泌路史後紀注)引孟喜章句曰莧陸獸名夬有兌兌爲羊也(周易集解)引虞翻曰莧夫子莞爾而笑之莞(爾雅)釋獸麢大羊郭注麢似羊而大角圓銳好在山崖間又羱如羊註羱羊似吳羊而大角橢出西方(四庫全書總目易類)周易玩辭六卷宋項安世撰安世字平甫松陽人事蹟具宋史本傳又小學類說文繫傳四十卷南唐徐鍇傳鍇字楚金廣陵人官至右內史舍人宋兵下江南卒於圍城之中事蹟具南唐書本傳

聖人不以位爲樂也。董子語在易謂之虎尾。在書謂之朽索深淵。

王弼易注多格言
讀易先弼瑗安石
程子易不言象變

先甲先庚。吳祕注法言云。周禮治象挾日而斂之。鄭司農云。從甲至癸謂之挾日。是以易稱先甲三日。先庚三日。皆爲申命令之義。獨取甲庚者。以甲木主仁。亦其寬令也。庚金主義。亦其嚴令也。〔元圻案〕吳祕法言注今佚其說見於司馬溫公法言集注　〔周禮天官注〕作從甲至甲謂之挾日〔正義曰〕從甲至甲謂之挾日凡十日者破諸家從甲至癸謂之挾日通也若從甲至癸仍有癸日不得通挾故以從甲至甲言之　〔鄭康成周禮注序曰〕世祖以來大中大夫鄭少贛名興及子大司農仲師名衆皆作周禮解詁　〔周易義海撮要〕陸希聲曰甲者德政也蠱以四德創制象言其正曰先甲後甲所以原始要終也庚者刑政也巽以小亨申命故爻言其變曰先庚後庚所以信而審之也甲出也庚更也以庚變甲天之道也先後三日使知其意審其令也

程子謂學易先看王弼。余謂輔嗣之注。學者不可忽也。於乾九三曰。乾三以處下卦之上。故免亢龍之悔。坤三以處下卦之上。故免龍戰之災。上九（當作用九）曰。夫以剛健而居人之首。則物之所不與也。以柔順而爲不正。則佞邪之道也。故乾吉在

无首坤利在永貞於文言曰進物之速者義不若利存物之終者利不及義又曰文王明夷則主可知矣仲尼旅人則國可知矣又曰不性其情何能久行其正於坤曰方而又剛柔而又圓求安難矣初六曰陰之爲道本於卑弱而後積著者也故取履霜以明其始陽之爲物非基於始以至於著者也故以出處明之則以初爲潛於小畜上九曰大畜者畜之極也畜而不已畜極則通是以其畜之盛在於四五至於上九道乃大行小畜積極而後乃能畜是以四五可以進而上九説征之輻於大有六五曰不私於物物亦公焉不疑於物物亦誠焉於豫初六曰樂過則淫志窮則凶豫何可鳴於觀上九曰觀我

生自觀其道者（今汲古閣本脫者字）也。觀其生。爲民所觀者也。於賁六五曰賁於束帛丘園乃落。賁于丘園帛乃戔戔。用莫過儉。泰而能約。故必吝焉。乃得終吉也。於復曰凡動息則靜。靜非對動者也。語息則默。默非對語者也。於頤初九曰安身莫若不競。修己莫若自保。守道則福至。求祿則辱來。於家人初九曰凡教在初而法在始。家瀆而後嚴之。志變而後治之。則悔矣。九三曰行與其慢寧過乎恭。家與其瀆寧過乎嚴。上九曰凡物以猛爲本者。則患在寡恩。以愛爲本者。則患在寡威故家人之道。尚威嚴也。於睽上九曰見豕負塗甚可穢也。見鬼盈車。吁可怪也。先張之弧。將攻害也。後說之弧。睽怪通也。往不失時。睽疑亡也。

貴於遇雨和陰陽也陰陽既和羣疑亡也於蹇初六曰處難之始居止之初獨見前識覩險而止以待其時知矣哉於萃之象曰聚而无防則衆生心〔今汲古閣本作心生〕於漸上九曰進取高潔不累於位无物可以屈其心而亂其志峨峨清遠〔案〕唐史徵周易口訣義引作峨峨清奇儀可貴也於中孚上九曰飛音者音飛而實不從之謂也於小過六五曰小畜尚往而亨則不雨也小過陽不上交亦不雨也〔何云〕程傳中所取輔嗣之義甚多深寧則但就其格言錄之〔方樸山云〕程子不論象不論卦變皆弼說也○〔元圻案〕程子與金堂謝湜書謂易當先讀王弼胡瑗王安石三家

乾稱父〔原注〕純陽坤稱母純陰震長男陽在初巽長女陰在初坎中男陽在中離中女陰在中艮少男陽在末兌少女陰在末

知之崇必欲其效天義之精必欲其入神〔元圻案〕此真西山孝友堂記文語

蒙頤言養正

家人利女貞
徵經

發蒙閑家
才士口易

蒙之養正察乎微頤之養正先乎近〔元圻案〕真西山爲甫田王實之作養正堂記曰蒙之爲義取物之穉而言泉之涓涓始出於山其流未達在人則善端之萌有動於中不可以不養也養之以正天理於是乎周流一有閼之其不壅閼焉寡矣此學者作聖之功終身由之而不可斯須舍者若頤之爲義在天地則養萬物在聖人則養賢以及萬民功用至博大也而象獨以言語飲食爲言蓋己得其養然後可推以及人未有不先成吾身而能達之天下者也白圭有詩南容復之金人有銘孔門識之可不謹乎三爵之過猶爲非禮萬錢之奉適以賈禍可不節乎卽二卦而言則蒙之養也察乎微頤之養也先乎近始于學終于成德則微者著矣修之身被之萬物則近者遠矣

家人卦辭曰利女貞男正易女正難二南之詩以化行閨門爲極致上九之象曰反身之謂也身正則家正矣〔元圻案〕谷永曰未有閨門治而天下亂者也〔郭氏傳家易說曰〕齊家自夫婦始故舜觀厥刑于二女文王刑于寡妻至于兄弟然則利女貞者又家道之本也

蒙之初曰發家人之初曰閑顏氏家訓教兒嬰孩教婦初來〔元圻案〕顏氏語見教子篇司馬溫公家訓用之〔楊誠齋易家人初九傳〕婦訓始至子訓始穉蓋本於此〔北齊書顏之推傳〕之推字介琅邪臨沂人也除黃門侍郎齊亡入周大象末御史上士隋開皇中太子召爲學士撰家訓二十篇陳直齋曰古今家訓以此爲祖

〔何云〕劉屏山云愚夫昧易才士口易賢人玩易聖人忘易凡無得於心而摭其辭皆口易也非獨能言而不能行之謂此卷其諸口易乎○〔元圻案〕〔書錄解題〕屏山集二十卷通判與

化軍崇安劉子翬彥沖撰父韐兄子羽子翬以蔭入仕朱文公其門人也　何氏所引屏山語在聖傳論第七篇

己未冬日謁曹侍郎秋岳先生於集福精舍先生教之曰宋說家之書莫如洪容齋王伯厚爲優然困學紀聞條理尤爲秩然不可以不亟讀也退而謹識於硯匣至丙寅遊山陽乃於書肆中得之沾溉之益良非一二可竟南北奔走亦未嘗不偕也丙戌春爲故友閻百詩先生校此書付之開雕因加重閱記諸第一卷之尾何焯書

[全云]何氏之言足以警世之讀易者然深寧此卷當分別觀之其中有反復於陰陽消長治亂之故者是有得於上下千古而感慨於身世以出之者也安得謂之口易乎其中有無當於大義者則置之可耳何氏篤信其師傳之易以彼其師果能行耶果有得於心耶前輩未可輕議也

困學紀聞注卷一

尙書字數

外史掌三皇五帝書

皋夔稷契不讀書

武王受丹書

黃帝誨顓頊語

困學紀聞注卷二一

餘姚翁元圻載青輯

書〔元圻案〕〔鄭耕老曰〕尙書今古文合二萬五千八百字〔晁氏讀書附志曰〕石經尙書十三卷經注幷序八萬一千九百四十四字

周官。春官外史掌三皇五帝之書。春秋傳昭公十二年所謂三墳五典是也。前賢謂皋夔稷契有何書可讀。理實未然。黃帝顓頊之道在丹書。武王所以端冕東面而受於師尙父也。少皞氏之紀官。夫子所以見郯子而學焉者也。案見昭公十七年左傳杜預注曰於是仲尼年二十八孰謂無書可讀哉。〔全云〕趙清獻之言不過一時以之折荆公耳○〔元圻案〕〔宋邵氏聞見後錄〕曰王荆公初參政事下視廟堂如無人一日爭新法怒目視諸公曰君輩坐不讀書耳趙清獻同參政事獨折之曰君言失矣如皋夔稷契之時有何書可讀荆公默然〔大戴禮記武王踐阼篇〕武王踐阼三日召師尙父而問焉曰黃帝顓頊之道存乎尙父曰在丹書王欲聞之則齋矣三日王端冕師尙父亦端冕奉書而入負屛而立王下堂南面而立師尙父曰先王之道不北面王行西折而南東面而立師尙父西面道書之言曰敬勝怠者吉怠勝敬者滅義勝欲者從欲勝義者凶凡事不强則枉弗敬則不正枉者滅廢敬者萬世藏之約行之行可以爲子孫常者此言之謂也 昔人謂趙清獻何不曰孔光張禹何嘗不讀書乎

呂氏春秋序意曰。嘗得學黃帝之所以誨顓頊矣。

九共帝告篇
殘語
嘉禾揜誥
書逸篇
九共卽九邱
伏生大傳

爰有大圜在上大矩在下汝能法之爲民父母不韋十二紀成於秦八年歲在涒灘上古之書猶存前聖傳道之淵源猶可考也〔元圻案〕〔大戴禮帝繫篇〕少典產軒轅是爲黃帝黃帝產昌意昌意產高陽是爲帝顓頊〔呂覽序意篇曰〕維秦八年歲在涒灘〔高誘注〕八年秦始皇卽位之八年也歲在申名涒灘　是時尚未有挾書之禁　〔高誘注呂氏春秋序曰〕呂不韋者濮陽人也始皇帝尊爲相國不韋乃集儒生使著其所聞爲十二紀八覽六論訓解各十餘萬言備天地萬物古今之事名爲呂氏春秋

書大傳〔全云〕伏生作虞傳有九共篇引書曰予辯下土使民平平使民無傲殷傳有帝告篇引書曰施章乃服明上下豈伏生亦見古文逸篇耶大傳之序有嘉禾揜誥今本闕焉隋志有逸篇二卷出齊梁之閒似孔壁中書殘缺者唐有三卷徐邈注鄭漁仲〔全云〕夾漈先生鄭樵字漁仲謂書逸篇仲尼之時已無矣〔校讎略〕恐未然〔元圻案〕〔鄭康成尚書大傳注序曰〕伏生至孝文時年且百歲歐陽生張生從學焉伏生終後數子各論所聞以己意彌縫其闕別作章句又特撰其大義因經屬指明之曰傳劉向校書得而上之凡四十一篇〔四庫全書總目書類〕附錄尚書大傳四卷補遺一卷舊本題漢伏勝撰勝所傳二十八篇無泰誓而此書

賈誼書引古帝王語
淮南引堯戒

有泰誓傳又九共帝告嘉禾揜誥皆逸書而此書皆有傳者伏生畢世業書不容二十八篇之外全不記憶特舉其有完篇者傳於世其零章斷句則偶然附記於傳中亦事理所有固不足以爲異矣〔隋書經籍志〕尚書逸篇二卷出於齊梁之間考其篇目似孔書中書之殘缺者故附尚書之末〔唐書藝文志書類〕徐邈注逸篇三卷〔鄭氏樵通志校讎略〕秦不絕儒學論第二篇詩有六亡篇乃六笙詩本無辭書有逸篇仲尼之時已無矣皆不因秦火〔劉原父七經小傳曰〕九共當作九丘古文丘作𠀉與共相近故誤傳以爲共耳九丘者卽所謂八索九丘也　伏生名勝字子賤見後漢書伏湛傳湛其九世孫也

漢初去聖未遠帝王遺書猶有存者賈誼書修政語引黃帝曰道若川谷之水其出無已其行無止顓頊曰至道不可過也至義不可易也功莫大於去惡而爲善罪莫大於去善而爲惡故非吾善善而已也善緣善也非惡惡而已也惡緣惡也吾日愼一日帝嚳曰緣巧者之事而學爲巧行仁者之操而與爲仁也故節仁之器以修其財〔案〕財今本賈誼書作躬而身專其美矣德莫高於博愛人而政莫高於溥利人故政莫大於信治莫大於

仁。吾愼此而已矣。帝堯曰。吾（吾〔說苑〕作堯）存心於先古。加志於窮民。痛萬姓之罹罪。憂衆生之不遂也。故一民或飢。曰此我飢之也。一民或寒。曰此我寒之也。一民有罪。曰此我陷之也。（〔說苑君道篇〕載以爲此河間獻王之言）帝舜曰。吾盡吾敬而以事吾上。故見謂忠焉。吾盡吾敬以接吾敵。故見謂信焉。吾盡吾敬以使吾下。故見謂仁焉。吾取之以敬也。吾得之以敬也。大禹諸侯會。則問於諸侯曰。諸侯以寡人爲驕乎。朔日（今本賈誼書曰下有士字）朝。則問於士曰。諸大夫以寡人爲汰乎。又曰。民無食也。則我弗能使也。功成而不利於民。我弗能勸也。湯曰。學聖王之道者。譬其如日。靜思而獨居。（〔說苑〕作靜居獨思）譬其若火。舍學聖之道。而靜居獨思。譬其若去日之明於庭而就火之光於室也。可以小見而不可以大知。得賢而舉之。得賢而與之。譬其若登山乎。得不肖而舉之。得不肖而與之。譬其若下淵乎。是以明君愼其舉。而君子愼與。又曰。藥食嘗於卑。然後至於貴。藥言獻於貴。然後聞於卑。〔以上四句亦見說苑君道篇〕求道者不以目而以心。取道不以手而以耳。致道者以言。入道者以忠。積道者以信。樹道者以人。又引周文王武王成王問粥子。武王問王子旦師尚父。淮南人閒訓引堯戒曰。戰戰慄慄。日愼一日。人莫蹪於山而蹪於垤。〔黃帝巾几銘曰〕予居民上。搖搖恐夕不至朝。惕惕恐朝不及夕。兢兢慄慄。日愼一日。人莫蹪於山而蹪於垤與此戒略同此帝王大訓之存於漢者。若高帝能除挾書之律。蕭相國能收秦博士官之書。則倚相所讀者。必不墜矣。幸而緒言尚在。知者鮮焉。好古之士盍亂繹於斯。〔何云〕皆似戰國諸子之語若上古之書必更簡質〇〔元圻案〕〔史記楚世家〕周文王之時季連之苗裔曰鬻熊鬻熊子事文王早卒〔漢書藝文志道家〕鬻子二十二篇名熊爲周師自文王以下問焉周封爲楚始祖〔修政語下篇〕鬻子對文王曰君子將入其職則其於民也旭旭然如日之始出也既入其職暯暯然如日之正中既去其職暗暗然如日之已入將入而旭旭者義先聞也既入而暯暯者民保其福也既去而暗暗者民失其教也對武王曰和可以守而嚴可以守而嚴不若和之固也和可以攻而嚴可以攻而嚴不若和之得也和可以戰而嚴可以戰而嚴不若和之勝也對成王曰與國之道君思善則行之君聞善則行之君知善則行之又曰爲人下者敬而肅爲人上者恭而仁爲人君者敬士愛民以終其身又曰治國之道上忠於主而中敬其士而下愛其民又曰聞道志而藏之知道善而行之上人矣聞道而弗取藏也知道而弗取行也則謂之下人也又成王曰寡人聞之聖王在上位使民富且壽富可爲也壽不在天乎鬻子曰聖王在上位則天下不死軍兵之事故諸侯不私相攻而民不私相鬬鬩不私相煞也則民免於一死而得一生矣君積於道而吏積於德而民積於用力故婦爲其所衣丈夫爲其所食則民無凍餧免於二死而得二生矣君積於仁而吏積於愛而民積於順則刑罰廢而民無夭遏之誅免於三死而得三生矣使民有時而用之有節則民無癘疾免於四死而得四生矣故夫富且壽者聖王之功也又王子旦對武王曰凡有治心者必修之以道而與之以敬然後能以成也凡有戰心者必修之以政而興之以義然後能以勝也凡有攻心者必結之以約而諭之以信然後能以得也凡有守心者必固之以和而諭之以愛然後能有存也又師尙父曰天下非一家之有也有道者之有也故夫天下者惟有道者理之唯有道者紀之惟有道者使之唯有道者宜處而久之故守天下者非以道則弗得而長也〔呂成公大事記曰〕秦始皇三十四年所燒者天下之書博士官所職固自若也蕭何獨收圖籍而遺此惜哉〔宋蕭森希通錄曰〕李斯曰非博士官所職天下敢有藏詩書百家語者皆詣守尉雜燒之則是天下之書雖焚而博士官猶有存者惜乎入關收圖籍而不及此竟爲楚人一炬耳〔漢書惠帝紀〕三年除挾書律〔注〕〔應劭曰〕挾藏也〔張晏曰〕秦律敢有挾書者族〔又蕭何傳〕沛公至咸陽何獨先入收秦丞相御史律令圖書藏之〔又藝文志〕儒家賈誼五十八篇

墨子載書周公讀書見士

尙書隸古本　杜林古文　孔壁古文　安國以今文校古文　尙書音五卷　開元時改洪範　天寶時衞包改古文　漢唐稱今古文不同

墨子南使衞。載書甚多。弦唐子見而怪之。墨子曰。昔周公旦朝讀書百篇。夕見七十二士。相天下猶如此。吾安敢廢此也。〔原注〕今本闕墨子七十一篇今止十三篇外史掌三皇五帝之書。大訓在西序。讀書百篇。謂此類也。〔閻按〕今墨子七十一篇止闕其八墨子南使衞之文現載貴義篇此云十三篇與程氏書錄解題合〔何云〕聞之前輩七十一篇者出於道藏○〔元圻案〕〔漢書藝文志〕墨子七十一篇名翟爲宋大夫在孔子後〔隋書〕〔新舊唐書〕〔宋志〕皆作十五卷惟〔通志藝文略〕又別出三卷者一本蓋卽陳氏書錄所載止存十三篇之本〔郡齋讀書志〕墨子五十卷七十一篇以貴儉兼愛尊賢右鬼非命尙同爲說云是宋時亦有完本厚齋未之見也

釋文序錄云。尚書之字。本爲隸古。既是隸寫古文。則不全爲古字。今宋齊舊本及徐李等音。所有古字。蓋亦無幾。穿鑿之徒。務欲立異。依傍字部。改變經文。〔以上見序錄條例〕然則今所傳古文尚書。未必皆孔安國之本。〔案〕〔隋書經籍志〕後漢扶風杜林傳古文尙書同郡賈逵作訓馬融作傳鄭元爲注然其所傳唯二十九篇又雜以今文非孔舊本

宋景文筆記云。楊備得古文尚書釋文。讀之大

郭忠恕定古文　孫奭請摹印古音義　開寶時新定釋文　楊備得古文書釋文　呂微仲得古文本中文尚書

喜書訓刺字皆用古文按國史藝文志唐孝明寫以今字藏其舊本開寶（宋太祖九年改元開寶）五年別定今文音義咸平（宋真宗初元）二年孫奭請摹印古文音義與新定釋文並行今亦不傳然漢至唐所謂古文者孔安國以隸存古非科斗書也今有古文尚書呂微仲得本於宋次道王仲至家（原注）郭忠恕定古文尚書並釋文今本豈忠恕所定歟宣和六年詔洪範復從舊文以陂爲頗然監本未嘗復舊也〔閻按〕隸古定乃是一行科斗書一行真書孔穎達所謂就古文體而從隸定之存古爲可慕以隸爲可識故曰隸古也○〔元圻案〕〔漢書藝文志〕古文尚書者出孔子壁中武帝末魯恭王壞孔子宅欲以廣其宮而得古文尚書及禮記論語孝經凡數十篇皆古字也○〔隋書經籍志〕孔安國以今文校之得二十五篇其泰誓與河內女子所獻不同又濟南伏生所誦有五篇相合安國遂依古文開其篇第以隸古字寫之合成五十八篇其餘篇簡雜亂不可復讀遂送之官府安國又爲五十八篇作傳〔又〕梁有尚書音五卷孔安國鄭康成李軌徐邈等撰〔陸德明曰〕漢人不作音後人所託〔唐書藝文志〕今文尚書十四卷開元十四年元宗以洪範無偏無頗聲不協詔改爲無偏無陂天寶三載又詔集賢學士衛包改古文從今文〔馬端臨通考經籍考〕漢之所謂古文者科斗書今文者隸書也唐之所謂古文者隸書也今文者世所通用之俗字也〔玉海〕三十七唐陸德明釋文用古文後周顯德六年郭忠恕定古文刻板太祖命判國子監周惟簡等重修開寶五年二月詔翰林學士李昉校定上之詔名開寶新定尚書釋文咸平二年十月乙丑孫奭請摹印古文尚書音義與新定釋文並行從之天聖八年九月十二日雕新定釋文〔書錄解題雜家類〕宋景文筆記一卷翰林學士宋祁

吳才老書稗傳

以閏月正四時

舜讓于德不台

在治忽采政忽

子京撰　祁諡景文　楊備字修之億之弟慶歷中爲尚書虞部員外郎分司南京　孫奭字宗古博平人太宗端拱中九經及第仁宗時官至兵部侍郎龍圖閣學士〔晁氏讀書志〕古文尚書孔安國以隸古定自漢迄唐行於學官明皇改從今文由是古文遂絕陸德明獨存其一二於釋文呂大防得本於宋次道王仲至家以校釋文雖小有異同而大體相類　呂大防字微仲藍田人皇祐初擢進士第哲宗時拜尚書右丞封汲郡公進尚書左僕射兼門下侍郎諡正愍　宋敏求字次道綬子賜進士第官龍圖閣學士　王欽臣字仲至洙之子文潞公薦試學士院賜進士及第官集賢待制〔後漢書劉陶傳〕明尚書推三家尚書及古文是正文字三百餘事名曰中文尚書〔東都事略〕郭忠恕字恕先洛陽人太宗召爲國子監主簿令刊定歷代字書所定古文尚書並釋文並行於世

吳才老書稗傳考異云。伏氏口傳與經傳所引有文異而有益於經。有文異而無益於經。有文異而音同。有文異而義同。才老所述者今不復著

以閏月定四時成歲。古文定作正。開元誤作定〔原注〕晁景迂云〇〔閻按〕開元當作天寶後並同

舜讓于德。弗嗣。班固典引作不台。〔原注〕史記自序唐堯遜位虞舜不台〇〔案〕〔後漢書班固傳〕固作典引篇述敘漢德其辭曰欽若上下恭輯羣后正位度宗有于德不台淵穆之讓靡號師矢敦奮撝之容註典謂堯典引猶續也漢承堯後故述漢德以續堯典前書曰舜讓于德不台音義曰台讀曰嗣

在治忽。今文作采政忽。史記〔夏本紀〕作來始滑。漢書〔律歷志〕作七始詠忽。又

民儀十夫

文王克明俊德

伊訓惟元

亮陰諒闇

予若觀火

我其發出狂
天難諶

文思晏晏

或作曶。（原注）鄭康成曰笏也（史記）索隱曰古文尚書在治忽今文作采政忽先儒各隨字改之今此云來始滑於義無取蓋來采字相近滑忽聲相亂始又與治相似因誤為來始滑今依今文音采政忽集解曰尚書滑字作曶音忽鄭元曰曶者臣見君所秉書思對命者也（宋薛季宣書古文訓）作圣𤔔曶 大傳大誥曰。民儀有十夫。（原注）王莽作大誥曰民獻儀九萬夫蓋本於此 又康誥曰。惟乃丕顯考文王克明俊德。今無俊字。伊訓惟元祀。十有二月。乙丑。漢歷志作惟太甲元年。十有二月乙丑朔。（原注）是朔旦冬至之歲○註語亦歷志本文 高宗亮陰。禮記（喪服四制）作諒闇。（原注）註讀為梁鵪 漢五行志作涼陰。（師古注）涼信也陰默也言居哀信默三年不言也涼讀曰諒一說涼陰謂居喪之廬也謂三年反於廬中不言涼音力羊處 大傳作梁闇。（康成注）闇讀如鵪鶉謂廬也 予若觀火。周禮注。謂今燕俗名湯熱為觀。（見夏官司爟） 微子。我其發出狂。史記宋世家狂作往。注引鄭康成曰。我其起作出往也。（此裴駰集解文） 君奭。天難諶。王莽傳作天應棐諶。（師古注）天所應輔惟在有誠 欽明文思安安。考靈耀作晏晏。（原注）（鄭氏注）寬容覆載謂之晏（馮衍顯志賦）思唐虞之晏晏第五倫上書體晏晏之姿（後漢書馮衍傳注）引尚書考靈耀曰放勳欽明文思晏晏（第五倫傳）注引考靈耀曰堯文塞

高宗享國百年
費誓柴誓
度作詳刑
哀鰥折獄
折民惟刑
假我一日
上刑下刑輕重
顧畏民嵒
七始詠
王莽作大誥
尚書伏生授受

晏晏〔陳寵傳〕注引考靈耀曰堯聰明文塞晏晏文多不同劉熙釋名曰安晏也然則文異而義同 無逸。肆高宗之享國。
五十有九年。石經曰。肆高宗之享國百年。宋洪适隸釋載蔡邕
石經殘碑漢杜欽。亦曰高宗享百年之壽。見漢書本傳〔閻案〕漢五行志劉向傳皆云高宗
百年費誓。說文作粊誓。史記作肹。大傳作鮮。〔閻案〕一作獮〔
史記魯世家〕集解徐廣曰一作鮮一作獮度作刑以詰四方。周禮大司寇注云度
作詳刑。哀矜折獄。漢于定國傳。作哀鰥哲獄。〔原注〕
〔大傳〕哀矜哲獄折民惟刑。漢刑法志作悊民。天齊于民俾
我一日。楊賜封事。作假我一日。〔原注〕賜通桓君章句卽歐陽尚書劉愷
引上刑挾輕。下刑挾重。說文顧畏于民嵒。多言
也。〔原注〕尼輒切○〔元圻案〕〔尚書大傳曰〕樂者人性之所自有也故聖王巡十有二州觀其風俗習其性情因論十有二俗定以六律五聲八音七始著其素康成注曰七始
黃鐘太簇大呂南呂姑洗應鐘蕤賓也與漢律歷志曰七者天地四時人之始也其義不同〔漢書翟方進傳〕方進字子義王莽居攝義心惡之舉兵莽於是依周書作大誥曰粵其聞曰
宗室之儁有四百人民獻儀九萬夫注孟康曰民之儀表謂賢者〔惠氏棟九經古義曰〕費誓說文云周書有粊誓從米北聲廣韻作棐從米比聲云魯東郊地名此據孔氏本言之則知
古文本作粊棐騩謂尚書作粊字之誤也鄭氏注周禮雍氏禮記曾子問皆引作粊誓 楊賜震之孫秉之子後漢書本傳賜字伯獻靈帝當受學詔太傅三公選通尚書桓君章句宿有重

書始二典終費秦

大傳題唐傳虞傳說文稱唐書虞書左傳稱夏書

名者三公舉楊賜乃侍講於華光殿中熹平元年青蛇見御坐賜上封事〔引尚書曰〕天齊乎人假我一日注曰天意欲整齊于人必假于君也今尚書文假作俾俾使也義亦通〔釋文敘錄〕尚書伏生授千乘歐陽生生授倪寬寬㠯授歐陽生之子歐陽氏世傳業至曾孫高作尚書章句爲歐陽氏學濟南林尊受尚書于歐陽高㠯授平當當授朱普沛國桓榮受尚書于朱普〔後漢書劉愷傳〕愷字伯豫安帝初淸和相叔孫光坐臧抵罪遂增錮二世愷獨以爲春秋之義善善及子孫惡惡止其身所以進人於善也尚書曰上刑挾輕下刑挾重注今尚書呂刑篇曰上刑適輕下刑適重上服下服謂二罪俱發原其本情須有虧減故言適輕適重此言挾輕挾重義亦不殊但與今尚書不同耳〔萬氏集證曰〕今本說文嵒字凡兩見一品部嵒下云多言也從品相連春秋傳曰次嵒北讀與聶同見輒切一山部嵒下云山巖也從山品讀若吟徐鍇曰從品象巖厓連屬之形五咸切皆不引書顧畏于民嵒句惟石部碞下云磛碞也從石品周書曰畏于民碞讀與巖同王氏所引似誤不然所見本異也○〔元圻案〕〔書錄解題書類〕書禆傳十三卷太常卿建安吳棫才老撰首卷舉要曰總說曰書序曰君辨曰臣辨曰考異曰詁訓曰差互曰孔傳凡八篇攷據詳博經義考云未見又引王明清曰吳棫舒州人閩書作建安人　後有民之疾苦條引書作民碞則此條作嵒蓋傳刻之誤

書始二典。終二南。取費秦之誓。猶詩之有魯頌。〔元圻案〕〔呂成公曰〕二典如易之有乾坤

大傳說堯典。謂之唐傳。則伏生不以是爲虞書。〔閻案〕〔說文〕引五品不遜亦曰唐書其時舜典合于堯典內〔三箋程易田曰〕〔案說文〕引堯典八條舜典十一條臯陶謨一條益稷十三條只一條作尚書一條作周書轉寫誤也餘三十條並作虞書然則五品不遜一條作唐書者孤證也不可援之以爲論說〔集韻〕〔引顧寧人日知錄曰〕古時有堯典無舜典有夏書無虞書孟子引放勳乃殂落謂之堯典則序之別爲舜典者非矣〔左傳莊八年〕引臯陶邁種德〔僖二十四年〕引地平天成〔二十七年〕引賦納以言〔文七年〕引戒之用休〔襄五年〕引成允成功〔二十一年二十三年〕兩引念茲在茲一

堯典得敘事法
月令紀時不如堯典
星辰兩解
五禮兩解

二十六年〕引與其殺不辜寧失不經〔哀六年〕引允出茲在茲〔十六年〕引官占惟先蔽志〔國語周內史過〕引衆非元后何戴后非衆罔與守邦皆謂之夏書則後之目爲虞書者贅矣〇〔元圻案〕〔大傳〕自九共以下題曰虞傳此舜典合於堯典之一證日知錄之說辯矣然孔穎達書正義曰莊八年左傳引夏書曰皐陶邁種德云云皆在大禹謨皐陶謨當云虞書而云夏書者以事關禹故引爲夏書若洪範以爲周書以箕子至周商人所陳而傳引之即曰商書也今據此以洪範爲商書可乎況大傳自放勳以下題曰唐傳九共以下別題曰虞傳禹貢以下別題曰夏傳其總題則俱曰虞夏傳馬季長鄭康成王子雍別錄題皆作虞夏書漢魏相傳未可輕議

夏小正。〔大戴禮記〕月令。〔禮記〕時訓。〔逸周書〕詳矣而堯典命羲和以數十言盡之。天官書。〔史記〕天文志。〔漢書〕詳矣而舜典璣衡。以一言盡之。敘事當以書爲法。〔原注〕〔堯典〕以

日中宵中爲春秋之別月令兩言日夜分無春秋之異〇〔元圻案〕〔鄭漁仲六經奧論曰〕月令之記四時不如堯典至記日夜分亦不及堯典堯典以日中宵中四字記之自有春秋之別月令則兩言日夜分而不知孰爲春孰爲秋〔曾子固作王囘文集序曰〕敘事莫如書其在堯典述命羲和宅土測日晷星候氣揆民緩急兼蠻夷鳥獸其材成輔相備三才萬物之理以治百官授萬民興衆功可謂博矣然其言不過數十其於舜典則曰在璿璣玉衡以齊七政蓋堯之時觀天以歷象至舜又察之以璣衡聖人之法至後世益備矣曰七者則日月五星曰政者則羲和之所治無不在焉其體至大蓋一言而盡可謂微矣其言微故學者所不得不盡心能盡心然後能自得之也

堯典。日月星辰。孔注謂星四方中星。辰日月所會。

益稷。日月星辰。謂日月星爲三辰。〔全云〕當主前說爲是五禮

一也。孔注於舜典。以爲吉凶軍賓嘉。於皐陶謨。

則曰公侯伯子男五等之禮。〔全云〕亦前說爲長〇〔元圻案〕〔堯典正義曰〕四方中星者二十八宿布在四方隨天轉運更互在南方每月各有中者月令每月昏旦推舉一星之中辰日月所會者〔昭七年左傳〕士文伯對晉侯之辭也日行疾月行遲每月之朔月行及日而與之會其必在宿分二十八宿是日月所會之辰處時也集會有時故謂之辰日月所會與四方中星俱是二十八宿舉其人目所見以星言之論其日月所會以辰言之其實一物故星辰共文〔益稷謨正義曰〕周禮大宗伯云實柴祀日月星辰鄭元云星謂五緯也辰日月所會十二次也鄭以徧祭天之諸神十二次亦當祭之故令星與辰別以云畫之於衣日月合宿之辰非有形容可畫且左傳云三辰卽日月星也〔皐陶謨正義曰〕王肅云五禮謂王公卿大夫士鄭元云五禮天子也諸侯也卿大夫也士也庶人也此無文可據各以意說耳

史記〔五帝本紀〕索隱云。春言東作。夏言南爲。〔索隱云爲依字讀〕皆是耕作營爲勸農之事。孔安國强讀爲訛字。雖訓化。〔爾雅釋言〕訛化也 解釋紆回。〔原注〕今史記作南譌〇〔元圻案〕〔孔傳〕訛化也掌夏之官平敘南方化育之事〔惠氏棟九經古義曰〕譌與訛古字通〔毛詩無羊曰〕或寢或訛韓詩作譌〔說文引詩云〕民之譌言今正月詩作訛〔無羊傳云〕訛動也薛夫子云譌覺也〔正月箋〕又訓訛爲僞僞亦與訛通故王莽傳又作南僞古文尚書作僞也索隱作爲者古僞字皆省文作爲見古文春秋左氏傳但此經訛字當與僞別〔淮南天文訓曰〕歲大旱禾不爲高誘曰爲成也禾成於夏故云南爲索隱本是也〔案爾雅釋訓〕作造爲也〔詩王風兎爰〕尙無造毛傳造僞也〔大雅思齊〕小子有造毛傳造爲也索隱蓋本爾雅 〔唐書藝文志〕司馬貞史記索隱三十卷開元閏州別駕

周禮〔天官縫人〕注。引書曰。分命和仲。度西曰柳穀。〔案正義曰〕是濟

嵎夷禺鐵郁夷

〔伏生書〕南 虞翻云。鄭元所注尚書。古篆丣字反以爲昧。古大篆丣字讀當爲柳。古柳丣同字。而以爲昧。〔見三國志虞翻傳注案注〕文無古篆丣字反以爲昧八字 裴松之謂翻言爲然。〔元圻案〕裴松之曰翻云古大篆丣字讀當爲柳古卯柳同字竊謂翻言爲然故劉留聊柳同用此字以從聲故也〔尚書大傳〕秋祀柳穀華山貢兩伯之樂焉康成注曰八月西巡守祭柳穀之氣於華山柳聚也齊人語〔宋沈作喆寓簡〕柳穀柳之言聚也分命和仲典治西方之政而收聚百穀也度音宅古文度與宅相近而誤〔惠氏九經古義曰〕今文尚書云度西曰柳穀〔伏生傳書云〕秋祀柳穀康成曰柳聚也賈公彥曰柳者諸色所聚日將沒其色赤兼有餘色故云柳穀今鄭注尚書從古文作昧谷故虞仲翔奏鄭解尚書違失事目云云〔史記五帝本紀〕作昧谷索隱曰徐廣云一作柳柳亦日入處地名〔堯典正義曰〕夏侯等書昧谷曰柳谷〔說文丣部〕丣冒也二月萬物冒地而出象開門之形故二月爲天門西部丣古文酉從丣丣爲春門萬物已出丣爲秋門萬物已入一閉門象也丣莫飽切丣與久切〔段氏玉裁曰〕壁中古文尚書作昧谷鄭注尚書依之今文尚書作柳穀鄭注周禮取之今文古文斷難合一者也鄭本不誤而仲翔誤會謂其改卯爲昧

宅嵎夷。釋文云。尚書考靈耀。及史記。作禺銕。今按史記堯本紀。居郁夷。正義。郁音隅。夏本紀。嵎夷既略。索隱云。今文尚書及帝命驗。並作禺鐵。〔原注〕古夷字 薛氏曰。今登州之地。〔元圻案〕〔宋毛居正六經正誤二〕銕古鐵字也說文嵎字下注云嵎鐵蓋峓誤爲銕銕轉爲

四岳佐禹賜姓
共工四岳爲
神農後
申呂齊許
堯讓位許由

五典五教
五作十道
魯共王壞孔壁
伊川書說

鐵也〔釋文馬云〕嵎海隅也夷萊夷也〔孔安國傳〕東表之地稱嵎夷〔正義曰〕禹貢青州云嵎夷既略青州在東界外之畔爲表故云東表之地稱嵎夷也〔薛氏季宣書古文訓〕三嵎夷海嵎諸夷虞書暘谷之地今登州也〔唐書藝文志〕張守節史記正義三十卷

四岳。孔注云。即上羲和四子。分掌四岳之諸侯。按周語太子晉曰。共工從孫四岳佐禹胙國。命爲侯伯。賜姓曰姜氏。曰有呂。左傳許太岳之胤也。杜氏注謂大岳神農之後。堯四岳也。〔隱公十一年〕當從周語之說。〔原注〕〔迂齋云〕申呂齊許皆四岳之後堯讓許由亦其一也〔閻按〕〔韋昭國語注〕共工諸侯炎帝之後姜姓也當顓頊之衰則四岳爲共工從孫亦神農之後復何疑〇〔何云〕迂齋說是〇〔元圻案〕〔周語韋昭註〕共共工也姜四岳之先炎帝之姓也至四岳有德帝復賜之祖姓使紹炎帝之後呂以國爲氏〔周語又曰〕申呂雖衰齊許猶在注申呂四岳之後商周之世或封於申齊許其族也〔宋葉大慶愛日齋叢抄樓暘叔云〕從來人說莊周盡是寓言却不曾深考如堯讓許由依舊是有此人蓋申齊許皆四岳之後許由其一也以當時咨四岳觀之則堯有讓許由之事但周之言不無文飾過當處

五典克從。孔安國傳。本於左氏。程子解本於孟子。左氏言五教不及君臣夫婦朋友。天敘有典。而遺其三焉。惟孟子得之。〔元圻案〕〔舜典正義曰〕文十八年左傳曰舜臣堯舉八元使布五教於四方父義母慈兄友

舜誅四凶

鯀共諫堯傳位

弟恭子孝以此知五典是五常之教〔伊川書說〕五典謂父子有親君臣有義夫婦有別長幼有序朋友有信言長幼則兄弟尊卑備矣言朋友則鄉黨賓客備矣孔氏謂父義母慈兄友弟恭子孝爲能盡人倫哉夫婦人倫之本夫婦正而後父子親而遺之可乎孟子云堯使契爲司徒教以人倫五者人倫大典豈舜有以易之乎〔漢書王莽傳〕五教是輔顏師古注亦從左傳〔宋林氏之奇尙書全解曰〕左氏傳與孟子論五典皆本於舜典而其文不同竊謂左傳之言不如孟子之說爲盡契爲司徒教天下以人倫而君臣之義夫婦之別朋友之信豈有忽而不教者哉〔書大傳曰〕五作十道孝力爲右注五作五教也十道謂君令臣共父慈子孝兄愛弟敬姑慈婦聽而不及朋友〔漢書藝文志〕古文尙書者出孔子壁中五帝末魯共王壞孔子宅欲以廣其宮而得古文尙書及禮記論語孝經凡數十篇皆古字也共王往入其宅聞鼓琴瑟鐘磬之音於是懼乃止不壞孔安國者孔子後也悉得其書以考二十九篇得多十六篇安國獻之遭巫蠱事未列於學官〔晁氏讀書志卷一上〕一伊川書說一卷程正叔之門人記其師所談四十餘篇

程子謂共兜之徒及舜登庸之始側陋之人顧居其上此凶亂之人所不能堪故其惡顯而舜誅之。〔何云〕程子崇政殿說書之召司馬呂薦之者殆聖矣既出而爲當時巍科盛名之士所嫉此說其有爲言之與〔全云〕程子此說未必因蘇孔諸公而發且洛蜀之爭互有是非何氏過推伊川尙不脫時文識見

韓非曰堯欲傳天下於舜鯀諫共工又諫曰孰以天下而傳之於匹夫乎堯不聽此可以證程子之說。〔原注〕韓非謂堯誅共鯀非也〇〔元圻案〕程子說林少穎尙書全解引之　韓非說見外儲說右上又曰堯不聽舉兵而誅鯀於羽山之郊誅共公於幽州之都〔呂氏春秋行論篇〕堯以天下讓舜鯀爲諸侯怒於堯曰得天之道者爲帝得地之道者爲三公今我得地之道而不以我爲三公以堯爲

流宥五刑墨劓等爲賊刑

范景仁正書

書序方設居方

失論欲得三公怒甚猛獸欲以爲亂比獸之角能以爲城舉其尾能以爲旌召之不來彷徉於野以患帝舜於是殛之於羽山 〔宋王偁東都事略〕程子字正叔哲宗即位司馬光呂公著上其行事於朝授汝州團練推官西京國子監教授力辭又以爲秘書郎召至京師除崇政殿說書紹聖中黨論與坐貶官

范蜀公正書曰。舜之五刑。流也。官也。教也。贖也。賊也。流宥五刑者。舜制五刑。以宥三苗之劓刵剕宮大辟也。皇王大紀〔全云〕胡五峯作之說本諸此。而以墨劓剕宮大辟爲賊刑之科目。〔元圻案〕〔史記堯本紀〕流宥五刑集解馬融曰流放宥寬也一曰幼少二曰老髦三曰蠢愚五刑墨劓剕宮大辟 〔書舜典孔傳〕宥寬也以流放之法寬五刑范蜀公之說實本於孔氏 〔皇王大紀〕十九論曰虞書曰象以典刑鞭作官刑朴作教刑金作贖刑怙終賊刑此乃帝王正五刑也〔又曰〕流宥五刑五刑有服五服三就五流有宅五宅三居是此正五刑皆有流宥之法也墨劓剕宮大辟賊刑之科目也後世止以是爲五刑故肉刑一廢遂不可復非不可復也不行帝王正五刑而專以賊刑當天下之罪慘莫甚焉 〔汪氏應辰題范蜀公集曰〕正書所得止一卷今分爲二司馬温公論正書其間有云舜無焚廩浚井之事今書無之 〔宋史藝文志〕儒家范鎮正書一卷 〔東都事略〕范鎮字景仁成都華陽人舉進士禮部奏名第一歷官端明殿學士封蜀郡公謚忠文 〔書錄解題史部編年類〕皇王大紀八十卷胡宏撰述三皇五帝至周赧王前二卷自盤古至帝嚳年不可考信姑載其事而已自堯以後用皇極經世歷起甲辰始著年紀博採經傳時有論說自成一家之言

書序。帝釐下土方。設居方。釋文云。下土絕句一讀至方字絕句。商頌禹敷下土方。外大國是疆。朱文公亦

三十徵庸三十在位

爲告舜念哉

以方字絕句。云楚辭天問禹降省下土方。蓋用此語。然書序已有此讀矣。〔元圻案〕書序帝釐下土方設居方別生分類作汩作九共九篇槀飫孔傳言舜理四方諸侯各設其官居其方似以方字絕句孔疏云帝舜治理下土諸侯爲各於其方置設其官居其所在之方而統治之遂以方字連下句讀朱子書序說方設居方逐方各設其居之道又從孔疏何也〔商頌長發孔疏曰〕往者唐堯之末有大水芒芒然有大禹者敷廣下土以正四方京師之外大國於是畫其疆境令使中國廣大均平以方字屬下句至朱子集傳始正其讀

鄭康成讀舜典云。舜生三十。謂生三十年。登庸二十。謂歷試二十年。〔元圻案〕〔舜典〕舜生三十徵庸三十在位五十載陟方乃死〔孔傳〕舜三十徵庸三十在位服喪三年其一在三十之數爲天子五十年凡壽百一十二歲〔正義〕鄭讀此經云舜生三十謂生三十年也登庸二十謂歷試二十年在位五十載陟方乃死謂攝位至死爲五十年舜年一百歲也史記云舜年三十堯舉用之年五十攝行天子事年五十八堯崩年六十一而踐天子位三十九年崩皆謬耳〔帝王世紀〕舜以堯之二十一年甲子生三十一年甲午徵用七十一年壬午卽真百歲癸卯南征崩于鳴條與史記康成合

大禹謨言念哉者二。益稷言念哉者一。皆禹告舜之辭。心者治之本。心斯須不存。治忽分焉。恭惟千載心秋月照寒水。於此見之。〔元圻案〕〔朱子感興詩曰〕放勳始欽明南面亦恭己大哉精

一傳萬世立人紀猗歟歎曰蹐穆穆歌敬止戒褻光武烈待旦起周禮恭惟千載心秋月照寒水魯叟何常師刪述存聖軌

皐陶曰彰厥有常吉哉周公曰庶常吉士召公曰吉士吉人帝王用人之法一言以蔽之曰吉舜所舉曰元愷曰吉德之實也所去曰凶吉德之反也議論相傳氣脈相續在春秋時謂之善人在西漢時謂之長者惟吉則仁所謂元者善之長爲天地立心者也〔何云〕可作人字說耳〇〔元圻案〕〔文十八年左傳〕舜臣堯舉八愷八元流四凶族正義愷和也言其和於物也元善也言其善於事也〔傳又曰〕孝敬忠信爲吉德盜賊藏奸爲凶德〔成十五年左傳〕晉三郤害伯宗韓獻子曰郤氏其不免乎善人天地之紀也而驟絶之不亡何待〔漢書高帝紀〕懷王與諸將約先入定關中者王之諸老將皆曰項羽爲人剽悍禍賊所過無不殘滅不如更遣長者扶義而西項羽不可遣獨沛公素寬大長者卒不許羽而遣沛公〔大雅卷阿之篇曰〕藹藹王多吉士〔又曰〕藹藹王多吉人〔逸齋詩補傳曰〕召公進戒曰求賢足矣必曰吉士吉人何也周公作立政以告成王亦曰其勿以憸人其惟吉士蓋憸利之人常近於薄吉善之士常近於厚人主用人必求吉善之士而信任之誠足以壽風俗之脈爲國家之福也〔宋葛洪涉史隨筆立政終篇〕又曰其惟克用常人常人者吉士之通稱其於國也猶食之穀粟衣之布帛不可一日而無者也〔韓詩外傳〕楚有善相人者說莊王以吉人吉臣吉主之說蓋亦本之於書　長者之稱疑始於韓非子厚重自尊謂之長者

儆戒無虞絜齋〔閻按〕絜齋袁燮號解云治安之時危亂之萌已

舜征有苗

北漢宣帝渭上之朝。是年元后生成帝。新都簒漢。已兆於極盛之日矣。〔注〕見卷一五陽之盛而一陰生條下無虞豈可不儆。戒愚謂凶奴衰而女戎興。倚伏果可畏哉。又解七旬有苗格云。舜耕歷山之時。祗見厥父。惟知己之有罪。而不見父之爲頑。所以底豫。及其征苗也。自省未嘗有過。而惟見苗民之作慝。所以逆命。至班師之後。誕敷文德。無異負罪引慝之心。而遂格焉。滿損謙益。捷於影響。人心豈可以自滿哉。愚謂仲虺之誥成湯。召公之訓武王。戒其滿而自矜也。齊桓服楚。魏武得荆州。唐莊宗取汴。皆以滿失之。〔元圻案〕鄭齋解七旬有苗格一條。元王與之書簒傳引之〔三國志魏武帝紀〕建安十三年秋七月公南征劉表。八月表卒。其子琮代屯襄陽。公到新野。琮遂降。〔孫權傳〕是時曹公新得表衆。形勢甚盛。諸議者多勸權迎之。惟瑜肅執拒之議。意與權同。瑜肅爲左右督。遇於赤壁。大破曹公軍。〔注江表傳〕載曹公與權書曰。近者奉辭伐罪。旄麾南指。劉琮束手。今治水軍八十萬衆。方與將軍會獵於吳。權得書以示羣臣。莫不嚮震失色。〔歐陽公五代史唐莊宗本紀〕同光元

九德三俊

安止欽止宅厥心

虞服十二章

年十月滅梁復汴州爲宣武軍十二月畋於伊闕二年二月求唐宦者九月幸郭崇韜第十一月畋於伊闕十二月及張后幸張全義第三年聚鞠射雁射鴨不一書矣（書錄解題絜齋家塾）書鈔十卷其子喬崇謙錄其家庭新聞至君奭而止今本作十二卷經義考云未見四庫全書著錄（真西山絜齋行狀曰）燮字和叔慶元府鄞縣人淳熙進士官至大中大夫爵自鄞縣男再進爲伯學者稱曰絜齋先生

九德知人之法三俊用人之法（元圻案）（東萊書說曰）自皐陶以九德告禹夏侯蓋世守以爲知人之法（真西山曰）渾全而無弊然後爲成德此知人之法也（宋黃氏度書說曰）三有俊辨論後來之俊可居此三宅者也克即俊就其所論定無不可登用也（書立政蔡氏集傳）吳氏曰此書戒成王以任用賢才之道

禹之告舜曰安汝止盡天理而無人欲得至善而止也尹之告大甲曰欽厥止去人欲而復天理求至善而止也（元圻案）（真西山大學衍義曰）文王之宅厥心即大禹所謂安汝止也

虞書作服天子自日月而下十二章鄭康成注周禮（春官司服）謂周以日月星辰畫於旌旗而冕服九章注禮記郊特牲祭之日王被袞以象天謂有日月星辰之章此魯禮也二禮之說自相背馳

璪火粉米黼黻宗彝爲廟器

魯秉周禮。周魯之禮。其有異乎。〔元圻案〕〔書益稷孔傳〕天子服日月而下諸侯自龍衮而下至黼黻士服藻火大夫加粉米正義曰天子服日月而下則三辰畫之於衣服又畫於旌旗也〔周禮司服云〕享先王則衮冕衮者卷也言龍首卷然以衮爲名則所畫自龍以下無日月星辰之章設日月畫於衣服旌旗也據此史記衮冕之服亦畫日月鄭注禮記言郊特牲也〔郊特牲云〕祭之日王被衮冕以象天也〔又曰〕龍章而設日月以象天也〔鄭元云〕謂有日月星辰之章設日月畫於衣服旌旗也據此史記衮冕之服亦畫日月鄭注禮記言郊特牲所云謂魯禮也要其文稱王被服衮冕非魯事也或當二代天子衣上亦畫三辰自龍章爲首而使衮同名耳〔林之奇書解曰〕舜觀古人之象畫日月星辰山龍華蟲於衣繡宗彝藻火粉米黼黻於裳以彰天子之盛德能備此十二物也歷代之制莫不皆然說者謂周登三辰於旗服惟九章何其異也蓋不過據左氏三辰旂旗之文左氏謂旗有三辰何嘗謂衣無三辰耶況又謂上公九章而王服亦九章何周公制禮乃至於無別與此云祭之日王被衮以象天則十二章備鄭氏謂有日月星辰之章此魯禮也夫被衮以象天周制固然何魯之足云豈有周制止九章魯乃加以十二之禮乎〔宋劉彝中義曰〕康成泥司常職日月爲常之文遂謂周人以日月星辰畫於旌旗而冕服止九章非也交龍爲旂周之衣不去其龍熊虎爲旗周之裳不去其虎何獨日月爲常而去其衣服之日月星辰乎

古文尚書及說文。璪火粉米黼黻艾軒曰。粉米黼黻當各爲一物。璪當爲玉璪之璪。璪圜物也。意其爲璪之狀。而以火旁飾之。火因物而後見耳。考工記謂火以圜。得非指璪火爲一物乎。鄭司農謂爲圜形似火。此爲近之。希冕謂粉米黼黻

鳥獸蹌蹌
鳳凰來儀
馬氏尚書注

皆從黹同謂之希冕。陸德明希與黹同。蓋有由來也。〔元圻案〕〔書益稷〕予欲觀古人之象日月星辰山龍華蟲作會宗彝藻火粉米黼黻絺繡以五采彰施於五色作服汝明孔傳日月星爲三辰華象草華蟲雉也畫三辰山龍華蟲於衣服旌旗會五彩也以五采成此畫焉宗廟彝樽亦以山龍華蟲爲飾藻水草有文者火爲火字粉若粟冰米若聚米黼若斧形黻爲兩己相背此孔注天子之服十二章也孔以宗彝爲宗廟彝樽不在章數故以粉米爲二物方足十二之數鄭康成注周禮以宗彝爲虎蜼〔賈疏云〕宗彝者據周之彝尊有虎彝蜼彝因於前代則虞時有蜼彝虎彝可知若然宗彝是宗廟彝尊非蟲獸之號而言宗彝者以虎蜼畫於宗彝則因號虎蜼爲宗彝其實是虎蜼也但虎蜼同在於彝故此亦并爲一章也案鄭以宗彝爲十二章之一故并粉米爲一章林艾軒謂黺⿰黹米黼黻當各爲一物蓋從孔傳〔說文玉部〕璪玉飾如水藻之文從玉喿聲虞書曰璪火黺米〔禮記玉藻〕釋文本又作璪音早〔考工記〕火以圜註鄭司農云爲圜形似火元謂形如半環然在裳〔春官司服〕祭社稷五祀則希冕鄭注希讀爲絺或作黹字之誤也〔說文黹部〕有黺字無⿰黹米字玉篇黹部亦無⿰黹米字黺字註云黺⿰黹米也 天官辨方正位句下〔正義曰鄭〕司農者鄭衆字仲師但周禮之內康成所存注者有三家司農之外又有杜子春鄭大夫者鄭少贛二鄭皆康成之先故言官不言名字 林艾軒名光朝字謙之莆田人事蹟具宋史儒林傳

鳥獸蹌蹌。馬融以爲筍虡。七經小傳〔全云〕劉原父作用其說。書裨傳以鳳凰來儀爲簫聲之和。艾軒亦曰制器尚象。〔元圻案〕陸氏釋文鳥獸孔以爲自舞也〔馬云〕鳥獸筍虡也〔劉原父書小傳曰〕古者制樂皆有所法或法於鳥或法於獸其聲清揚而短聞者皆法之鳥也其聲宏濁而遠聞者皆法之獸也則此言筍鏞之器各得其法而盡其聲則鳥獸蹌蹌然也〔經義考書類〕馬氏融尚書注隋志十一卷佚〔書錄解題三〕七經小傳三卷劉敞

箾韶

丹朱奡兩人名

罔水行舟

自我民明威衛包改古文書

威用六極

撰前世經學大抵祖述註疏其以意言經著書行世自敞創之惟春秋既有成書詩三禮論語見之小傳〔又〕公羊左氏國語二則附焉故曰七經

古文箾韶。今文作簫韶。〔原注〕左氏曰韶箾舜樂名也諸儒誤以簫管解之。〔元圻案〕此蔡氏尚書集傳文〔林氏尚書全解六〕謂之簫韶者孔氏曰言簫以見細器之備其說不然而說者又謂簫者不齊之管其聲清而細以象鳳凰之聲故奏之而鳳凰來儀其說亦不然〔案〕古文尚書簫字從竹從箾箾舞者所執之物簫與箾音雖同而義實異說文於管簫之簫注云參差管而從竹從削之箾注云舜樂名箾韶延陵季札觀周樂見韶箾者其字從竹從削之箾以是知箾韶二字蓋舜樂之總名也今文作管簫之簫故諸儒皆曲爲之說

說文奡嫚也。引虞書若丹朱奡。論語奡盪舟。按書有罔水行舟之語。則奡盪舟者。恐即謂丹朱。〔閻按〕羿奡並舉篡夏之賊臣也丹朱未聞凶終比擬不當〔何云〕下云俱不得其死則不可云即丹朱也〔集證〕〔案宋吳仁傑兩漢刊誤補遺曰〕陶唐夏后各有一羿二人俱嘗爲射官又皆不得其死而奡亦非所謂澆者奡在禹稷之前與堯時羿並世澆則寒浞因有窮后羿之室而生者也書稱毋若丹朱傲惟慢遊是好傲虐是作罔水行舟朋淫於家〔按〕此文上云丹朱傲下又云傲虐傲雖凶德一言足以盡之何至申言之乎〔陸德明音義於丹朱傲云〕字又作奡乃知丹朱奡爲兩人名朋淫云者指此兩人言之南宮括言奡盪舟則罔水行舟之事是已奡在禹前故禹舉之以戒舜此說近是

古文天明畏自我民明畏。今文下畏字作威。蓋衛包所改。當從古。〔元圻案〕〔唐書藝文志〕今文尚書十二卷元宗詔集賢學士衛包改古文從今文〔大禹謨〕釋文畏如字徐邈音威馬融

皐陶德繼三聖左禹右皐陶

蠻夷猾夏明刑治

皐陶形體諸異狀

本作威據此則非衛包所改矣〔漢書五行志〕威用六極作畏用谷永傳同〔林少穎曰〕古文書畏威二字通用其義一也

若稽古稱堯舜禹三聖而皐陶與焉。舜以天下遜禹。禹獨推皐陶。孟子論道之正傳亦曰若禹皐陶則見而知之。又曰舜以不得禹皐陶爲己憂。子夏亦曰。舜舉皐陶。觀於謨而見皐陶之學之粹也。〔閻案〕舜以天下讓禹禹獨推皐陶此自出魏晉間晚出書大禹謨余有辨見尚書古文疏證卷四第五十七條〔何云〕皐陶之學之粹不以亦有若稽古之文而見也〇〔元圻案〕〔大戴禮王言篇〕昔者舜左禹而右皐陶不下席而天下治伏生書大傳劉向說苑君道篇亦云〔宋時瀾增修東萊書說曰〕虞廷之臣獨皐陶稱若稽古史臣將以是推皐陶而附之於三聖人之列皐陶與禹分位相去不遠皆亞聖也

蠻夷猾夏明刑治之而有餘。四夷交侵征伐制之而不足。虞周之德天淵矣。〔全云史記不作兵書寫之於律書中漢書不作兵志寓之於刑志中舜舞於羽而有苗格則知以甲兵爲大刑尙非聖人意也世衰治兵且不足何況於律又何況於刑故史記所見是第一義漢書所見是第二義然爲三代以後人言之則遠矣〇〔元圻案〕〔漢書凶奴傳〕懿王時王室遂衰戎狄交侵暴虐中國中國被其害〔後漢書西羌傳〕穆王西征犬戎遷戎於太原夷王衰弱荒服不朝乃命虢公率六師伐太原之戎至於俞泉宣王遣兵伐太原戎不克

淮南子〔主術訓〕曰。皐陶瘖而爲大理。此猶夔一足之

夔一足禹伊尹形體異狀

大費佐舜馴鳥獸

伯益伯翳隤敳

伯益作虞馴鳥獸

咎繇君雅異文

咼無鮌偪受辠

伯翳非皋陶子

說也。皋陶陳謨賡歌。謂之瘖可乎。司馬公憫獄謠詩二云法官由來少。和泰皋陶之面如削瓜。然荀子非相之言。亦未必然。〔元圻案〕淮南之言本於文子精誠篇瘖作喑風俗通正失篇俗說夔一足而用專精故能調暢〔一〕於音樂謹案呂氏春秋魯哀公問於孔子曰樂正夔一足信乎孔子曰昔者舜以夔爲樂正重黎又薦能爲音者舜曰夫樂天地之精得失之節故惟聖人爲能和樂之本夔能和之平天下若夔一足矣故曰夔一足非一足行〔荀子非相篇〕皋陶之狀色如削瓜楊倞注云如削皮之瓜青綠色〔白虎通〕聖人皆有異表禮說曰禹耳三漏是謂大通皋陶馬喙是謂至誠〔抱朴子外篇〕傳喻皋陶喑而與辯者同功晉野瞽而與離朱齊明〔又云〕咎繇面如蒙倛伊尹形若槁骸〔侯鯖錄曰〕司馬公言行俱高然亦每有謔語嘗作詩曰由來法官少和泰皋陶之狀如削瓜

史記秦本紀。大費佐舜。調馴鳥獸。是爲柏翳。索隱二云尚書謂之伯益。而陳杞世家謂伯翳之後封爲秦。垂益夔龍。其後不知所封。不見也。則伯翳非伯益矣。水經注卷十九偃師九山有百蟲將軍顯靈碑二云將軍姓伊氏。諱益字隤敳。帝高陽之第二子伯益者也。〔原注〕黃度文叔書說益即隤敳本於此〔閻按〕伯益即伯翳辨非二人莫妙於金仁山前編王氏與仁山同時居址亦近

或未及見其論著乎〔全二五〕金仁山之言亦未確〔集證〕〔金仁山通鑑前編曰〕伯益卽伯翳秦聲以入爲去故謂益爲翳也字有四聲古多轉用如益之爲翳契之爲禼皐之爲咎君牙之爲君雅是也此古聲之通用也有同音而異文者如陶之爲繇垂之爲倕鯀之爲鮌虺之爲偪紂之爲受冏之爲臩是也此古字之通用也太史公見書孟子之言益也則五帝本紀言益見秦紀之爲翳也則秦本紀從翳蓋疑而未決也疑而未決故於陳杞世家之末又言垂益夔龍不知所封則遂謬矣胡不合二書而思之乎夫秦紀不燒太史公所據以紀秦者也秦紀所謂佐禹治水豈非書所謂隨山刊木曁益奏庶鮮食者乎所謂馴服鳥獸豈非書所謂益作朕虞若予上下鳥獸者乎其事同其聲同而獨以二書字異乃析一人而二之可謂誤矣唐虞功臣獨四岳不名耳而姜姓則見於書傳甚明也其餘未有無名者夫豈別有伯翳其功如此而反不見於書又豈有馴服鳥獸者孰加於伯益雖朱虎熊羆亦以類見果又伯翳才績如此而書反不及乎夫以伯翳不得爲伯益則禼不得爲契咎繇不得爲皐陶倕不得爲垂鮌不得爲鯀他如仲偪不得爲仲虺受不得爲紂臩不得爲冏君雅不得爲君牙乎〔史記本紀〕世家及總敘之謬如此者多而羅氏路史因之直以益翳爲二人又以伯翳爲皐陶之子則嬴郾李三姓無辨矣且楚人滅六之時秦方盛於西徐延於東趙基於晉使伯益果皐陶之子臧文仲安得云皐陶不祀乎又以益爲高陽氏之才子隤敳至夏啓時則二百有餘歲矣夫堯老而舜攝舜耄期而薦禹豈有禹且老而薦二百歲之益以爲身後之計乎其非事實不可以不辨〇〔元圻案〕〔漢書地理志〕秦之先曰伯益出自帝顓頊堯時佐禹治水爲舜朕虞養育鳥獸賜姓嬴歷夏殷爲諸侯古今人表列隤敳柏益於上中而不列伯翳足以證金氏之說〔欽定四庫全書簡明目錄七〕水經注四十卷水經舊題漢桑欽撰然證以書中地理實三國時人其注則後魏酈道元作〔書錄解題二〕書說七卷禮部尚書會稽黃度文叔撰度篤學窮經老而不倦

姜爲伯夷後 四岳爲伯夷族 伯夷以禮神

鄭語史伯曰。姜伯夷之後也。伯夷能禮於神以佐堯者也。注謂四岳之族。大戴禮誥志篇虞史伯

佐堯 虞史伯夷言明幽 皇帝哀矜清問 伯夷降典

重黎舉夔爲樂正 重黎羲和四岳互稱

用執中命龜語冊文

夷曰明孟也幽幼也〔原注〕史記歷書引之而其文小異虞夏之歷爲昔自在古歷百草權輿瑞雉無釋爲百草奮與秭鳺先滜〔閻按〕尚書伯夷典舜三禮未聞佐堯且齊四岳之後茲又以爲伯夷後將齊有二祖乎〔全云〕四岳既爲伯夷之族則非二祖也閻說何憒憒〔方樸山云〕〔愚按呂刑〕有言皇帝孔傳皆云帝堯康成以皇帝哀矜爲說顓頊皇帝清問乃說堯事未有指爲舜者指爲舜者自蔡氏一家言耳孔傳於乃命三后恤功於民伯夷降典折民惟刑一節直注云堯命三君正與國語胳合潛邱考之不詳〇〔元圻案〕〔林少穎尚書全解〕伯夷臣名其氏族則不可知先儒引鄭語云姜伯夷之後此說不可信且國語既以姜姓爲四岳之後矣而又以爲伯夷之後其說自相戾韋昭遂謂卽四岳且經云咨四岳有能典朕三禮僉曰伯夷豈四岳以是自薦也揆之人情決不如此閻氏此注蓋本於此〔誥志篇〕虞史伯夷曰明孟也幽幼也明幽雌雄也雌雄迭興而順至正之統也日歸於西起明於東月歸於東起明於西虞夏之歷建正於孟春於時水泮發蟄百草權輿瑞雉無釋〔史記歷書〕昔自在古歷建正作于孟春於時冰泮發蟄百草奮興秭鳺先滜物迺歲具生於東次順四時卒於冬分時雞三號卒明撫十二節卒於丑日月成故明也明者孟也幽者幼也幽明者雌雄也雌雄代興而順至正之統也與大戴之文不同

呂氏春秋〔察傳篇〕云舜欲以樂傳教於天下乃令重黎舉夔於草莽之中而進之舜以爲樂正〔原注〕〔呂刑〕乃命重黎卽羲和也楚語堯育重黎之後重黎舉夔見於此〔方樸山云〕先儒謂重黎卽羲和又謂羲和卽四岳則呂氏春秋所云重黎舉夔卽四岳舉夔耳〇〔元圻案〕〔堯典正義曰〕異世重黎號同人別顓頊命重司天黎司地羲氏掌天和氏掌地其實重黎羲和通掌之也〔又孔傳曰〕四岳卽上羲和之四子

漢董賢冊文言允執厥中蕭咸謂此堯禪舜之文

非三公故事。班固筆之於史矣。而固紀竇憲之功曰。納于大麓。惟清緝熙。其諛甚於董賢之冊。當憲氣燄方張。有議欲拜之伏稱萬歲者。微韓稜正色。則無君之惡肆矣。此固所以文姦言而無忌憚也。倪正父駁昆命元龜之制。有以也夫。

〔閣按〕昆命元龜乃史彌遠拜右相制詞倪思時知福州讀之駭歎以爲用舜禹揖遜文請貼改 何云倪語非也蘇子瞻富公神道碑有重華協明之語亦將以爲罪歟 〔方樸山云〕以此爲坊後世猶有來宗道祭崔呈秀之母稱在天之靈者 〔全云〕重華協明尙是泛言其德昆命則巽位矣且觀人當於其素富公君子也蘇公亦君子也其行文本無他意無可致疑若寶慶大臣卽不至萌無君之心而諂之者不異班固之於竇憲矣時草制者爲陳晦又史氏之私人也何氏以倪語爲非强爲之辨豈知深寧於此固有深概也夫又云宋初趙中令制詞亦有此語陳晦據以紬倪思之說以史氏之勢而倪敢論之其直節自不可沒○〔元圻案〕〔漢書佞幸傳〕董賢爲大司馬衞將軍冊曰建爾于公以爲漢輔往悉爾心匡正庶事允執其中蕭咸望之子也賢父恭欲與結婚姻咸曰董公大司馬冊乃堯禪舜之文非三公故事長老見者莫不心懼此豈家人子所能堪耶〔後漢書竇憲傳〕憲與北單于戰於稽落山大破之降者二十餘萬人憲秉遂登燕然山去塞三千餘里刻石勒功紀漢功德令班固作銘 〔文選班孟堅封燕然山銘序云〕車騎將軍竇憲寅亮聖皇登翼王室納于大麓惟清緝熙 〔後漢書韓稜傳〕帝西祀園陵詔憲與車駕會長安憲至尙書以下議欲拜之伏稱萬歲韓稜正色曰夫上交不諂下交不黷禮無人臣稱萬歲之制議者皆慙而止 〔宋周密齊東野語曰〕嘉定初元史忠定彌遠拜右丞相相麻翰林權直陳晦之筆也有昆命元龜使宅百揆之語時倪文節思知福州卽具申朝省謂昆命元龜此乃舜禹揖遜之語見于大禹謨非僻書也據漢

禹謨洪範言五行

書董賢冊文云允執其中蕭咸謂此乃堯禪舜之文非三公故事今昆命元龜與允執其中何異竊見嚚之詞臣以聖之清聖之和褒譽韓侂胄以有文事有武備褒譽蘇師旦然亦未敢用人臣不當用之語乞行貼麻時陳晦已除侍御史遂具奏之其詞內云茲方艱於論相顧無異于象賢昆命元龜使宅百揆此蓋演述陛下卜相之意甚明而思乃以爲人臣不當用之語臣觀尚書所稱師錫帝曰虞舜與乃言底可績者其上下文顯是揖遜授受之語而孫近行趙鼎制曰寔由師錫之公蔣芾行洪适制云用符師錫之公陳誠之行沈該制云言皆可績僉曰汝諧從大禹謨之文今以本朝宰相制詞考之呂夷簡制曰或形求方獲或枚卜仍從富弼制曰遂膺枚卜實契具瞻王欽若制曰廟堂虛位龜筮協謀曾公亮制曰拂龜而見祥端屢而定制稽用師言之錫進居台路之元陳執中制曰考嘉績而惟茂質枚卜以僉同趙鼎制曰龜拂克違既驗詢謀之協陳康伯制曰詢於僉言斷自朕志無非用大禹謨此一段中語此類甚多不敢盡述唐人作韋見素相制曰爾雅不矜朕志先定本朝蘇軾草范純仁詔亦曰斷自朕志文彥博詔亦曰朕命不再至於歷試諸艱蓋堯舜事軾於呂大防胡宗愈詔屢用歷試二字然臣不敢援此爲例恐未是命龜的證國初趙普拜相制曰詢於元龜歷選羣后又有甚的切者唐裴度拜相制曰人具爾瞻天方賚予昆命元龜爰立作相云云古人舉事無大小未嘗不命龜如洪範周禮左傳皆可考也今思乃以董賢冊文爲比以聖上同之漢哀云云繼得旨陳晦援證明白無罪可待倪思輕侮朝廷肆言誣罔可特降兩宮其後文節作辨析一狀甚詳〔顏氏家訓文章篇〕蔡邕楊秉碑云統大麓之重〔潘尼贈盧景宣詩云〕九五思飛龍〔孫楚王驃騎誄云〕奄忽登遐〔陸機父誄云〕億兆宅心敦敘百揆〔姊誄云〕俔天之和今爲此言則朝廷之罪人也　倪思字正甫湖州人諡文節宋史有傳

五行。大禹謨以相克爲次。洪範以生數爲次。〔案〕此大禹謨正義之文　五德。鄒衍以相勝爲義。劉向以相生爲義。此唐封演聞見錄之說續博物志說同○〔元圻案〕〔王氏六經天文編〕引馬氏曰水火木金土天地生五行之序也木火土金水五行相生之序也水火木金土五行相剋之序也天地之生五行也

柔立柔惠柔嘉

逸書大道亶亶

禹貢釋文引職錄

以數其相生也以氣其相剋也以形（漢書郊祀志）自齊威宣時騶子之徒論著終始五德之運注如淳曰今其書有五德終始五德各以所勝爲行秦謂周爲火德滅火者水故自謂水德又贊曰孝武之世倪寬司馬遷等從臣誼之言服飾度數遂順黃德彼以五德之傳從所不勝秦在水德故謂漢據土而剋之劉向父子以爲帝出乎震故包犧氏始受木德其後以母傳子自神農黃帝下歷唐虞三代而漢得火焉

柔而立無立爲懦柔惠且直（大雅崧高）不直爲諂柔嘉惟則（大雅蒸民）失其則非嘉也（何云）亦是字說而較古字一條爲勝○（元圻案）（呂氏讀詩記）柔嘉惟則不過其則也過其則斯爲弱不得謂之柔嘉矣

賈誼書君道篇引書曰大道亶亶其去身不遠人皆有之舜獨以之此逸書也（元圻案）賈誼書注見一卷第三頁今在第二頁

禹貢釋文周公職錄云黃帝受命風后受圖割地布九州隋唐志無此書太平御覽七一百五十引太一式占周公城名錄有此三句夾漈通志藝文略周公城名錄一卷城職字相似恐傳寫之誤（原注）（世說注云）推周公城錄冶城宜是金陵本里（抱朴子內篇）登涉引周公城名錄（集證曰）原注所引當是世說言語門王右軍謝太傅登冶城注今闕（抱朴子內篇登涉引城名

九德九功之歌

大化大訓六府九原

啓九辨九歌

虞書說仁閔覆下

縈播既都

〔錄曰〕天下分野災之所及可避不可禳居宅亦然山岳亦爾也

大傳二曰歌大化大訓六府九原而夏道興注謂四章皆歌禹之功所謂九德惟敘九德之歌於此猶可攷〔集證曰〕金仁山通鑑前編尚書虞夏傳云惟十有四祀還歸二年而廟中荷有歌大化大訓六府九原而夏道興〔按〕此九功之歌也大訓大化其三事之歌與九功之歌舊矣禹言於帝比音而樂之後世守之以爲禹樂騷所謂啓九辨與九歌是也周官九德之歌九韶之舞以享人鬼蓋兼用虞夏之樂而說者以九歌爲韶樂則誤矣

說文日部旻字下引虞書曰仁閔覆下〔何本〕作仁覆閔下則稱旻天蓋虞書說也〔元圻案〕〔詩王風黍離毛傳〕元氣廣大則稱昊天仁覆閔下則稱旻天自上降鑒則稱上天據遠視之蒼蒼然則稱蒼天疏曰以經傳言天其號不一故因蒼天而總釋之當有成文不知出何書又曰元之閒也秋氣或生或殺故以旻下言之〔玉篇廣韻〕亦以仁覆閔下故何本從之然王氏既引說文則當從說文今從閣本

豫州縈波既豬古文云縈嶓既都職方氏豫州其浸波溠鄭注云波讀爲播禹貢曰縈播既都賈公彥疏云禹貢有播水無波然則漢唐書本皆作縈播也〔原注〕〔史記夏本紀〕作播音波〔全云〕波水出霍陽見水經注溵水篇〇〔元圻案〕〔禹貢孔傳曰〕縈澤波水已成遏豬〔正義曰〕沇水入河

一百里任國

揚州沿江海達淮泗

江始入淮東坡書傳

而溢爲滎滎是澤名洪水之時此澤水大動成波浪鄭云今塞爲平地滎陽民猶謂其處爲滎澤馬鄭王本皆作滎播孔氏以滎波爲一水（蔡氏書集傳曰）周職方豫州其川滎雒其浸波溠（爾雅云）水自洛出爲波（山海經曰）婁涿之山波水出其陰北流注於穀孔氏以爲一水非也（書錄解題二）周禮疏五十卷唐賈公彥撰（廣川藏書志云）公彥此疏據陳邵異同評及沈重義疏爲之

史記夏本紀引禹貢二百里任國。（原注）書男邦孔註男任也任王者事音壬王莽封王氏女皆爲任。（原注註）任充也男服之義男亦任也男任二字蓋通用。（元圻案）（惠氏九經古義曰）白虎通引書云侯甸任衛作國伯今酒誥作男古男與南通皆訓爲任（外傳周語曰）鄭伯南也先鄭司農注云南謂子男（左傳昭十三年）子產曰鄭伯男也賈侍中云男當爲南謂南面之君（王肅家語）亦載子產語云男南古字通用（白虎通又云）南之爲言任也今文尚書皆以任爲南太史公以訓詁易經文故亦爲任（大戴禮本命篇）蔡邕獨斷皆曰男者任也（禮記王制正義）引春秋元命包男者任也任功立業也（尚書大傳）南方者何也任方也任方者物之方任是男任南三字轉相爲訓也

揚州沿于江海。達于淮泗。東坡書傳云吳王夫差闕溝通水。而江始有入淮之道。禹時則無之。愚按吳之通水有二焉。左氏傳哀九年吳城邗溝通江淮。（原注註云）今廣陵韓江此自江入淮之道也。吳語夫差起師北征。闕爲深溝於商魯之間北屬之沂西

弱水無力獨西
弱爲六極

九江東陵即巴陵
曾氏尚書義

屬之濟以會晉公午於黃池左氏傳哀十三年。會黃池。〔原注註云〕陳留封丘縣南有黃亭近濟水此自淮入泲之道也。〔閻案〕此句從初刊本增補○〔元圻案〕〔禹貢孔傳曰〕沿江入海自海入淮自淮入泗　韓江今本左傳杜注作邗江〔宋樂史寰宇記〕一開封府封丘縣黃池在西南七里東南三里〔按春秋哀公十三年〕會晉侯吳子於黃池吳晉爭長〔又一百二十三〕揚州江都縣合瀆渠在縣東二百里本吳掘邗溝以通江淮之水路昔吳王夫差將伐齊北霸中國自廣陵城東南築邗城城下掘深溝謂之邗江亦曰邗溝自江東北入射陽湖今謂之山陽溝〔東坡書傳十三卷〕晁氏讀書志曰熙寧以後專用王氏之說進退多士此書駁異其說爲多

百川東注。弱水獨西。故洪範弱爲六極。弱與柔異。柔如漢文帝。弱如元帝。〔全云〕亦不因其獨西而爲極○〔元圻案〕弱水既西正義衆水皆東此水獨西〔蔡氏書傳楊子厚曰〕西海之山有水焉散渙無力不能負芥投之則委靡墊沒及底而後止故名曰弱〔地志云〕在張掖郡刪丹縣〔林氏尚書全解引王安石〕曰惡者小人之剛也弱者小人之柔也〔漢書文帝紀贊曰〕南越尉佗自立爲帝召貴佗兄弟以德懷之佗遂稱臣與匈奴結和親後而背約入盜令邊備守不發兵深入恐煩百姓吳王詐病不朝賜以几杖羣臣袁盎等諫雖切常假借納用焉張武等受賂金錢覺更加賞賜以媿其心專務以德化民是以海內殷富興于禮義〔又〕〔元帝紀〕贊上牽制文義優游不斷孝宣之業衰焉

過九江至于東陵。曾彥和〔全云〕曾旼謂東陵今之巴陵。余按史記禹本紀正義。岳州有巴陵。蓋是東陵。曾說本此。〔元圻案〕〔宋毛晃禹貢指南曰〕胡秘監旦晁參政說之皆以九江爲洞庭以巴陵爲東陵〔水經〕東陵地在廬江金蘭縣西北江水又東迤北會於彭蠡澤又曰江水

朔南暨聲教

禹修教服有扈夏相伐扈修德伐扈戰甘不爲啓擊有扈於牀有扈爲牧豎有扈以傳子伐夏

又東左得青林口即水出廬江之東陵鄉江夏有西陵縣故此言東一說巴陵與夷陵相爲東西夷陵一曰西陵則巴陵爲東陵可知〔宋史藝文志〕曾旼等尚書義三十卷今 四庫書不著於錄〔朱子曰〕曾彥和書說精博其解禹貢林少穎吳才老甚取之

朔南暨爲句下二云聲教訖于四海史記註本如此〔何云〕此本之鄭康成○〔元圻案〕〔史記夏本紀集解〕於朔南暨下引鄭元曰朔北方是以暨字截句也〔孔傳〕以朔南暨聲教爲句疏引鄭元曰南北不言所至容踰之〔史記註〕本如此六字何本作小註今從閣本

說苑政理篇子貢曰禹與有扈氏戰三陳而不服禹於是脩教一年而有扈氏請服莊子人間世謂禹攻有扈國爲虛厲皆與書異楚辭天問二云該秉季德厥父是臧胡終斃于有扈牧夫牛羊又二云有扈牧豎二云何而逢擊牀先出其命何從古事茫昧不可考矣呂氏春秋仲春紀先己篇曰夏后相與有扈戰于甘澤而不勝六卿請復之夏后相曰不可吾地不淺吾民不寡戰而不勝是吾德薄而不〔案〕今本

孥戮非及子
囚奴正士
孥戮汝有脫
衍

（呂覽無不字）教不善也。於是乎處不重席。食不貳味。琴瑟不張。鐘鼓不修。子女不飭。親親長長。尊賢使能。期年而有扈氏服。愚謂伐扈戰甘者。夏后啓也。誤以爲相。然其事可以補夏書之闕。（何云）既非實錄何闕之補。○

（元圻案）（書序曰）啓與有扈戰于甘之野作甘誓（釋文）扈音戶有扈國名與夏同姓（按）京兆鄠縣卽有扈之國也（淮南齊俗訓曰）有扈氏爲義而亡知義而不知宜也（高誘注）有扈夏啓之庶兄以堯舜與賢禹獨與子故伐啓啓亡之（墨子明鬼篇曰）嘗上觀乎夏書禹誓曰大戰於甘（呂氏春秋召類篇曰）禹攻曹魏屈驁有扈以行其教蓋說苑之說所本（朱子楚辭集注曰）該恐是啓字季少也弊戰而疲弊也啓少能秉德爲禹所舍何有扈不服終疲其力而戰于甘以滅其國廢其後人爲牧豎而後得安其位乎　（王逸注）啓攻有扈之時親于其牀上擊而殺之言有扈牀上何以遇啓而喪其命出而無所從乎　（呂氏春秋先己篇）高誘注傳曰啓伐有扈書曰大戰于甘乃命六卿云云（畢秋帆沅校勘本載孫氏星衍之言曰）如果爲相注不應但據啓事爲證考御覽八十二帝啓事中引此作夏后伯啓乃知今本誤也然困學紀聞亦引作夏后相則南宋本已誤矣（盧氏文弨曰）伯古多作相後人疑爲相因幷誤删啓字（曾子固校上說苑序曰）劉向所著說苑二十篇崇文總目云今存者五篇臣從士大夫間得之者十有二篇與舊爲十八篇而序其篇目

甘誓。予則孥戮汝。孔傳謂辱及汝子。王莽傳作奴顏（師古）注。謂戮之以爲奴也。泰誓曰。囚奴正士。豈及子之謂乎。（元圻案）（顏師古匡謬正俗曰）商書湯誓云予則奴戮汝（孔安國傳云）古之用刑父子兄弟罪不相及今云奴戮權以脅之使勿

湯以甘誓勒銘

五子之歌述禹訓五子歌諸予字所屬

關石龢均

古文尚書始末

犯也〔案〕奴戮者或以爲奴或加刑戮無有所赦者耳此非孥子之孥猶周書泰誓稱囚孥正士亦謂或囚或奴也豈得復言並子俱囚也〔又班固漢書季布傳云〕及至困亢奴僇苟活蓋引商書之言以爲折衷矣〇〔元吳氏澄書纂言二〕謂予則奴戮汝與上文詞意不屬或有脫簡或是下篇湯誓之文重出于此

蔡邕銘論殷湯有甘誓之勒〔元圻案〕此條疑有闕文或是前說苑子貢曰條小註〔太平御覽五百九十蔡邕銘論曰〕黃帝有巾几之法孔甲有盤杅之誡殷湯有甘誓之勒毚鼎有丕顯之銘

五子之歌其一二章皆述禹之訓〔案正義云〕其一曰皇祖有訓其三曰訓有之是述大禹之戒也

蔡氏集傳自予視天下以後謂予五子自稱也然予臨兆民之語恐非五子自稱〔元圻案〕〔蔡傳〕又以萬姓仇予之予謂指太康林少穎曰陳博士云夫所以曷歸者太康也而五子則曰予懷之悲虐民而民仇之者太康也而五子則曰萬姓仇予所宜憂所宜愧皆在太康而五子任之以爲己事者蓋仁人之於兄弟親愛之而已矣有邦則同其安樂失邦則同其危辱其危也可憂其辱也可愧五子之於太康可謂有仁人之心矣此言深得詩人之旨其說亦勝蔡傳

周語單穆公引夏書曰關石龢均王府則有韋昭注云逸書也關門關之征也石今之斛也言征賦調均則王之府藏常有也一曰關衡也時未見古文故云逸書左思魏都賦關石之所和均

夏有觀扈

五觀爲啓子
武觀
畔觀縣爲洛
汭地

財賦之所底慎蓋亦用韋說李善引賈逵國語註曰關通也孔安國謂金鐵曰石未詳（元圻案）均尚書作鈞（林氏尚書全解十二）五權之法二十四銖爲兩十六兩爲斤三十斤爲鈞四鈞爲石是鈞與石又五權之最重也關通也和平也關通其石和平其鈞守此法度與天下共守之而不敢失也後之說書者皆從之（朱子或問潘子善問曰）關石和鈞恐只是鈞石之名如周禮嘉量之類曰恐是（釋文序錄曰）古文尚書者孔惠之所藏也魯共王壞孔子舊宅於壁中得之幷論語孝經皆科斗文字博士孔安國字子國孔子十二世孫受詔爲傳值武帝末巫蠱事起不獲奏上藏之私家江左中興元帝時豫章內史梅賾字仲真汝南人奏上孔傳學徒遂盛（蔡氏集傳曰）五子之歌今文無古文有（隋書經籍志春秋外傳）國語二十二卷韋昭注（三國志吳韋曜傳）曜字宏嗣吳郡雲陽人也孫晧時爲侍中注曜本名昭史爲晉諱改之（李善文選注臧榮緒晉書曰）左思字太沖齊國人少博覽文史作三都賦構思十稔門庭藩溷皆著紙筆偶得一句即疏之徵爲祕書賦成張華見而咨嗟都邑豪貴競相傳寫（唐書文藝傳）李邕揚州江都人父善有雅行淹貫古今不能屬辭故人號書簏顯慶中累擢崇賢館直學士兼沛王侍讀爲文選注敷析淵洽傳其業號文選學

左氏昭十年傳夏有觀扈漢志地理東郡有畔觀縣（原注）今開德府觀城

楚語士亹曰堯有丹朱舜有商均啓有五觀湯有太甲文王有管蔡是五王者皆元德也而有姦子韋昭注謂五觀啓子太康昆弟也觀洛汭之地書序曰太康失國昆弟五人須于洛汭水

五觀猶三㚇

湯都南亳地
帝誥帝告帝嚳
湯從帝嚳都

經注九 亦云太康弟曰五觀。愚謂五子述大禹之戒作歌。仁義之人。其言藹如也。豈朱均管蔡之比。韋氏說非也。〔元圻案〕〔全謝山經史問答二〕以有扈氏與觀並稱見于春秋內傳以朱均管蔡並稱見于外傳而東郡之縣名畔觀則其不良亦復何說唯是以五觀遂指為太康之五弟而因指洛汭之地為觀則古人亦已疑之厚齋曰五子述大禹之戒仁義之言藹如也豈若世所云乎但厚齋亦但以尚書詁之而即韋鄺之說其自相悖者未盡抉也夫東郡之畔觀非洛汭也觀既為侯國則五觀者五國乎抑一國乎五國則不聚於一方一國則不可以容五子況五觀據國以逆王命又何須於洛汭之栖栖也是揆之地與事而不合者也蓋五觀特國名猶之三㚇今以太康之弟適有五而以配之則誣矣然內傳尚無此語外傳始以為夏殷之姦子夫以追隨太康之弟而反曰姦曰畔則必其從羿而後可矣蓋嘗讀續漢書郡國志曰衛故觀國姚姓乃恍然曰畔觀非夏之宗室也而況以為太康之同母乎是足以輔厚齋之說者也〔愚謂〕左傳夏有觀扈〔杜注〕止云觀國今頓邱衛縣並不言為啟子且趙孟舉三苗姚邳徐奄皆指畔國而言見諸侯之向背不常以諷楚之免叔孫耳不應於畔國之中忽雜以姦子今證以全氏之說信矣然外傳以五觀與朱均管蔡並言而明曰五王皆有姦子則韋注未可全非也竊謂內傳之觀扈是二國名外傳之五觀是啟子而非作歌以述大禹之戒者也〔案〕竹書紀年帝啟十一年放王季子武觀於西河武觀以西河畔彭伯壽帥師征西河武觀來歸則即楚語之五觀也然竹書曰王季子武觀明是一人不得為五或武五聲相近而誤否則以其為季子而以五系之歟書曰母弟則必有不同母者其武觀是歟或武觀是五子之一必來歸之後能率德改行如太甲之悔過也

史記湯始居亳。從先王居。作帝誥。索隱云。一作俈。

從先王居。故作帝告。〔元圻案〕〔史記正義括地志云〕今宋州穀熟縣西南三十五里南亳故城即南亳湯都也〔書序〕俈

亳
帝告篇逸語
湯征篇逸文
白樂天補湯征文
辰弗集于房推仲康時日食互異

作告〔孔傳曰〕契父帝嚳都亳湯自商丘遷故曰從先王居〔惠氏九經古義曰〕告古文誥〔尚書大傳殷傳有帝告篇〕引書曰施章乃服明上下此逸書之猶存者索隱據孔氏傳以爲帝俈別無所見〔案〕〔說文言部〕誥告也告部嚳卽告之甚也〔史記三代世表〕帝嚳作帝俈玉篇收部隹古文告

史記湯征諸侯葛伯不祀湯始伐之湯曰予有言人視水見形視民知治不伊尹曰明哉言能聽道乃進君國子民爲善者皆在王官勉哉〔閻按〕脫勉哉二字勉哉二字從何本補湯曰汝不能敬命予大罰殛之無有攸赦作湯征豈孔壁逸篇太史公亦見之乎後有補湯征者何云白居易蓋未之考〔閻按〕補湯征乃白居易文載尚書古文疏證卷五第七十二條〇〔元圻案〕白樂天補湯征其略曰湯若曰惟葛伯虐於民慢於神惟社稷宗廟罔克尊奉曁山川鬼神亦靡禋祀予畀厥牛羊乃旣於盜食予佑厥粢穡乃困於仇餉吁嚱於祀神震怒肆於虐民離心頊繩契以降曁於百代神怒民叛而不顚隮者匪我攸聞小子履以涼德欽奉天威肇征有葛咨爾有衆克濟厥功〔金仁山曰〕史載湯征之辭不類蓋非湯征之舊也

辰弗集于房大衍歷議云新歷仲康五年癸巳歲九月庚戌朔日蝕在房二度見唐書歷志按皇極經世十二仲康元年壬戌征羲和五年丙寅與歷不同

鳩方微子去就繫國夏商書終篇見意

孥戮汝予其殺

〔閻按〕以授時時憲二歷推算仲康卽位歲在壬戌乃五月丁亥朔日食非季秋月朔也食在東井亦非房宿在位十三年中惟四年九月壬辰朔日有食之卻與經文肇位四海不合且食在氐末度亦非房宿總之此出魏晉間晚出書允征篇○〔元圻案〕〔允征篇孔傳曰〕辰日月所會房所舍之次集合也不合卽日食可知　〔通鑑前編〕按虞劆以季秋日食爲仲康元年而唐傅仁均等新歷以爲仲康五年癸巳之歲九月庚戌朔日食在房二度夫以歷術求之則曾歷殷歷周歷已自不同㶟此以求豈無牴忤故以歷較之經世紀年夏殷之年盈縮者二十有八歲焉蓋歷家之說有歲差之法久近各殊新歷以五十一年而差一度虞劆以百八十有六年而差一度盈縮之原其大致蓋由于此今從新歷則仲康五年歲非癸巳從虞劆則合于經世之年且以經言之則五年之說與經不同而元年之說於經肇位之義爲合今從之以辰弗集房繫於元年之下　〔書錄解題易類〕皇極經世十二卷處士河南邵雍堯夫撰　〔唐書藝文志〕僧一行開元大衍歷一卷又歷議十卷

君子之去留國之存亡繫焉故夏書終於汝鳩汝方商書終於微子〔全云〕深寧於德祐之末抗疏卽出國門其亦有感而言此乎○〔元圻案〕〔書序〕伊尹去亳適夏既醜有夏復歸于亳入自北門乃遇汝鳩汝方作汝鳩汝方孔傳鳩方二人湯賢臣言所以醜夏而還之意〔宋羅泌路史曰〕商書終于微子之命而夏書終於汝鳩汝方言賢人君子之去就社稷存亡之所繫也　〔謝枋得詩傳注疏白駒篇〕說曰夏書終于汝鳩汝方商書終于微子賢人盡去則宗社隨之此詩人之所憂也

湯誓予則孥戮汝罔有攸赦孔安國以爲古之用刑父子兄弟罪不相及今云云者權以脅之使勿犯〔案與甘誓傳異〕酒誥予其殺安國以爲擇罪重者而殺

齊桓塞九河自廣

十二章孔鄭異義

十二師孔鄭異義

之呂居仁〔全云〕呂文靖公本中字居仁好問之子謂安國能明聖人未盡之意實有大功於聖人者〔元圻案〕文靖乃呂夷簡謚全注誤

鄭康成注禹貢九河云齊桓公塞之同爲一詩周頌般之篇正義云不知所出何書愚按書禹貢正義引春秋緯寶乾圖云移河爲界在齊呂填閼八流以自廣鄭蓋據此文〔案〕此九河既道正義文九峯蔡氏書集傳曰曲防齊之所禁塞河非桓公所爲也〔閻按〕尚書中侯亦云齊桓之霸遏八流以自廣〔蔡傳〕謂非桓公之所爲亦是尋好話頭其實葵邱五命特以約束諸侯躬自犯者多矣奚有于河〇〔元圻案〕〔水經〕河水又東北過黎陽縣南注引鄭康成曰齊桓霸世塞廣田居同爲一河其文稍異書詩正義皆孔穎達所作而不同如此

鄭康成書注閒見於疏義如作服十二章州十二師孔注皆所不及〔元圻案〕〔林氏尚書全解曰〕十二章說者不同當以鄭氏之說爲正其說以爲華蟲雉也宗彝虎蜼也粉米白米也絺讀爲黹紩也畫以爲繪紩以爲繡畫與紩皆有六日也月也星辰也山也龍也華蟲也此六章者畫以爲繪施之于衣宗彝也藻也火也粉米也黼也黻也此六章者紩以爲繡施之於裳此有虞氏之十二章也大勝孔氏之說蓋孔氏之說其失有二以日月星辰山龍華蟲作會宗彝爲句而曰五采成此畫焉宗廟彝尊亦以山龍華蟲爲飾據此經云予欲觀古人之象而

呂覽引夏商周逸書
荀子引中蘬逸書
楊倞荀子注引逸書

以五采章施于五色作服汝明結之于後則是此言專爲作服而云爾豈于其中雜入宗廟之彝尊者哉此其失一也又曰絺葛之精者凡葛非可繡之物自古未聞有以爲裳唐孔氏云暑月則染絺爲纁而繡之以爲祭服豈暑月染葛爲服而冬月則弃而不用耶此其失二也又以華蟲爲二物粉米爲二物其說考之制度皆齟齬而不合不若鄭氏之說爲善又曰州十有二師者孔鄭之說不同孔氏以爲一州用三萬人功九州二十七萬庸薛氏云大司馬法二千五百人爲師此蓋兵制也禹之治水豈故用此師也哉以是知孔氏之說爲不可用鄭氏云每州立十二諸侯爲之師以佐牧也此則正與下文外薄四海咸建五長相應其說爲長王氏此條蓋從林說今按少穎之說尚有未盡核者孔氏所數十二章與鄭不同者惟宗彝粉米耳孔以宗彝爲宗廟彝尊故分粉米爲二物以足十二章之數至于華蟲孔傳云華象草華蟲雉也（一正義云）草木雖皆有華而草華爲美故云華象草華蟲雉也雉五色象草華也據正義之文孔特以草華象雉之文采耳若孔氏旣以華蟲爲二物又以粉米爲二物則十三章矣

呂氏春秋（有始覽諭大篇）引夏書曰天子之德廣運乃聖（今本呂覽無乃聖字）乃神乃武乃文商書曰五世之廟可以觀怪萬夫之長可以生謀又（恃君覽驕恣篇）曰仲虺有言曰諸侯之德能自爲取師者王能自爲取友者存其所擇而莫如己者亡又（孝行覽）曰刑三百罪莫重於不孝（愼大覽）周書曰若臨深淵若履薄冰其舛異如此（元圻案）宋洪邁容齋（四筆五呂氏春秋諭大篇）引夏書曰天子之德廣運乃神乃武乃文又引商書曰五世之廟可以觀怪萬夫之長可以生謀高誘注皆曰逸書也廟者鬼

商書始言仁
性誠學
言教以商書
爲備
好生安惠中
寓仁
允恭温恭

神之所在五世久遠故於其所覩魅物之怪異也予謂呂不韋作書時秦未有詩書之禁何因所引訛謬如此高誘注文怪異之說一何不典之甚耶又孝行覽亦引商書曰刑三百罪莫重於不孝今安得有此文亦與孝經不合〔又引周書曰〕若臨深淵若履薄冰注云周書周文公所作尤妄也〔又〕以普天之下莫非王土率土之濱莫非王臣爲舜作詩子惠思我褰裳涉洧子不我思豈無他士爲子產答叔向之詩不知是時國風雅頌何所定也甯戚飯牛歌高誘注全引碩鼠三章尤爲可笑〔荀子堯問篇云〕其在中蘬之言曰諸侯自爲得師者王得友者霸得疑者存自爲謀而莫己若者亡又與呂覽不同○〔又容齋續筆十二〕唐楊倞注荀子乃元和十三年然臣道篇所引書從命而不拂微諫而不倦爲上則明爲下則遜注以爲伊訓篇今元無此語致士篇所引義刑義殺勿庸以即汝惟曰未有順事注以爲康誥而不言其有不同

仲虺之誥言仁之始也。湯誥言性之始也。太甲言誠之始也。說命言學之始也。皆見於商書。〔案〕朱竹垞曰四篇皆古文

自古在昔。先民有作。温恭朝夕。執事有恪。先聖王之傳恭也。以上五句引魯語閔馬父之言 亦見於商頌。孔子之傳有自來矣。〔何云〕必以孔子爲出於家學者真妄詞人語〔方樸山云〕契爲司徒教以人倫故言教者商爲備○〔元圻案〕〔真西山曰〕虞書好生之德安民則惠即仁也而未有仁之名至是而名始著又曰闢萬世性學之源自成湯始又曰敬仁誠並言始見於此三者堯舜禹之正傳也又曰學之一字前此未經見也高宗與說始言之遂開萬古聖學之源〔朱子曰〕經籍古人言學字自說命始有〔呂成公雜說云〕孫悌最切便是堯之允恭舜之温恭禹湯文武皆然詩曰自古在昔先民有作温恭朝夕執事有恪傳曰古先聖王之傳恭如此言古而曰在昔言人而曰先民傳恭二字最好如堯以是傳之舜

萊朱即仲虺仲虺爲奚仲後

臣扈祖己爲仲虺後

湯始改正朔甘誓著三正正月月正異義

夏以上皆寅正

古帝三正迭用

石林書傳

孟子云伊尹萊朱注萊朱亦湯賢臣一曰仲虺是也春秋傳曰仲虺居薛爲湯左相是則伊尹爲右相趙岐孟子注 唐宰相世系表仲虺爲湯左相臣扈祖己皆其胄裔也(原注)未詳所據〔全云〕(原注)四字是正文〔集證〕〔按唐書宰相世系表〕黃帝孫顓頊少子陽封于任十二世孫奚仲爲夏車正禹封爲薛侯奚仲遷于邳十二世孫仲虺復居薛爲湯左相臣扈祖己皆其胄裔也

孔安國謂湯始改正朔鄭康成謂自古改正朔葉少蘊云甘誓已言三正則子丑寅迭以爲正者尚矣(原注)爰革夏正林少穎謂革正之事古未嘗有蓋始於湯而武王因之〇〔元圻案〕〔舜典〕正月上日〔正義曰〕鄭康成以爲帝王易代莫不改正堯正建丑舜正建子此時未改堯正故曰正月上日即位乃改堯正故元月正元日故以異文先儒王肅等以爲惟殷周改正易民視聽自夏已上皆以建寅爲正此篇二文不同史異文耳孔意亦然〔春秋隱元年正義曰〕鄭康成依據緯侯以正朔三而改自古皆相變如孔安國以自古皆用建寅爲正唯殷革夏正而用建丑周革殷命而用見子杜無明說未知所從〔英華四百六十三武后改正朔制曰〕伏羲高陽有周皆以建子之月爲正神農少昊陶唐有殷皆以建丑之月爲正軒轅高辛夏后漢氏皆以建寅之月爲正今推三統之正國家得天統當以建子之月爲正宜以永昌元年十有一月爲載初元年正月十有二月改臘月來年正月改爲一月〔書錄解題〕石林書傳十卷尚書左丞吳郡葉夢得少蘊撰 四庫全書不著於錄蓋已佚林少穎之說見尚書全解十六

伊訓言有牧方明

祖乙居耿

盤庚爲陽甲臣

盤庚三篇異義

漢律歷志引伊訓伊尹祀于先王誕資有牧方明說者謂祀先王於方明朱文公（語類）曰方當作乃即所謂乃明言烈祖之成德（閻按）此亦有辨見尚書古文疏證卷一第六條○（元圻案）（律歷志下伊訓篇曰）惟太甲元年十有二月乙丑朔伊尹祀于先王誕資有牧方明言雖有成湯太丁外丙之服以冬至越茀祀先王於方明注如淳曰觀禮諸侯覲天子爲壇十有二尋加方明于其上（儀禮）觀禮諸侯覲于天子爲宮方三百步四門壇十有二尋深四尺加方明于其上方明者木也方四尺設六色東方青南方赤西方白北方黑上玄下黃鄭注方明者上下四方神明之象也上下四方之神者所謂神明也會同而盟神明監之則謂之天之司盟有象者猶宗廟之有主乎

鄭康成云祖乙居耿後奢侈踰禮土地迫近山川嘗圮焉至陽甲立盤庚爲之臣乃謀徙居湯舊都（見盤庚正義）上篇是盤庚爲臣時事中篇下篇是盤庚爲君時事正義以爲謬妄書稗傳云鄭大儒必有所據而言（全云）康成時亦有無據之言○（元圻案）（盤庚序正義曰）此以君名名篇必是爲君時事而鄭元以爲上篇是盤庚爲臣時事何得專輒謬妄也　（金仁山亦曰）鄭氏當必有據至謂上篇作於陽甲之世則誤耳（殷本紀云）帝盤庚崩弟小辛立殷復衰百姓思盤庚迺作盤庚三篇又與康成之說異

殷五遷五邦諸說
五遷地名及傳世

書序祖乙圮于耿。孔氏注云。圮于相。遷于耿。〔案正義曰〕河亶
甲居相祖乙卽亶甲之子故以爲圮于相地乃遷都于耿殷本紀謂祖乙遷于邢。〔索隱云〕邢音
耿近代本亦作耿今河東皮氏縣有耿鄉皇極經世。十二祖乙踐位圮于耿。徙居邢。
蓋從史記。據此則索隱邢音耿之說非以書序考之。孔氏以圮于耿
爲圮于相。恐未通。蘇氏書傳〔全云〕坡公作云。祖乙圮于
耿。盤庚不得不遷。以經世紀年考之。祖乙以乙
未踐位。後有祖辛沃甲祖丁南庚陽甲。而後盤
庚立。〔原注〕祖乙曾孫○〔史記殷本紀〕祖辛是祖乙之子沃甲是祖辛之弟祖丁是祖辛之子南庚是沃甲之子陽甲盤庚俱祖丁之子雖傳七君實止四代故盤庚是祖
乙曾孫盤庚之立。以己亥。自祖乙踐位至此。一百二
十五年。若謂民蕩析離居。因耿之圮。不應如是
之久也。當闕所疑。〔元圻案〕〔書序〕仲丁遷于囂作仲丁河亶甲居相作河亶甲祖乙圮于耿作祖乙孔傳圮于相遷于耿〔正義曰〕
古人之言雖尙要約皆使言足其文令人曉解若圮于相遷居于耿經言圮于耿太不辭乎且亶甲居于相祖乙居耿今爲水所毁更遷他處故言毁于耿耳非旣毁乃遷耿也〔盤庚云〕不
常厥邑于今五邦及其數之惟有亳囂相耿四處而已知此旣毁于耿更遷一處又自彼處而遷于殷耳〔殷本紀云〕祖乙遷于邢馬遷所爲說耳〔汲冢古文云〕盤庚自奄遷于殷者蓋祖

天永命于新邑

乙圮于耿遷于奄盤庚自奄遷于殷亳囂相耿與此奄五邦者此蓋不經之書未可依信也〔林氏尚書全解十八案序曰〕盤庚五遷將治亳殷是自湯至于盤庚之遷併而數之方及五遷今此言不常厥邑于今五邦則是盤庚之前所遷者既有五邦矣攷之前序但有亳囂相耿之四邦若併數盤庚之遷以爲五邦則不惟其文勢不應如此而又所遷者乃復歸于亳謂之五遷則可謂之五邦則不可故太史公謂祖乙遷于邢而汲冢紀年亦謂祖乙遷于奄此皆與文相戾不可爲據意仲丁至于盤庚更有一遷而史家失之〔愚案〕〔釋文曰〕馬云五邦謂商邱亳囂相耿也五邦併商邱數之亦足以備一解而康成謂祖乙又去相居耿而國爲水所毀脩德以禦之不復徙亦與序文止言圮于耿合〔皇極經世十二〕乙未商王河亶甲崩子祖乙踐位圮于耿徙居邢巫賢爲相甲寅祖乙崩子祖辛踐位庚午祖辛崩弟沃甲立乙未沃甲崩國亂兄祖丁立丁卯祖丁崩國亂沃甲之子南庚立癸巳南庚崩國亂祖丁之子陽甲立諸侯不朝己亥陽甲崩弟盤庚立五遷復歸于亳改號曰殷史記以祖丁爲祖辛之子經世紀年以祖丁爲沃甲之兄則與祖辛爲兄弟世次不合

盤庚之遷也。曰天其永我命于茲新邑。消息盈虛之運。哲王其知之矣。唐朱朴議遷都。以觀天地興衰爲言。謂關中文物奢侈皆極焉。已盛而衰。難可與興也。也何本作矣而以襄鄧爲建都極選。陳同父上書孝廟。亦謂錢塘山川之氣發泄無餘。而以荊襄爲進取之機。其言與朴畧同。朴不足道也。豈亦有聞於氣運之說乎。〔何云〕陳同甫而用亦朱朴矣　李尋亦有此議其後光武果都洛陽　此等議論

大傳引盤庚逸文

湯用元牡告天

墨子國語引湯誓文

湯禱雨非誓衆

非不譽豐可聽然如畫餅之不可噉也宏辯人華而不實專尚新奇大約類此〔全云〕李尋無此議乃翼奉也何氏誤又云唐經黃巢朱玫之亂安得尚有奢侈文物朱朴之言華言耳其時趙匡凝在襄陽貢賦於諸道中爲恭順故昭宗常欲往依之朱朴特逢迎而爲此說非有關於氣運也襄鄧之可都則昔人常言之即南宋初李忠定亦建此議不止同甫也又云陳亮無實際其始有不見會觀之勇可謂賢矣然而垂老試策遂言不必一月四朝以爲京邑之美觀附和光宗不朝重華之惡則喪其生平矣使其見用直是朱朴何氏之言諒哉〇〔元圻案〕〔唐書朱朴傳〕朴襄州襄陽人以三史舉上書言當世事議遷都曰古王者不常厥居皆觀天地興衰隨時制事關中文物資貨奢侈僭僞皆極焉襄鄧形勝之地沃衍之墟此建都之極選不報朴爲人木彊無他能所善方士許巖士得幸言朴有經濟才擢左諫議同平章事人人大驚〔宋范晞文對牀夜話云〕龍川陳氏亮字同甫天下士也奏書孝宗謂錢塘一隅本不足以容萬乘鎮壓且五十年山川之氣發泄無餘請移都建業且建行宮于武昌以用荊襄以制中原上疐其議〔葉紹翁四朝聞見錄云〕宰相王淮沮之不復召見

大傳。二引盤庚。若德明哉。湯任父言卑應言。皆古文所無。

論語。予小子履。敢用玄牡。敢昭告于皇皇后帝。孔安國注云。墨子引湯誓。其辭若此。疏云。尚書湯誓無此文。而湯誥有之。又與此小異。惟墨子引湯誓。其辭與此正同。〔閻按〕〔辨見尚書古文疏證卷二〕第十九條〇〔元圻案〕〔墨子兼愛下篇〕湯曰惟予小子履敢用玄牡告於上天后曰今天大旱卽當朕身履未知得罪於上下有善不敢蔽有罪不敢赦簡在帝心萬方有罪卽當朕身朕身有罪無及萬方〔案墨子引湯曰〕無誓字且其文曰今天大旱

德不德謚漢昭

桑穀湯戊武丁不同

下云不憚以身爲犧牲是湯禱雨之辭非誓衆之辭矣惟國語內史過引湯誓云余一人有罪無以萬夫萬夫有罪在予一人其辭相類孔氏遂併以墨子爲引湯誓典〔孔安國論語注〕漢書不著錄隋志云有古論語與古文尚書同出章句煩省與魯論不異唯分子張爲二篇故有二十一篇孔安國爲之傳然亦不著於錄〔釋文序錄曰〕何晏集孔安國包咸周氏馬氏鄭康成陳羣王肅周生烈之說幷下己意爲集解此條所引孔注即集解所載也

爾惟德罔小。萬邦惟慶。爾惟不德罔大。墜厥宗。漢昭烈曰。勿以惡小而爲之。勿以善小而不爲。蓋得此意。〔元圻案〕〔三國志蜀先主傳〕章武三年夏四月癸巳先主殂於永安宮謚曰昭烈皇帝注云諸葛亮集載先主遺詔敕後主曰朕初疾但下痢耳後轉雜他病殆不自濟人五十不稱夭年已六十有餘何所復恨但以卿兄弟爲念射君到說丞相歎卿智量甚大增修過于所望審能如此吾復何憂勉之勉之勿以惡小而爲之勿以善小而不爲惟賢惟德能服于人汝父德薄勿效之

桑穀之祥。大戊問伊陟。韓詩外傳以爲穀生湯之廷。三日而大拱。〔閻按〕呂氏春秋亦同 湯問伊尹。誤也。漢五行志劉向以爲殷道既衰。高宗承敝而起。盡於政事。故桑穀之異見。又誤也。書大傳謂武丁之時。先王道虧。刑罰犯。桑穀俱生于朝。武丁問諸祖

傅說胥靡版築事
傅巖地築巖為居其地

己。劉向蓋襲大傳之誤。〔閻按〕〔說苑〕記於太戊世又記于武丁世○〔元圻案〕書序伊陟相太戊亳有祥桑穀共生于朝伊陟贊于巫咸作咸乂四篇孔傳伊陟伊尹子太戊沃丁弟之子祥妖怪二本合生七日大拱不恭之罰贊告也巫咸臣名皆亡〔韓詩外傳三〕有殷之時穀生湯之廷三日而大拱湯問伊尹曰何物也對曰穀樹也穀之出澤野物也今生天子之廷殆不吉也臣聞妖者禍之先祥者福之先見妖而為善則禍不至見祥而為不善則福不臻湯乃齋戒靜處夙興夜寐弔死問疾赦過振窮七日而穀亡〔漢書五行志下〕書序曰伊陟相太戊亳有祥桑穀共生劉向以為殷道既衰高宗承敝而起盡涼陰之哀天下應之既獲顯榮怠于政事國將危亡故桑穀之異見師古注曰據今尚書及諸傳記桑穀自太戊時生涼陰乃高宗之事而此云桑穀即高宗時出其說與尚書大傳不同未詳其意也〔呂氏春秋記〕湯事見仲夏紀制樂篇其辭與韓詩外傳略同惟伊尹曰為卜者曰耳說苑記太戊事見君道篇又記武丁事曰高宗者武丁也高而宗之故號高宗成湯之後先王道缺刑法違犯桑穀俱生於朝〔又敬慎篇引孔子曰〕殷王武丁之時先王道缺刑法弛云云與大傳略同〔書大傳〕高宗之訓湯之後武丁之前王道不振桑穀俱生于朝七日而大拱武丁召其相而問焉其相曰吾雖知之吾不能言也問諸祖己曰桑穀野草也野草生於朝亡乎武丁側身修行思先王之政興滅國繼絕世舉逸民明養老之禮諸侯重譯來朝者六國〔案〕今本無先王道虧刑罰犯七字而說苑有之厚齋或誤記為大傳歟

說築傅巖之野。吳氏裨傳。蔡氏集傳。以築為居。愚按孟子曰。傅說舉於版築之間。當從古注。〔原注〕傅巖在陝州平陸縣北○〔元圻案〕〔孔傳曰〕傅氏之巖在虞虢之界通道所經有澗水壞道常使刑人築護此道說賢而隱代胥靡築之以供食〔史記殷本紀〕說為胥靡築于傅險〔正義曰〕地理志傅險即傅說版築所隱之處窟名聖人窟在今陝州河北縣北七里即虞虢之界又有傅說祠〔墨子〕傅說衣褐帶索傭築于傅巖〔說苑雜言篇〕傅說負壤土釋版築而立佐天子一

高宗報上甲微
商契至微傳世
商以日名子始上甲
立志遜志
西伯戡黎爲武王
西伯陰行善事
文王內秉王心謬說

（後漢書張衡傳）委垂築而據文軒注謂傅說也（崔駰傳）或以役夫發夢于王公皆與孟子合（通志殷紀）按築者築室也依巖築室其隱者歟懷才抱道應時而起非徒役也吳氏蔡氏之說蓋本於漁仲

魯語展禽曰。上甲微能帥契者也。商人報焉。孔叢子論書篇引書曰。惟高宗報上甲微。蓋逸書也。（閻按）孔叢子眞僞書朱子所謂白撰出所引書乃襲展禽語耳○（元圻案）（史記殷本紀）契子昭明昭明子相土相土子昌若昌若子曹圉曹圉子冥冥子振振子微索隱皇甫謐曰微字上甲其母以甲日生故也商生子以日名自微始（竹書紀年）武丁十二年報上甲微（四庫全書目錄子部）孔叢子三卷舊本題陳勝博士孔鮒撰凡二十一篇末爲連叢子上下二篇題孔臧撰皆依託也然隋志著錄其來已久

學立志而後成。遜志而後得。立志剛也。遜志柔也。

西伯戡黎。孔注云。文王貌雖事紂。內秉王心。豈知文王之心哉。文王之德之純。心與貌異乎。（全云）司馬遷嘗問尚書于孔安國西伯陰行善事之說蓋本于此○（元圻案）（林少穎曰）文王之所以爲至德者惟其未嘗有欲王之心也使其內秉王心而陽率諸侯以事紂則其與曹操司馬懿果何以異哉○（孔傳云）文王率諸侯以事紂內秉王心（孔疏云）貌雖事紂內秉王心此條所引乃唐孔氏語孔注當作孔疏（宋薛氏季宣書古文訓曰）西伯武王也舊說以爲文王說苑膠鬲謂武王爲西伯武王亦嘗爲商伯也書序殷始咎周周人乘黎蓋商人咎周之不伐紂故武王有乘黎之舉泰誓觀政之語謂乘黎也詩稱密人不共敢拒大邦侵阮徂共故文王侵自阮

戡黎地近商都

疆繼以伐崇之事而無戡黎之說書次微子於戡黎之後戡黎之序有始咎周之語紂既可伐則非文王時矣呂東萊王文叔書說亦以西伯爲武王

西伯既戡黎。祖伊恐。商都朝歌。黎在上黨壺關。乃河朔險要之地。朝歌之西境。密邇王畿。黎亡則商震矣。故武王渡孟津。莫之或禦。周以商墟封衞。狄人迫逐黎侯。衞爲方伯連率。不能救。而式微旄邱之詩作。唇亡齒寒。衞終爲狄所滅。衞之亡。猶商之亡也。秦拔上黨。而韓趙危。唐平澤潞。而三鎮服。形勢其可忽哉。

(全云)以是知平原君之受馮亭非利令智昏也太史公以成敗論人耳長平之敗在易帥然非平原之過○(元圻案)(西伯戡黎正義曰)黎國漢之上黨郡壺關所治黎亭是也紂都朝歌王圻千里黎在朝歌之西(詩序式微)黎侯寓於衞其臣勸以歸也旄邱責衞伯也狄人迫逐黎侯黎侯寓於衞衞不能修方伯連率之職黎之臣子以責于衞也(春秋閔公二年)十有二月狄入衞(史記白起列傳)昭王四十七年秦使左庶長王齕攻韓取上黨四十八年十月秦復定上黨郡秦分軍爲二王齕攻皮牢拔之司馬梗定太原韓趙恐(唐書李德裕傳)澤潞劉從諫死其從子稹擅留事以邀節度德裕曰澤潞內地非河朔比捨而不討無以示四方請使近臣明告以澤潞命帥不得視三鎮今朕欲誅稹其各以兵會乃以李回持節諭王元逵何宏敬皆聽命(通鑑唐紀武宗會昌三年)秋七月上遣刑部侍郎兼御史中丞李回宣慰河北三鎮令幽州乘秋早平回鶻鎮魏早平澤潞李回至河朔何宏敬王元逵張仲武皆具櫜鞬郊迎立於道左不敢令人控馬讓制使先行自兵興以來未之有也

泰誓爲大會以誓

晁氏尚書訓詁傳

周親仁人

予有亂十人

一人數邑姜

泰誓古文作大誓。孔氏注大會以誓衆。晁氏曰。開元間衛包定今文。始作泰。或以交泰爲說。眞燕書哉。〔原注〕或說謂新經以泰爲否泰之泰。紂時上下不交。天下無邦。武王大會諸侯往伐。以傾紂之否。非經意也大誓與大誥同。〔原注〕音泰者非。○〔元圻案〕〔林少穎曰〕篇名用否泰之泰。未必是古文如此。或意其出於唐天寶中一時之所定也〔惠氏九經古義曰〕顧彪古文尚書義疏云。泰者大之極也。猶如天子之子曰太子。天子之卿曰太宰。此會中之大。故稱泰誓。彪字仲文。隋煬帝時爲祕書學士。當時已改爲泰。非始於衛包〔案正義曰〕經云大會於孟津。知名曰泰誓者。其大會以誓衆也。是初唐時亦作泰經義考晁氏公武尚書訓詁傳。宋志四十六卷。佚

雖有周親。不如仁人。孔安國注論語。言雖有管蔡爲周親。不如箕子微子之仁人。與注尚書異。〔原注〕書傳云。紂至親雖多。不如周家之多仁人。朱文公集註從書傳〔閻按〕辯亦見古文尚書疏證第二卷第十九條

論語釋文。予有亂十人。下云本或作亂臣十人非左傳襄公二十八年叔孫穆子亦曰。武王有亂十人。〔閻按〕今左傳有臣字〔案昭公二十四年〕萇宏引大誓曰。予有亂臣十人。同心同德。亦有臣字劉原父謂子無臣母之理。婦人。蓋邑姜也。閻本脫也字然本無臣字。舊說不必改。〔元圻案〕〔泰誓中正義曰〕論語引此云予有亂臣十人。而孔子論之有

太伯叔旦無伐紂心

式商容閭　商容三論非周君　商容馮馬徒欲伐紂　商容辭周公三公　商容爲商之禮樂

一婦人焉故先儒鄭元等皆以十人爲文母周公太公召公畢公榮公太顛閎夭散宜生南宮适也〔劉原父七經小傳曰〕子無臣母之理或云古文無臣字如此則不成文武王卽位已八十餘未知文母猶存否以義推之蓋邑姜必非文母〔朱子論語註〕蔡氏尚書傳皆從劉原父之說林少穎曰劉原父謂子無臣母之理誠是也而以邑姜爲亂臣亦恐此理不然然孔子所謂婦人者世旣久遠蓋不可必其爲何人矣蓋經無明文闕其所疑可也〔陽湖趙氏翼陔餘叢考四北史齊后妃傳〕論神武肇興齊業武明追蹤周亂武明卽神武妻婁氏也則以亂臣爲邑姜唐人已有此解

左氏傳〈僖公五年〉云太伯不從楚辭天問云叔旦不嘉與夷齊之心一也此武所以未盡善〔元圻案〕楚辭天問到擊紂躬叔旦不嘉王逸注云旦周公名也嘉善也言武王始至孟津八百諸侯不期而到皆曰紂可伐也白魚入于王舟羣臣咸曰休哉周公曰雖休勿休故曰叔旦不嘉也〔洪興祖補注云〕武王東伐至于河上雨甚雷疾周公旦進曰天不佑周矣意者吾君德行未備百姓疾怨耶故天降吾災請還師太公曰不可天對云頸紂黃鉞旦孰喜之余謂武王之事太公佐之伯夷諫之佐之者以救天下之溺諫之者以徵萬世之亂武未盡善叔旦不嘉其意一也　天對柳子厚所作

武成式商容閭正義引帝王世紀〔全云〕皇甫謐作云商容及殷民觀周軍之入見畢公至殷民曰是吾新君也容曰非也視其爲人嚴乎將有急色故君子臨事而懼見太公至民曰是吾新君也容曰非

也。視其爲人。虎據而鷹趾。當敵將衆。威怒自倍。見利即前。不顧其後。故君子臨衆。果於進退。見周公至民曰。是吾新君也。容曰。非也。視其爲人。忻忻休休。志在除賊。是非天子。則周之相國也。故聖人臨衆〔案世紀〕原文臨衆下有不惡而嚴是以六字王氏引從正義脫文應補入知之。見武王至民曰。是吾新君也。容曰。然。聖人爲海內討惡。見惡不怒。見善不喜。顏色相副。是以知之。愚按韓詩外傳二云商容嘗執羽籥。馮於馬徒。欲以伐紂而不能。遂去。伏於太行。及武王克殷。立爲天子。欲以爲三公。商容辭曰。吾嘗馮於馬徒。欲以伐紂而不能。愚也。不爭而隱。無勇也。愚且無勇。不足以備乎三公。固辭不受命。君子聞之曰。商容可謂內省而不誣能矣。君子哉。去素餐遠矣。史記樂毅列傳燕王遺樂閒書曰。紂之時商容不達身祇辱焉。以冀其變。樂記釋箕子之囚使之行商容而復其位。鄭注乃謂使箕子視商禮樂之官。賢者所處皆令反其居。蓋康成不見古文武成。故以容爲禮樂。張良云云。武王入殷表商容閭。語見史記留侯世家史記周紀云云。表商容之閭。皆與書合。〔元圻案〕〔全謝山經史問答二〕問商容之言行孔疏引帝王世紀一條是其言厚齋引韓詩外傳一條是其行然世紀似可信外傳似不可信答善哉去取之審也夫商容仕於殷朝而欲伐紂是何舉動豈止於愚又謂不爭而隱是無勇蓋七國荒唐之徒所爲說故早已見於燕王貽樂閒書中要之不足信商容不仕於周自是伯夷一流韓嬰之言適以汙之厚齋先生亦不審耳孔疏但引世紀正有斟酌也〔樂記正義曰〕容爲禮樂故云視商禮樂之官知容爲禮樂者漢書儒林傳云孝文時徐生善爲容是善禮樂者謂之容也而武成篇式商容閭則商容人名鄭不見古文故爲禮樂也〔愚按〕康成雖不見古文而大傳其所注也〔伏生明云〕表商容之閭不應于注禮有異鄭以箕子爲周陳洪範而商容則但云式閭表閭蓋高蹈遠引武王不得而使之也故隨文爲義正義前一說得之〔晉書皇甫謐傳〕謐字士安幼名靜安定朝那人漢太尉嵩之曾孫也有高尚之志以著述爲務自號元晏先生撰帝王世紀年歷高士逸士等傳元晏春秋

往伐歸嘼東郊不闢

顏師古刊謬正俗云云。武城序往伐歸獸。當依書字。

費誓序東郊不闢。按說文及古今字詁闢古闢字。闢訓開。故孔氏釋云東郊不開。不得徑讀闢爲開。愚按古文尚書。師古之說是也。〔原注〕謂虞翻。分北三苗北古別字〇〔元圻案〕〔匡謬正俗二〕武成序往伐歸嘼徐仙民音嘼爲始售反〔按武成當篇云〕歸馬於華山之陽放牛於桃林之野此與序義相承〔又說文解字云〕嘼犍也字林嘼音火又反獸字從嘼從犬斯則六畜之字本自作嘼於後始借爲養字耳且嘼獸類屬不同嘼者人之所養獸是山林所育故爾雅論牛馬羊豕則在釋畜論麋鹿虎豹即在釋獸較然可知當依嘼字本音讀之不得以作獸一邊便謂古文省略即呼爲獸又曰費誓序東郊不闢〔孔安國注云〕徐戎淮夷並起爲寇於東故東郊不開徐先民音開按釋文解字及張揖古今字詁闢古開字闢古闢字但闢既訓開故孔氏釋東郊不開爾不得徑讀闢爲開〔惠氏九經古義〕〔案說文虞書〕闢四門闢作開從門从𢆶此經闢字亦當從說文作開唐石經作闢者衞包改从今文也宋以來直作開字非也　虞翻說見三國志本傳注〔唐書儒學傳〕顏師古字籀琅邪臨沂人祖之推自高齊入周終隋黄門郎遂居關中師古官秘書監宏文館學士謚曰戴其所注漢書急就章大顯于時永徽二年子揚廷表上師古所撰匡謬正俗八篇　匡謬作刊謬避宋太祖諱也

大傳洪範曰。不叶于極。不麗于咎。毋侮矜寡。而畏高明。史記宋世家亦云毋侮鰥寡。〔元圻案〕〔今本大傳〕無洪範曰不叶于極四句近刻大傳補遺續補遺亦未之及

周禮春官太卜注引洪範曰雨。曰濟。曰圛。曰蟊。曰尅。

賈許馬鄭治今文安國史記爲古文

五事哲謀肅艾見詩

詩齊子豈弟箋古文尚書以弟爲圛正義云洪範稽疑論卜兆有五曰圛注云圛者色澤光明蓋古文作悌今文作圛賈逵以今文校之定以爲圛鄭依賈氏所奏（原注）說文引書圛圛升雲半有半無今按圛即洪範曰驛其下乃注文古文尚書曰涕曰圛與周禮注同（三）箋繼序按說文口部引尚書與毛詩箋周禮注同蓋許慎本從賈逵受古學康成治尚書亦淵源於衛賈馬故皆依賈氏所奏也自丁度集韻誤刪白字似圛圛升雲爲一句半有半無爲一句而容齋隨筆文獻通考等書遂以嘗尚書逸句非也○（元圻案）（惠氏九經古義曰案曰驛傳云）氣落驛不連屬驛古文作悌今文作圛史記作涕涕即悌也古書篆字作立心與水相近讀者失之故誤從水見鄭氏易注太史公從孔安國問多得古文之說故作悌後人轉讀遂爲涕也（說文曰）圛讀若驛今尚書作驛是又襲今文而失之司馬相如傳昆蟲闓懌闓懌猶愷悌也亦發明之意（後漢書賈逵傳）逵字景伯扶風平陵人詔令撰歐陽大小夏侯尚書古文同異逵集爲三卷

詩小雅小旻或聖或否或哲或謀或肅或艾莊子天運篇天有六極五常帝王順之則治逆之則凶九洛之事治成德備皆爲洪範之學（元圻案）（小旻正義曰）毛五事皆準尚書爲說故箋引書曰以證之（朱子詩集傳曰）爲此詩者亦傳箕子之學也與又曰荊公解聰明文思牽合洪範五事却是穿鑿如小旻詩云國雖靡止或聖或否民雖靡膴或哲或謀或肅或艾却合洪範五事

洪範始思即致知

毋或作威作利

曾子固（熙寧轉對）奏疏曰。洪範所以和同天人之際。使之無間。而要其所以爲始者思也。大學所以誠意正心脩身治其國家天下。而要其所以爲始者致其知也。正其本者在得之於心而已。得之於心者。其術非他。學焉而已矣。古之人自可欲之善而充之。至於不可知之神。自十五之學而積之。至於從心不踰矩。豈他道哉。由是而已矣。二程子以前。告君未有及此者。（閻按）眞西山言韓愈李翺舉大學之說見其原道復性篇而立朝議論曾弗之及余謂自曾子固始及之○（元圻案）西山之說見所作大學衍義序

韓非（有度篇）謂先王之法曰。臣毋或作威。毋或作利。從王之指。無（全云）無亦當作毋或作惡。從王之路。蓋述洪範之言而失之也。（元圻案）（惠氏九經古義曰）尚書無有作好遵王之道無有作惡遵王之路呂覽引之兩有字均作或高誘曰或有也古有字皆作或商書殷其弗或亂正四方多士言時乃或言爾攸居傳皆云或有也鄭康成注論語亦云或之言有也（韓非子曰）無或作利云云文雖異然皆以或爲有韓呂皆在未焚書之前必有所據

無作好惡聽明
惟辟作福威
箕子名胥餘
巢伯來朝
南巢不義湯獨朝周
匽不義禹獨臣商

王伯厚以爲述洪範而失之未盡然也〔愚按〕王氏所謂失之者不僅在或有二字之不同是以不及呂覽惠氏似未會其意

天命有德。天討有罪。故無作好惡。惟天聰明。惟聖時憲。故無作聰明。以天之德。行天之權。故惟辟作福威。

司馬彪注莊子云。箕子名胥餘。〔原注〕史記正義尸子云〇〔元圻案陸德明莊子釋文〕大宗師篇箕子胥餘司馬云胥餘箕子名也見尸子崔同又曰箕子胥餘漆身爲厲被髮佯狂或云尸子曰比干也胥餘其名　〔又敘錄曰〕司馬彪注二十一卷五十二篇彪字紹統河內人晉秘書監

王氏所引史記正義見鄒陽傳

巢伯來朝注云。南方之遠國。正義謂南巢。李杞解曰。成湯放桀於南巢。巢人納之。意者終商之世。義不朝商乎。誠如是。亦足以見巢之忠。商之盛德矣。商士而周興。於是巢始來朝。其說美矣。然無所據。〔集證曰黃氏日抄云〕蔣榮甫謂其伯父尚書嘗聞前輩言匽者啓同姓之國自堯舜皆與賢而啓乃繼禹匽不服一戰於甘自是終夏之四百年不臣夏至湯伐夏而後匽來臣於商故作臣匽之書成湯放桀於南巢巢國不義之終商六百年不來朝至武王伐商而後巢伯來朝於周故作旅巢命之書是說也嘗於經筵奏先皇理宗云錢時融

金縢異說有二

周公葬畢事

周公揃爪祝成王病

堂書解亦云夏桀保走三㬰湯伐之遂奔南巢南巢要險之地恃其險遠始不服而今來朝故特命之〇〔元圻案〕〔書序〕巢伯來朝芮伯作旅巢命〔水經二十九〕沔水又東北出居巢縣南注云古巢國也湯伐桀桀奔南巢卽巢澤也尚書周有巢伯來朝春秋文公十二年夏楚人圍巢巢羣舒國也舒叛故圍之〔春秋楚人圍巢注〕廬江六縣有居巢城是卽南巢也　李杞字子材號謙齋著謙齋書解朱竹垞云未見　李子材黃東發錢子是皆同時人未知其說之孰爲後先也

金縢之書。其異說有二焉。魯世家云。周公卒後。秋未穫。暴風雷雨。禾盡偃。大木盡拔。周國大恐。成王與大夫朝服以開金縢書。梅福傳云。昔成王以諸侯禮葬周公。而皇天動威。雷風著災。此皆尚書大傳之說。蓋伏生不見古文故也。蒙恬傳云。成王有病甚殆。公旦自揃其爪以沈於河。乃書而藏之記府。及王能治國。有賊臣言周公欲爲亂。周公走而奔於楚。成王觀於記府。得周公沈書。乃流涕曰。孰謂周公旦欲爲亂乎。此又以武王有疾爲成王。索隱曰。不知出何書。〔閻按〕不知出何書索隱指恬引故曰過可振而諫可覺言非指成王事王氏亦微讀錯魯世家亦與恬傳同。譙周亦云秦既燔書時人欲言金縢之事。失其本末。譙周語亦索隱所引南軒曰。至誠可以回造化。若金縢策祝之辭。則不無妄傳者。〔何云〕南軒曰以下當自爲一條〔全云〕只是一條何說非○〔元圻案〕〔漢書梅福傳注〕尙書大傳曰周公疾曰吾死必葬於成周示天下臣於成王也周公死天乃雷雨以風禾盡偃大木斯拔國恐王與大夫開金縢之書執書以泣曰周公勤勞王家予幼人弗及知乃不葬之於成周而葬之于畢示天下不敢臣案此條今本大傳佚盧學士文弨採師古注以補遺〔史記魯世家〕載金縢事於武王時又載揃爪事於成王時〔後漢書周舉傳〕昔周公攝天子事及薨成王欲以公禮葬之天爲變動及更葬以天子之禮卽有反風之應注引洪範五事傳曰周公死成王不圖大禮故天大雷雨禾偃木拔及成王寤金縢之策改周公之葬尊以王禮申命魯公郊而天立反風雨禾稼復起〔案〕章懷所引五行傳之文亦今本大傳所無雅雨堂大傳補遺抱經堂續補遺均未採入〔三國志蜀譙周傳〕周字允南巴西西充國人也耽古篤學爲中散大夫凡所著述撰定法訓五經論古史考之屬百餘篇〔張南軒答俞秀才問曰〕周公欲代武王之死只是渾全一箇誠意至誠可以回造化有是理也若夫金縢冊祝之辭則不無妄傳者意者金縢之事則有之而冊祝之辭則不傳矣

我之弗辟。朱文公謂當從鄭氏以辟爲避。〔閻按詩集傳〕乃謂居東爲東征罪人始得爲得而誅之何與○〔元圻案〕〔孔傳〕辟法也正義曰釋詁文鄭元以爲管蔡流言卽避居東都〔釋文〕馬鄭音避謂避居東都〔史記魯世家〕管蔡流言周公乃告太公召公曰我之所以弗辟而攝行政者恐天下畔周無以告我先王正義辟音避馬鄭之音蓋本於太史公〔朱子與蔡仲默沈書曰〕弗辟之說只從鄭氏爲是向董叔重書亦辯此一條一

九年大統未集
文王受命之年
錫命西伯專征伐

時信筆答之謂當從古註說後來思之不然是時三叔方流言於國周公處兄弟骨肉之間豈應以片言半語便遽然興師以誅之聖人氣象大不如此又成王方疑周公周公固不應不請而自誅之若請之王王亦未必見從當時事勢亦未必然（宋項氏安世家說曰）孔氏謂辟者行法也信然則周公誅謗以滅口豈所以自明于天下哉鄭氏謂辟讀爲避居東則避之也予嘗反復本文則鄭說爲是

武成。惟九年大統未集。通鑑外紀。引尚書大傳。二文王受命一年。斷虞芮之質。帝王世紀。文王即位四十二年。歲在鶉火。更爲受命之元年。（案）世紀之說史記周本紀正義引之 周書文傳。文王受命九年。時維莫春在鎬。今本周書作鎬 召太子發。按史記秦惠王十四年。更爲元年。汲冢紀年。魏惠成王三十六年。改元稱一年。或有因於古也。（閻按）九年大統未集即受命改元之妄說也辯見古文尚書疏證卷二第二十條○（元圻案）（武成正義曰）文王斷虞芮之訟諸侯歸之改稱元年至九年而卒故云大業未就也文王既未稱王而得輒改元年者諸侯自於其國各稱元年是已之所稱容或中年得改矣（汲冢竹書）魏惠王有後元年漢初文帝二元景帝三元此必有因於古也（竹書紀年）帝辛三十三年王錫命西伯得專征伐沈約注云文王受命九年大統未集蓋得專征伐受命自此年始又帝辛四十一年書西伯昌薨與武成九年之數合蔡傳從之足證文王無改元之事矣且紀年於帝辛之四十二年分注云周武王元年逸周書柔武解維王元祀注云此文王卒之明年大開武解云惟王一祀是武王

崇德報功證史

即位改元無因文王之年之說也　文王受命改元之說歐陽公泰誓論辯之最詳〔項氏家說曰〕說者以此爲文王受命之九年非也史記周本紀太公周公世家皆言武王即位九年乃觀兵于盟津明此即武王之九年也時已十一年矣何以謂之九年古者天子諸侯皆除喪之後始即政事之位通初喪數之爲十一年但數即位之年則九年耳項氏直以爲武王之九年亦足以備一解〔書錄解題四〕通鑑外紀十卷目錄三卷秘書丞高安劉恕道原撰司馬公脩歷代君臣事跡辟恕爲屬嘗謂史記不及包犧神農今歷代書不及威烈之前欲爲前紀而本朝爲後紀將俟書成請於公會道原病發絕意後紀迺改前紀爲外紀云〔四庫全書總目別史類〕逸周書十卷舊本題曰汲冢周書考隋唐志俱稱此書以晉太康二年得於魏安釐王冢中然晉書武帝紀及荀勖束晳傳載汲郡人不準所得竹書七十五篇具有篇名無所謂周書〔杜預春秋集解後序〕載汲冢諸書亦不列周書之目是周書不出汲冢也攷漢書藝文志先有周書七十一篇今本比班氏所紀惟少一篇陳振孫書錄稱凡七十篇敘一篇在其末京口刊本始以序散入諸篇數仍七十有一與漢志合又編年類竹書紀年二卷〔按〔晉書束晳傳〕晉咸和七年汲縣人發魏襄王冢得古書七十五卷中有竹書紀年十三篇今世所行題沈約注亦與隋志相符然反覆推勘似非汲冢原書

文公賞雍季以義而不以謀襄子賞高共以禮而不以功故曰崇德報功。〔元圻案〕〔呂氏春秋孝行覽〕昔晉文公將與楚人戰于城濮召咎犯而問曰楚衆我寡奈何而可咎犯對曰臣聞繁禮之君不足於文繁戰之君不足於詐君亦詐之而已文公以告雍季雍季曰竭澤而漁豈不獲得而明年無魚焚藪而田豈不獲得而明年無獸詐僞之道雖今偷可後將無復非長術也文公用咎犯之言而敗楚人於城濮反而爲賞雍季在上左右諫曰城濮之功咎犯之謀也君用其言而賞後其身或者不可乎文公曰雍季之言百世之利也咎犯之言一時之務也焉有以一時之務先百世之利者乎〇〔淮南子人間訓〕夫咎犯戰勝城濮而雍季無尺寸之功然而雍季先賞而咎犯後存者其言有貴者也故義者天下之所貴也〔一案〕雍季之事亦見韓非子晉文篇說苑權謀篇〔史記趙世家〕趙滅智氏襄子行賞高共爲上張孟同曰晉陽之難惟共無功襄子曰方晉陽急羣臣皆懈惟共不敢失人臣禮是以先

丕子之責爲負子

歸禾餽禾

三監地爲邶鄘衞

之

若爾三王是有丕子之責于天史記魯世家以丕爲負

索隱引鄭元曰丕讀曰負〔下云〕此爲負者謂三王負上天之責隗囂移檄

曰庶無負子之責見後漢書本傳蓋本此本此謂本史記晁以道解

丕子之責如史傳中責其侍子之責蓋云上帝

責三王之侍子指武王也〔元圻案〕〔朱子語錄云〕有丕子之責于天只有晁以道說得甚好他解丕子之責如史傳責其侍子之責蓋云上帝責三王之侍子侍子指武王也上帝責其來侍左右故周公乞貸其死云以旦代某之身〔書正義引康成云〕丕讀曰不愛子孫曰子元孫遇疾若汝不救是將有不愛子孫之過爲天所責釋文丕鄭音不與索隱所引鄭說異豈康成固有二說與

唐叔得禾成王命唐叔以餽周公於東土作餽禾今本書序餽字俱作歸

史記周本紀以歸爲餽二字通用見論語〔元圻案〕一論語詠而歸歸孔子豚〔陸氏釋文並云〕鄭本作饋魯讀饋爲歸今從古說文食部餽亦作饋

三監孔氏謂管蔡商大誥序孔傳漢地理志殷畿內爲三

國邶鄘衞是也邶封武庚鄘管叔尹之衞蔡叔

三監諸說不同

三亳有二說阪尹爲三亳之一

尹之以監殷民〔案詩正義曰〕王肅服虔皆依志爲說唯鄭康成以三監爲管蔡霍蘇氏書傳從孔說林氏全解蔡氏傳從鄭說三亳孔氏謂亳人之歸文王者三所爲之立監立政篇孔傳康成云湯舊都之民服文王者分爲三邑其長居險故言阪尹蓋東成皐南轘轅西降谷也皇甫謐以蒙爲北亳穀熟爲南亳偃師爲西亳二說俱見書正義林氏從鄭說呂氏東萊書說〔闇按〕呂氏下當從前增蔡氏從皇甫說〔原注〕〔詩譜〕以三叔爲三監〔孫毓云〕三監當有霍叔鄭義爲長〔全云〕三山林之奇字少頴呂成公師也○〔元圻案〕〔康成邶鄘衛詩譜〕庶殷頑民被紂化日久未可以建諸侯乃三分其地置三監使管叔蔡叔霍叔尹而教之〔逸周書作雒解〕武王克殷乃立王子祿父俾守商祀建管叔于東建蔡叔霍叔于殷俾監殷臣〔帝王世紀云〕自殷都以東爲衛管叔監之殷都以西爲鄘蔡叔監之殷都以北爲邶霍叔監之與康成說合薛氏季宣書古文訓黃氏度書說亦從康成　三亳康成以阪尹卽三亳之一皇甫謐曰阪險也言夷微盧之衆及三亳之地與夫阪險之地爲之尹者無不得人也〔薛氏書古文訓曰〕阪周之西界隴阪也〔黃氏書說曰〕阪險也三亳皆平地井法最詳而其險阻則不以井法治之所謂山澤之農也尹長也東萊書說蔡氏書傳幷曰阪未詳皆不以阪尹爲三亳之一〔林氏全解立政篇〕引皇甫說於前引鄭說於後云唐孔氏以爲古書亡滅既無要證未知誰得此言最爲近古〔盤庚上篇〕亦引皇甫鄭二說云鄭說可信〔原注〕引孫毓之說見詩正義

民獻十夫失其名
周公喜十人來歸
十夫非十亂

康叔宇于殷
中旄父宇于東

東土爲邶鄘衛

酒誥篇俄空
酒誥若圭璧

民獻有十夫予翼亦惟十人迪知上帝命周公以賢人卜天意史失其名不獨魯兩生也〔方樸山云書正義云十人史無姓名直是在彼逆地知彼必敗棄而歸周周公喜其來降舉以告衆謂之爲賢未必是大賢也此可釋王氏之疑○〔元圻案〕〔大誥正義曰〕將伐叛而賢者即來言人事先應也〔林氏全解曰〕此十夫者周公得之而其喜如此必非瑣瑣者惜其名氏不見於後世〔揚雄曰〕昔者齊魯有大臣史失其名某於十夫亦云〔程泰之演繁露八〕〔史記管蔡世家〕太史公曰管蔡作亂天下皆疑惟同母弟成叔聃季之屬十人爲輔拂是以諸侯凡十家故因附之世家夫此十人者即大誥之謂民獻十夫者耶〔元陳氏櫟書集傳〕纂疏曰十夫馬融以爲十亂非也十亂周公在中不應自言又有婦人焉亦不可以稱夫

周書作雒曰俾康叔宇于殷俾中旄父宇于東注云東謂衛殷邶鄘〔案〕今本周書注在上文建管叔于東句下又注曰康叔代霍叔中旄父代管叔 詩譜自紂城而北謂之邶南謂之鄘東謂之衛康叔宇于殷即衛也注以殷爲邶鄘非是殷地在周之東故曰東征邶鄘衛皆東也康誥曰在茲東土中旄父其邶鄘之一歟〔原注〕顧命有南宮毛

法言謂酒誥之篇俄空焉問神篇 愚按酒誥古今文皆

逸句 劉向校書脫簡 歐陽大小夏侯書

圻父農父宏父句義 復子明辟 周公踐位事 王雱書義

有之。豈揚子未之見歟。藝文志云。劉向以中古文校歐陽大小夏侯三家經文。酒誥脫簡一。而大傳引酒誥曰。王曰封。唯曰若圭璧。今無此句。豈即脫簡歟。〔閻按〕〔揚雄謂酒誥之篇〕俄空此自雄校書時酒誥全亡與劉向時酒誥僅脫一簡不同一簡者一行也酒誥一行二十五字與召誥一行二十二字又不同詳余尚書古文疏證胡朏明說〔全云〕向雄相去幾時閻說非〔元圻案〕〔法言問神篇曰〕昔之說書序以百而酒誥之篇俄空焉今亡夫〔漢書藝文志〕儒家揚雄所序三十八篇太元十九法言十三樂四箴二〔揚雄傳曰〕傳莫大于論語作法言〔藝文志書類〕歐陽章句三十一卷大小夏侯章句各二十九卷〔又曰〕劉向以中古文校歐陽大小夏侯三家經文酒誥脫簡一召誥脫簡二率簡二十五字者脫亦二十五字簡二十二字者脫亦二十二字〔陸氏釋文敘錄〕歐陽高作尚書章句爲歐陽氏學夏侯勝受詔撰尚書說號爲大夏侯氏學夏侯建師事夏侯勝及歐陽高又從五經諸儒問與尚書相出入者牽引以次章句爲小夏侯氏學　劉向字子政本名更生成帝以向爲中壘校尉漢書有傳

矧惟若疇圻父。薄違農父。若保宏父。定辟。荊公以違保辟絕句。〔案〕〔小雅祈父箋引書曰〕若疇祈父知古文以父字絕句也〔朱子詩傳引酒誥曰〕祈父薄違從荊公朱文公以爲夐出諸儒之表。洛誥復子明辟。荊公謂周公得卜。復命於成王也。此二說楊慈湖五誥解從之漢儒居攝還政之說。於是一洗矣。山谷和張文潛贈晁无咎詩云。荊公六藝學。

殺羣飲爲告者語梓材三誥主戒殺張氏尚書小傳

妙處端不朽信夫〔何本〕作信矣○〔元圻案〕〔朱子語錄〕人言荊公穿鑿只是好處亦須還他且如矧惟若疇至定辟古註從父字絕句荊公從違保辟絕句竄出諸儒之表〔林氏尚書全解酒誥篇〕先儒以若疇繫於圻父言君所順疇薄違繫於農父言迫迴萬民若保繫於宏父言當順安之不如王氏以若疇爲汝之疇匹而於其下先舉其官名而後陳其所任之職也蓋君之於臣若股肱元首一體相須故三卿皆其疇匹也薄違者言司徒之迫逐違命者也農父若保言司徒教民稼穡以順安之也宏父定辟言司徒闢地居民而定其法也〔又洛誥篇漢孔氏曰〕復子明辟言我復還明君之政於子王氏破先儒之說可爲明君臣之大分而有功于名教也王氏之說曰復如復逆之復成王命周公往營成周周公得卜復命於成王謂成王爲子者親之也謂成王爲明辟者尊之也〔葉少蘊曰〕周公踐天子位以治天下初無經見獨明堂位云爾明堂位非出吾夫子也蓋武王崩周公以冢宰攝政非攝其位〔書錄解題〕書義十三卷侍講臨川王雱元澤撰其父安石序之雱蓋述其父之學王氏三經義此其一也

厥或告曰羣飲汝勿佚盡執拘以歸于周予其殺無隱張氏以爲此告者之詞云云爾勸汝執而盡殺之也汝當思之曰是商之諸臣化紂爲淫湎者而可遽殺乎亦姑惟教之而已若不教而使陷于罪是亦我殺之也周公戒康叔皆止殺之辭奈何以爲勸哉愚謂此說得忠厚之意〔元圻案〕東坡謂大誥康誥酒誥梓材四篇之文反覆丁寧以殺爲戒以不殺爲德故周有天下八百餘年後之王者以不殺享國以好殺殃其身及其子孫者多矣而世主不以爲鑒小人又或附會六經醞釀

暨厥臣達大
家
周重封建宗
族

鑄鑿以勸之殺悲夫殆哉〔經義考張震尚書〕小傳未見董鼎曰震字真父
梓材曰以厥庶民暨厥臣達大家周封建諸侯與
大家巨室共守之以爲社稷之鎮九兩所謂宗
以族得民公劉之雅所謂君之宗之此封建之
根本也魯之封有六族焉衞之封有七族焉唐
之封有九宗五正焉俱見定公四年左傳皆所以繫人心維國
勢不特諸侯爲然周公作皇門之書曰維其有
大門宗子茂揚肅德勤王國王家乃方求論擇
元聖武夫羞于王所咸獻言助王恭明祀敷明
刑用能承天嘏命先人神祇報職用休俾嗣在
厥家〔閣本校云厥家元板作王家〕萬子孫用末被先王之靈光此引逸周書皇門解
節刪字句然則王室之不壞繄大門宗子是賴自封建
之法廢國如木之無根其亡也忽焉然古者世

迷民讎民頑民忠商邦之安危惟殷士

臣必有家學內有師保氏之教外有外庶子之訓國子之賢者命之導訓諸侯若魯孝公是也使惇惠者教之文敏者道之果敢者諗之鎮靜者脩之若晉公族大夫是也教行而俗美然後託以安危存亡之寄而國有與立矣〔全云〕此有慨於宋宗室之不振〔又云〕晉無公族以卿子弟爲之是以有三卿之禍○〔元圻案〕大家孔傳謂卿大夫及都家也正義都家卿大夫所得邑又公邑而大夫所治亦是周禮有都官之家周禮大宰職九兩注兩猶耦也所以協耦萬民宗繼別爲大宗以收族者〔周語〕宣王欲得國子之能導訓諸侯者樊穆仲曰魯侯孝肅恭神明而敬事耆老賦事行刑必明於道訓而咨於故實王曰然則能訓治其民矣乃命魯孝公於夷宮〔晉語〕欒伯請公族大夫公曰荀家惇惠荀會文敏黶也果敢無忌鎮靖使茲四人者爲之夫膏粱之性難正也故使惇惠者教之云云〔宋陳氏傅良曰〕殷民七族實封康叔懷姓九宗實封唐叔蓋世族大家禮法足以齊其家恩義足以帥其族正有國者所以爲治也漢高帝都關中徙齊諸田楚昭屈武帝以六條詔察首以强宗爲言陵夷至於五代之亂元魏分析蔭戶而先王以族得民之意散而不可復收矣

商之澤深矣周既翦商商歷三紀而民思商不衰考之周書梓材謂之迷民召誥謂之讎民不敢有忿疾之心焉蓋皆商之忠臣義士也至畢命始

三日粤胐

營成周務德
不務險

謂之頑民。〔何云〕讎民釋文字或作酬如孔傳乃與百君子文義相屬以爲指頑民恐非○〔元圻案〕〔召誥經文〕予小臣敢以王之讎民百君子傳曰我小臣謙辭敢以王之匹民百君子治民者非一人言民在下自上匹之〔正義曰〕讎訓爲匹百者舉其成數言治民者非一人嫌匹爲齊等故云民在下自上匹之然猶

曰邦之安危。惟茲殷士。兢兢不敢忽也。孔子刪詩存邶鄘於風。繫商於頌。吁。商之澤深矣。〔何云〕詩書之義又自不同〔全云〕匡山未平時元人以告變之章大捕四明遺老以爲欲迎二王深寧所以唏噓而言此○〔元圻案〕〔東萊書說曰〕頑民人之所忿疾也周公以王命誥首呼之曰爾殷多士撫摩勞來之意見于言表略無忿疾之氣亦可見聖人之心矣

召誥正義。引周書月令。云三日粤胐。漢律曆志。引古文月采篇曰。三日曰胐。顏注謂說月之光采。愚以書正義考之。采字疑當作令。〔方樸山云〕魯語有少采夕月之文采字不必疑○〔元圻案〕朱子亦云是令字之誤〔國語〕少采夕月與太史司載糾虔天刑韋昭注曰或云少采黼衣也昭謂朝日以五采則夕月其三采與〔宋史繩祖學齋呫嗶曰〕余作補亡月采篇辨日月隨天左旋

婁敬曰。成王即位。周公營成周。以爲此天下中。有德則易以王。無德則易以士。見史記本傳 呂氏春秋恃君覽長

周召爲師保

利篇南宮括曰成王定成周其辭曰惟予一人營居于成周。惟予一人有善易得而見也。有不善易得而誅也。說苑至公篇南宮邊子曰昔周成王之卜居成周也。其命龜曰予一人兼有天下。辟就百姓。敢無中土乎。使予有罪則四方伐之無難得也。二說大意略同。〔全云〕此說非也周公營成周不過爲諸侯朝會之地未嘗令成王徙都之也果如呂覽說苑云云則王公設險之言皆贅矣〇〔元圻案〕〔林氏尚書全解召誥篇曰〕夫人之愛其子孫天下之常情也先王之奄有天下以傳之子孫固宜緜緜延延於萬年而不絶雖其子孫之賢不肖歷祚之長短不可得而必然其創業垂統深根固蔕爲不可拔之勢以遺之者未嘗不盡也乃謂周公之心苟其無德則欲其易以亡必無此理〔愚謂〕林說誠然聖人惟望其子孫之賢不計其傳祚之長短子孫而賢自有無疆之休子孫而不賢堯舜且以天下與人矣婁敬又曰凡居此者欲令務以德致人不欲阻險令後世驕奢却能見周召二公公天下之意

周公爲師。召公爲保。此君奭篇序文鄭康成不見周官之篇。以師保爲周禮師氏保氏大夫之職。此君奭序正義文〇〔原注〕師氏保氏注亦引書序云聖賢兼此官〔閻按〕周官出晚出書二十五篇內康成何由得見其實周官從漢百官公卿表來禮記文王世子注大司成司徒之屬。師氏也。兩注自不同。〔何云〕大司成當爲宗伯之屬

有若散宜生

越惟有胥伯大傳胥賦以稅言

無逸亦作毋逸

無逸呂刑言享國

大司樂成樂之一終也○〔元圻案〕〔釋文馬云〕保氏師氏皆大夫官　大戴記賈誼書言師傅保與周官合

有若散宜生孔氏傳云散氏宜生名愚按漢書古今人表女皇堯妃散宜氏女（在上中）當以散宜爲氏〔閻按〕〔大戴禮記帝繫篇〕堯娶於散宜氏之子謂之女皇

多方越惟有胥伯小大多正〔案〕〔孔傳曰〕於惟有相長事小大衆正官之人正義曰胥相也伯長也顧氏以相長事卽小大衆正官之人也大傳二云古者十稅一多于十稅一謂之大桀小桀少于十稅一謂之大貊小貊王者十一而稅而頌聲作矣故書曰越惟有胥賦小大多政古今文之異如此

無逸大傳作毋逸毋者禁止之辭其義尤切〔元圻案〕〔惠氏九經古義曰〕儀禮士昏禮云夙夜毋違命注云古文毋作無史記從古文故亦作無逸毋與無古今字非有兩義

無逸中宗高宗祖甲文王之享國以在位言呂刑穆王享國百年以壽數言〔元圻案〕〔劉歆曰〕太戊爲中宗武丁爲高宗〔呂刑正義曰〕〔周本紀云〕穆王

祖甲爲武丁子帝甲享國先中宗後祖甲武丁祖庚傳世

卽位春秋已五十矣無逸篇言殷之三王及文王享國若干年者皆謂在位之年此言享國百年乃從生年而數言其長壽也

祖甲。孔安國王肅云。湯孫太甲也。〔案〕王肅說見正義東坡書傳林少穎尚書全解東萊書說眞西山大學衍義從之馬融鄭元云。武丁子帝甲也。〔馬融說見史記魯世家正義〕薛季宣書古文訓從之書正義以鄭爲妄。史記正義按帝王年代歷帝甲十六年。太甲三十三年。明王孔說是。王肅云。先中宗後祖甲。先盛德後有過。〔何云〕曲爲之說　王肅說亦見魯世家正義〔孔傳云〕此以德優劣立年多少爲先後故祖甲在下與王肅說合故先儒疑肅竊見孔傳也蔡氏書傳從鄭說謂非太甲。按邵子經世書高宗五十九年。祖庚七年。祖甲三十三年。世次歷年皆與書合。亦不以太甲爲祖甲。〔何云〕邵子經世書豈足爲據而妄引之乎　〔閻按〕蔡傳謂祖甲非太甲尤快在據下文周公言自殷王中宗及高宗及祖甲及我周文王及云者因其先後次第而枚舉之辭也則祖甲之非太甲也明甚〇〔元圻案〕〔無逸正義曰〕鄭云祖甲武丁子帝甲也有兄祖庚賢武丁欲廢兄立弟祖甲以此爲不義逃於人間故云久爲小人〔按殷本紀云〕武丁崩子祖庚立祖庚崩弟祖甲立淫亂殷道復衰國語說殷事云帝甲亂之七世而殞寗當舉之以戒無逸祖庚之賢誰所傳說武丁廢子事出何書妄造此語是負武丁而誣祖甲也　〔史記魯世家索隱曰〕紀年太甲唯得十二年此云祖甲享國三十三年知祖甲是帝甲明也　〔元陳氏師凱書蔡傳〕旁通曰考之經文則祖甲享國下卽云自是厥後

無逸言不敢同孝經

堯兢兢舜業業禹孜孜湯慄慄文王翼翼

天命自度自作元命顧畏民嵒顧諟明命

言獄罔攸兼證中

立王生則逸又云亦罔或克壽既以祖甲爲太甲則中宗高宗皆太甲後人安得云生則逸罔或壽耶

無逸多言不敢。孝經亦多言不敢。九言不敢者堯舜之兢業。曾子之戰兢。皆所以存此心也。〔元圻案〕〔董子對策曰〕故堯兢兢日行其道而舜業業日致其孝〔項氏家說十〕自警雜說曰〕兢兢堯也業業舜也孜孜禹也慄慄湯也翼翼文王也一經之義總挈於此五句此百聖相傳之心法又曰不泄邇不忘遠武王也仰而思之夜以繼日幸而得之坐以待旦周公也發憤忘食樂以忘憂不知老之將至孔子也既竭吾才欲罷不能顏子也死而後已曾子也不可須臾離子思也有終身之憂孟子也八聖四賢垂範如此學者舍是將安師乎

天命自度。天與我。一自作元命。我與天。一。民之疾苦常在目。故曰顧畏于民嵒。天之監臨常在目。故曰顧諟天之明命。〔元圻案〕據此則本卷第七條引說文顧畏于民嵒作嵒乃傳刻之誤

文王罔攸兼于庶言庶獄庶愼。司馬公知人論曰。人君急於知人。緩於知事。愚謂漢宣帝綜核名實。非不明也。而不能知宏石之姦。唐宣宗抉擿細微。非不察也。而不能知令狐綯之佞。明於小而闇

蔡仲之命證史

於大也。故堯舜之知不徧物而急先務。〔元圻案〕〔荀子曰〕王道治近不治遠治明不治幽治一不治二〔漢書左雄傳〕宣帝興于側陋綜核名實知時所病拜刺史守相輒親見問考察言行信賞必罰〔又蕭望之傳〕初宣帝不甚重儒術任用法律而中書宦官用事中書令宏恭石顯久典樞機〔資治通鑑唐紀宣宗九年〕上聰察彊記宮中廝役給洒掃者皆能識其姓名才性所任呼召使令無差誤者度支奏漬汚帛誤書漬爲淸樞密承旨孫隱中謂上不之見輒足成之及中書覆入上怒推按擅改章奏者罰謫之〔唐書令狐綯傳〕綯字子直舉進士宣宗時同中書門下平章事輔政十年〔通鑑〕宣宗十三年崩令狐綯執政歲久忌勝己者中外側目

觀蔡仲之命知周所以興。觀中山靖王之對知漢所以亡。周公弔二叔之不咸方且封建親戚以蕃屛周。〔見僖公二十四年左傳〕漢懲七國之難。抑損諸侯以成外戚之篡。心有公私之殊而國之興亡決焉。〔元圻案〕〔漢書景十三王傳〕中山王名勝孝景前三年立建元三年來朝天子置酒勝聞樂而泣問其故對曰羣臣非有葭莩之親鴻毛之重羣居黨議朋友相爲使夫宗室擯卻骨肉冰釋斯伯奇所以流離比干所以橫分也卒謚靖〔景帝紀三年春正月〕吳王濞膠西王卬楚王戊趙王遂濟南王辟光菑川王賢膠東王雄渠皆舉兵反〔又諸侯王表序曰〕景遭七國之難抑損諸侯減黜其官武有衡山淮南之謀作左官之律設附益之法諸侯惟得衣食稅租不與政事至于哀平之際皆繼體苗裔親屬疏遠是故王莽知漢中外殫微本末俱弱亡所忌憚生其姦心

君陳爲伯禽弟周公之子八人

周公子食采爲王臣君陳分正東郊

爾乃順之于外斯謀斯猷稱后

君陳。蓋周公之子。伯禽弟。見坊記注。它無所考。傳有凡蔣邢茅胙祭。見僖公二十四年左傳豈君陳其一人歟。凡伯祭公謀父。皆周公之裔。世有人焉。家學之傳遠矣。〔閻按〕〔禮記疏引鄭康成詩譜曰〕元子伯禽封魯次子君陳世守采地今詩譜無伯禽君陳字〔全云漢書王莽傳〕謂周公之子七人蓋合魯與凡蔣諸國則七人也不知王官之世襲周公者在七人之外是或卽君陳之裔蘇氏疑君陳則非周公子或云特如君奭君牙之類然周公之子八人則無疑矣又云宣王中興輔之者周公也宰孔亦有識見○〔元圻案〕〔林氏尚書全解曰〕君陳漢孔氏但曰臣名康成注坊記曰君陳蓋周公之子伯禽弟也〔案〕左傳有周公黑肩周公閱周公忌父周公楚蓋周公之子伯禽則封于魯繼世爲諸侯又其一子則食采于畿內繼世爲王朝之臣康成謂伯禽弟意者蓋指此也蘇氏陳少南俱以鄭氏爲非而陳少南爲詳謂周公命康叔成王命蔡仲父子之苗裔見於告戒之辭如是之審況周公叔父有大勳勞于成王今命其子以繼父事何無懿親之語若言路人然決無是理也

命君陳分正東郊成周。此君陳篇序文鄭注。周之近郊五十里。今河南洛陽相去則然。鄭以目驗知之。〔原注〕儀禮疏〔一〕〔閻按〕地理之學莫妙于目驗趙充國固言百聞不如一見康成戒子書吾嘗游學周秦之都往來兗豫之域者也○〔元圻案〕鄭注見聘禮

爾乃順之于外。曰斯謀斯猷。惟我后之德。先儒謂成王失言。蓋將順其美。善則稱君。固事君之法

成王告君陳失言君陳用坊記文

有容德乃大譌史

然君不可以是告其臣。順之一字。其弊爲諛。有善歸主。李斯所以亡秦也。曾是以爲良顯乎。閻愎之君。誦斯言則歸過求名之疑不可解矣。承弼昭事。稱文武而不及成王。其有以夫。〔閻按〕〔尚書古文疏證云〕君陳此六語引於坊記安知當日非大小臣工相告誡之辭未必爲君告臣只緣晚出書作成王語氣成王之寃於是且千餘年矣試看下文取證大誓六語爲人子之言則取證君陳亦必爲人臣之言例可知詳卷二第二十七條〔全云〕此六語果有疵不可謂非成王之失言也若遂以此爲古文作僞之證則又過矣潛邱力攻古文尚書爲僞余未敢信〔繼序按禮記坊記〕春秋繁露皆引此文則眞古文矣爾雅釋詁云順陳也卽此順之于外之順不讀爾雅不明尚書此文不讀尚書亦不明爾雅所釋〔又按僞孔傳云〕順行于外暗與爾雅合而孝經注以順而行之訓將順則將順與諛絕不同推之禮記王制順先王詩書禮樂以造士亦可作陳字解〇〔元圻案〕〔蔡氏尚書集傳引葛氏曰〕成王殆失斯言矣欲其臣善則稱君人臣之細行也然君既有是言至於有過則將使誰執咎禹聞善言則拜湯改過不吝端不爲此言矣嗚呼此其所以爲成王歟〔陳氏櫟書集傳纂疏引呂氏曰〕王舉君陳前日之善也乎昔謀猷入告及既施行澹然不有前日尙忘己之善而歸之君今日豈忘人之善而欲出於己〔又引眞氏曰〕善則稱君舍美從王此義人臣自處者所當知君以是語臣則不可也漢高稱李斯善則稱君而王衞尉亦非之王之名不著然其言足爲萬世法呂氏亦回護之辭耳

推誠以待士。則欒氏之勇。亦子之勇。事見襄公二十一年左傳用賢以及民。則田單之善。亦王之善。故曰有容德乃

大。〔元圻案〕〔戰國策〕齊襄王立田單相之過菑水有老人涉菑而寒單解裘而衣之襄王惡之曰田單之施將欲以取我國乎巖下有貫珠者曰王不如因以爲己善單有是善而王嘉之單之善亦王之善已王曰善乃賜單牛酒〔衛靈公曰〕宛春之言寡人行之大夫之善寡人之善也庸非德乎亦所以不喪之一端也

史伯論周之敝曰。去和而取同。與晏子之論齊。事見昭公二十年左傳子思之論衛。一也西漢之士。亦以羣臣同聲故曰庶言同則繹。〔全云〕孔光劉歆之同豈真同哉王舜且以此憂悸而死總之小人之同本不可謂之同所謂瓦合者也

○〔元圻案〕〔周語史伯曰〕今王去和而取同夫和實生物同則不繼以它平它謂之和故能豐長而物生之若以同裨同盡乃棄矣〔孔叢子抗志篇〕衛君言計是非而羣臣和者如出一口子思曰人主自臧則衆謀不進事是而臧之猶却衆謀況和非以長乎〔漢書孫寶傳〕平帝立會越巂郡上黃龍游江中孔光馬宮等咸稱莽功德比周公宜告祠宗廟寶曰周公上聖召公大賢尙猶不相說著於經典兩不相損今風雨不時百姓不足每有一時羣臣同聲得無非其善者〔君陳孔傳曰〕衆言同則陳而布之禁其專薛氏書古文訓曰衆言同乎爾者爾當繹而後行不可苟也〔蔡傳〕謂衆論既同則又紬繹而深思之而後行也其義各異王氏蓋從蔡傳

周官。諸侯各朝于方岳。大明黜陟。黜陟明而後封建。定柳子。宋元封建論謂天子不得變其君。〔何云〕得變之時少矣然而古之聖人初不欲以天下自私其子孫也殆未考周制也。〔元圻案〕〔柳子厚封建論曰〕周之事跡斷可見矣列侯驕盈黷貨事戎大凡亂國多理國寡侯伯不得變其政天子不得變其君私土子人者百不有一失在於制不在於政周事然也

康王釋喪服被袞冕東坡論顧命易吉

康王釋喪服而被袞冕且受黃朱圭幣之獻諸儒以爲禮之變蘇氏以爲失禮（案）以上潘子善問辭朱文公答謂天子諸侯之禮與士庶人不同故孟子有吾未之學之語如伊訓元祀十二月朔奉嗣王祗見厥祖固不可用凶服矣漢唐卽位行冊禮君臣亦皆吉服追述先帝之命以告嗣君（朱子自注云韓文外集順宗實錄中有此事可考）蓋易世傳授國之大事當嚴其禮也（下云而王侯以國爲家雖先君之喪猶以爲己私服也五代以來此禮不講則始終之際殊草草矣）蔡氏書傳取蘇氏而不用文公之說愚觀孝宗初上太上帝后尊號有欲俟欽宗服除奉冊者林黃中議唐憲宗上順宗冊在德宗服中謂行禮無害第備樂而不作可也（何云）尤得之劉韶美（閻按）韶美名儀鳳普州人時官禮部員外郎議曰唐自武德（高宗年號）以來皆用易月之制旣葬之後謂之無服羣臣

上尊號。亦多在卽位之年。與本朝事體大相遠
也。觀韶美之言。則文公語錄所云漢唐冊禮。乃
一時答問。未爲定說也。〔何云〕朱子語錄特恥其說發自蘇氏耳〔閻按〕蘇氏之說非是〔羅敦仁尙書是正正
之曰〕案禮三年之喪越紼而行事者有四郊其一也夫郊必衮冕大裘則三年之喪既成服
亦有時釋之而卽吉矣受顧命見諸侯獨不可以冕服乎嗟乎謂三年之喪既成服釋之而卽
吉無時而可而勢不行也于是乎以日易月之制起謂之權制不忍數刻之嫌而安終身之痛
不知其可也君子以是知删書錄顧命之意深也○〔元圻案〕〔東坡書傳曰〕武王崩未葬君
臣皆冕服禮歟曰非禮也謂之變禮可乎曰不可禮變於不得已嫂非溺終不援也三年之喪
既成服釋之而卽吉無時而可者曰成王顧命不可以不傳既傳不可以喪服受也曰何爲其
不可也孔子曰將冠子未及期日而有齊衰大功之喪則因喪服而冠冠吉禮也猶可以喪服
行之受顧命見諸侯獨不可以喪服乎太保使太史奉册授王于次諸侯入哭於路寢而見王
于次王喪服受教戒諫哭踊答拜聖人復起不易斯言矣〔陳氏書集傳纂疏引陳氏傅良
曰〕釋冕反喪服東坡疑之惜疑之而不加察也召畢皆盛德又老于更事豈不知禮蓋身見
周公以叔父之親擁輔太子而流言之變起於兄弟非周公之忠誠社稷岌岌乎殆哉矣故於
康王之立特爲非常之禮迎之南門衞之干戈奉之册書被之冕服而又率諸侯北面朝之以
與天下共立新君使曉然知定向而無疑其意遠矣蓋自秦漢而下授受成於宮闈之曖昧而
擁立出於一人之予奪禍天下國家不少然後知二公之老練坐鎭安危之機送往事居中外
無間未易以泥常論也〔韓文公順宗實錄〕貞元二十一年癸巳德宗崩丙申上卽位太極
殿册曰維貞元二十一年歲次乙酉正月辛未朔二十二日癸巳皇帝若曰云云二十四日宣
遺詔上縗服見百寮癸卯朝百寮于紫宸門〔宋史劉儀鳳傳〕孝宗受禪議上光堯壽聖尊
號册寶有欲俟欽宗服除者太常博士林栗謂服中不必避儀鳳獨上議乞俟終制議雖是其
言竟用栗議 林黃中名
栗福淸人宋史有傳

命作策畢公句讀

畢命見風俗證史

史記周紀康王命作策畢公分居里成周郊書序缺公字〔元圻案〕〔孔傳〕以畢字斷句〔正義曰〕康王命史官作冊書命畢公使畢公分別民之居里令善惡有異於成周之邑成定東周之郊境

畢命一篇以風俗爲本殷民既化其效見於東遷之後盟向之民不肯歸鄭事見桓公七年左傳陽樊之民不肯從晉事見僖公二十五年左傳及其末也周民東亡而不肯事秦王化之入人深矣〔全云〕豈特春秋之世至七國時上黨之民猶不肯入秦唐賈至議取士以安史之亂爲鑒謂先王之道消則小人之道長小人之道長則亂臣賊子生焉蓋國之存亡在風俗四維不張〔閻按〕賈誼語而秦曆促恥尚失所〔閻按〕干寶語而晉祚覆至其知本之言哉〔元圻案〕〔呂成公左傳說〕三盟向之民不忍輕棄周而服鄭陽樊溫原之民亦不忍輕棄周而服晉以此見周之德澤結民深處不肯捨周服諸侯如此〔史記周本紀〕王赧五十九年秦昭王攻西周西周君犇秦盡獻其邑三十六秦受其獻歸其君於周周君王赧卒周民遂東亡〔唐文粹二十八賈至議楊綰條奏貢舉疏曰〕今試學者以帖字爲精通而不窮旨義考文者以聲病爲是非而務擇浮豔上失其源而下襲其流乘流波蕩不知所止先王之道莫能行也夫先王之道消則小人之道長小人之道長則亂臣賊子由是生焉臣弑其君子弑其父非一朝一夕之故其所由來者漸矣漸者何謂

殷民歷三紀化周
衛傳七世風先變

閑之維艱
格其非心

樹之風聲證
史

忠信之陵頽恥尚之失所末學之馳騁儒道之不舉四者皆由取士之失也又曰近者趨仕靡然向風致使祿山一呼而四海震蕩思明再亂而十年不復向使禮讓之道宏仁義之風著則忠臣孝子比屋可封逆節不得而萌也　賈至字幼鄰洛陽人曾之子唐書有傳肅宗寶應二年楊綰上條奏貢舉疏詔諸司通議李棲筠賈至嚴武並是綰議即此疏也

周之興也。商民後革。百年化之而不足。周之衰也。衛風先變。一日移之而有餘。〔元圻案〕〔畢命曰〕毖殷頑民遷于洛邑密邇王室式化厥訓既歷三紀世變風移四方無虞予一人以寧正義曰十二年曰紀父子曰世〔鄭康成邶鄘衛詩譜曰〕以殷餘民封康叔于衛七世之頃侯當周夷王時衛國政衰衛風先變

雖收放心。閑之維艱。孟子求放心之說也。繩衍愆糾繆。格其非心。孟子格君心之說也。

衛石碏以義厲一國。事見隱公四年左傳而甯武子蘧伯玉之類萃焉。晉趙衰以遜化一國。事見僖公二十七年左傳而知莊子范文子之賢繼焉。故曰樹之風聲。〔元圻案〕〔呂成公左氏傳說〕一衛之亂石碏以身徇國定亂討賊維持社稷而其後有史鰌蘧瑗之徒出來故季札有衛多君子之言發源蓋始於此〔又卷三〕晉國人材之盛皆出于狐趙初使狐偃將上軍則讓于狐毛而佐之命趙衰為卿則讓于欒枝先軫及先軫死復使先且居將中軍又佐之至臼季見冀缺于田野之間其夫婦敬相待如賓以此見非特朝廷如此相遜而田野之間亦莫不皆然一國皆有推賢讓能之風趙衰狐偃倡之也直至景公時范宣子讓其下皆讓其波流之及直至如此晉之霸業所以長久〔唐薛登上疏曰〕冀缺以禮讓升朝則晉人知禮文翁以儒林獎俗則蜀士多賢亦此意

德義大訓證史

呂刑皇帝或無皇字

君牙冏命非穆王言

齊太史之守官。(事見襄公二十四年左傳)尚父之德遠矣。魯宗人之守禮(事見哀公二十四年左傳)周孔(〔閻按〕孔當作公)之澤深矣。故曰惟德惟義時乃大訓。

皇帝始見于呂刑。趙岐注孟子(〔何云〕在盡信書下)引甫刑曰帝清問下民。無皇字。然岐以帝爲天則非。(〔閻按盧六以引孔傳〕君帝帝堯也以證非皇字〇〔元圻案〕盧六以云云〔閻本孔傳〕誤作孔疏何本脫君字衍云字今校正〔墨子尚賢篇〕中先王之書呂刑道之曰皇帝清問下民有辭有苗亦作皇帝)兵以恭行天罰。謂之天吏。刑以具嚴天威。謂之天牧。

中說(問易篇)薛收曰。古人作元命。其能至乎。阮逸注云元命包易書也。愚按春秋緯有元命包。易書有元包。薛收蓋謂自作元命。其言見于呂刑。阮注誤矣。(〔元圻案〕〔書錄解題九〕中說注十卷太常丞阮逸天隱撰)

張子韶(〔全云〕張文忠公九成字子韶號無垢)書說於君牙冏命文侯之命。其

文侯之命罪平王　張子韶書傳統論

言峻厲激發。讀之使人憤慨。其有感於靖康之變乎。胡文定春秋傳。於夫椒之事。亦致意焉。朱子詩傳。其說王風揚之水。亦然。〔元圻案〕橫浦集冏命論曰余觀君牙伯冏之篇亦虛心於治道矣穆王其父昭王溺死於漢水略無恢復之志而馳騖四方與兩篇之言絕不相似然而余三復兩篇見其懇歎惻怛有足以感動人者何也曰德宗何人哉有陸贄作奉天詔書遂使山東父老爲之泣下則夫二篇之命亦必當時仁人君子憫穆王之無志故脩辭立誠以勸厲于臣下也或曰安知非出于穆王之自爲耶曰穆王無志如此以五十之年乃卽尊位而乃不以父恥爲念區區如兒輩務夸馬力奔走四方此不才之主也安得有此至誠之言文侯之命論曰以史攷之是平王因申侯殺其父而得立也嗚呼尚忍言之耶使平王知有父子方且痛傷求死之不給肯爲殺父者所立乎使平王權以濟事方且枕戈嘗胆以報父仇肯命文侯而無一言以及幽王略無傷痛之辭何也豈初造國家未能勝之故爲此畏懾將以有待耶而在位五十年略無設施是特不孝之子而已孔子存之蓋以著平王之罪與允征同也〔春秋定公十四年〕五月於越敗吳于檇李吳子光卒〔胡傳曰〕定公五年於越入吳至是敗吳于檇李會黃池之歲越又入吳悉書於史哀之元年吳子敗越棲句踐於會稽之上而史策不書疑仲尼削之也吳子光卒夫差使人立于庭苟出入必謂己曰而忘越王之殺而父乎則對曰唯不敢忘三年乃報越然則夫椒之戰復父仇也非報怨也春秋削而不書以爲常事也其旨微矣〔揚之水朱子集傳曰〕申侯與犬戎攻宗周而殺幽王則平王與其臣庶不共戴天之讎也今平王知其立己爲有德而不知其弑父爲可怨至使復讎討賊之師反爲報施酬恩之舉則其忘親逆理而得罪於天已甚矣嗚呼詩亡而後春秋作其不以此哉〔史氏浩書講議說〕文侯之命亦極美宣王之勤政復讎而傷平王之無志恢復〔袁氏燮經筵毛詩講義式微篇〕稱太王勾踐轉弱爲强而貶黎侯無奮發之心〔揚之水篇〕謂平王柔弱爲可憐皆援古以諷也　張子韶作書傳統論自堯典至秦誓各爲論一篇載橫浦集中　胡氏安國字康侯建安人謚文定著春秋傳三十卷其書於高宗時奏進多借以託諷時事

伯禽征徐作柴誓
王來自奄費誓肸誓

魯共公舉觴擇言

子夏問金革之事無辟孔子曰吾聞諸老聃曰昔者魯公伯禽有爲爲之也鄭注云有徐戎作難喪卒哭而征之急王事也征之作柴誓〔禮記曾子問注〕後世起復者皆以伯禽藉口嘗考書多方王來自奄孔注云周公歸政之明年淮夷奄又叛魯征淮夷作費誓魯世家伯禽即位之後有管蔡等反淮夷徐戎並興於是伯禽率師伐之於肸作肸誓據此則伯禽征淮徐在周公未沒之時非居喪即戎也左傳〔僖公三十三年〕殽之役晉始墨若伯禽行之則晉不言始矣禮記之言恐非謂費誓也

〔閻按〕〔孔穎達疏禮記〕伯禽卒哭者爲母喪也時周公猶在○〔元圻案〕費史記作肸今閻何本俱作肹說文無肹字誤也今據史記改作肸〔曾子問正義曰〕周公致仕之後成王即位之時周公猶在則此伯禽卒哭者爲母喪也

魏觴諸侯於范臺魯共公舉觴擇言以酒味色臺

云來云然通
員

書七觀先義
仁誠
七觀有度事
治美政

池爲戒。漢高帝圍魯。諸儒尚講誦習禮樂弦歌
之音不絕。見史記儒林傳 周公伯禽之化。歷戰國秦楚猶
一日也。〔元圻案〕〔戰國策〕梁王魏嬰觴諸侯於范臺酒酣魯君辟席擇言曰主君之尊儀狄之酒也主君之味易牙之調也左白台而右閭須南威之美也前夾林
而後蘭臺强臺之樂也有一於此足以亡其國主君兼此四者可無戒歟〔鮑彪注曰〕觀魯君之所稱說則周孔之澤深矣〔史記項羽本紀〕項羽自立爲西楚霸王王九郡都彭城又曰
項羽已死楚地皆降漢獨魯不下爲其守禮義爲主死節乃持項王頭示魯魯父兄乃降
周益公。文苑英華後序 謂文苑英華賦多用員來非讀秦誓
正義安知今之云字。乃員之省文。秦誓若弗云來正義員即云也 愚按
漢書韋孟諫詩。顏師古注引秦誓。雖則員然。〔原注〕
古文作員〔何云〕員來恐是鼎來之誤更以英華考〔集證〕〔惠氏九經古義四〕正義員即云是尚書本作云衞包改古文始從員詩出其東門云聊樂我員釋文曰員本作云正月云
昏姻孔云本又作員商頌景員維河鄭箋云員古文作云言古文以員爲云也
文心雕龍宗經篇云。書標七觀。孔子曰六誓可以觀義
五誥可以觀仁甫刑可以觀誠洪範可以觀度
禹貢可以觀事皋陶謨可以觀治堯典可以觀

郤缺言九功九歌
楚語言重黎說命
遲任史佚

王粲難鄭尚書事

美見大傳。（原注）（孔叢子云）帝典觀美大禹謨禹貢觀事皋陶謨益稷觀政泰誓觀義此其略略異者（集證）（引大傳說略孔子曰）堯典可以觀美禹貢可以觀事咎繇可以觀治洪範可以觀度六誓可以觀義五誥可以觀仁甫刑可以觀誠此條所引語句前後與今本大傳不同與太平御覽所引卻合○（元圻案）（梁書文學傳）劉勰字彥和東莞莒人篤志好學除東宮通事舍人撰文心雕龍五十篇論古今文體引而次之

春秋時郤缺之言九功九歌。文公七年左傳 穆姜之言元亨利貞。襄公九年左傳 子服惠伯之言黃裳元吉。昭公十二年左傳 叔向之言昊天有成命。單穆公之言旱麓。俱見周語下 叔孫穆子之言鹿鳴之三。襄公四年左傳又見魯語下 成鱄之言皇矣之雅。昭公二十八年左傳 閔馬父之言商那之頌。魯語下 左史倚相之言懿戒。楚語上 觀射父之言重黎。楚語下 白公子張之言說命。楚語上 其有功於經學在漢儒訓詁之先蓋自遲任史佚以來統緒相承氣脈未嘗絕也（元圻案）（周語韋昭注）旱鹿詩作麓古字通 遲任見商書盤庚史佚見左傳國語說苑載成王問政於尹逸馬氏繹史曰尹逸即史逸亦曰史佚

顏氏家訓云王粲集中難鄭玄尚書事今僅見於

官師相規

顧命記考古圖

禹貢序遊歷

唐元行沖釋疑。〔原注〕〔王粲曰〕世稱伊雒以東淮漢以北康成一人而已咸言先儒多闕鄭氏道備粲竊嗟怪因求所學得尚書注退思其意意皆盡矣所疑猶未諭焉凡有二篇館閣書目粲集八卷詩賦論議垂六十篇〔何云〕觀仲宣之難康成則建安才子尚有意于經學也〇〔元圻案〕〔顔氏家訓勉學篇曰〕吾初適鄴與博陵崔文彥交遊嘗說王粲集中難鄭元尚書事崔轉爲諸儒道之始將發口懸見排蹙云文集止有詩賦銘誄豈當論經書事乎且先儒之中未聞有王粲也崔笑而退竟不以粲集示之〔元行沖釋疑曰〕子雍規元數十百件守鄭學者時有中郎馬昭上書以爲肅謬又曰自此之後唯推鄭公王粲稱伊洛以東淮漢之北一人而已莫不宗焉咸云先儒多闕鄭氏道備粲竊嗟怪因求其學得尚書注退而思之以盡其意意皆盡矣所疑之者猶未喻焉凡有兩卷列於其集又王肅改鄭六十八條張融覈之將定臧否〔融稱元注〕泉深廣博兩漢四百餘年未有偉於元者然二郊之祭殊天之祀此元誤也其如皇天祖所自出之帝亦元慮之失也〔唐書儒學傳〕元澹字行沖以字顯初魏光乘請用魏徵類禮帝命行沖與諸儒集議作疏上于官留中不出行沖疑諸儒聞己因著論自辯名曰釋疑〔隋經籍志〕王粲尚書釋問四卷唐藝文志云王粲問田瓊韓益正

官師相規。注謂官衆。左傳襄公十五年 官師從單靖公。注。天子官師。非卿也。漢賈誼傳。官師小吏。注云。一官之長。愚謂漢注得之。周官皆有師。〔元圻案〕如天官甸師追師地官族師之類余友王汾原煦曰祭法適士二廟官師一廟是官師又下於適士也

王景文〔全云〕名質 謂文章根本在六經。張安國〔全云〕名伯玉 欲記考古圖曰。宜用顧命。遊廬山序所歷曰。當用

伊尹周召年壽
沃丁大霧葬伊尹
太甲潛出殺伊尹

禹貢。〔何云〕王景文語當考宋書本傳無之疑是宋字○〔元圻案〕〔王景文爲張安國集序曰〕文章之根本皆在六經非惟義理也而其機杼物采規模制度無不備具者語未卒公出考古圖其品百二十有八曰是當爲記于經乎何取某曰宜用顧命公拊掌變色曰吾得之吾得之歲丁亥追遊廬山之間訖事將裒其所歷序之公曰何以某曰當用禹貢公益勤　王景文名質興國人紹興三十年進士宋史本傳稱其博通經史善屬文與張孝祥父子遊深見器重質著雪山集四十卷今存十六卷　四庫書從永樂大典錄出　張安國名孝祥歷陽烏江人紹興二十四年廷試高宗親擢爲第一宋史有傳安國著于湖集四十卷四庫全書著錄〔義門〕疑王景文爲宋景文〔謝山〕誤以張安國爲張伯玉皆因未見雪山集中于湖集序也張伯玉卽蔡條鐵圍山叢談所稱張端公仁廟朝人也名重當時號張百杯又曰張百篇言一飲酒百杯一掃詩百篇也字公達不字安國建安人范文正公舉以應賢良方正能直言極諫科嘉祐中爲御史

伊尹之始終。書序備矣。陸士衡豪士賦序。伊生抱明允以嬰戮。蓋惑於汲冢紀年之妄說也。皇甫謐云。伊尹百有餘歲。應劭曰。周公年九十九。王充論衡云。〔氣壽篇〕召公百八十。故趙岐注孟子〔妖壽不貳〕云。壽若召公。〔元圻案〕〔書序曰〕沃丁既葬伊尹于亳咎單遂訓伊尹事作沃丁〔正義曰〕皇甫謐云沃丁八年伊尹卒年百有餘歲　〔水經注〕泗水又東過沛縣東句注皇甫謐云伊尹年百餘歲而卒大霧三日沃丁葬以天子之禮親自臨葬以報大德焉〔竹書紀年〕太甲七年王潛出自桐殺伊尹沈約注謂此文後世所加　〔論衡氣壽篇〕周公武王之弟也兄弟相差不過十年武王崩周公居攝七年復政退老出入百歲矣召公周公之兄也至康王時尙爲太保出入百有餘歲矣傳稱老子二百餘歲邵公百八十

商之刑罪重不孝

伐紂前師鼓𤿡譟

曰時五者來備五是五氏五肆

〔文選注王隱晉書曰〕陸機字士衡吳郡人也吳平太尉楊駿辟爲祭酒成都王穎以機爲司馬參大將軍軍事〔晉書陸機傳曰〕齊王冏矜功自伐機惡之作豪士賦以刺〔後漢書應劭傳〕劭字仲遠撰風俗通以辯物類名號識時俗嫌疑文雖不典後世服其洽聞〔又王充傳〕充字仲任會稽上虞人也著論衡八十五篇二十餘萬言釋物類同異正時俗嫌疑

呂氏春秋孝行覽云商書曰刑三百罪莫重於不孝注商湯所制法也〔原注〕三百商之刑三千周之刑其繁簡可見

周禮大司馬注引書曰前師乃鼓𤿡譟疏謂書傳說武王伐紂時事〔原注〕〔一禮疏引書傳略說〕皆書大傳也〇〔元圻案〕〔大傳〕大誓惟丙午王還師前師乃鼓𤿡譟師乃慆前歌後舞注𤿡音符

洪範五者來備史記宋世家云五五是〔閻按〕今本仍者字來備荀爽謂之五韙李雲謂之五氏何云韙其義氏其音當爲是也傳習之差如此近於郢書燕說矣〔集證曰〕〔惠氏九經古義〕引此條云云棟案經文曰時五者來備時是也言是五者皆備至也孔氏以曰時二字屬上句與漢儒所受尙書異讀後人遂以五是爲傳習之譌非也是又作氏者覲禮太史是右注云古文是爲氏〔曲禮曰〕五官之長曰伯是職方注云是或爲氏〔漢書云〕造父後有非子至元孫氏爲莊公小顏曰氏與是同古通用字上經云立時人爲卜筮此云是五者來備皆訓爲是〇〔元圻案〕〔後漢書荀爽傳〕對策曰嘉瑞降天吉符出地五韙咸備各以其敘注韙是也〔又李雲傳〕雲字行祖甘陵人延熹二年露布上書曰皇后天下母德配坤靈得其人則五氏來備注是與氏古字通用

星好風雨闡義
洪範五行氣應

五福言富不及貴
福極以考己得失

土氣爲風。水氣爲雨。〔按〕水字宜作木字 箕屬東方木。木克土。土爲妃。故好風。畢屬西方金。克木。木爲妃。故好雨。此鄭康成說也。吳仁傑謂易以坎爲水。北方之卦。又云。雨以潤之。則雨屬水。漢志軫星亦好雨。〔閻按〕漢天文志及史天官書並云軫爲車主風蓋軫車之象與巽同位爲風車動行疾似之無好雨之說云好雨者蔡傳也蔡傳詎足信歟○〔元圻案〕〔洪範正義鄭云〕雨木氣也春始施生故木氣爲雨暘金氣也秋物成而堅故金氣爲暘燠火氣也寒水氣也風土氣也凡氣非風不行猶金木水火非土不處故知土氣爲風〔又鄭云〕箕星好風者箕東方木宿風中央土氣木剋土爲妻從妻所好故好風也畢星好雨者畢西方金宿雨東方木氣金剋木爲妻從妻所好故好雨也 〔漢天文志曰〕巽在東南爲風其星軫也月去中道移而東北入箕若東南入軫則多風西方爲雨月失中道移而西入畢則多雨無軫星好雨之文不知蔡傳何以云漢志軫星亦好雨或雨字爲風字之誤 吳仁傑字斗南一字南英崑山人講學朱子之門登淳熙進士歷羅田令國子學錄所著有洪範辨圖一卷經義考云未見

五福不言貴而言富。先王之制。貴者始富。賤者不富也。〔閻按〕先師吳太易先生問余五福無貴子知其說乎對曰未也先生曰蓋福乃人生受享之物古者有一命則有一命之責任寒者與衣飢者與食凡不獲其所者與安是以終身處乎憂患之域而不遑暇其在位也如肩重負其去位也如釋重負豈若後世之貴者以位爲恣睢乎故五福中不得有貴此論甚精 〔葉氏集證載游氏禮記解曰〕五福不言貴而言富蓋三代之法貴者始富言富則知貴所謂祿以馭其富也貧富貴賤離而爲四起於後世不能制爵祿之失○〔元圻案〕〔曾子固洪範傳曰〕福極者人君所以考己之得失於

趙注孟子多言逸書孔子得帝魁書中候十八篇百二十篇尚書張霸百兩篇

民福言攸好德則致民於善可知也極言惡弱則致民於不善可知也視此以嚮戒者人君之事未有攸好德而非可貴者也未有惡弱而非可賤者也故攸好德則錫之福謂貴之所以勸天下之人使協于中固已見之皇極矣於皇極言之者固所以勉人於福極不言之者攸好德與惡弱之在乎民則考吾之得失者盡矣貴賤非考吾之得失者也〔孔氏武仲五福論曰〕貴者所以嚴天下之分也五福者聖人所以與天下之民共也均其勢亢其等使天下之民皆貴可乎哉此貴所以不錫于民也〔元陳氏書集傳纂疏王氏曰〕福極不言貴賤者貴賤有常分使皆慕貴而不欲賤則淩犯篡竊何有終極〔又顧氏臨曰〕不言貴雖以嚴分然貴未必為福賤未必為極故桀紂貴為天子而不得其死顏回原憲到今稱之 以上諸說所見不同而皆有至理可見先聖垂訓如天地之無不覆載後人尋味之而不能窮其際也故備錄之

趙岐注孟子。不見古文。以其助上帝寵之。斷句。又我武惟揚。注云。古尚書百二十篇之時大誓也。又帝使其子九男二女。注云。堯典曰。釐降二女。不見九男。孟子時。尚書凡百二十篇。逸書有舜典之敘。亡失其文。孟子諸所言舜事。皆堯典及逸書所載。又不及貢以政接於有庳。謂皆逸篇之辭。〔原注〕又引書禹拜讜言〔閻按〕〔說見尚書古文疏證卷二〕第十八條○〔元圻案〕今本趙注讜言仍作善言蓋後人所改〔尚書緯曰〕孔子求書得黃帝元孫帝魁之書迄于秦穆公凡三千二百四十篇斷遠取近定可為世法者百二十篇以百二篇為尚書十八篇為中候故趙邠卿謂古尚書百二十篇也〔按漢書儒林傳云〕百兩篇者出東

葛伯仇餉事

帝乙爲湯六世孫

林之奇呂成公書說

萊張霸分析合二十九篇以爲數十又采左傳書序爲作首尾凡百二篇篇或數簡文意淺陋成帝時劉向校之非是後遂黜其書緯書出于東漢蓋因張霸之百兩篇遂附會其說曰孔子刪書定取百二十篇以百二篇爲尚書十八篇爲中候也然則孟子之時尚書未必果有百二十篇矣

葛伯仇餉。非孟子詳述其事。則異說不勝其繁矣。〔原注〕孟子之時古書猶可攷今有不可强通者

易乾鑿度曰。易之帝乙。爲成湯。書之帝乙。六世王名同不害以明功。〔原注〕帝乙湯元孫之孫也按史記湯至帝乙二十九王謂六世王未詳〔唐陳正節曰〕殷自成湯至帝乙十二君其父子世六易謂十二君亦未詳〔閻按〕〔康成注禮記引易說〕末句作天之錫命疏可同名孔疏以帝乙卽祖乙正湯之六世孫但未見尚書〇〔元圻案〕易緯乾鑿度孔子曰自成湯至帝乙帝乙湯元孫之孫也帝乙則湯殷錄質以生日爲名順天性也元孫五世之末外恩絕矣同日以乙天之錫命疏可同名湯以乙生嫁妹本天地之義順陰陽之道以正夫婦夫婦正則王教興易之帝乙爲成湯云云〔唐書儒學傳〕陳正節穎川人語見本傳

林少穎書說。至洛誥而終。呂成公書說。自洛誥而始。〔原注〕〔朱子曰〕蘇氏傷於簡林氏傷於繁王氏傷於鑿呂氏傷於巧然其間儘有好處〔全云〕成公爲少穎弟子其書蓋以續師說〇〔元圻案〕〔四庫全書目錄書類〕林之奇尚書全解四十卷其孫後序稱脫稿之初爲門人呂祖謙持去旼得建安余氏所刻完本始知麻沙所刻自洛誥以下皆僞續也然之奇初稿爲祖謙持去則祖謙必見完書何以東萊書說始於洛誥以下云續之奇之書乃旼又有所增修託之乃祖歟〔又呂祖謙書說〕三十五卷其門人時瀾所增修也原書始洛誥終秦誓其召誥以前則門人雜記之語瀾始刪潤其文成

制治保邦言未

商周戒利口憸人

二十二卷又編定原書爲十三卷合成是編蓋之奇受學於呂居仁祖謙又受學於之奇本以終始其師說爲一家之學而瀾之所續則又終始祖謙一人之說也〔陳氏書錄解題〕謂祖謙慮不克終篇故自秦誓以上逆爲之說然亦僅能至洛誥而止

制治于未亂保邦于未危泰之極則城復于隍既濟之極則濡其首不于其未而于其既則無及矣

伊尹以辯言亂政戒其君盤庚以度乃口告其民商俗利口其敝久矣邵子觀物內篇七曰天下將治則人必尚行天下將亂則人必尚言又曰尚行則篤實之風行焉尚言則詭譎之風行焉周公訓成王勿以憸人所以反商之敝也張釋之諫文帝超遷嗇夫所以監秦之失也周官曰無以利口冏命曰無以巧言此周之家法將相功臣少文多質安靜之吏悃愊無華此漢之家法〔何云〕意本蘇傳　全云此漢文景時家法武帝以後則一變矣試讀史漢文景兩朝列傳如張蒼申屠嘉周亞夫竇嬰皆少文多質循吏則文翁亦安靜者自是以後人才日出

恭敬忠恕

無求備兩證

有忍有容兩證

漢洽日衰矣〇〔元圻案〕〔史記張釋之列傳〕上問上林尉諸禽獸簿十餘問尉左右視不能對虎圈嗇夫從旁代尉對甚悉乃詔釋之拜嗇夫爲上林令釋之久之前曰陛下以絳侯周勃何如人也上曰長者也又復問東陽侯張相如何如人也上復曰長者釋之曰此兩人言事曾不能出口豈斅此嗇夫喋喋利口捷給哉今陛下以口辯而超遷之臣恐天下隨風靡靡爭爲口辯而無其實又周勃世家勃爲人木彊敦厚高帝以爲可屬大事勃不好文學每召諸生說士東鄉坐而責之趣爲我語其椎少文如此〔後漢書章帝紀〕元和二年詔曰安靜之吏悃愊無華日計不足月計有餘注說文曰悃愊至誠也

恭在貌敬在心書洪範正義之說也中心爲忠如心爲恕詩關雎序春秋桓公六年左傳正義之說也

堯舜之世名臣止任一事仲尼之門高弟皆爲一科故曰無求備于一夫

彊恕而行忍也原憲之克伐怨欲不行焉也〔何云〕以原憲爲强恕讀伊洛書太滅裂厚齋固博雅其不免于侯子之隔壁聽與一視同仁容也顏子之克己復禮天下歸仁也〔原注〕忍言事容言德習忍則至於容〔何云〕牽合不成理有忍有容中上無忿疾于頑之意非謂學之次第也〇〔元圻案〕〔東萊書說君陳篇曰〕易動而輕發者常敗事故必有忍然後能濟忍固可以有濟然猶有堅制力者之意焉至於有容則宏裕寬綽恢恢乎有餘地矣德之所以大也忍言事容言德淺深固有間進乎此者亦有序也〔元王氏天與尚書纂傳引林氏曰〕彊恕而行者忍也人與己猶二也一視同仁者容也己與物渾渾乎爲一矣

式和民則則字義

力穡知稼穡

呂刑言三后先本

式和民則順帝之則有物有則動作禮義威儀之則皆天理之自然有一定之成法聖賢傳心之學唯一則字（元圻案）（真西山大學衍義曰）古人謂規矩準繩衡爲五則者以方圓平直輕重皆天地一定之法故也若爲人而不能全乎爲人之理是失其所以爲人之則而非人矣

若農服田力穡乃亦有秋故民生在勤則不匱晉欒書語見宣公十二年左傳先知稼穡之艱難乃逸故君子能勞則有繼公父文伯之母敬姜語見魯語上

乃命三后先儒曰人心不正則入於夷狄閣本無此三字禽獸雖有土不得而居雖有穀不得而食故先伯夷而後及禹稷此說得孔子去食孟子正人心之意小雅盡廢其毆烈於洚水四維不張其害憯於阻饑（元圻案）（呂刑）乃命三后恤功于民伯夷降典折民惟刑禹平水土主名山川稷降播種農殖嘉穀三后成功（東萊書說曰）自不知本者觀之平水土降播種當在所急而伯夷之降典若緩而不切然抑不知人心不正將相胥而入於夷狄禽獸雖有土安得而居雖有穀安得而食諸穆王首述伯夷之典先其本也

呂刑司刑輕重

呂刑言敬言中

禹湯貽則垂裕

周禮司刑五刑之屬二千五百穆王雖多五百章而輕刑增重刑減班固以周禮爲中典甫刑爲重典非也〔元圻案〕〔呂刑正義曰〕周禮司刑掌五刑之法以麗萬民之罪墨罪五百劓罪五百宮罪五百剕罪五百殺罪五百五刑惟有二千五百此經五刑之屬三千案刑數乃多於周禮而言變從輕者周禮五刑皆有五百此則輕刑少而重刑多此經墨劓皆千剕刑五百宮刑三百大辟二百輕刑多而重刑少變周用夏是則改重從輕也〔漢書刑法志〕昔周之法建三典以刑邦國詰四方所謂刑平邦用中典者也周道既衰穆王眊荒命甫侯度時作刑以詰四方所謂刑亂邦用重典者也〔案〕孔氏正義之說林少穎呂成公蔡氏集傳皆從之

舜皋陶曰欽曰中蘇公曰敬曰中此心法之要也呂刑言敬者七言中者十所謂惟克天德在此二字〔元圻案〕〔東萊書說曰〕五刑天所以左右斯民而司刑者代天行罰作配在下奈何其不敬哉又曰中者呂刑之綱領也苗民罔是中者也皋陶明是中者也穆王之告司政典獄勉是中者也

禹有典則貽厥子孫而有盤遊無度者湯有義禮垂裕後昆而有顛覆典刑者是以知嗣德之難也宋武帝留葛燈籠麻繩拂〔閩本云〕繩拂元板作蠅拂於陰室〔案〕事見

託岱宗洛書
作僞

通鑑宋武帝紀
大明七年

唐太宗留柞木梳黑角篦於寢宮。事見唐郭湜高力士傳

作法於儉其敝猶奢。況以奢示後乎。〔集證〕〔按容齋續筆十四〕帝王創業垂統規以節儉貽訓子孫必其繼世象賢而後可以循其教不然正足取侮笑耳宋孝武大治宮室壞高祖所居陰室於其處起玉燭殿與羣臣觀之牀頭有土障上挂葛燈籠麻蠅拂侍中袁顗因盛稱高祖儉素之德上不答獨曰田舍翁得此以為過矣唐高力士於太宗陵寢宮見梳箱一柞木梳一黑角篦一草根刷子一歎曰先帝親正皇極以致升平遺身服用惟留此物將欲傳示子孫永存節儉具以奏聞明皇詣陵至寢宮問所留示者何在力士捧跪上上跪奉肅敬如不可勝曰夜光之珠垂棘之璧將何以逾此即命史官書之典冊是時明皇履位未久厲精為治故見太宗故物而惕然有感及侈心一動窮天下之力不足以副其求尚何有于此哉宋孝武不足責也若齊高帝周武帝陳高祖隋文帝皆有儉德而東昏天元叔寶煬帝之淫侈浮於桀紂又不可以語此云

因岱山柴而封禪。因時巡而逸遊。因洛書而崇飾符瑞。因建極而雜糅正邪。因享多儀而立享上之說。塞忠諫。謂之浮言。錮君子。謂之朋比。慘礉少恩。曰威克厥愛。違衆妄動。曰惟克果斷。其甚焉者。丕之奪漢。託之舜禹。衍之篡齊。託之湯武。邵陵海西之廢。託之伊尹。新都之攝。臨湖之變。託

新莽蘇綽大誥

之周公侮聖言以文姦慝。豈經之過哉。〔元圻案〕〔三國志魏文帝紀〕注〕魏氏春秋曰帝升壇禪畢顧謂羣臣曰舜禹之事吾知之矣〔通鑑梁紀〕武帝天監元年既禪位顏見遠不食而卒上聞之曰我自應天從人何預天下士大夫事而顏見遠乃至于此〔三國志魏齊王芳紀〕嘉平六年九月司馬景王將謀廢帝以聞太后遣芳歸藩于齊注是日羣臣議曰昔伊尹放太甲以寧殷霍光廢昌邑以安漢今日之事亦唯公命景王曰諸君所以望師者衆師安所避之及晉受禪封齊王爲邵陵公〔晉書郗超傳〕超謂桓溫曰明公既居重任若不能行廢立大事爲伊霍之舉者不足鎮壓四海震服宇內溫深納其言〔又帝奕紀〕太和六年溫內諷太后以伊霍之舉廢奕爲東海王後降封爲海西縣公〔漢書王莽傳〕永始元年封爲新都侯元始五年平帝崩世絕選宣帝元孫中最幼廣戚侯子嬰年二歲託以爲卜相最吉太后下詔令安漢公居攝踐祚如周公故事〔唐書房元齡傳〕隱太子謀害秦王首謀謂長孫無忌曰今嫌隙已成禍機將發莫若遵周公之事無忌趣之入白秦王又隱太子傳武德九年六月四日秦王入朝建成元吉至臨湖殿覺變遽回秦王隨呼之元成惶悚引弓三射不能彀王一箭斃建成再中元吉

蘇綽大誥。近於莽矣。太元更之次五所謂童牛角馬。不今不古者歟。蘇威五教。綽之遺風也。〔何云〕大誥之作度越六代不可毀也〔全云〕何氏過推蘇綽未免永嘉一輩人議論○〔元圻案〕〔周書蘇綽傳〕綽字令綽武功人魏侍中則之九世孫也自有晉之季文章競爲浮華遂成風俗太祖欲革其弊因魏帝祭廟羣臣畢至乃命爲大誥奏行之自此之後文章皆依此體〔漢書王莽傳〕居攝二年東都太守翟義立劉信爲天子移檄郡國莽晝夜抱孺子告禱郊廟放大誥作策諭以當反政孺子之意〔揚雄太元更次五測曰〕童牛角馬變天常也范望注曰馬童牛角是其常也不合于今不合于古利用革矣〔北史蘇綽傳〕綽子威字無畏隋文帝令持節巡撫江南江表自晉以來刑法疏緩代族貴賤不相凌越平陳之後牧人者盡改變之無長幼悉使誦五教威加以煩鄙之辭百姓嗟怨〔宋王氏安國曰〕文帝患文章浮薄使蘇綽爲大誥以勸而卒能變一時士大夫之

秦穆悔過誓師

穆公修乎聖

孟侯二義康叔封爵

制作故義門云爾

史記秦紀繆公三十三年敗於殽三十六年自茅津渡河乃誓於軍申思不用蹇叔百里傒之謀令後世以記余過君子聞之皆爲垂涕曰嗟乎秦穆公之與人周也卒得孟明之慶書序云敗崤歸作誓與史不同邵子謂修乎聖者秦穆之謂也〔皇極經世觀物外篇四〕注云秦穆改過自誓得聖之事而已穆公是霸者第一悔過自誓之言幾於王道此聖人所以錄於書末〔全云〕以秦穆之悔過爲眞乎則彭衙之窮兵何也若謂自茅津以後作誓是謬爲悔過之言以鳴得意也康節竟爲舊說所欺不知聖人錄之以垂戒耳〇〔元圻案〕〔林少穎曰〕穆公雖終不能踐其言而其一時悔過自艾之意誠合夫帝王之用心與其潔也不保其往也其秦誓之謂乎〔春秋僖公三十二年〕晉人及姜戎敗秦師於崤〔胡傳曰〕書序專取穆公悔過主於勸善其辭恕春秋備書秦晉用兵之失兼於懲惡其法嚴故人晉君而以狄視秦也

大傳略說太子年十八曰孟侯於四方諸侯來朝迎於郊者問其所不知〔康成注〕孟迎也唐冊太子文云盡謙

周書七十一篇　史記漢儒周書說　汲冢稱竹書非周書說

恭於齒胄。審方俗於迎郊。愚謂子孟侯見康誥。謂諸侯之長。蓋方伯也。大傳說非。〔元圻案〕唐高宗永徽七年正月冊代王宏爲皇太子文云。盡謙恭於齒胄審方俗於迎郊春禮冬詩趨庭靡懈三善六德勉志無怠〔文苑英華載冊皇太子文云〕朕聞王者神器天之大業震百里而崇孟侯照四方而建元子〔又史祥答隋太子廣書云〕川澤之大汙潦攸歸松柏之高蔦蘿斯託微心眷眷孟侯所知也皆以孟侯爲太子〔康誥正義曰〕鄭依略說以太子十八爲孟侯而呼成王旣禮制無文義理騈曲豈周公自許天子以王爲孟侯皆不可信也〔漢書地理志〕三監畔周公誅之盡以其地封弟康叔號曰孟侯以夾輔周室〔詩地理考〕衛伯鄭氏曰康叔之封爵稱侯今曰伯者時爲州伯也

漢藝文志周書七十一篇。劉向云周時誥誓號令。蓋孔子所論百篇之餘。隋唐志繫之汲冢。然汲冢得竹簡書在晉咸寧晉武帝年號五年。而兩漢已有周書矣。〔何云〕此條實佳然何與經事當入攷史太史公引克殷度邑。〔案史記周本紀〕武王射紂事本周書克殷解望商邑不寐事本周書度邑解鄭康成注周禮秋官大行人云周書王會備焉。注儀禮鄉射禮云周書王會北唐以閭。許叔重說文羽部翰字引逸周書大翰若翬雉。今本王會作文翰者若皐雉又豕部貒字引貒有爪而不敢以撅。今本周祝解爪作蚤馬融注論語。鑽燧改火引周書

月令。原缺今本補皆在漢世。杜元凱解左傳時汲冢書未出也。杜注已成而汲冢書始出詳自撰左傳後序千里百縣。哀公二年繼之柔矣。襄公二十六年皆以周書爲據。則此書非始出於汲冢也。按晉束晳傳。太康二年汲郡得竹書七十五篇。其目不言周書。〔原注紀云〕咸寧五年左傳後序云太康元年當攷左傳杜預春秋傳後序正義引王隱晉書云。竹書七十五卷。六十八卷有名題。七卷不可名題。其目錄亦無周書。然則繫周書於汲冢。其誤明矣。〔閻案〕王氏云當攷余因徧考一束晳傳王隱撰者曰太康元年房喬修者曰太康二年互異已如此當以當日目擊者之言爲據晉武帝紀本起居注杜預爲左傳後序皆其所目擊者也冢蓋發于咸寧五年冬十月官輒聞知明年太康改元三月吳平預始得知又二年始見其書故序曰初藏在祕府余晚獲見之此與情事頗得○〔元圻按晉書束晳傳〕晳字廣微漢疏廣之後王莽末廣曾孫孟達避難因去疏之足遂改姓焉初太康二年汲郡人不準盜發魏襄王墓或言安釐王冢得竹書數十車其紀年十三篇記夏以來至周幽王爲犬戎所滅以事接之三家分仍述魏事至安釐王之二十年蓋魏國之史書其易經二篇與周易上下經同易繇陰陽卦二篇與周易略同繇辭則異卦下易經一篇似說卦而異公孫段二篇公孫段與邵陟論易國語三篇言楚晉事名三篇似禮記又似爾雅論語師春一篇書左傳諸卜筮師春似是造書者姓名也瑣語十一篇諸國卜夢妖怪相書也梁邱藏一篇先敘魏之世數次言邱藏金玉事繳書二篇論弋射法生封一篇帝王所封大歷二篇鄒子談天類也穆天子傳五篇言周穆王遊行四海見帝臺西王母圖

禹湯成王時貢物

王會八方贄物

王會唐公虞公位次

詩一篇畫贊之屬也又雜書十九篇周食田法周書論楚事周穆王美人盛姬死事大凡七十五篇七篇簡書折壞不識名題皆在著作得觀竹書隨疑分釋皆有義證〔杜預春秋傳後序曰〕太康元年吳寇始平余在江陵還襄陽解甲休兵乃申抒舊意脩成春秋釋例及經傳集解訖會汲郡汲縣有發其界內舊冢者大得古書皆簡編科斗文字藏在祕府余晚得見之所記大凡七十五卷多雜碎怪妄不可訓知周易及紀年最爲分曉　王氏此條本李巽巖逸周書考

書大傳禹貢載四海。河。江。五湖。鉅野。鉅定。濟。中孟諸。隆谷。大都。〔案康成注〕隆讀如龐降之降或作函谷今河南穀城西關山也大都明都之貢物。此禹時也。周書王會載伊尹爲四方獻令。此湯時也。王會載八方會同。各以其職來獻。自稷慎以下。其贄物二十一。〔孔晁注〕稷慎肅慎也自義渠以下。其贄物二十。〔注〕義渠西戎國自高夷以下。其贄物十四。〔注〕高夷東北夷高句驪自權扶以下。其贄物九。〔注〕權扶南蠻也此成王時也。愚謂旅獒之訓。曰畢獻方物。惟服食器用。珍異之貢。恐非三代之制。

王會曰。堂下之右。唐公虞公南面立焉。堂下之左。

王會殷夏公為杞宋三恪二王後

周書二十餘亡國名

殷公夏公立焉。唐公虞公。樂記所謂祝陳也。殷公夏公。樂記所謂杞宋也。然則郊特牲云尊賢不及二代。其說非矣。〔方樸山云〕先儒謂三恪不如二王之後。故郊特牲云。○〔元圻案〕郊特牲鄭注云。二或為三。〔正義曰〕案異義公羊說存二王之後。所以通夫三統之義。左氏說周家封夏殷二王之後以為上公。封黃帝堯舜之後謂之三恪。鄭云二王之後命使郊天。祭其始祖受命之王。自行其正朔服色。

周書史記篇。穆王召左史戎夫取遂事之要戒。〔案孔晁注〕戎夫左史名。遂成也。集取要戒之言。言皮氏。華氏。夏后。殷商。有虞氏。平林。質沙。三苗。扈氏。義渠。平州。林氏。曲集。有巢。有鄶。共工。上衡氏。南氏。有果氏。畢程氏。陽氏。穀平。阪泉。縣宗。元都。西夏。績陽。有洛之士。〔原注〕國名多傳記所未見。○〔元圻案〕〔竹書紀年〕帝不降三十五年。殷滅皮氏。〔路史國名紀〕華氏六韜作辛氏。又按九域志平林在隨縣東北。即詩會伐平林。後漢平林盜起。又質沙帝魁所伐。世本之夙沙也。後有夙氏夙沙氏宿沙氏。〔紀年〕武乙三十年。周師伐義渠。乃獲其君以歸。〔路史國名紀〕義渠春秋之義渠戎。秦昭滅之。為北地。今慶州。平州盟會圖疏平州在汾州介休西。有林六韜林氏國。出騶經。與葛鼠近。預云中牟林亭非。曲集今符陽郡有集。云萬山所集。六韜作西譙州氏伐之。〔路史前紀〕有巢注云。或以為夏商之間特起于一方者。蓋上古有巢氏之後。有鄶攷之潛夫論。即祝融後也。今鄶城。〔六韜曰〕會氏南氏。世本有男氏。潛夫論作南。周書之有南也。有果今果州畢程。〔長安志〕引孟子文王卒於畢程。呂覽十八。武王常窮於畢程。陽氏夫國以陽名者多矣。

周書言冬陽夏陰

周召聽憲制謚

夏箴商箴佚句

如陜有上陽下陽晉魯鄧越皆有東陽南陽難可悉數穀平一作平氏阪泉姜姓其後蚩尤霸今懷戎涿鹿城東一里阪泉是縣宗六韜作懸原〔紀年〕帝舜四十年元都氏來朝獻寶玉〔路史國名紀〕元都少昊氏諸侯外傳云元都氏黎國或謂壐黎非也西夏今鄂故大夏有夏水漢水也

周書大聚篇。若冬日之陽。夏日之陰。不召而民自來。亦見文子。精誠篇 張文潛代范樞密祭司馬公文。冬暘夏冰。赴者爭先。蓋本于此。〔閻按〕淮南主術訓亦云冬日之陽夏日之陰萬物歸之而莫使之然

周書謚法。惟三月既生魄。周公旦太師望相嗣王發。既賦憲受臚于牧之野。將葬乃制作謚。今所傳周書云。維周公旦太公望開嗣王業。建功於牧之野。終葬。乃制謚。謚與上六家謚法所載不同。〔原注〕蓋今本缺誤〔文心雕龍〕云賦憲之謚出於此 〔呂成公策問〕旦以文名奭以康名閎夭以尊顯閎夭謚當攷〇〔元圻案〕〔玉海五十四〕編定六家謚法二十卷判太常范鎮同判寺周沆等撰取周公春秋廣謚沈約賀琛及扈蒙六家別其同異去其重複刊謬補缺集爲一書 呂成公策問今本集不載

文心雕龍。銘箴篇 夏商二箴。餘句頗存。夏箴見周書文傳。商箴見呂氏春秋名類篇。〔集證〕〔案文傳引夏箴曰〕中不容利民乃外次又小人無兼年之食遇

天饑妻子非其有也大夫無兼年之食遇天饑臣妾輿馬非其有也〔名類篇引商箴曰〕天降災布祥并有其職○〔元圻案〕〔盧氏文弨曰〕御覽三十五引小人無兼年之食數語作夏歸藏誤墨子七患篇引周書曰國無三年之食者國非其國也家無三年之食者子非其子也〔胡廣五官箴敘曰〕墨子著書稱夏箴之辭即謂此也　呂覽十三二曰名類舊注云一作應同畢氏校本曰名類乃卷二十召類之譌今即以應同名篇

周書九紀九星三極

周書小開武篇周公曰在我文考順道九紀一辰以紀日二宿以紀月三日以紀德四月以紀刑五春以紀生六夏以紀長七秋以紀殺八冬以紀藏九歲以紀終九紀與洪範五紀相表裏文選任彥升〈宣德皇后令〉曰不改參辰而九星仰止注引周書王曰余不知九星之光周公曰星辰日月四時歲是謂九星九星即九紀也〔元圻案〕〔小開武篇曰在我文考順明三極又曰三極一維天九星二維地九州三維人四左孔晁注九星四方及五星也是本篇之九星九紀當有分別〔盧氏文弨曰〕文選三十六所云乃九紀也孔以經緯釋九星甚當

周書曰姑與天與蘇秦蕭何引周書

任章引周書曰將欲敗之必姑輔之將欲取之必姑與之〔原注〕戰國策蕭何引周書曰天與不取反受其

老子語本周書

三墳書有山氣形神農之教黃帝書張天覺僞三墳三皇太古書

㕘。見漢書本傳 此豈蘇秦所讀周書陰符者歟。（閻按）戰國策太公陰符之謀

老氏之言。范蠡張良之謀。皆出於此。（原注）朱子曰老子爲柱下史故見此書（閻案）（蘇秦傳引周書曰）緜緜不絕蔓蔓奈何毫釐不伐將用斧柯前慮不定後有大患將奈之何其眞出陰符可知○（元圻案）道德經微明章將欲翕之必固張之將欲弱之必固彊之將欲廢之必固與之將欲奪之必固與之（史記越王句踐世家）吳王請成句踐欲許之范蠡曰會稽之事天以越賜吳吳不取今天以吳賜越越其可逆天乎且夫天與不取反受其咎伐柯者其則不遠君亡會稽之厄乎（史記項羽本紀）項王乃與漢約中分天下項王引兵解而東歸漢欲西歸張良陳平說曰漢有天下太半而諸侯皆附之楚兵罷食盡此天亡楚之時也不如因其機而遂取之今釋而弗擊此所謂養虎自遺患也

三墳書無傳。宓犧唯易存。而商高所云周天曆度。（原注）周髀 管子所云造六峜以迎陰陽者不復見。（原注）管子輕重戊篇 虙戲造六峜以迎陰陽作九九之數以合天道而天下化之周人之王循六峜行陰陽峜字未詳 許行爲神農之言。鼂錯述神農之教。列子稱黃帝之書。陰陽五行兵法醫方皆託之農黃。而大道隱矣。今有山氣形之書。謂之連山歸藏坤乾。元豐中毛漸得之西京。或云張天覺得之比陽民家。非古也。（原注）列子引黃帝書即老子

谷神不死章〔閻按王元美云〕苤常讀如計以企有跂音也辛文子號計研漢碑作苤研亦可證○〔元圻案〕〔周髀曰〕昔者周公問於商高曰古者包犧立周天曆度夫天不可階而升地不可尺寸而度請問數安從出商高曰數之法出於圓方圓出於方方出於矩矩出於九九八十一故折矩以爲句廣三股脩四徑隅五既方之外半其一矩環而共盤得成三四五兩矩共長二十有五是謂積矩故禹之所以治天下者此數之所生也〔漢書食貨志鼂錯上疏引神農之教曰〕有石城十仞湯池百步帶甲百萬而無粟弗能守也〔列子天瑞篇〕黃帝書曰谷神不死是爲元牝元牝之門是謂天地之根緜緜若存用之不勤〔又列子黃帝書曰〕形動不生形而生影聲動不生聲而生響無動不生無而生有〔漢書藝文志〕陰陽家黃帝太素二十篇師古曰劉向別錄云或言韓諸公子之所作也言陰陽五行以爲黃帝之道也故曰泰素兵陰陽家神農兵法一篇黃帝十六篇圖三卷五行家黃帝陰陽二十五卷神農大幽五行二十七卷醫家黃帝內經十八卷外經三十九卷經方家神農黃帝食禁七卷〔玉海三十七〕中興書目三墳之目見於孔序漢志不載元豐中毛漸奉使西京得之其書以山氣形爲別山墳謂之連山氣墳歸藏形墳坤乾與先儒言三易異〔晁氏讀書志曰〕古三墳書張天覺言得之於比陽民家墳皆古文而傳乃隸書七略隋志皆無之世以爲張天覺僞撰〔程子曰〕孔子討論墳典斷自唐虞以下使誠有所謂羲農之書乃後世稱述當時之事失其義理如許行所謂神農之言及陰陽醫方稱黃帝之說爾〔隋書經籍志〕天文家周髀一卷趙嬰注又一卷甄鸞重述周髀圖一卷〔四庫全書總目子部天文算法類〕周髀算經二卷是書內稱周髀長八尺夏至之日晷一尺六寸蓋髀者股也於周地立八尺之表以爲股其影爲句故曰周髀其首章周公與商高問答實句股之鼻祖〔鄭漁仲曰〕三皇太古書亦謂之三墳一曰山墳二曰氣墳三曰形墳天皇伏羲氏本山墳而作易曰連山人皇神農氏本氣墳而作易曰歸藏地皇黃帝氏本形墳而作易曰坤乾

有言遜于汝志。艮之不拯其隨也。惟學遜志。謙之卑以自牧也。遜一也。而善惡異。君體剛而用柔。

戡黎祖伊恐

學古入官證義

伯夷以禮折民

臣體柔而用剛。君不遜志則爲唐德宗之彊明。臣而遜言、則爲梁邱據之苟同。（元圻案）（洪範）高明柔克。孔傳曰、喻臣當執剛以正君、君亦當執柔以納臣。（唐書德宗紀贊曰）德宗猜忌刻薄、以彊明自任、恥見屈于正論、而忘受欺于姦諛。

周人乘黎。祖伊恐。（案）此西伯戡黎序文。商受能如震上六之畏鄰戒、則無咎矣。蜀漢之亡也、吳華覈詣宮門上表曰。成都不守。社稷傾覆。臣以草芥。竊懷不寧。陛下至仁、必垂哀悼。臣不勝忡悵之情、謹拜表以聞。吁、華覈亦吳之祖伊歟。（元圻案）（三國志吳華覈傳）覈字永先、吳郡武進人也。以文學入爲祕府郎、遷中書丞。蜀爲魏所幷、覈詣宮門發表曰、間聞陸抗表至、成都不守、臣主播越、社稷傾覆。昔衞爲翟所滅、而桓公存之。今道里長遠、不可救振。臣以草芥、竊懷不寧云云。

學古入官、然後能議事以制。伯夷以禮折民。見呂刑。漢儒以春秋決獄。注詳第六卷。子產曰。學而後入政、未聞以政學者也。見襄公三十一年左傳。荀卿始爲法後王之說。李斯師之。謂諸生不師今而學古。太史公亦惑於

舜克艱文無逸立政戒勿以憸人

流俗之見。六國表云。傳曰。法後王。何也。以其近己而俗變相類。議卑而易行也。文帝謂卑之無甚高論。宣帝謂俗儒好是古非今。秦既亡而李斯之言猶行也。孟子曰。爲政不因先王之道。可謂智乎。〔閻按〕嘗謂三代以下之天下非孟子治之乃荀卿治之何則孟子法先王荀卿法後王只觀文獻通考序發端便引荀子曰欲觀聖王之跡則於其粲然者矣後王是也明太祖序其大誥亦曰俗儒多是古非今奸吏常舞文弄法滔滔者豈非皆李斯之徒也乎○〔元圻案〕荀子非相篇曰文久而息節族久而絕守法數之有司極禮而褫故曰欲觀聖王之跡則於其粲然者矣後王是也彼後王者天下之君也舍後王而道上古譬之是猶舍己之君而事人之君也〔史記李斯列傳〕斯楚上蔡人從荀卿學帝王之術秦幷天下以斯爲丞相上書曰古者天下散亂莫能相一是以諸侯並作語皆道古以害今飾虛言以亂實人善其所私學以非上所建立臣請諸有文學百家語者蠲除去之始皇可其議收去詩書百家之語以愚百姓使天下無以古非今〔又張釋之列傳〕釋之補謁者朝畢因前言便宜事帝曰卑之無甚高論令今可施行也釋之言秦漢之閒事秦所以失而漢所以興者文帝稱善〔漢書元帝紀〕帝爲太子柔仁好儒宣帝曰漢家自有制度本以霸王道雜之且俗儒不達時務好是古非今使人眩於名實何足委任〔劉原父草進唐書遷秩制〕亦云古之爲國者法後王爲其近於己制度文物可觀故也

舜之克艱。文之無逸。心也。後之勤政者。事爲而已。

勿以憸人。立政之戒也。爻辭周公所作。師之上六

洪範稱祀稱商書

克商由獲仁人

堯曆象舜璣衡

既濟之九三皆曰小人勿用。

左氏傳引商書曰沈潛剛克高明柔克（文公五年）洪範言惟十有三祀箕子不忘商也故謂之商書陶淵明於義熙後但書甲子亦箕子之志也陳咸用漢臘亦然。〔元圻案〕〔洪範孔傳〕商曰祀箕子稱祀不忘本〔正義曰〕商曰祀周曰年釋天文此周書也秦誓稱年此獨稱祀故解之箕子稱祀不忘本也此篇箕子所作箕子商人故傳記引此篇者皆云商書〔南史隱逸傳〕陶潛字淵明名元亮尋陽柴桑人晉大司馬侃之曾孫也弱年薄宦不潔去就之跡自以曾祖晉世宰輔恥復屈身後代自宋武帝王業漸隆不復肯仕所著文章皆題其年月義熙以前明書晉代年號自永初以來唯云甲子而已〔後漢書陳寵傳〕寵曾祖咸成哀間爲尚書莽簒位召咸爲掌寇大夫謝病不肯應三子參豐欽皆在位乃悉令解官歸閉門不出入猶用漢家祖臘人問其故曰我先人豈知王氏臘乎

既獲仁人武所以克商也養民以致賢人與漢在於一言延攬英雄務悅民心復漢在於一言〔元圻案〕〔漢書蕭何傳〕漢王謀攻項羽何諫曰夫能詘於一人之下而信於萬乘之上者湯武是也臣願大王王漢中養其民以致賢人收用巴蜀還定三秦天下可圖也〔後漢書鄧禹傳〕光武安集河北禹進說曰於今之計莫如延攬英雄務悅民心立高祖之業救萬民之命以公而慮天下不足定也

張文饒曰堯之曆象蓋天法也舜之璣衡渾天法

尹陟說周召畢六相

尚蓋前人之愆

五刑外重典

也。〔何云〕此說恐是臆斷〔集證〕〔按王氏六經天文編卷上〕引張氏曰蓋天之法如繪像止得其半渾天之法如塑像能得其全堯之曆象日星蓋天法也舜之璿璣玉衡渾天法也渾法密於蓋天創意者尚略述作者愈詳也

李仁父宰相年表序曰。孔氏序三代之書。其稱相者。獨伊尹。伊陟。傅說。周公。召公。畢公。六人耳。〔閻案〕〔書序〕傳說無相字孔傳有之耳〇〔元圻案〕〔錢氏大昕曰〕李燾字仁甫有歷代宰相年表三十三卷尚書百篇圖一卷

爾尚蓋前人之愆。惟忠惟孝。若沈勁之於充。張嵊之於稷。李湛之於義府。可謂能蓋愆矣。〔全云〕孫則若李敬業之於勣〇〔元圻案〕〔真西山論語集編〕父在觀其志章沈充叛臣也其子勁以死節著李義府姦臣也其子湛以忠義聞若勁與湛可謂能蓋其父之愆矣〔晉書沈充傳〕充知王敦有不臣之心因進邪說遂相朋構及敗歸吳興誤入其故將吳儒家儒遂殺之充子勁見忠義傳勁以五百人守洛陽為慕容恪所執遂遇害〔梁書張稷傳〕時東昏淫虐義師圍城已久稷乃使直閤張齊害東昏于含德殿遣范雲裴長穆等使石頭城詣高祖以功封江安縣侯子嵊別傳嵊為吳興太守侯景圍京城賊行臺劉神茂遣使說嵊降嵊斬其使為神茂所敗執以送景刑之於都市賊平謚曰忠貞子〔唐書李義府傳〕武昭儀方有寵上欲立為后畏宰相議未有以發義府叩閤上表請廢后立昭儀帝悅召見武后立進爵為侯後流巂州以憤恚死子湛誅二張統禁兵后顧謂曰我待爾父子不薄亦預是耶

刑止於五。而秋官條狼氏誓馭曰車轘。〔鄭注杜子春曰〕條當讀為滌除之滌

叢脞屢省之義

殺之三宥之三

此春秋時嘗有之。〔何云〕春秋時周禮未改，愈可徵周官非僞書，但非常重典，故不在五刑之內，惟弒逆之賊乃偶一用耳。至秦用之。豈成周之法哉。

烹魚煩則碎，治民煩則亂。〔此毛詩誰能烹魚傳文，亂作散〕故以叢脞爲戒。器久不用則蠹，政不常脩則壞。〔集證〕東坡曰：器久不用而蠹生之謂之蠱；天下久安無爲而弊生之謂之蠱。故以屢省爲戒。多事非也，不事事亦非也。

皐陶曰殺之三，堯曰宥之三。蘇氏雖以意言之，考之書，明于五刑，以弼五教，皐陶所執之法也；與其殺不辜，寧失不經，舜所操之權也。皐陶執法于下，而舜以其權濟于上。劉頌所謂君臣之分各有所司。王制曰：王三又，然後制刑。〔原注〕又與宥同。則蘇氏之言亦有所本。〔元圻案〕〔陸放翁老學菴筆記〕東坡省試刑賞忠厚之至論有云：皐陶爲士，將殺人，皐陶曰殺之三，堯曰宥之三。梅聖俞爲小試官，得之以示歐陽公。公曰：此出何書？聖俞曰：何須出處。公以爲皆偶忘之，然亦大稱賞。及揭榜，見東坡姓名，曰：此郎必有所據。及謁謝，首問之，東坡曰：何須出處。與聖俞語合。公賞其豪邁，太息不已。〔晉書劉頌傳〕頌字子雅，廣陵人。〔又刑法志〕頌爲三公尚書，上疏曰：君臣之分，各有所司。法欲必奉，故令主者平文；理有窮塞，故使大臣釋滯；事有時宜，故人主

皇天非心並言格

玩物喪志證史

好問則裕諸證

格于皇天。格其非心皆誠意感通。而極其至事君如事天

玩物喪志。志爲物所役也。李文饒通犀帶賦曰。美服珍玩近於禍機虞公滅而垂棘返（事見僖公二年五年左傳）壯武殘而龍劍飛。先后所以聞義則服。防患則微昭侯委珮而去。（事見定公四年左傳）宣子辭環以歸（事見昭公十六年左傳）此可以爲玩物之戒（元圻案）（穀梁僖公二年傳曰）獻公亡虢五年而後舉虞荀息牽馬操璧而前曰璧則猶是也而馬齒加長矣（晉雷次宗豫章記曰）吳未亡恒有紫氣見牛斗之間張華聞雷孔章妙達緯象乃要宿屏人問孔章具言精在豫章豐城遂以孔章爲豐城令至縣掘得玉匣長八尺開之得二劍孔章乃留其一匣而進之後張華遇害此劍飛入襄城水中文選注引臧榮緒晉書曰張華封壯武郡公遷司空爲趙王倫所害

好問則裕。謂聞見廣而德有餘也。中庸曰。舜好問。博學之。必審問之。學以聚之。問以辨之。敏而好學。必不恥下問。老子亦云。知而好問者。聖勇

舜難任人聖讒說

二典深微之意並傳作二曲者聖人之徒

而好問者勝。[閻按]問曰切問曰審問曰下問曰亟問曰無宿問[余嘗集陶宏景皇甫謐爲柱聯曰]一事不知以爲深恥遭人而問少有寧日亦可見其志云○[元圻案]老子語見文子自然篇[荀子大略篇]無留善無宿問

舜咨十二牧。終于難任人。命九官。終於即聖讒說。孔子答爲邦之問。終於遠佞人。一也。

南豐序南齊書曰。唐虞爲二典者。所記豈獨其迹耶。幷與其深微之意而傳之。又曰。方是時豈特任政者皆天下之士哉。蓋執簡操筆而隨者。亦皆聖人之徒也。[案]子固說林氏尚書全解引之謂曾舍人此言可謂善觀二典矣 後山[閻按]後山陳師道號黄樓銘序云。昔之詩人。歌其政事。則幷其道德而傳之。朱文公詩破斧傳云。當是之時。雖披堅執銳之人。亦皆能以周公之心爲心。而不自爲一身一家之計。蓋亦莫非聖人之徒也。皆用南豐文法。[元圻案][陳後山集十七黄樓銘序曰]熙寧十年河決澶州彭城當其衝守臣蘇某築二防於南門之外以安危疑明年元豐正月制詔諭意臣某乃作黄

詩歌本虞廷五子洪範伊訓有叶韻林氏書解言聲歌

擊石舞獸重簡

樓於東門具刻明詔使其客陳師道以爲之銘師道伏維呂尙南仲內撫百姓外平諸侯詩美文武尹吉甫召虎南伐淮夷北伐玁狁功歌宣王君能使人以盡其才臣能有功以報其上古之義也又惟感而通之者道也行而化之者德也制法明教者政也治人成功者事也昔之詩人歌其政事則併其道德而傳之後王有作可舉而行顧臣之愚何預於此（後山門人魏衍爲後山集記）曰先生諱師道字履常一字無已彭城人年十六謁南豐先生曾公鞏曾大器之遂業於門元祐初蘇公軾與侍從列薦乃官之元符三年除祕書省正字

虞之賡歌夏五子之歌此三百篇之權輿也洪範無偏無陂至歸其有極蔡氏（書集傳）謂此章蓋詩之體使人吟咏而得其情性與周禮太師教以六詩同一機伊訓以三風十愆訓太甲自聖謨洋洋而下亦叶其音蓋欲日誦是訓如衛武公之抑戒也故曰詩可以興（元圻案）（林氏尙書全解詩大序曰）治世之音安以樂亂世之音怨以怒亡國之音哀以思雖其詳見於三百篇原其所由起實本於虞夏之世舜與皐陶賡歌言元首股肱資以成治其言安以樂蓋所謂治世之音也太康失邦五子述大禹之戒以作歌其言怨以怒蓋所謂亂世之音也此二聲歌雖載於書實詩之淵源也

擊石拊石百獸率舞凡兩言之或謂脫簡重出（案林少穎曰）薛氏劉氏皆以爲益稷脫簡重出東觀漢記王阜爲重泉令鸞鳥集學

上帝降衷于民

歸師寧邦本覲禮平國封國忘讎

宮。〔閻按〕東漢有學宮字此其一皐擊磬而舞。況舜樂所感乎。〔全云〕東觀漢記以下疑另爲一條〔方樸山云〕舜典夔曰數語斷非脫重蓋匪自言其功乃自任其事也必若有疑寧疑益稷篇不當疑舜典以益稷篇上文已有夔曰不應重贅夔曰也然總非脫誤宋人以後人文法律古人故云爾○〔元圻案〕〔劉原父七經小傳上〕謂舜典之末衍一簡也何以知之方舜之命二十二人莫不讓者惟夔龍爲否則亦已矣又自贊其能夔必不爲也且爾時始命典樂不應遂已有百獸率舞之事是今日適越而昔至也〔東觀漢記列傳十三〕王阜字世公蜀郡人補重泉令吏民向化鸞鳥集于學宮阜使五官掾長沙疊爲張雅樂擊磬鳥舉足垂翼應聲而舞翺翔復上縣庭屋十餘日乃去〔四庫全書簡明目錄別史類〕東觀漢記二十四卷是書於漢明帝刱修後遞有增續至熹平中乃成書隋志題劉珍撰蓋失其實原本一百四十三卷久已散佚今以永樂大典所載補葺勒爲二十四卷〔常璩華陽國志序意曰〕德政益州太守王阜字世公成都人

湯之誥曰。惟皇上帝。降衷于下民。武之誓曰。惟人萬物之靈。劉子所謂天地之中。子思所謂天命之謂性。孟子所謂性善。淵源遠矣。〔全云〕靈字稍淺

文侯之命。其歸視爾師。寧爾邦。此覲禮所謂伯父無事歸寧乃邦。古者待諸侯之禮如此。平王能存西周禮文之舊。而不能雪君父之讎。恥豈知禮之本乎。〔元圻案〕〔儀禮〕覲禮擯者謁諸天子天子辭於侯氏曰伯父無事歸寧乃邦侯氏再拜稽首出自屏南適門西〔史記周本紀〕幽王嬖褒姒生

洪舒于民

昧谷柳谷地

周召畢公爲伯

子伯服幽王欲廢太子太子母申侯女申侯怒與繒西犬戎攻幽王遂殺幽王於是諸侯乃即申侯而共立故太子宜臼是爲平王〔東萊書說曰〕嗚呼周之所以終於東周者蓋於此章見之平王東遷之初大讎未報王略未復正君臣坐薪嘗膽之時也奔亡之餘僅得苟安乃君臣釋然遽自以爲足曰父義和其歸視爾師寧爾邦兵已罷矣曰用賚爾秬鬯彤弓功已報矣曰柔遠能邇康惠小民教之平世之政軍旅不復講矣曰簡恤爾都用成爾顯德勉之以本邦之治王室無復事矣嗚呼周之君臣如此周其終於東乎

洪舒于民。古文作洪荼。薛氏季宣書古文訓曰大爲民荼毒也。〔元圻案〕〔禮記玉藻〕天子搢珽方正於天下也諸侯荼前詘後直讓於天子也〔鄭注〕荼讀如舒遲之舒〔荀子大略篇〕諸侯御荼楊倞注荼古舒字史記建元以來侯者年表荆荼是懲〔索隱曰〕〔荼音舒〕〔又儒林傳〕董仲舒弟子呂步舒徐廣曰舒一作荼亦音舒是荼與舒通王氏存薛說蓋以廣異義耳

宅西曰昧谷。虞翻謂當爲柳谷。〔原注〕周禮注度西曰柳穀　見天官縫人魏明帝時張掖柳谷口水溢涌寶石負圖。即其地也。〔閻按隋地理志〕張掖郡張掖縣注曰有大柳谷今爲甘州衛○〔元圻案〕虞翻說見本卷正文〔三國志魏明帝紀〕青龍三年注引魏氏春秋曰是歲張掖郡刪丹縣金山元川溢涌寶石負圖狀象靈龜搜神記曰魏之初興也張掖之柳谷有開石焉〔漢晉春秋曰〕氐池縣大柳谷口夜激波涌溢其聲如雷曉而有蒼石立水中長一丈六尺其文曰大討曹帝惡其討也使鑿去爲計以蒼石窒之至晉初其文愈明

周之盛也。內諸侯爲伯。爲周召畢公之任。周之衰也。外諸侯爲伯。爲齊晉之霸。三公行二伯之職。

言有命聖狂不同

以天民爲不足畏克綏厥猷爲修道

以統諸侯則伯者安得而竊王命。〔元圻案〕〔曲禮曰〕五官之長曰伯鄭注五官之長謂爲三公者周禮九命作伯二伯分主東西者〔春秋傳曰〕自陝以東周公主之自陝以西召公主之〔衛湜禮記集說〕引呂與叔曰唐虞建官內有百揆四岳外有州牧侯伯王制所謂八州八伯卽唐虞之州牧也雖周亦謂之牧太宰所謂建其牧周官所謂六卿分職以倡九牧是也八伯各以其屬屬於天子之老二人分天下以爲左右謂之二伯二伯卽唐虞之四岳也〔愚按〕二伯以董正九牧九牧以董正諸侯推而至於東夷北狄西戎南蠻莫不選其賢者以爲之長而聽命於牧伯焉大小有序內外相維若網之在綱若輻之共轂內憂外患何從而生哉

我生不有命在天。得之不得曰有命。一爲獨夫之言。一爲聖人之言。真文忠公曰。命一也。恃焉而弗脩。賊乎天者也。安焉而弗求。樂乎天者也。此聖狂所以異。〔元圻案〕此條皆真西山送張元顯序中語真文忠公曰五字宜移在前　真文忠公名德秀字景元更字希元浦城人學者稱西山先生

聖王畏天畏民。人有畏心。然後敬心生。謂天不足畏。民不足畏。爲桀紂秦隋。

詹元善〔全云〕名體仁朱子弟子曰。惟皇上帝降衷于下民。若有恆

治梁及岐諸說

性克綏厥猷惟后。此卽天命之謂性。率性之謂道。修道之謂教也。人能知此。則知觀書之要。而無穿鑿之患矣。〔原注〕呂成公已有此說〇〔元圻案〕成公之說見東萊書說眞氏大學衍義取之　詹元善浦城人少從朱子學以存誠愼獨爲主眞西山早從之遊嘗閒居官莅民之法告曰盡心則無愧平心則無偏

治梁及岐。若從古注。則雍州山距冀州甚遠。壺口太原不相涉。晁以道用水經注。以爲呂梁狐岐。

〔閻按〕余此仍遵古注以爲聖經之變例且梁山與壺口止隔一河耳不得謂甚遠〇〔元圻案〕〔禹貢孔傳〕梁岐在雍州從東循山治水而西〔史記夏本紀注引鄭康成曰〕梁山在左馮翊夏陽〔詩正義一引鄭康成曰〕岐山在右扶風美陽西北〔漢書地理志〕與康成說同蘇東坡葉少蘊呂東萊書說皆從古注〔王氏天與書纂傳引晁氏曰〕梁山呂梁也在今石州離石縣東北〔爾雅云〕梁山晉望也則是冀州之山若以爲雍州之梁山則當爲秦望而去冀遠矣春秋成五年梁山崩左氏穀梁皆以爲晉山則亦呂梁也岐山狐岐山也在今汾州介休縣〔山海經云〕狐岐之山勝水所出流至於汾則岐山亦冀州山若以爲雍州之岐山則與冀相去絕遠矣朱子曰晁說爲是〔水經注三〕河水又左得湳水口水出西河郡美稷縣東北流湳水又東流入於河河水左合一水出善無縣故城西南八十里其水西流歷于呂梁之山而爲呂梁洪其山昔呂梁未闢河出孟門之上蓋大禹所闢以通河也〔司馬彪曰〕呂梁在離石縣西至是乃爲河之巨險卽呂梁矣〔水經注四〕河水又南出龍門口汾水從東來注之注曰昔者大禹導河積石疏決梁山謂斯處也卽經所謂龍門矣魏土地記曰梁山北有龍門山大禹所鑿通孟津河口廣八十步巖際鑴跡遺功尙存〔水經注六〕汾水南與平水合水出平陽縣西壺口山尙書所謂壺口治梁及岐也其水東逕狐谷亭北春秋時狄侵晉取狐

廚者也又曰文水又東南流與勝水合水西出狐岐之山（四庫全書總目史部地理類二）水經注四十卷後魏酈道元撰道元字善長范陽人自晉以來注水經者凡二家郭璞注三卷杜佑作通典時猶見之今惟道元所注存水經作者唐書題曰桑欽然班固嘗引欽說與此經文異道元注亦引欽所作地理志不曰水經觀其涪水條中稱廣漢已爲廣魏則決非漢時鍾水條中稱晉寧仍曰魏寧則未及晉代推尋文句大抵三國時人今既得道元原序知並無桑欽之文則據以削去舊題亦庶幾闕疑之義云

困學紀聞注卷二

毛詩字數
大毛公小毛公
毛詩授受
毛傳說合古書
程子葉夢得重毛傳
高子說詩
高行子受詩
源流
靈星之尸

困學紀聞注卷三　餘姚翁元圻載青輯

詩（元圻案）（鄭畊老曰）毛詩三萬九千二百二十四字（晁氏讀書附志曰）石經毛詩二十卷經註一十四萬六千七百字

經典序錄。河間人大毛公爲詩故訓傳。一云魯人。（原注）失其名

初學記。二十一荀卿授魯國毛亨作詁訓傳。以授趙國毛萇。時人謂亨爲大毛公。萇爲小毛公。（原注）大毛公之名唯見於此（正義云）（儒林傳）毛公趙人不言其名（後漢書趙人毛萇序錄）亦云名長今後漢書作萇此小毛公也

程子明道遺書曰。毛萇最得聖賢之意。（元圻案）（鄭氏詩譜曰）魯人大毛公爲詩故訓傳於其家河間獻王得而獻之以小毛公爲博士（陸璣詩）草木鳥獸蟲魚疏曰孔子刪詩授卜商卜商爲之序以授魯人曾申申授魏人李克克授魯人孟仲子仲子授根牟子根牟子授趙人荀卿荀卿授魯國毛亨亨作訓詁傳以授趙國毛萇時人謂亨爲大毛公萇爲小毛公初學記之說似本于此（經義考卷一百毛氏萇詩傳下）引葉夢得曰漢武帝時毛詩始出自以源流出於子夏今觀其書所釋鴟鴞與金縢合釋北山烝民與孟子合釋昊天有成命與國語合釋碩人清人皇矣黃鳥與左氏合而序由庚六篇與儀禮合當毛公時左氏傳未出孟子國語儀禮未甚行而毛公之說先與之合不謂之源流于子夏可乎此說可以釋程子之意（書錄解題類書類）初學記三十卷唐集賢院學士長城徐堅元固撰

徐整云。子夏授高行子。即詩序及孟子所謂高子也。以絲衣繹賓尸爲靈星之尸。以小弁爲小人

魯齊師緣起
仲梁子說詩
孟仲子說詩

曾申李克傳詩
申公非曾申
呂氏讀詩記
陸璣詩疏

之詩。則已失其義矣。趙岐孟子注云高子。齊人。〔原注〕謂禹之聲尚文王之聲亦高子也〔何云〕但通其訓詁而不辨義理之是非漢儒之爲詩皆高子也〔全云〕何說過矣程子何以稱毛公哉〇〔元圻案〕〔陸德明經典釋文序錄曰〕徐整云子夏授高行子高行子授薛倉子薛倉子授帛妙子帛妙子授河間人大毛公大毛公爲詩故訓傳於其家以授趙人小毛公又曰整字文操豫章人吳太常卿〔詩序〕絲衣繹賓尸也高子曰靈星之尸也正義曰高子者不知何人公孫丑稱高子之言以問孟子則高子與孟子同時趙岐以爲齊人此言高子則彼是也〔李王毛詩集解三十九〕李迂仲曰絲衣之詩繹祭之樂歌也高子謂祭靈星據繹祭行於廟門之外豈祭靈星耶高子與孟子同時小弁乃孝子之詩也而高子以爲小人之詩若高子者非惟失之于小弁抑亦失之于絲衣矣竊謂靈星之祠無所經見惟漢高祖郊祀志云親詔御史令天下立靈星祠注張晏云龍星左角曰天田則農祥也星見而祭之高子所謂靈星之尸豈謂此耶大抵高子之學失之固陋其見於孟子有二一則公孫丑所言是也其二謂禹之聲尚文王之聲〔余兄靜軒先生曰〕淮南子主述訓君人之道其猶靈星之尸也儼然元默而吉祥受福蓋本于高子〔朱竹垞經義考卷一百〕書齊魯韓三家詩後曰定之方中注仲梁子曰初立楚宮也〔正義鄭志答張逸問曰〕仲梁子魯人當六國時又維天之命注孟仲子曰大哉天命之無極而美周之禮也趙岐云孟仲子孟子之從昆弟則魯之說詩者不始於浮邱伯也絲衣序高子曰靈星之尸也趙岐注孟子以爲齊人則齊之說詩者不始於轅固生也

序錄。子夏傳曾申。申傳李克。讀詩記〔全云〕東萊先生作引陸璣草木疏。以曾申爲申公。以克爲剋。皆誤。〔元圻案〕〔釋文序錄曰〕一云子夏傳曾申申傳魏人李克克傳魯人孟仲子孟仲子傳根牟子根牟子傳趙人孫卿子孫卿子傳魯人大毛公〔呂成公讀詩記論訓詁傳授引陸璣草木疏曰〕子夏傳魯人申公申公傳魏人李剋李剋傳魯人孟仲子孟仲子傳趙人孫卿孫卿傳魯人大毛公大毛公傳小毛公〔漢書儒林傳〕申公少與楚元王交并傳其太子戊安得親受詩於子夏其誤顯然三簽

詩六義分經緯
豳雅豳頌豳風諸說
程名言篇備六體
太師言六義次第
鄭氏名箋之意

屠繼序謂讀詩記所引自可信今本陸璣草木疏後附四家詩源流則割裂正史儒林傳及釋文序錄爲之不知出何人手其語誠然然以讀詩記引之爲可信則偏矣〔四庫全書總目詩類〕呂氏家塾讀詩記三十二卷宋呂祖謙撰其說以小序爲主陳振孫稱其博採諸家存其名氏先列訓詁後陳文義翦裁貫串如出一手魏了翁後序稱其能得詩人躬自厚而薄責於人之旨〔又毛詩〕草木鳥獸蟲魚疏二卷吳陸璣撰〔釋文序錄云〕字元恪吳郡人吳太子中庶子烏程令末附四家詩源流而毛詩特詳困學紀聞議其誤以會申爲申公王柏詩疑亦詆其所敘與經典釋文不合

詩六義三經三緯。鄭氏注周禮六詩及孔氏正義。其說尚矣。朱子集傳從之。而程子〔語呂與叔〕謂詩之六體。隨篇求之。有兼備者。有偏得一二者。〔案〕程子說呂成公詩說拾遺引之讀詩記。一謂風非無雅。雅非無頌。蓋因鄭箋豳雅豳頌之說。然朱子〔大田篇傳〕疑楚茨至大田四篇爲豳雅。〔良耜篇傳〕思文臣工噫嘻豐年載芟良耜等篇爲豳頌。亦未知是否也。〔原注〕呂成公云豳雅頌恐逸〔元圻案〕〔一〕周禮春官〕太師教六詩曰風曰賦曰比曰興曰雅曰頌注風言賢聖治道之遺化也賦之言鋪直鋪陳今之政教善惡比見今之失不敢斥言取比類以言之興見今之美嫌於媚諛取善事以喻勸之雅正也言今之正者以爲後世法頌之言誦也容也頌今之德廣以美之〔孔穎達詩大序正義曰〕六義次第如此者以詩之四始以風爲先故曰風風之所用以賦比興爲之辭故於風之下即次賦比興然後次以雅頌雅

逸詩篇名遺句 貍首驪駒 祈招轡之柔

亦以賦比與為之既見賦比與於風之下明雅頌亦同之〔朱子曰〕太師之教國子必使之以是六者三經而三緯之則凡詩之節奏指歸皆將不待講說而直可吟咏以得之矣三經是風雅頌是做詩的骨子賦比與却是裏面橫串的故謂之三緯〔讀詩記一〕論六義張氏曰今一詩之中蓋兼有風雅頌之意賦比與亦然呂氏曰詩舉有此六義得風之體多者為國風得雅之體多者為大小雅得頌之體多者為頌風非無雅雅非無頌也董氏曰崧高既列于大雅然其詩曰其風肆好又言吉甫作誦〔豳風七月〕箋以殆及公子同歸以上為豳風以介眉壽以上為豳雅萬壽無疆以上為豳頌正義曰春官籥章云仲春晝擊土鼓吹豳詩以迎暑仲秋夜迎寒氣亦如之凡國祈年於田祖吹豳雅擊土鼓以樂田畯國祭蜡則吹豳頌以息老物以周禮用為樂章詩中必有其事此詩題曰豳風明此篇之中當具有風雅頌也〔欽定詩經傳說彙纂〕案鄭康成箋豳詩以應豳籥孔穎達疏之曰述其政教之始則為豳風述其政教之中則為豳雅述其政教之成則為豳頌此漢唐相傳之說而程子亦以為然也至宋而解詩者衆或謂既曰雅頌當非七月之詩蓋若九夏亡之矣或謂以七月全篇隨其音節吹之以合於風雅頌或謂楚茨等篇是豳之雅思文等篇是豳之頌朱子謂數說皆通而未敢必也間嘗考之楚茨專言廟祭甫田有祈雨之文似有合矣然周禮言龡豳雅擊土鼓而不言有琴瑟之樂大田詞主報賽非以言祈至思文為配天臣工為戒田官噫嘻為成王後詩惟豐年載芟良耜止言農事可以通用然在周頌無文以證其為豳朱子既無定論則鄭箋引周禮以解豳詩似尚為近古況周禮出于西漢鄭氏一門具有師承其說或非無本也〔四庫全書總目經部詩類〕毛詩正義四十卷漢毛亨傳鄭元箋唐孔穎達疏鄭氏發明毛義自命曰箋〔博物志曰〕毛公嘗為北海郡守康成是此郡人故以為敬推張華所言蓋以為公府用記郡將用箋之意然康成生於漢末乃修敬於四百年前之太守殊無所取〔案〕說文曰箋表識書也〔鄭氏六藝論曰〕註詩宗毛為主毛義若隱略則更為表明如有不同即下己意使可識別然則康成特因毛傳而表識其旁如今人之箋記積而成帙故謂之箋無庸別為曲說也

逸詩篇名若貍首。〔原注〕射義 驪駒。〔原注〕大戴禮漢書注 祈招。〔原注〕左傳見昭公十二年 轡之柔矣。〔原注〕左傳周書 皆有其辭。唯采薺。〔原注〕周禮 河水。新

矣
肆夏采薺
茅鴟新宮河
水
鳩飛
唐棣衣錦詩
刪句
誰能秉國成
歐陽說刪詩
明明崇尙生
開

宮。茅鴟。〔原注〕左傳 鳩飛。〔原注〕國語 無辭。或謂河水。沔水也。新宮。斯干也。鳩飛。小苑也。周子醇樂府拾遺曰。孔子刪詩。有全篇刪者。驪駒是也。有刪兩句者。月離于畢。俾滂沱矣。月離于箕。風揚沙矣。是也。有刪一句者。素以爲絢兮。是也。愚考之周禮大宗伯疏引春秋緯云。月離于箕。風揚沙。非詩也。素以爲絢兮。朱文公謂碩人詩四章。而章皆七句。不應此章獨多一句。蓋不可知其何詩。然則非刪一句也。若全篇之刪。亦不止驪駒。〔原注〕論語唐棣之華之類○〔元圻案〕〔禮記射義〕諸侯以貍首爲節故詩曰曾孫侯氏四正具舉大夫君子凡以庶士小大莫處御于君所以燕以射則燕則譽〔周禮春官〕鐘師諸侯奏貍首〔大戴記投壺〕命弦者曰請奏貍首〔鄭康成周南召南譜曰〕今無貍首周諸侯並僭而去之孔子錄詩不得也〔漢書儒林傳〕詔徵王式爲博士時博士共持酒肉勞王式江公嫉式謂歌吹諸生曰歌驪駒王式曰聞之於師客歌驪駒主人歌客毋庸歸今君爲主人日尙早未可也注服虔曰大戴禮篇客欲去歌之文穎曰其辭曰驪駒在門僕夫具存驪駒在路僕夫整駕〔襄公二十六年左傳〕國子賦轡之柔矣注云逸詩見周書取寬政以安諸侯若柔轡之御剛馬〔周書太子晉解〕〔王子曰〕汝不爲夫詩詩云馬之剛矣轡之柔矣馬亦不剛轡亦不柔志氣麃麃取予不疑〔

關雎爲畢公規康王

周禮春官〕樂師教樂儀行以肆夏趨以采薺注鄭司農曰采薺肆夏皆樂名或曰皆逸詩又夏官大馭凡馭路行以肆夏趨以采薺〔襄公二十八年左傳〕使工爲之誦茅鴟注逸詩名刺不敬之詩〔又昭公二十五年〕賦新宮正義曰康成曰新宮小雅逸篇也辭義皆亡〔儀禮燕禮〕下管新宮注小雅逸篇〔又大射儀〕乃管新宮三終〔僖公二十三年左傳〕公子賦河水注河水逸詩義取河水朝宗於海海喻秦　晉語秦伯賦鳩飛韋昭注鳩飛小宛之首章也又公子賦河水韋昭注河當作沔字相似誤也　〔朱子斯干集傳曰〕或曰儀禮下管新宮〔春秋傳〕宋元公賦新宮恐即此詩然亦未有明證　〔周禮大宗伯注〕風師箕也雨師畢也〔正義曰春秋緯云〕月離于箕風揚沙故知風師箕也詩云月離于畢俾滂沱矣是雨師畢也

〔歐陽公曰〕刪詩云者非止全篇刪去或篇刪其章章刪其句句刪其字如唐棣之華偏其反而豈不爾思室是遠而此小雅常棣之詩夫子謂其以室爲遠害于兄弟之義故篇刪其章也衣錦尚絅文之著也此鄘風君子偕老之詩夫子謂其盡飾之過恐其流而不返故章刪其句也誰能秉國成不自爲政卒勞百姓此小雅節南山之詩夫子以能字爲意之害故句刪其字也〔禮記檀弓原壤歌曰〕貍首之斑然執女手之卷然陸氏佃曰此其貍首之詩歟其所謂大小莫處御于君所其詩中閒之詞歟執女手之卷然蓋上之所以接下御于君所蓋下之所以事上〔邱光庭兼明書〕有補新宮三章茅鴟四章〔逸周書世俘解〕籥人奏武王入進萬獻明明三終奏崇尚生開三終孔晁注明明崇尚生開皆詩篇名〔案〕此三篇不知其爲逸詩耶抑夫子所刪也

近世說詩者。以關雎爲畢公作。謂得之張超。或謂得之蔡邕。未詳所出。〔元圻案〕〔宋范氏處義逸齋詩補傳曰〕關雎詠太姒之德爲文王風化之始而韓齊魯三家皆以爲康王政衰之詩故司馬遷劉向揚雄范蔚宗並祖其說近時說詩者以關雎爲畢公作謂得之張超或謂得之蔡邕畢公爲康王大臣盡規固其職也而張超蔡邕皆漢儒多見古書必有所據然則關雎雖作於康王之時乃畢公追詠文王太姒之事以爲規諫故孔子定爲一經之首〔惠氏九經古義〕引王氏此條云云〔案〕藝文類聚三十五卷載張超誚靑衣賦云周漸將衰

賦比與諸說毛公獨標興體吳鶴林詩本

康王晏起畢公喟然深思古道感彼關雎德不雙侶但願周公妃以窈窕防微消漸諷諭君父孔氏大之列冠篇首古文苑云蔡伯喈作青衣賦志蕩詞淫故張子並作此以規之邕賦亦載集中無畢公作關雎語〔後漢書文苑傳〕張超字子並河閒鄚人有文才又善草書

鶴林吳氏。〔全云〕名泳論詩曰。興之體足以感發人之善心。〔何云〕凡詩皆足以感發人之善心何獨興之一體也蓋必誤會與於詩之義而妄云者毛氏自關雎而下總百六十篇首繫之興風七十。小雅四十。大雅四頌二注曰興也而比賦不稱焉蓋謂賦直而興微比顯而興隱也朱氏又於其間增補十九篇而摘其不合於興者四十八條且曰關雎興詩也而兼於比綠衣比詩也而兼於興頍弁一詩而比興賦兼之則析義愈精矣李仲蒙曰敘物以言情謂之賦情物盡也索物以託情謂之比情附物也觸物以起情謂之興物動情也〔原注〕文心雕龍曰毛公述傳獨標興體以比顯而興隱鶴林之言本于此〔閣案〕〔淮南泰族訓〕關雎興于鳥而君子美之爲其雌雄之不乖居也鹿鳴興于獸君子大之取其見食而相呼也安與毛

關睢爲康王政衰詩
關睢至騶虞皆刺詩
鹿鳴四牡皇華爲刺
王風爲魯詩
四家詩授受

甍同時○〔元圻案〕〔朱氏經義考〕吳氏詩本義補遺宋志一卷佚困學紀聞載鶴林吳氏論詩云云吳氏未詳其名其書出于朱子集傳之前未審卽宋志所載本義補遺否也〔全謝山曰〕吳氏名泳〔案〕〔宋史列傳〕一百八十二吳泳字叔永潼川人嘉定二年進士仕至起居舍人兼直學士院權刑部尚書終寶章閣學士知泉州所著有鶴林集然則其人在朱子之後詩本義補遺非其所著也〔胡致堂與李叔易書曰〕學詩者必分其義如賦比興古今論者多矣唯河南李仲蒙之說最善其言曰敘物以言情謂之賦情盡物也索物以託情謂之比情附物者也觸物以起情謂之興物動情者也故物有剛柔緩急榮悴得失之不齊則詩人之情性亦各有所寓非先辨乎物則不足以攷情性情性可攷然後可以明禮義而觀乎詩矣舊見叔易要見此說故錄以奉呈〔葉石林避暑錄話下〕李育字仲蒙吳人馮當世榜第四人登第能爲詩性高簡故官不甚顯亦少知之者

太史公十二諸侯年表序云。周道缺而關睢作。艾軒與趙子直書謂三家說詩各有師承。今齊韓之說字與義多不同。毛公爲趙人。未必不出於韓詩。太史公所引乃一家之說。古文尚書與子長並出。今所引非古文。如祖飢惟刑之謐。當有來處。非口傳之失也。〔原注〕〔晁景迂曰〕齊魯韓三家以關睢葛覃卷耳鵲巢采蘩采蘋騶虞鹿鳴四牡皇皇者華之類皆爲康王詩王風爲魯詩薛士龍曰。關睢作刺之說。是賦其詩者。〔閻按〕太史公從孔安國問尙書故遷書載堯典禹貢洪範微子金縢諸篇多古文說見漢書儒林傳〔全云〕毛公詩出荀子荀子趙人毛公魯人而韓嬰乃燕人也毛公何藉韓詩哉艾軒謬說○〔元圻案〕〔釋文序錄曰〕漢魯人申公受詩於浮邱伯號曰魯詩齊人轅固生作詩

詩萌芽於楚二南爲江漢地詩一變爲楚辭

公侯見周事殷

傳號齊詩燕人韓嬰推詩之意作外內傳號曰韓詩〔漢書儒林傳〕孔氏有古文尚書孔安國以今文字讀之因以起家逸書得十餘篇蓋尚書茲多於是矣安國授都尉朝司馬遷亦從安國問故遷書載堯典禹貢洪範微子金縢諸篇多古文說〔史記五帝本紀〕黎民始飢〔集解徐廣曰〕今文尚書作祖飢祖始也惟刑之靜哉徐廣曰今文云惟刑之謐哉爾雅曰謐靜也〔歐陽公曰〕關雎齊魯韓三家皆以爲康王政衰之詩〔前漢杜欽傳曰〕佩玉晏鳴關雎刺之瓚曰此魯詩也〔後漢明帝詔曰〕昔應門失守關雎刺世注〔薛君韓詩章句曰〕人君退朝后妃御見有度應門擊柝鼓人上堂今內傾於色故咏關雎說淑女以刺時〔鄭漁仲六經奧論〕三齊魯韓三家之詩皆以關雎爲康王政衰之詩揚雄曰周康之時關雎作于上楊賜曰康王晏起關雎見幾而作太史公曰周道衰詩人本之衽席關雎作范蔚宗曰康王晚朝關雎作諷薛氏章句謂關雎咏淑女以刺時皆謂作於周衰之文〔薛士龍浪語集二十四〕答何商霖書曰來教謂詩之作起於教化之衰所引康王晏朝將以爲據魯詩所道可盡信哉求詩名於禮經非後世之作也又安知關雎作刺之說非賦其詩者乎

艾軒謂詩之萌芽自楚人發之。故云江漢之域詩一變而爲楚辭。屈原爲之唱。是文章鼓吹多出於楚也。〔全〕云附會不謂艾軒亦作此囈語〇〔元圻案〕〔通志昆蟲草木略序曰〕周爲河洛召爲雍岐河洛之南瀕江雍岐之南瀕漢江漢之間二南之地詩之所起在於此屈宋以來騷人辭客多生江漢故仲尼以二南之地爲作詩之始〔史記屈原列傳〕屈原者名平楚之同姓也爲楚懷王左徒上官大夫讒之王怒而疏屈平屈平憂愁幽思而作離騷離騷者猶離憂也國風好色而不淫小雅怨誹而不亂若離騷者可謂兼之矣屈平既死之後楚有宋玉唐勒景差之徒者皆好辭而以賦見稱然皆祖屈原之從容辭令終莫肯直諫〔艾軒與宋提舉書曰〕周召以南之國如江漢汝墳小國何數其風土所有之詩幷見之二南則詩之萌芽楚人爲得之又一變而爲離騷耳與此條所引意同而辭異

周南之詩曰公侯干城。曰王室如燬。當文王與紂

汝墳篤夫婦君臣義

周民猶生王室

召亭爲召公采邑

二南小雅遺聲

風雅十二詩譜

古樂有倡歎歎聲

之事。於君臣之分嚴矣。此周之所以爲至德。〔元圻案〕一〔朱子曰〕殝罝之詩極其尊稱不過曰公侯而已亦文王未嘗稱王之一驗也〔王氏安石曰〕汝墳前二章篤於夫婦之仁後二章篤於君臣之義〔王氏詩地理考引段氏曰〕周民猶知商之爲王室文王之心可見矣

朱子詩傳云。舊說扶風雍縣南有召亭。案此左傳莊公二十七年正義引釋例及陸氏釋文之說今雍縣析爲岐山天興兩縣。未知召亭的在何縣。縣何本作國愚按史記正義。引括地志。召亭在岐山縣西南。〔閻按〕岐州岐山縣西南十里召亭者文王時召公食采邑絳州垣縣召亭者春秋時召公食采邑召亭有二〇〔元圻案〕〔鄭康成周南召南譜正義曰〕春秋時周公召公別於東郡受采存本周召之名非復岐周之地晉書地道記河東郡垣縣有召亭周則未聞今爲召州是也〔唐書藝文志正史類〕張守節史記正義三十卷又地理類括地志五百五十卷又序略五卷魏王泰命著作郎蕭德言秘書郎顧允記室參軍蔣亞卿功曹參軍謝偃蘇勗撰

橫渠策問云。湖州學興。竊意遺聲寓之塤籥。因擇取二南小雅數十篇。使學者朝夕咏歌。今其聲無傳焉。〔案〕今張子全書不載此策問朱子儀禮通解。有風雅十二詩譜。乃趙彥肅字子欽號復齋所傳。云即開元遺聲也。〔元圻案〕〔呂氏讀

先采蘋後草蟲

鄉飲酒歌詩合樂

詩記一）呂和叔寄劉凡伯壽書曰某近與鄉人講鄉飲鄉射之禮惟恐鄉樂音節不明雖傳得胡安定所定雅音譜有周南召南小雅十數篇而猶闕由庚由儀崇邱南陔白華華黍騶虞七篇（朱子儀禮經傳通解）十四詩樂十二詩譜雅詩六鹿鳴四牡皇華魚麗嘉魚南山有臺黃鐘清宮俗呼正宮風詩六關雎葛覃卷耳鵲巢采蘩采蘋無射清商俗呼越調朱子曰唐開元鄉飲酒禮其所奏樂有此十二篇之目而其聲今亦莫得聞矣此譜乃趙彥肅所傳云即開元遺聲也古聲亡滅已久不知當時工詩何所考而爲此也竊疑古樂有倡有歎倡者發歌句也和者繼其聲也詩詞之外應更有疊字散聲以歎發其趣故漢晉之間舊曲既失其傳則其辭雖存而世莫能補爲此故也若但如此譜直以一聲叶一字則古詩篇篇可歌無復樂崩之歎矣夫豈然哉又其以清聲爲調似非古法然古聲既不可考則姑存之以見聲歌之彷彿俟知樂者考其得失云（四庫全書總目）二十二經部禮類四儀禮經傳通解三十七卷續二十九卷宋朱子撰初名儀禮集傳集註朱子乞修三禮劄子所云以儀禮爲經而取禮記及諸經史雜書所載有及於禮者皆以附於本經之下具列註疏諸儒之說略有端緒即是書也其劄子竟不果上晚年修葺乃更定今名案今本卷數與書錄解題所載不同蓋直齋止載朱子本書今本所續二十九卷則黃榦楊復增修也　趙彥肅字子欽號復齋太祖之後常舉進士歷官寧海軍節度推官著復齋易說六卷

詩正義曰。儀禮歌召南三篇。越草蟲而取采蘋。蓋采蘋舊在草蟲之前。曹氏（全云）曹侍講放齋名粹中李莊簡公壻詩說謂齊詩先采蘋而後草蟲。（元圻案）（鄭詩譜序正義曰）儀禮鄉飲酒工歌鹿鳴四牡皇皇者華笙由庚歌南有嘉魚笙崇邱歌南山有臺笙由儀合樂關雎葛覃卷耳召南鵲巢采蘩采蘋燕禮用樂與鄉飲酒文同又曰儀禮歌召南三篇越草蟲而取采蘋蓋采蘋舊在草蟲之前孔子以後簡札始倒或者草蟲有憂心之言故不用爲常樂耳（經義考曹氏粹中放齋詩說）宋志三十卷未見紀聞引曹氏說詩三條皆其說也曹粹中字純老定海人所著詩說今　四庫書目不著於錄蓋已佚矣

王風在衛詩後

作黍離或壽或伯封艸元王受詩傳後

馬永卿問劉元城曰。王黍離在邶鄘衛之後。且天子可在諸侯後乎。曰非諸侯也。周既滅商分畿內爲三國。邶鄘衛是也。序詩者。以其地本商之畿內。故在王黍離上。(何云)亦是曲說(全云)馬永卿名大年劉忠定弟子○(元圻案)此條是紀馬永卿所著嬾真子第四卷中語(張南軒曰)詩固有次序然不可斷例惟二南之後次衛衛後王此有意若非以衛分之則王無異於正風也其他不必次 程子以諸國之風先後各有義言之最詳以文多不錄

新序節士篇云。衛宣公子壽閔其兄伋之見害。作憂思之詩。黍離是也。魯詩出於浮丘伯。以授楚元王交。劉向乃交之孫。其說蓋本魯詩。然黍離王風之首。恐不可以爲衛詩也。(全云)是因王風次衛誤以王之首章爲衛之卒章而謬撰此說者 韓詩云。黍離伯封作。陳思王植令禽惡鳥論曰。昔尹吉甫信後妻之讒。而殺孝子伯奇。其弟伯封求而不得。作黍離之詩。其韓詩之說歟。伯封事

芣苢爲蔡人妻作衛宣夫人作柏舟息夫人作大車

唯見於此。(元圻案)不可以爲衛詩以上皆逸齋補傳之文 (漢書楚元王傳)楚元王交字游高祖同父少弟也好書多材藝少時嘗與魯穆生白生申公俱受詩于浮丘伯伯者孫卿門人也元王好詩諸子皆讀詩申公始爲詩傳號魯詩元王亦次之詩傳號曰元王詩元王子富富子辟彊辟彊子德向字子政本名更生以父德任爲郎 (曾子固曰)劉向所集次新序三十篇錄一篇隋唐之世尚爲全書今可見者十篇而已 (太平御覽四百六十九) 韓詩黍離伯封作離離黍貌也詩人求亡不得憂懣不識於物視彼黍離離然憂甚之時又以爲稷之苗乃自知爲憂之甚也(藝文類聚二十四)魏陳思王曹植令禽惡鳥論曰國人有以伯勞生獻者王召見之侍臣曰世同惡伯勞之鳴敢問何謂也王曰昔尹吉甫用後妻之讒殺孝子伯奇吉甫後悟追傷伯奇出游于田見鳥鳴于桑其聲噭然吉甫動念曰伯奇乎鳥乃撫翼其音尤切吉甫乃顧曰伯勞乎是吾子棲吾輿非吾子飛勿居鳥尋聲而棲于蓋吉甫遂射殺後妻以謝之故俗惡伯勞之鳴言所鳴之家必有尸也此好事者附名爲之說而今普傳惡之其實否也(案)此文無其弟伯封以下十三字太平御覽九百二十三載此論有之 (文選)陸士衡君子行注說苑曰王國君前母子伯奇後母子伯封兄弟相愛後母欲其子爲太子言王曰伯奇好妾王上臺視之後母取蜂除其毒而置衣領之中往過伯奇奇往視袖中殺蜂王見讓伯奇伯奇出使者就袖中有死蜂使者白王王見蜂追之已自投河中又馬融長笛賦注琴操曰尹吉甫周上鄉人也有子伯奇伯奇母死更娶後妻生伯邦乃譖伯奇於吉甫曰見妾有美色然有欲心吉甫曰伯奇爲人慈仁豈有此也妻曰使置妾空居中君登樓而察之後妻知伯奇仁孝乃取毒蜂綴衣領伯奇前持之于是吉甫大怒放伯奇於野宣王出遊吉甫從伯奇乃作歌感之於宣王宣王曰此放子辭吉甫乃收伯奇射殺後妻伯邦當是伯封之誤

南豐謂列女傳稱詩芣苢柏舟大車之類。與今序詩者之說尤乖異。式微一篇。又謂二人之作。(元圻案一(曾子固列女傳目錄序曰)劉向所敘列女傳凡八篇事具漢書向列傳向以謂王政必自內始故列古女善惡所以致興亡者以戒天子此向述作之大意也向號博極羣書而此傳稱

黎夫人傅母作式微 申人女作行露 莊姜傅母作碩人 列女傳說詩爲魯學

甘棠勿翦勿拜 維鵜在梁 陟彼岵兮

苃苢柏舟云云豈其所取者博故不能無失與〔列女傳曰〕蔡人之妻者宋人之女也既嫁於蔡而夫有惡疾其母將改嫁之女曰夫不幸乃妾之不幸也奈何去之適人之道一與之醮終身不改且采采苃苢之草雖其臭惡猶始于捋采之終于懷擷之況夫婦乎乃作苃苢之詩又衛宣夫人者齊侯之女也嫁於衛至城門而衛君死保母曰可以還矣女不聽遂入持三年之喪畢弟請曰衛小國也不容二庖願請同庖夫人曰唯夫婦同庖終不聽乃作詩曰我心匪石不可轉也我心匪席不可卷也又楚伐息破之虜其君使守門納息夫人於宮楚王出遊息夫人出見息君曰人生要一死而已何至自苦妾無須臾之日而忘君也終不以身更二醮生離於地上豈如死歸於地下哉乃作詩曰穀則異室死則同穴謂予不信有如皦日遂自殺又黎莊公之夫人既往而不同欲其傅母憐其失意謂夫人曰夫婦之道有義則合無義則去今不得意胡不去乎乃作詩曰式微式微胡不歸夫人曰婦人之義一而已矣彼雖不吾以吾可以離於婦道乎乃作詩曰微君之故胡爲乎中露〔項氏安世家說四〕按列女傳苃苢蔡人之妻作也行露申人之女作也女嫁於酆夫禮不備持義不往也邶柏舟衛宣公夫人作也式微黎莊公夫人作也碩人莊姜傅母作也莊姜操行衰惰而母救之也大車息夫人作也劉向父子世受魯詩故其作列女傳所載如此去古既遠獨毛詩存韓詩猶有外傳及薛君章句齊魯二家不復可識因此亦略見魯學之一二故備錄之以顯今毛氏序必皆古之國史本文矣

韓文公爲施士丐銘曰。先生明毛鄭詩。通春秋左氏傳。善講說。朝之賢士大夫從而執經考疑者繼于門。唐語林云。劉禹錫與韓柳詣士丐聽說詩曰。甘棠勿拜。如人身〔案〕讀詩記引之無身字之拜。小低屈也。勿拜則不止勿翦。言召伯漸遠。人思不可及。讀

周召南爲房中樂

詩記甘棠董氏引士丐說。〔全云〕唐人詩說無傳者今世祇存成伯璵指說數紙耳〇〔元圻案〕〔唐語林曰〕劉禹錫與柳八韓七詣施士丐聽毛詩說維鵜在梁梁人取魚之梁也言鵜自合求魚不合于人梁上取其魚譬之人自無善事攘人之美如鵜在人之梁毛注失之又說山無草木曰岵所以言陟彼岵兮言無可岵也以岵之無草木故以譬之又說甘棠之詩勿翦勿拜拜如人身之拜小低屈也上言勿翦終言勿拜明召伯漸遠人思不可得也毛詩拜作伐非也〔程泰之演繁露六〕翦者斷也勿拜則不止勿翦且不敢屈其枝而垂之敬之至也〔四庫全書總目小說類〕唐語林八卷宋王讜撰書錄解題云長安王讜正甫郡齋讀書志云未詳撰人讜之名不見史傳是書雖做世說而所記典章故實嘉言懿行多與正史相發明〔韓文公銘曰〕士丐官太學博士其字未詳〔讀詩記三〕引王氏曰拜謂屈之而已作正文復引董氏曰施士丐曰拜如人之拜小低屈也作小註

周有房中之樂。燕禮注。謂弦歌周南召南之詩。漢安世房中樂。唐山夫人所作。魏繆襲謂安世歌神來燕享。永受厥福。無有二南后妃風化天下之言。謂房中爲后妃之歌。恐失其意。通典一百四十五樂五

平調清調瑟調。皆周房中之遺聲。〔下云〕漢代謂之三調〇〔元圻案〕〔王肅曰〕自關雎至芣苢后妃房中之樂〔鄭氏周南召南譜曰〕周南召南爲風之正經周公作樂用之鄉人焉用之邦國焉或謂之房中之樂者女史歌之故耳〔漢書禮樂志〕房中祠樂高祖唐山夫人所作也周有房中之樂至秦名爲壽人孝惠二年使樂府令夏侯寬備其簫管更名曰安世樂　神來燕享禮樂志作神來燕娭師古曰娭戲也言庶幾神來燕戲聽此樂也〔宋書

相鼠詩爲妻諫夫

載䚕以衛女入詩韓詩內外傳

樂志曰〕魏侍中繆襲奏安世哥本漢世哥名今詩哥非往世之文則宜改變案周禮註云安世樂猶周房中之樂也是以往昔議者以房中哥后妃之德所以風天下正夫婦宜改安世之名曰正始之樂自魏國初建故侍中王粲所作登哥安世詩專以思詠神靈及說神靈鑒享之意無有二南后妃風化天下之言今思維往者謂房中爲后妃之哥者恐失其意方祭祀娛神登堂哥先祖功德下堂哥詠燕享無事哥后妃之化也自宜依其事以名其樂哥改安世哥曰享神哥奏可　〔三國志魏劉劭傳〕劭同時東海繆襲亦有才學多所述敘官至尚書光祿勳注文章志曰襲字熙伯　〔唐書杜佑傳〕佑字君卿京兆萬年人建中十九年拜檢校司空同中書門下平章事諡曰安簡先是劉秩摭百家侔周六官法爲政典三十五篇房琯稱才過劉向佑以爲未盡因廣其缺參益新禮爲二百篇號爲通典

白虎通。諫諍篇。妻得諫夫者。夫婦榮恥共之。詩云相鼠有體。人而無禮。人而無禮。胡不遄死。此妻諫夫之詩也。亦齊魯韓之說與。〔元圻案〕漢書班彪傳彪字叔皮扶風安陵人也子固字孟堅天子會諸侯講論五經作白虎通德論令固撰集其事

韓詩外傳。二　高子問於孟子曰。夫嫁娶者。非己所自親也。衞女何以得編於詩也。孟子曰。有衞女之志則可。無衞女之志則怠。若伊尹於太甲。有伊尹之志則可。無伊尹之志則篡。〔元圻曰〕下文曰夫道二常之謂經變之謂權夫衞

騶虞風可爲雅魚麗雅可爲頌小雅猶有風體大雅之正幾於頌范處義詩補傳晁說之詩序論

霸者興變風息

齊風爲懿王時詩

女行中道慮中聖權如之何詩曰既不我嘉不能旋反視爾不臧我思不遠〔孟子小弁章〕趙岐注云高子齊人尹士章注云高子齊人孟子弟子是有兩高子也此高子當即孟子弟子非前十七條所稱高行子也　漢書儒林傳韓嬰燕人孝文時博士推詩人之意作內外傳數萬言頗與齊魯殊然歸一也〔經典序錄曰〕今內傳已亡存者外傳十卷而已〔明王弇州曰〕外傳引詩以證事非引事以明詩

晁景迂詩序論云序騶虞王道成也風其爲雅歟序魚麗可以告神明雅其爲頌歟解頤新語云文王之風終於騶虞序以爲王道成則近於雅矣文武之雅終於魚麗序以爲可告神明則近於頌矣〔原注〕潏水李氏曰小雅雖言政猶有風之體大雅之正幾於頌矣○〔元圻案〕〔宋史藝文志一〕范處義解頤新語十四卷經義考云佚處義金華人紹興中登張孝祥榜進士　此條所引解頤新語之說見於逸齋詩補傳第十六卷中〔案〕〔四庫全書總目〕十五詩補傳三十卷舊本題曰逸齋撰不著名氏〔朱彝尊經義考云〕宋志有范處義詩補傳三十卷卷數與逸齋本相符明朱睦㮮聚樂堂書目直書處義名當有證據云云則此書爲處義所作逸齋蓋其自號也今讀王氏所引解頤語互見於補傳中益可證爲處義一人之作矣〔書錄解題十七〕別集類潏水集四十卷集英殿修撰長安李復履中撰元豐三年進士博學有氣節　經義考一百十九晁氏說之詩之序論一卷存

歐陽公詩本義定風雅頌解曰霸者興變風息焉然詩止於陳靈在桓文之後〔元圻案〕〔鄭氏詩譜序曰〕五霸之末上無天子下無方伯善者誰賞惡者誰罰紀綱絕矣故孔子錄懿王夷王時詩訖於陳靈公淫亂

邶風爲夷王
時詩
變風先齊伯
後陳靈
大夫九能諸
義
八能之士主
音樂

之事謂之變風變雅〔正義曰〕懿王時詩齊風是也夷王時詩邶風是也陳靈公魯宣公十年爲其臣夏徵舒所殺變風齊邶爲先陳最在後變雅則處其間故鄭舉其始終也

八能之士見易緯通卦驗或調黃鍾或調六律或調五音或調五聲或調五行或調律曆或調陰陽或調正德所行。今本通卦驗作或調黃鍾或調六律或調五聲或調五行或調律曆或調陰陽政德所行與此文互異惟禮記月令正義所引與此條同

大夫九能見毛詩定之方中傳建邦能命龜田能施命作器能銘使能造命升高能賦師旅能誓山川能說喪紀能誄祭祀能語君子能此九者可謂有德音可以爲大夫〔元圻案〕〔月令仲夏之月正義曰〕調黃鍾者縣黃鐘於子其以大小之差展其聲調六律者六律管陽也又有六呂爲之合管有長短吹之以調樂器之聲調五音者金爲鐘革爲鼓石爲磬竹爲管絲爲弦皆有聲變舒疾也匏也木也土也不言調者聲少變故不調調五聲者宮商角徵羽聲宏殺緩急凡黃鐘六律之聲五音之動與神靈之氣通人君聽之可以察己之得失而知羣臣賢否調五行者五行謂五音調律曆者律曆謂六莖也調陰陽者謂雲門咸池調正德所行者謂之大韶大夏大護大武〔鄘定之方中正義曰〕建邦能命龜者命龜以遷取吉之意若少牢史述曰假爾大筮有常孝孫某來日丁亥用薦歲事于皇祖伯某以某妃配某氏尚饗士喪卜日哀子某卜葬其父某甫考降無有近悔如此之類也建邦亦言某事以命龜但辭亡也田能施命者謂於田獵而能施教命以設誓若士師職云三曰禁用諸田役註云禁則軍禮曰無干車無自後射其類也大司馬職云斬牲以左右徇陳曰不用命者斬之是也田所以習戰故施命以戒衆也作器能銘者謂既作

仲梁子說詩先毛公

器能爲其銘若栗氏爲量其銘曰時文思索允臻其極嘉量既成以觀四國永啓厥後茲器維則是也大戴禮說武王盤盂几杖皆有銘此其存者也銘者名也所以因其器名而書以爲戒也使能造命者謂隨前事應機造其辭命以對若屈完之對齊侯國佐之對晉師君無常辭也升高能賦者謂升高有所見能爲詩賦其形狀鋪陳其事勢也師旅能誓者謂將帥能誓戒之若鐵之戰趙鞅誓軍之類山川能說者謂行過山川能說其形勢而陳述其狀鄭志張逸問傳曰山川能說何謂答曰兩讀或云說者說其形勢或云述者述其古事則鄭爲兩讀以義俱通故也喪紀能誄者謂於喪紀之事能累列其行爲文辭以作諡若子囊之誄楚恭之類故曾子問註云誄累也累列生時行迹以作諡是也祭祀能語者謂於祭祀能祝告鬼神而爲言語若荀偃禱河蒯聵禱祖之類是也

定之方中傳。引仲梁子〔案〕仲梁子亦見檀弓曰。初立楚宮也。鄭志卷上張逸問仲梁子何時人。答曰仲梁子先師魯人。〔四庫全書提要曰〕今本鄭志先師之下多一云字方見先師非指仲梁子當六國時。在毛公前。〔原注〕正義春秋時魯有仲梁懷故言魯人韓非子。顯學篇八儒有仲良氏之儒。陶淵明羣輔錄云。仲梁氏傳樂爲道。以和陰陽。爲移風易俗之儒。〔原注〕史失其名○〔元圻案〕〔韓非子顯學篇曰〕世之顯學儒墨也儒之所至孔某也墨之所至墨翟也自孔子之死也有子張之儒有子思之儒有顏氏之儒有孟氏之儒有漆雕氏之儒有仲梁氏之儒有孫氏之儒有樂正氏之儒自墨子之死也有相里氏之墨有相夫氏之墨有鄧陵氏之墨故孔墨之後儒分爲八墨分爲三取舍相反不同而皆自謂眞孔墨孔墨不可復生將誰使定後世之學乎〔羣輔錄〕八儒卽本韓非子惟孫氏作公孫氏

毛詩說簡而深鄭以禮說詩多拘泥鄭說綠衣庭燎異義鄭義公遜不諫亦入劉孝孫毛詩正論

芣苢鶴鳴可自得解鴛鴦二章悟比興

劉孝孫爲毛詩正論。演毛之簡。破鄭之怪。李邦直亦謂毛之說簡而深。此河間獻王所以高其學也。鄭之釋繁塞而多失。鄭學長於禮。以禮訓詩是案迹而議性情也。綠衣以爲褖。不諫亦入以爲入宗廟。庭燎以爲不設雞人之官。此類不可悉舉。〔閻按〕林艾軒亦嘗曰鄭康成以三禮之學牋傳古詩難與論言外之旨矣○〔元圻案〕宋章俊卿羣書考索別集經籍門載李清臣詩論曰鄭氏之學長於禮而深於經制夫詩性情也禮形迹也彼以禮訓詩是案迹以求性情也此其所以繁塞而多失者與綠衣之詩鄭氏以爲褖不諫亦入鄭以爲入於宗廟狼跋狀周公安閑自得於讒疑之中故有公孫碩膚赤舄几几之句而鄭謂之公孫庭燎見宣王有怠政之漸而鄭以爲不設雞人之官諸類此者不可悉舉〔漢書藝文志〕毛公之學自謂子夏所傳而河間獻王好之〔邶風綠衣小序箋〕綠當爲褖故作褖轉作綠字之誤也〔大雅思齊箋〕文王之祀於宗廟助祭有孝弟之行而不能諫諍者亦得入小雅庭燎箋王有雞人之官凡國事爲期則告之以時王不正其官而問夜早晚〔宋史藝文志一〕劉孝孫毛詩正論十卷朱竹垞曰佚　〔歐陽公詩本義〕賓之初筵論鄭氏長於禮學其以禮家之說曲爲附會詩人之意本未必然　李邦直名清臣大名人官門下侍郎〔書錄解題〕載淇水集八十卷歐陽公愛其文以比東坡　〔閻注〕所引林艾軒之說林希逸作嚴華谷詩緝序引之

艾軒與陳體仁書二云。讀風詩不解芣苢。讀雅詩不解鶴鳴。此爲無得於詩者。傳至樂讀詩至鴛鴦之二章。

江漢之女見周俗

變雅作於大臣羣臣變風見匹夫清議

騶虞騶吾騶牙

因悟比興之體。〔元圻案〕〔朱子傳公行狀曰〕公諱自得字安道濟州濟源人中年讀詩至鴛鴦二章因悟比興之體間爲子弟論說多得詩人本意〔宋史藝文志傳〕自得至樂集四十卷

江漢之女不可犯以非禮。可以見周俗之美。范滂之母勉其子以名節。可以見漢俗之美。〔元圻案〕〔周南漢廣序正義曰〕作漢廣詩者言廣德所及也言文王之道初致桃夭芣苢之化今被於南國美化行於江漢之域故男無思犯禮女求而不可得此由德廣所及然也〔後漢書黨錮傳〕范滂字孟博爲清詔使登車攬轡慨然有澄清天下之志建寧二年大誅黨人詔下急捕滂等自詣縣獄其母就與之訣曰汝今與李杜齊名死亦何恨既有令名復求壽考可兼得乎滂跪受教

大雅之變。作於大臣。召穆公衞武公之類是也。小雅之變。作於羣臣。家父孟子之類是也。風之變也。匹夫匹婦皆得以風刺。清議在下。而世道益降矣。〔何云〕此條可爲天下有道則庶人不議之證○〔元圻案〕大雅小序民勞召穆公刺厲王也板凡伯刺厲王也箋凡伯周公之胤也入爲王卿士蕩召穆公傷周室大壞也抑衞武公刺厲王亦以自警也桑柔芮伯刺厲王也箋芮伯畿內諸侯王卿士也小雅小序節南山家父刺幽王也箋家父字周大夫也巷伯刺幽王也寺人傷於讒故作是詩箋巷伯奄官寺人內小臣也巷伯與寺人之官相近讒人譖寺人寺人又傷其將及巷伯故以名篇〔經云〕寺人孟子作爲此詩

騶虞騶吾騶牙。一物也。聲相近而字異。解頤新語。

天子之田有梁騶

騶虞爲邵國女作

既以虞爲虞人。又謂文王以騶牙名囿。蓋惑於異說。魯詩傳曰。梁騶天子之田。見後漢注與賈誼書同。不必以騶牙爲證。〔全云〕牙字古與互通。蓋因虞通吾。因吾通互。因互通牙。仍作互音讀耳。○〔元圻案〕〔後漢書班固傳〕制同乎梁騶注。魯詩傳曰。古有梁騶。梁騶天子之田也。文選魏都賦注引魯詩傳作梁騶天子獵之田曲也。賈誼新書禮篇。騶者天子之囿也。虞者囿之司獸者也。〔山海經〕林氏國有珍獸。大若虎。五彩畢具。尾長於身。名曰騶吾。乘之日行千里。郭璞贊曰。怪獸五采。尾參於身。矯足千里。儵忽若神。是謂騶虞。詩歎其仁。〔史記東方朔傳〕遠方當來歸義。而騶牙先見。其齒前後若一。齊等無牙。故謂之騶牙。〔劉芳詩義疏曰〕騶虞或作吾。又曰史之說。有得獸而不知其名者。東方朔識之曰。此所謂騶牙者也。則漢武時嘗有獸號騶牙者矣。古者音聲之假借。以牙爲吾。故朔所謂騶牙。則詩所謂騶虞者爾。

射義。天子以騶虞爲節。樂官備也。鄭康成注云。于嗟乎騶虞。歎仁人也。周禮〔大司樂〕疏引韓魯說。騶虞天子掌鳥獸官。其說與射義合。文選〔李陵與蘇武詩〕注引琴操曰。騶虞。邵國之女所作也。古者役不踰時。不失嘉會。墨子〔三辯篇〕曰。成王因先王之樂。命曰騶吾。豈卽詩騶虞歟。〔全云〕此屬上是一條。誤分爲二。○〔元圻案〕周禮春官師鍾。凡射王奏騶虞。註鄭司農云。騶虞聖獸。〔正義曰按

投壺言雅二十六篇
投壺以風爲雅
可歌不可歌間歌
貍首文似鵲巢
大雅小雅之材
伐檀或即伐木
雅頌以什爲統

異義〕今詩韓魯說騶虞天子掌鳥獸官古毛詩說騶虞義獸白質黑文食自死之肉不食生物人君有至信之德則應之

大戴禮投壺云。凡雅二十六篇。其八篇可歌。歌鹿鳴。貍首。鵲巢。采蘩。采蘋。伐檀。白駒。騶虞。八篇廢不可歌。七篇商齊可歌也。三篇間歌。上林賦。揜羣雅。張揖注云。詩小雅之材七十四人。大雅之材三十一人。〔案〕此據漢書司馬相如傳注文選上林賦注三十作二十誤 愚謂八篇可歌者。唯鹿鳴。白駒。在小雅。貍首。今亡。鄭氏以爲射義所引曾孫侯氏之詩。餘皆風也。而亦謂之雅。豈風亦有雅歟。劉氏原父七經小傳。或曰。貍首。鵲巢也。篆文似之。此有貍首。又有鵲巢。則或說非矣。張揖言大雅之材。未知何出。〔閻按〕小雅除笙詩自鹿鳴至何草不黃凡七十四篇大雅自文王至召旻凡三十一篇故曰小雅之材七十四人大雅之材三十一人以篇數言也未知然否〔程易田云〕聞之金輔之曰尋大戴原文間歌下有史辟史義史見史童史謗史賓拾聲叡挾十六字蓋可歌者鹿鳴以下八篇廢不可歌者七篇商齊可歌三篇間歌史辟以下八篇所謂凡雅二十六篇也厚齋似未審其句讀〔繼序按〕文當云八篇廢不可歌史辟史義史見史童史謗史賓拾聲叡挾七

無衣詩閔周
非美晉

篇商齊可歌也三篇間歌也合二十六篇之數蓋大戴記投壺後半篇與帝繫篇如表如譜旁行斜上而投壺分上下二格上爲泰射下爲投壺凡雅二十六篇云云分在下格有綱有目子目字多溢在後行當三篇間歌句下元本以絲聯之傳寫脫去七篇可歌三篇間歌皆有子目間歌魚麗南有嘉魚南山有臺可以意想皆脫去耳〔又按〕伐檀即小雅伐木也意三家必有作伐檀丁丁者杜夔傳琴操乃其異文耳○〔元圻案〕大戴禮投壺原文與王氏所引同惟三篇間歌之下尙有史辟史義云云十六字即程氏所引是也〔四庫全書校本云〕〔案〕史辟以下八篇之名當接於八篇廢不可歌句下譌舛在後故屠氏據以正讀〔朱竹垞曰〕揖之言以一篇爲一人〔鄭譜鹿鳴之什正義曰〕周禮小司徒職云五人爲伍五人謂之伍則十人謂之什也故左傳曰以什其車必克然則什伍者部別聚居之名風及商魯頌以當國爲別詩少可同卷而雅頌篇數既多不可混併故分其積篇每十爲卷即以卷首之篇爲什長卷中之篇皆統焉案卷首之篇命之爲什長則所統之篇即可謂之十人張揖之以一篇爲一人亦此意歟 張揖字稚讓清和人魏太和中官博士著埤蒼廣雅古今字詁今惟廣雅存

無衣。非美晉。蓋閔周也。自僖王命曲沃伯爲晉侯。而篡臣無所忌。威烈王之命晉大夫。襲僖之迹也。有曲沃之命。則有三大夫之命。出爾反爾也。

〔何云〕曲沃以庶孼而奸大宗三大夫則以庶姓賊臣篡竊六百餘年之建國又豈得並論哉〔全云〕深寧此說亦本朱子○〔元圻案〕詩序無衣美晉武公也朱子辯說曰此詩若非武公自作以述其賂王請命之意則詩人所作以著其事而隱刺之耳序乃以爲美之吾恐其獎奸誨盜而非所以爲教也〔史記晉世家〕曲沃武公伐晉侯緡滅之盡以其寶器賂獻于周釐王釐王命曲沃武公爲晉君列爲諸侯於是盡併晉地而有之武公稱者先晉穆侯曾孫也曲沃桓叔孫也桓叔者始封曲沃武公莊伯子也自桓叔初封曲沃以至武公滅晉凡六十七歲而卒代晉爲諸侯〔又周本紀〕威烈王二十三年九鼎震命韓魏趙爲諸侯〔朱子綱目〕威烈王二十三年初命大夫魏斯趙籍韓虔爲諸侯〔王氏通鑑答問曰〕有僖桓之命而後有曲

詩亡春秋作歌詠宜自生民始

詩出於民之情性

沃之命有曲沃之命然後有韓趙魏之命王無天諸侯無王大夫無君其所由來者漸矣武公晉穆侯之曾孫也晉侯緡穆侯曾孫之孫也武侯尙忍於晉侯緡則三大夫何有於晉君俱酒哉出爾反爾之戒深矣

詩亡然後春秋作。胡文定春秋傳謂自黍離降爲國風。天下不復有雅。春秋作於隱公。適當雅亡之後。〔原注〕孟子集註同此主變風終陳靈之說〔全云〕呂成公謂蓋指筆削春秋之時非謂春秋之所始也。詩既亡。則人情不止於禮義。天下無復公好惡。春秋所以不得不作歟。艾軒與趙子直書曰。文中子關朗篇以爲詩者民之情性。人之情性不應亡。使孟子復出。必從斯言。〔何云〕採詩之官廢則詩亡也不得以王疑孟〔閻按〕〔沈約曰〕歌詠所興宜自生民始也則鄭康成詩之興也諒不於上皇之世之說非文中子曰詩者民之情性也情性能亡乎則邵康節自從刪後更無詩之說非〔全云〕上皇之世六義未備不得以沈疑鄭○〔元圻案〕〔詩大序曰〕變風發乎情止乎禮義發乎情民之性也止乎禮義先王之澤也〔楊龜山先生經說曰〕春秋之時詩非盡亡黍離降爲國風則雅之詩亡矣雖亡而無政春秋所爲作也詩亡適在平王之終而隱公之始春秋所以始隱此胡文定之說所本〔歐陽公曰〕王通謂諸侯不貢詩天子不采風樂官不達雅頌國史不明正變非民之不作也詩出於民之性情性情能亡哉職詩者之罪也通之言幾於聖人之心矣 沈約語見宋書謝靈運傳論康成語見詩譜序

干言徂來新甫地

萇楚詩疾恣檜亡由叔妘

泉水云。出宿于干。飲餞于言。說詩者未詳其地。隋地理志。邢州內邱縣有干言山。〔原注〕〔李公緒紀云〕柏人縣有干山言山柏人邢州堯山縣 集證李說見太平御覽四十五 魯頌。徂來之松。後漢注。兗州博城縣有徂來山。〔原注〕一名尤來 新甫之柏。傳注不言山之所在。唯後魏地形志。六 魯郡汶陽縣有新甫山。〔原注〕通典漢汶陽故城在兗州泗水縣東南 太史公史記自序聞之董生曰。詩記山川谿谷禽獸草木。則山川不可不考也。〔何云〕此王氏詩地理攷所由作 〔集證〕〔詩地理攷地理志〕東郡有發干縣曹氏曰卽此所謂干郡國志東郡衞國有干城故發干縣今開德府觀城水經注泜水又東南經干言山唐孔氏曰干沛在郊則言爾蓋近在國外衞女所嫁國適衞之道所經見故思之又元和郡縣志徂來山亦曰尤來山在兗州乾封縣今奉符縣水經汶水條注鄒山記曰徂來山在兗州梁父奉高博城三縣界今猶有美松赤眉樊崇保此山自號尤來三老又九域志襲慶府有新甫山〔又按〕今直隸順德府唐山縣漢之柏人縣西北有堯山山東東昌府堂邑縣西南有發干廢縣山東泰安府泰安縣宋之奉符縣泰安府新泰縣西北有宮山本名新甫山〇〔元圻案〕〔隋書地理志〕中襄國郡開皇十六年置邢州內邱有干言山 王氏詩地理考五卷今附刻於玉海中

檜有疾恣之詩。周語富辰曰。檜之亡由叔妘。〔元圻案〕詩序隰有長楚疾恣也國人疾其君之淫恣而思無情慾者也 周語檜作鄶注鄶妘姓之國叔妘同姓之女為鄶夫人唐尚書云亦鄭武公滅之不由女亡也昭謂公羊傳曰先鄭伯有善乎鄶公者

十月農畢言改歲

豳土雖晚猶寒 孫毓毛詩異同評

七月流火

通於天人以取其國此之謂也

豳風於十月。云曰為改歲。言農事之畢也。祭義於三月。云歲既單矣。言蠶事之畢也。農桑一歲之大務。故皆以歲言之。〔元圻案〕曹氏粹中曰或曰夏曰歲歲星行一周也周曰年取禾一熟也此時豳人用夏正而於十月則言改歲者蓋其俗素以禾熟記歲功之成故歲雖未終而謂之改歲也〔祭義〕鄭注歲單三月月盡之後也言歲者蠶歲之大功事畢於此也

七月箋傳言豳土晚寒者二。箋一傳二孫毓云。寒鄉率早寒。北方是也。熱鄉乃晚寒。南方是也。毛傳言晚寒者。豳土寒多。雖晚猶寒。非謂寒來晚也。〔元圻案〕寒鄉寒來早則寒去必晚故孫毓云雖晚猶寒正得毛傳之意正意擬於鄭志晚寒亦晚溫之語引毓說而非之以為非是寒來早明是寒來晚故溫亦晚也王氏特取孫毓之說蓋所以破正義之墨守也〔隋志〕毛詩異同評十卷孫毓撰長沙太守〔釋文序錄曰〕晉豫州刺史孫毓字休朗北海平昌人為詩評評毛鄭王肅三家同異朋於王

鄭志十一卷。魏侍中鄭小同撰。此隋書經籍志文詩七月正義。吳志孫皓問月令季夏火星中。答曰。日永星火。舉中而言。非心星也。是鄭以日永星火與心星

別。今按康成答問。蓋鄭志所載孫皓。乃康成弟子後人因孫皓名氏。遂改鄭志為吳志康成不與吳孫皓同時。吳志亦無此語。〔全云〕小同鄭康成孫〇〔元圻案〕〔七月流火傳〕火大火也〔箋云〕大火者寒暑之候也火星中而寒暑退〔正義曰〕昭三年左傳張趯曰火星中而寒暑退服虔云火大火心也吳志孫皓問月令季夏火星中前受東方之體體當作禮卽謂月令也盡以謂火星季夏中心也不知夏至中心名答曰日永星火此謂大火也大火次名東方之次有壽星大火析木三者大火為中故尚書云舉中以言焉季夏火中猶謂指心火也如此言中則日永星火謂大火之次非心星也是鄭言日永星火大火之次與此火之心星別〔四庫全書總目五經總義類〕鄭志三卷補遺一卷〔案〕隋志鄭志十一卷魏侍中鄭小同撰鄭記六卷鄭元弟子撰〔後漢書鄭元本傳〕則稱門生相與撰元答弟子依論語作鄭志八篇劉知幾史通亦稱弟子追論師說及應答謂之鄭志分受門徒各述師言更不問答謂之鄭記其說不同然范蔚宗去漢未遠其說當必有徵隋志根據七錄亦阮孝緒等所考定斷無移甲入乙之事疑追錄之者諸弟子編次成帙者則小同也此本三卷莫考其出自誰氏〔康成本傳〕建安元年自徐州還高密以書戒子益恩曰萍浮南北復歸邦鄉入此歲來已七十矣五年春夢孔子告予曰起起今年歲在辰來年歲在巳既寤以讖合之知命當終其年六月卒年七十四獻帝建安元年歲在丙子五年歲在庚辰故合辰巳之讖吳亡於孫皓在晉武帝太康元年庚子五年甲辰皓死於洛陽時年四十二當生於漢後主延熙六年癸亥距康成之卒四十年〔成十二年左傳〕正義亦引鄭答孫皓問不云吳志則七月正義作吳志吳傳刻之誤

熠燿宵行。傳云。熠燿。燐也。〔又云〕燐螢火也 朱子謂熠燿。明不定貌。宵行。蟲名。如蠶。夜行。〔集傳〕夜行下有喉下二字 有光如螢。其

七月王業起農桑

風雅終周召以復正

與於詩諸證晨風黍離感親親誦汝墳爲親

說本董氏說文。火部引詩熠燿宵行。燿盛光也。未章云庚倉于飛熠燿其羽其義一也〔元圻案〕〔朱子詩傳遺說〕余正甫曰宵行自是夜光之蟲夜行於地熠燿言其光耳非螢也〔東山箋云〕熠燿其羽羽鮮明也〔一、正義曰〕王肅云倉庚羽翼鮮明以喻嫁者之盛飾熠燿字同而訓異故朱子明其不然〔呂氏讀詩紀十六〕引董氏曰熠燿自是一種蓋蟲也夜行地上如蠶而喉下明如螢故曰宵行朱子蓋取董氏之說而不盡從〔書錄解題二〕廣川詩故四十卷董逌撰其說兼取三家不專毛鄭其所援引諸家文義與毛氏異者亦足以廣見聞續微絕經義考云佚

七月見王業之難。亦見王道之易。孟子以農桑言王道。周公之心也。〔元圻案〕詩序曰七月陳王業也周公遭變故陳后稷先公風化之所由致王業之艱難也〔班孟堅曰〕豳詩言農桑衣食之本甚備

風終于周公。雅終于召旻。有周召之臣。則變者可以復于正。〔元圻案〕〔陳止齋曰〕風之終繫之豳雅之終繼之召旻豈非化之衰者必思聖人而正之與〔逸齋詩補傳曰〕國風終于美周公二雅終于思召公聖人刪詩蓋傷衰亂之極非周召不能救也

子擊好晨風黍離。而慈父感悟。周磐誦汝墳卒章。而爲親從仕。王裒讀蓼莪。而三復流涕。裴安祖

從任王偉元門人廢蓼莪
講鹿鳴兄弟同食
甫田惜進學
衡門識處世

鹿鳴刺道衰
安國蔡邕傳
魯詩
漢太樂十三曲

講鹿鳴而兄弟同食。(何云)北史 可謂興於詩矣。李枏和伯。亦自言吾於詩甫田悟進學。衡門識處世。(原注)和伯弟樗迂仲呂成公所謂二李伯仲也 此可爲學詩之法。(閻案北史裴安祖傳)年八九歲就師講詩至鹿鳴篇語諸兒曰鹿得食相呼而況人乎自此未曾獨食〇(元圻案)(說苑奉使篇)魏文侯封太子擊中山三年舍人趙倉唐緤北犬奉晨鳧獻於文侯文侯召倉唐而見之曰子之君何業曰業詩文侯曰於詩何好曰好晨風黍離文侯自讀晨風曰鴥彼晨風鬱彼北林未見君子憂心欽欽如何如何忘我實多曰子之君以我亡之乎倉唐曰不敢時思耳文侯復讀黍離曰彼黍離離彼稷之苗行邁靡靡中心搖搖知我者謂我心憂不知我者謂我何求悠悠蒼天此何人哉曰子之君怨乎倉唐曰不敢時思耳文侯乃出少子摯封中山而復太子擊 (後漢書周磐傳)磐字堅伯居貧養母儉薄不充嘗誦詩至汝墳之卒章乃解韋帶就孝廉之舉 (晉書孝友傳)王裒字偉元痛父死非命隱居教授讀詩至哀哀父母生我劬勞未嘗不三復流涕門人受業者並廢蓼莪之詩 (林少穎作李和伯行狀曰)公讀書務求有益于吾心者而不爲空言每謂吾於甫田得爲學之道吾於衡門得處世之方 (小雅甫田之詩曰)或耘或耔黍稷薿薿傳曰治其禾稼功至力盡則薿薿然而茂盛夫學殖也不殖將落服田力穡乃亦有秋故可以悟進學衡門之詩曰衡門之下可以棲遲泌之洋洋可以樂飢豈其食魚必河之魴豈其娶妻必齊之姜夫知足則不辱知止則不殆故可以識處世 (呂成公祭林少穎文曰)昔我伯父西垣公躬受中原文獻之傳載而之南先生與二李伯仲實來定師生之分

太史公。史記十二諸侯年表序 謂仁義陵遲鹿鳴刺焉。蔡邕琴操鹿鳴。周大臣所作也。王道衰。大臣知賢者幽隱。彈弦風諫。(案)見文選十八嵇叔夜琴賦注 漢太樂食舉十三曲。一曰

杜夔雅樂四曲

琴操詩歌五曲

宵雅肄三宵爲夜

鹿鳴。通典樂六漢享宴食舉樂十三曲又樂七鹿鳴以下十二曲名食舉樂 杜夔傳舊雅樂四曲一曰鹿鳴二曰騶虞三曰伐檀四曰文王皆古聲辭。琴操曰古琴有詩歌五曲曰鹿鳴。伐檀。騶虞。鵲巢。白駒。見太平御覽五百七十八 蔡邕琴賦云鹿鳴三章鹿鳴在宵雅之首馬蔡以爲風刺。蓋齊魯韓三家之說猶關雎刺時作諷也。〔原注〕呂元鈞謂陳古以諷非謂二詩作於衰周〔全云〕〔原注〕呂氏說與蔡氏說合〔一又云〕太史公問古文尚書於孔安國安國亦爲魯詩學者也則太史公所傳當是魯詩中郎寫石經用魯詩則中郎所傳亦是魯詩○〔元圻案〕〔晉書樂志上〕魏武平荊州獲漢雅樂郎杜夔能識舊法使創定雅樂又曰杜夔傳舊雅樂四曲云云〔三國志方伎傳〕杜夔字公良河南人〔藝文類聚四十四〕蔡邕琴賦曰繁弦既抑雅韻乃揚仲尼思歸鹿鳴三章梁甫悲吟周公越裳青雀西飛別鶴東翔飲馬長城楚曲明光楚姬遺歎鷄鳴高桑〔逸齋詩補傳詩篇目論曰〕鹿鳴文武治內之政孔子自衞反魯雅頌各得其所不應以刺詩冠小雅篇首就如馬蔡之說其殆關雎之類雖作於文王之後實則文王之事也孔子讀鹿鳴見君臣之有禮則非刺詩明矣

宵雅肄三。麗澤論說以爲夜誦。此門人記錄之失。讀詩記取鄭董二子以宵爲小。則夜誦之說非矣。〔何云〕麗澤論說亦東萊緒言○〔元圻案〕〔呂成公禮記說曰〕舊說宵爲小大抵經書字不當改宵乃是夜何故夜誦蓋夜間從容無事諷誦吟咏善端良心油然而生此宵雅

南陔六篇亡辭

三芑三杞三荼

肄三之意故門人錄於麗澤論說中與讀詩記十七鹿鳴之什下引學記曰宵雅肄三官其始也鄭氏曰宵之言小也肄習也習小雅之三謂鹿鳴四牡皇皇者華也董氏曰古者宵小同故謂小人為宵人〔四庫全書總目子部儒家類〕麗澤論說集錄十卷宋呂祖謙門人雜錄其師之說也前有祖謙從子喬年題記稱先君嘗所裒輯不可以不傳喬年祖謙弟祖儉之子

劉原父曰。南陔以下六篇。有聲無詩。故云笙不云歌。有其義亡其辭。非亡失之亡。乃無也。朱子詩集傳謂古經篇題之下。必有譜焉。如投壺魯薛鼓之節而亡之。〔原注〕〔儀禮疏曰〕堂上歌者不亡堂下笙者即亡〔集證〕曰鄉飲酒禮疏〇〔元圻案〕詩序南陔孝子相戒以養也白華孝子之絜白也華黍時和歲豐宜黍稷也由庚萬物得由其道也崇邱萬物得極其高大也由儀萬物之生各得其宜也有其義而亡其辭箋云孔子論詩雅頌各得其所時俱在耳遭戰國及秦之世而亡之其義則與衆篇之義合編故存至毛公為詁訓傳乃分衆篇之義各置於其篇端云　〔劉原父〕讀亡為無董氏逌廣川詩故李氏樗詩解黃氏震日抄皆從之張子則謂既無詩安得有此篇名必是有其辭所以亡者良由施之於笙非若詩之可習嚴氏粲詩緝從之〔朱子集傳〕謂鄉飲酒禮燕禮曰笙曰樂曰奏而不言歌則有聲而無辭明矣遂為定論　〔元劉氏瑾詩傳通釋曰〕魯鼓薛鼓之節其譜見禮記投壺篇末蓋魯薛二國投壺燕射擊鼓之節也其圜者擊鼙方者擊鼓其節不同亦皆有聲而無詞也

詩芑有二。薄言采芑。〔小雅〕采芑毛傳菜也。〔案〕〔陸璣草木疏曰〕薄言采芑芑菜似苦菜也莖青白色摘其葉有白汁出脆可生食亦可蒸為茹豐水有芑。〔大雅〕文王有聲毛傳草也。維穈維芑。〔大雅〕〔生民毛傳〕芑白苗也白粱粟也。〔爾雅釋草〕芑白苗註今之白粱粟　〔正義大雅生民云〕維穈維芑　說文芑白苗嘉穀禮記。表記

伐太原遷戎

引豐水有芑鄭氏注芑芑枸檵也杞有三無折我樹杞〔鄭風〕〔將仲子毛傳〕杞木名也〔正義曰四月傳〕云杞枸檵此直云木名則與彼別也柳屬也〔陸璣草木疏云〕杞柳屬也生水傍樹如柳葉粗白色理微赤故人以為車轂南山有杞在彼杞棘梓杞也此二詩毛鄭無說集於苞杞言采其杞隰有杞桋枸檵也〔小雅〕四月毛傳文〔嚴華國詩緝〕詩有三杞將仲子無折我樹杞柳屬也南山有臺南山有杞湛露在彼杞棘山木也此詩集於苞杞北山言采其杞四月隰有杞桋枸杞也荼有二誰謂荼苦苦菜也〔毛傳文陸璣草木疏〕誰謂荼苦荼苦采生山田及澤中得霜甜脆而美〔內則云〕濡豚包苦用苦菜是也有女如荼茅秀也〔鄭出其東門毛傳〕荼英荼也言女皆喪服〔箋云〕荼茅秀物之輕者飛行無常釋文秀或作莠音同劉昌宗周禮音莠音酉〔正義曰〕釋草有荼苦菜又有荼萎葉邶風誰謂荼苦即苦菜也周頌以薅荼蓼即萎葉也鄭於地官掌荼注及既夕注與此箋皆言荼茅秀然則此言如荼乃言茅草秀出之穗非彼二種荼草也言荼英荼者六月云白旆央央是白貌茅之秀者其穗色白言女皆喪服色如荼然吳語吳王夫差於黃池之會陳兵以脅晉萬人為方陳皆白常白旗素甲白羽之矰望之如荼韋昭云荼茅秀亦以白色為如荼與此傳意同以薅荼蓼陸草也〔周頌正義曰王肅云〕荼陸穢蓼水草然則所由田有原有隰故並舉水陸穢草〔嚴氏詩緝曰〕邶風誰謂荼苦唐采苓云采苦采苦綿堇荼如飴皆苦菜也良耜以薅荼蓼之荼萎葉也鄭出其東門有女如荼英荼也鴟鴞予所捋荼傳云萑苕疏云亂之秀穗亦英荼之類

薄伐玁狁至於太原後漢西羌傳穆王西征犬戎

遷戎於太原。夷王衰弱。荒服不朝。乃命虢公率六師伐太原。而戎至於俞泉。〔案〕夷王穆王之孫穆王征犬戎在三十五年夷王伐太原戎在三年宣王遣兵伐太原戎不克。蓋自穆王遷戎于太原。而太原爲戎狄之居。宣王僅能驅之出境而已。其後料民太原。而戎患益深。驪山之禍。已兆於此。其端自穆王遷戎始。西周之亡。猶西晉也。〔原注〕〔籍談曰〕晉居深山戎狄之與鄰而遠於王室王靈不及拜戎不暇太原晉地　籍談語見昭公十五年左傳書此以補詩說之遺。〔元圻案〕〔史記匈奴傳〕匈奴其先祖夏后氏之苗裔也曰淳維唐虞以上有山戎獫狁葷粥集解晉灼曰堯時曰葷粥周曰獫狁秦曰匈奴〔後漢西羌傳〕穆王時戎狄不貢王乃西征犬戎獲其五王又得四白鹿四白狼王遂遷戎於太原夷王衰弱荒服不朝乃命虢公率六師伐太原之戎至于俞泉獲馬千匹厲王無道戎狄寇掠乃入犬邱殺秦仲之族王命伐戎不克及宣王立四年使秦仲伐戎爲戎所殺王乃召秦仲子莊公與兵七千人伐戎破之由是少卻後二十七年王遣兵伐太原戎不克〔史記匈奴傳〕周幽王用寵姬褒姒之故與申侯有卻申侯怒而與犬戎共攻殺周幽王于驪山之下　料民太原注詳後考之周語條西晉之亡由成都王穎表匈奴左賢王劉淵盡五部軍事將兵在鄴始江統徙戎論可謂先見

史記。周紀。懿王之時。王室遂衰。詩人作刺。漢匈奴傳。懿王時。王室遂衰。戎狄交侵。暴虐中國。中國

采薇爲懿王詩

變風先齊衞

被其苦詩人始作疾而歌之曰靡室靡家玁狁之故豈不日戒玁狁孔棘注云小雅采薇之詩也古今人表懿王時詩作〔閣本校云元板作懿王堅詩作〕注政道既衰怨刺之詩始作然則采薇爲懿王之詩矣〔原注〕〔史記匈奴傳不云懿王〕詩譜序懿王始受譖亨齊哀公夷王失禮之後鄉不尊賢正義謂變風之作齊衞爲先齊哀公當懿王衞頃公當夷王故先言此也愚謂采薇正雅當從毛氏若變風則始於懿王〔元圻案〕

詩序采薇遣戍役也文王之時西有昆夷之患北有玁狁之難以天子之命命將率遣戍役以守衞中國故歌采薇以遣之〔正義引皇甫謐帝王世紀曰〕文王受命四年昆夷氏侵周一日三至周之東門文王閉門修德而不與戰尚書傳四年伐昆夷注云犬夷昆夷也〔周禮正義引伏生書大傳曰〕文王受命四年伐昆夷采薇爲伐昆夷而作〔朱子集傳〕此遣戍役之詩蓋無由證其爲文王也〔逸齋詩補傳曰〕班氏謂懿王時重歌此詩以勞士卒耳〔史記齊世家〕哀公時紀侯譖之周周烹哀公而立其弟靜是爲胡公〔詩譜序正義曰〕莊四年公羊傳曰〕齊哀公烹乎周紀侯譖之徐廣以爲周夷王烹之鄭謂懿王者以齊世家云周烹哀公而立其弟靖爲胡公當夷王之時哀公母弟山殺胡公則胡公之立在夷王前矣受譖烹人是衰闇之主〔周本紀云〕懿王立王室遂衰詩人作刺是周衰自懿王始明懿王受譖矣本紀言詩人作刺得不以懿王之時雞鳴之詩作乎〔衞世家云〕貞伯卒子頃侯立頃侯厚

史以膺戎狄為襄王

六月出車史屬襄王出車詩文宣兩說

褒姒黨先世皆名臣

賂周夷王命為衛侯是衛頃公當夷王時〔郊特牲云〕覲禮天子不下堂而見諸侯下堂而見諸侯天下之失禮也由夷王以下是夷王身失禮也柏舟言仁而不遇是邶不尊賢也
史記匈奴傳。周襄王與戎狄伐鄭。戎狄逐襄王。於
是戎狄或居於陸渾。東至於衛。侵盜暴虐中國。
中國疾之。故詩人歌之曰。戎狄是膺。魯頌薄伐獫
狁。至於太原。六月出車。今本史記作輿閣本亦作輿彭彭城彼朔方。出車
漢匈奴傳則曰。宣王興師命將以征伐之。詩人
美大其功曰。薄伐玁狁。至於太原。出車彭彭城
彼朔方。以六月為宣王詩是也。以魯頌六月出
車為襄王詩。以出車為宣王詩。而史漢又不同
皆未詳。〔元圻案〕〔史記匈奴傳〕初周襄王欲伐鄭欲娶戎狄女為后與戎狄兵共伐鄭已而出狄后狄后怨而襄王後母曰惠后有子子帶欲立之於是惠后與狄
后子帶為內應開戎狄戎狄以故得入破逐襄王而立子帶於是戎狄或居於陸渾云云詩
序出車勞還卒也不言為何王之詩王命南仲往城于方〔毛傳曰〕王殷王也南仲文王之屬
故是篇詩序正義謂文王所遣伐玁狁西戎之將帥以四年春行五年春反述其行事之苦以
慰勞之朱子止從序說六月詩序宣王北伐也朱傳同魯頌閟宮序頌僖公能復周公之宇也
文王之詩曰。文王孫子。本支百世。凡周之士不顯

作詩自著其名

亦世此周所以興也宣王之後爲幽王斯干之祥黍離之萌也太師皇父之後爲皇父卿士尹吉甫之後爲尹氏太師蹶父之後爲蹶維趣馬申伯之後爲申侯則與犬戎滅宗周矣君臣皆弗克紹周焉得不替乎〔元圻案〕〔後漢書左雄傳〕褒豔用權七子黨進注七子皆褒姒之黨謂皇父爲卿士仲允爲膳夫家伯爲宰番爲司徒蹶爲趣馬聚爲內史楀爲師氏也〔項氏安世曰〕幽王時爲亂者皆宣王時故家率犬戎以攻幽王者崧高之申伯也爲趣馬以亂朝者韓奕之蹶父也爲卿士而貪殘擅政爲太師而迷民誤國者常武之皇父尹氏也

吉甫作誦美詩以名著者也家父作誦以究王訩寺人孟子作爲此詩刺詩以名著者也爲吉甫易爲家父孟子難〔元圻案〕〔節南山正義曰〕詩人之情不一或微加諷諭或指斥愆咎或隱匿姓名或自顯官氏此家父盡忠竭誠不憚誅罰故自載字焉寺人孟子亦此類也〔魏了翁跋黃尚書子由與任千載逢詩曰〕節之詩尹氏以太師秉國鈞方茂惡怨正莫敢戲談周大夫既誦言之而其辭曰家父作誦以究王訩巷伯之詩彼譖人者方幡幡其詞好好其容寺人既深詆之而其亂曰寺人孟子作爲此詩詩中譏刺之詩率多微婉辭義隱匿姓名至於自狀其人甘於抵冒忌諱如此類絕少以其時考之此何時也而是理卒不可泯

孔聖予聖皆自聖

天克定克鞏

皇父孔聖。自謂聖也。〔小雅十月之交毛傳曰皇父自謂甚聖〕具曰予聖。〔小雅〕正月毛傳

君臣俱自謂聖也。自聖者亂亡之原。光武詔上書者不得言聖。大哉言乎。〔元圻案〕〔後漢書光武紀〕建武七年詔曰百僚各上封事無有所諱其上書者不得言聖　〔宋崔氏鶠唐明皇論曰〕開元天寶之間羣臣至六上尊號諛亦甚矣而明皇受而不辭蓋將自以爲聖歟其播越流離至於亡國非不幸也聖矣夫光武之爲君也詔天下上書不得言聖明矣哉顯宗之爲君也曰先帝詔書禁人言聖自今有過稱虛譽尚書宜抑而不省示不爲諂子嗤也　〔錢氏大昕養新錄曰〕王安石與子雱皆以經術進當時頌美者多以爲周孔或曰孔孟范鏜爲大學正獻詩云文章雙孔子術業兩周公安石大喜曰此人知我父子雱死安石題其祠堂云斯文實有寄天豈偶生才一日鳳鳥去千秋梁木摧是眞以孔聖比其子矣安石在相位行新法舉朝交爭安石有詩云衆人紛紛何足競是非吾喜非吾病頌聲交作莽豈賢四國流言且猶聖是亦以聖自許也小雅之詩曰皇父孔聖又曰具曰予聖古來迷國罔上之臣先後一轍云云王氏此條或亦有感於安石之事歟

既克有定。靡人弗勝。言天之勝人也。藐藐昊天。無不克鞏。言天之終定也。申包胥曰。人衆者勝天。人曷嘗能勝天哉。天定有遲速耳。詩所以明天理也。故不云人勝天。〔全云〕厚齋惓惓包胥其卽鄭所南盼望陳丞相自占城至之意耳○〔元圻案〕〔小雅正月〕民今方殆視天夢夢既克有定靡人弗勝〔朱子傳曰〕民今方危殆疾痛號訴於天而視天反夢夢然若無意於分別善惡者然此特值其未定之時及其既定則未有不爲天所勝者也〔申包胥曰〕

百君子各敬相畏王氏新經詩義

畏天畏人證詩

人衆則勝天天定亦能勝人疑出於此〔大雅瞻卬〕藐藐昊天無不克鞏〔朱子傳曰〕惟天高遠雖若無意於物然其功用神明不測雖危亂之極無不能鞏固之者〔史記伍子胥傳〕伍子胥掘楚平王之墓申包胥使人謂子胥曰子之報讎其已甚乎吾聞之人衆者勝天天定亦能勝人今子故平王之臣親北面而事之今至於僇死人此豈其無天道之極乎〔蘇子由詩傳曰〕方其未定也何所不至及其既定人未有不爲天所勝者申包胥曰人定則勝天天定亦能勝人而老子所謂天網恢恢疏而不失不然天豈有所憎而禍之耶適當其未定故耳〔逸齋詩補傳曰〕視天夢夢若無所見非無所見特以天未定故未勝人耳定則能勝之矣

凡百君子。各敬爾身。胡不相畏。不畏于天。荊公謂世雖昏亂。君子不可以爲惡。自敬故也。畏人故也。畏天故也。〔案〕荊公之說呂成公讀詩記取之 愚謂詩云。周宗既滅。哀痛深矣。猶以敬畏相戒。聖賢心學。守而勿失。中夏雖亡。而義理未嘗亡。世道雖壞。而本心未嘗壞。君子修身以俟命而已。〔閻按〕王氏二十年杜門不出概見於此〔全云〕三不足畏之說何以與斯言相反〇〔元圻案〕書錄解題二新經詩意三十卷王安石撰亦三經義之一也皆雱訓其辭而安石釋其義

豈不欲往。畏我友朋。畏人也。胡不相畏。不畏于天。畏天也。不畏人則亦云可使怨及朋友。畏天則

無競維人證史

大命傾於愎諫證史

神之聽之。介爾景福。

鄭用三良未可間。衛多君子未有患。季良忠謀彊敵畏。汲直守節亂萌弭。詩曰無競維人。四方其訓之。正先諫誅嬴運促。李雲忠隕漢宗覆。章華羅僇陳業隳。昭圖嬰禍唐鼎移。詩云曾是莫聽大命以傾。(何云)章華見南史傅縡傳後○(元圻案)(僖公七年左傳)鄭有叔詹堵叔師叔三良爲政未可間也(又襄公二十九年)吳公子札適衛說蘧瑗史狗史鰌公子荆公叔發公子朝曰衛多君子未有患也(又桓公六年)楚武王侵隨鬬伯比曰少師侈請羸師以張之熊率且比曰季良在何益(漢書賈捐之傳)置之爭臣則汲直注汲黯方直故世謂之汲直(汲黯傳)黯字長孺濮陽人也淮南王謀反憚黯曰黯好直諫守節死義至說公孫宏等如發蒙耳(又京房傳)昔秦時趙高用事有正先者非刺高而死高威自此成故秦之亂正先趣之注正先秦博士(後漢書李雲傳)雲字行祖甘陵人也桓帝延熹二年誅梁冀而中常侍單超等五人皆以誅冀功封列侯雲露布上書曰梁冀雖持權專擅虐流天下今以罪行誅猶召家奴搤殺之耳而猥封謀臣萬戶以上高祖聞之得無見非西北列將得無解體帝震怒逮雲死獄中(南史傅縡傳)時有吳興章華字仲宗後主時除大市令禎明初上書極諫其略曰陛下溺於嬖寵惑於酒色老臣宿將棄之草莽諂佞讒邪升之朝廷今疆埸日蹙隋軍壓境陛下如不改絃易轍臣見麋鹿復遊于姑蘇矣後主大怒卽日斬之(唐書僖宗紀)中和元年七月田令孜殺左拾遺孟昭圖又宦者田令孜傳孟昭圖上疏曰昨昔黃頭亂火照前殿陛下惟與令孜閉城自守不召宰相不謀羣臣且天下者高祖太宗之天下非北司之天下陛下固九州天子非北司天子北司豈悉忠於南司廷臣豈無用於敕使疏入令孜匿不奏矯詔貶昭圖嘉州司戶參軍使人沈于蟆頤津(錢易南部新書巳集)孟昭

君子是則是傚證史

巧言猶知顏厚不愧人不畏天

東有甫草

圖爲田令孜矯詔沈蜀江裴相徹有詩弔之曰一章何罪死何名投水惟君與屈平從此蜀江煙月夜杜鵑應作兩般聲

君子在下位。猶足以美風俗。漢之清議是也。小人在下位。猶足以壞風俗。晉之放曠是也。詩云。君子是則是傚。(元圻案)(後漢書陳寔傳論曰)漢自中世以下閹豎擅恣故士遂以遁身矯潔放言爲高士有不談此者則芸夫牧豎已叫呼之矣故時政彌昏而其風愈往唯陳先生行成乎身而道訓天下所以聲教廢於上而風俗清乎下也(世說新語)注(王隱晉書曰)魏末阮籍嗜酒荒放露頭散髮裸袒箕踞其後貴遊子弟阮瞻王澄謝鯤胡毋輔之之徒皆祖述於籍去巾幘脫衣服露醜惡同禽獸甚者名之爲通次者名之爲達也

巧言如簧。顏之厚矣。羞惡之心。未亡也。不畏于人。不畏于天。無羞惡之心矣。天人一也。不愧則不畏。(閻按)高忠憲有言君子一點畏心至王安石滅盡一點恥心至馮道滅盡○(元圻案)黃梨洲先生明儒學案高攀龍字存之別號景逸常州之無錫人萬歷己丑進士官左都御史以東林邪黨逮先生書遺疏自沈止水崇禎初贈太子少保兵部尚書謚忠憲(五代史馮道傳)道事四姓十君益以舊德自處自號長樂老著書數百言陳己更事四姓及契丹所得階勳得官爵以爲榮

車攻。東有甫草。鄭箋云。鄭有甫田。謂圃田。鄭藪也。止齋周禮說云。詩不以圃田繫鄭。鄭愚謂宣王封

東遷後圃田屬鄭甫田原圃在東都

詩有夏正無周正證十月之交爲八月推朔日辛卯日食

弟友于鄭。在畿內。咸林〔原注〕今華州鄭縣圃田澤。左氏謂之原圃。〔原注〕在今開封之中牟宣王時非鄭地。小雅安得繫於鄭乎。爾雅釋地鄭有圃田。蓋指東遷後之鄭言之。〔閻按〕〔詩集傳〕宣王時未有鄭國圃田澤屬東都畿內故往田余謂前漢志中牟縣圃田澤在西縣有筦叔邑筦叔爲畿外諸侯則此澤亦畿外地可知古者川浸澤藪名在職方不隸諸侯之版謂圃田爲筦叔之封非也謂實在東都畿內者恐亦非也○〔元圻案〕詩序車攻宣王復古也宣王能內修政事外攘夷狄復文武之竟土修車馬備器械復會諸侯于東都因田獵而選車徒焉東有甫草傳曰甫大也箋曰甫草甫田之草也鄭有圃田〔釋文曰〕甫毛如字大也鄭音補謂圃田鄭藪也〔正義曰〕以下云搏獸于敖敖是地名則甫草亦是地名不宜爲大故易之鄭有圃田釋地文也宣王時未有鄭國圃田在東都畿內故宣王得往田焉 〔史記鄭世家〕鄭桓公友者周厲王少子而宣王庶弟也宣王二十二年友始封於鄭 〔鄭譜〕初宣王封母弟友於宗周畿內咸林之地今京兆鄭縣是其都也 〔僖三十三年左傳〕鄭之有原圃杜注以爲圃田澤 〔邵氏爾雅正義曰〕鄭有圃田當云周有圃田今云鄭者爾雅不成於一人之手或七十子之徒据東周疆域改周爲鄭 止齋陳傅良號宋史有傳書錄解題二周禮說三卷中書舍人永嘉陳傅良君舉撰

詩小傳云。詩有夏正無周正。七月陳王業。六月北伐。十月之交。刺純陰用事而日食。四月維夏六月徂暑。言暑之極其至皆夏正也。而獨謂十月之交爲周正可乎。漢曆幽王無八月朔食。而唐

蘇子由陳少南詩解

曆則有之。讖者疑其傅會而爲此也。〔案〕〔今劉氏七經小傳〕無此文而王氏六經天文編上引此爲張行成之言〔案〕〔劉原父救日論曰〕幽王之詩曰十月之交朔日辛卯日有食之亦孔之醜周之十月則二分矣安在其不爲災歟其說與此條所引正相反當從天文編作張行成之說讀詩記引之亦作什方張氏愚按正義謂校之無術。而大衍曆日蝕議云。虞劆以曆推之。在幽王六年。見唐書曆志下虞劆造梁大同曆。非始於唐也。鄭箋謂周之十月。夏之八月。故曆家每因之。孫莘老〔全云〕孫學士解覺安定人春秋用鄭說。謂八月秋之分。日食秋分。而詩人醜之。安得曰分至不爲災也。蘇子由陳少南〔全云〕陳侍郎鵬飛皆以十月爲陽月。朱文公從之。宋書禮志載魏史官之言曰。黃帝顓頊夏殷周魯六曆。皆無推日蝕法。但有考課疎密而已。〔原注〕〔大衍曆議云〕黃初已來治曆者始課日蝕疎密及張子信而益詳嘗攷通鑑皇極經世。秦始皇八年歲在壬戌。呂氏春秋序意篇云。維秦八年。歲在涒灘。原注申曆

有二年之差後之算曆者於夏之辰弗集房周之十月之交皆欲以術推之亦已疎矣〔何云〕辰弗集于房大衍曆作

仲康即位之五年癸巳九月庚戌朔交泛二十六日五千四百二十一分入食限見元史曆志距辛巳元三千四百八年　或言古文尚書不可信以今西法推之不合者庚辰在保定貿之武進楊道昇先生以推大衍授時二曆皆合錄之左方　辛巳至戊辰三百四十七年　戊辰為元上推仲康五年癸巳建戌月辰弗集房距年三千七百五十五算中積一百三十七萬一千四百八十四日四一八九六二七七五　冬至〔癸酉日〕　九日六七四七九四二　四五閏餘十八日七九八六一二〇七七一乙　天正十一月朔〔甲寅日〕五十〇日八七六一八二一六七八九　交三日二八七〇六六五九七八九　九月朔〔庚戌日〕四十六日一八二乙〇一二八五五九　入蝕限交泛二十六日四七〇七七六七八二五九　在陰曆交前九度半强

沈存中云日食正陽之月先儒止謂四月非也正謂四月陽謂十月子由詩說與存中同〔閻按〕嘗以曆上推

周幽王六年乙丑歲十月建酉朔日辛卯辰時正得日食非惟虞劆即唐道士傅仁均僧一行亦步得是日日食乃知康成精於曆學本傳稱其始通三統曆注有乾象曆抑歎經解有不可盡拘以理者此類是也〔孔穎達疏〕漢世通儒未有以曆考此辛卯日食者不知康成考之〔方作箋云〕東州名儒豈欺我哉　〔又〕嘗以曆上推始皇八年壬戌歲是年秋恰有甲子朔與呂覽秦八年秋甲子朔之文合則歲在涒灘當作歲在淹茂為是不然必以涒灘則維秦六年秋無甲子朔矣王氏似未諳曆法〇〔元圻案〕〔十月之交箋云〕周之十月夏之八月也日辰之義日為君辰為臣辛金也卯木也又以卯侵辛故甚惡之〔正義曰〕詩之言月皆據夏時而此知周十月夏八月者推度災曰十月之交氣之相交周之十月夏之八月緯雖不可盡信其言主以釋此故據之以為周十月焉又曰此八月即秋分之時也〔左傳曰〕二至二分日有食之不為災是亦分月而云孔醜者日太陽之精至尊之物不宜有所侵侵之則為異　〔左傳

雨無正名篇

曰〕唯正月朔慝未作日有食之於是乎有用幣於社伐鼓於朝其餘則否以正月爲夏之四月純陽用事而日又爲陽於時最盛尤不宜爲陰所侵故爲最重而特用鼓幣也杜預云日月動物雖行度有大量不能不少有盈縮故有雖交會而不食者或有頻交而食者唯正陽之月君子忌之又曰古之曆書亡矣今世有周曆魯曆者蓋漢初爲之其交無遲速盈縮考日食之法是以漢世通儒未有以曆考此辛卯日食者而王基獨云以曆校之自共和以來當幽王世無周十月夏八月辛卯交會欲以此會爲共和之前其在共和之前則信矣而校之無術〔朱子集傳〕〔引蘇氏曰〕日食天變之大者也然正陽之月古猶忌之夏之四月爲純陽故謂之正月十月純陰疑其無陽故謂之陽月純陽而食陽弱之甚也純陰而食陰壯之甚也〔唐書曆志下〕夏后氏四百三十二年日卻差五度太康十二年戊子歲冬至應在女十一度書曰乃季秋月朔辰弗集于房劉炫曰房所舍之次也集會也會合也不合則日蝕可知或以房爲房星知不然者且日之所在正可推而知之君子慎疑寧當以日在之宿爲文近代善曆者推仲康時九月合朔已在房星北矣〔沈存中夢溪筆談曰〕先儒以日食正陽之月止謂四月不然也正陽乃兩事正謂四月陽謂十月日月陽止是也詩有正月繁霜十月之交朔日辛卯日有食之亦孔之醜二者先王之所惡也〔漢書藝文志〕曆譜黃帝五家三十三卷顓頊曆二十一卷夏殷周魯曆十四卷〔唐書藝文志曆算類〕虞劆大同曆一卷宋孫覺字莘老高郵人擢進士第官至御史中丞〔宋史藝文志〕載覺春秋經解十五卷春秋學纂十二卷春秋經社要義六卷今惟春秋經解十二卷刊入通志堂經解〔書錄解題〕二詩解集傳二十卷門下侍郎眉山蘇轍子由撰於序止存其首一言餘皆删去又詩解二十卷陳鵬飛撰不解商魯二頌以爲商頌當闕而魯頌可廢〔葉水心曰〕少南諱鵬飛溫州永嘉人其於經不爲章句之學晚而始得仕用之未及而斥逐以死　沈括字存中錢塘人嘉祐八年進士熙寧中官至翰林學士龍圖閣待制事蹟附載宋史沈遘傳中著夢溪筆談二十六卷夢溪存中居潤州之别業也

元城語錄謂韓詩有雨無極篇序云雨無極。正大夫刺幽王也。篇首多雨無其極傷我稼穡八字。朱

方叔以元老壯猷

子集傳曰。第一二章皆十句。增之則長短不齊。又此詩正大夫離居之後。暬御之臣所作。其曰正大夫刺幽王者非是。解頤新語。亦云韓詩世罕有其書。或出於好事者之傅會。〔元圻案〕范處義解頤新語已佚此二語見逸齋詩補傳十八其言曰說者多取韓詩爲證謂名兩無正大夫刺幽王也篇首多兩無其極二句竊意韓詩世罕有其書或出好事者之附會正大夫乃詩中之語故欲以正大夫合之據今序之文以求詩人之言亦可見非所以爲政之意且與前篇弗躬弗親不自爲政之語相應不必立異也　通志堂刊本謂名兩無極句脫去極字當補

鹽鐵論未通篇引詩曰。方叔元老。克壯其猶。故商師若烏。周師若荼。蓋謂商用少而周用老也。〔閻按〕今本作商荼周烏〔全云〕亦屬附會〇〔元圻案〕〔鹽鐵論未通篇〕御史曰古者十五入太學與小役二十冠而成人與戎事五十以上血脈溢剛曰艾壯詩曰方叔元老克壯其猶故商師若荼周師若烏注云荼苦菜也烏燕烏也白項而羣飛者也愚案若烏若荼蓋以物色之黑白喻人髮也此注以白項爲比周師之老似矣然烏之白在項而不在首故稱人之髮黑者曰烏鬢曰烏雲若以苦菜比商周之少更非其類鄭風有女如荼箋荼茅秀也〔正義曰〕毛之秀者其穗白色則以荼喻老以爲喻少皆合王氏此條可正今本鹽鐵論之誤〔四庫全書總目子部儒家類〕鹽鐵論十二卷漢桓寬撰寬字次公汝南人昭帝始元六年詔郡國舉賢良文學之士問以民所疾苦皆請罷鹽鐵榷酤與御史大夫桑宏羊等建議相詰難寬集其所論爲書凡六十篇後罷榷酤而鹽鐵則如舊故寬作是書惟以鹽鐵爲名蓋惜其議不盡行也明華亭張之象爲之注

小辨伯奇作維憂用老

鴟鴞詩刺邠君

箌彼甫田

南箕北斗

小弁趙岐注孟子謂伯奇之詩伯奇仁人而父虐之故作小弁之詩曰何辜于天親親而悲怨之辭也〔全云〕此乃韓詩與黍離之說合又謂鴟鴞之篇刺邠君〔全云〕邠君卽指成王誤以爲刺耳蓋漢儒言詩多異說論衡虛書篇亦云伯奇放流首髮早白詩云惟憂用老〔元圻案〕孟子仁則榮章趙岐注云言此鴟鴞小鳥猶尚知天未陰雨而取桑根之皮以纏綿牖戶刺邠君不如此鳥〔逸齋詩補傳論篇目曰〕小弁之序曰太子之傅作是時太子宜臼見棄故有是詩而趙岐釋孟子乃以爲伯奇之詩中山王劉勝亦以爲伯奇蓋皆指吉甫之子伯奇也案詩曰踧踧周道鞫爲茂草我心憂傷惄焉如擣蓋憂周室之將亡冀太子體國之言若吉甫之子安得被棄而憂周室則趙岐劉勝之說非矣〔後漢書王充傳〕充字仲任會稽上虞人也好論說著論衡八十五篇二十餘萬言

韓詩箌彼甫田箌卓也爾雅釋詁箌大也郭璞注云箌義未聞豈未見韓詩故耶原注疏引韓詩〇〔元圻案〕釋文甫田倬彼陟角反明皃韓作箌音同云箌卓也〔余友奉新周邵蓮曰〕說文有菿字無箌字玉篇菿箌兩收菿字注云都角反韓詩菿彼甫田毛作倬箌字注云豬效反捕魚具也與罩同是菿當从艸从竹者誤

大東維北有斗或以爲南斗或以爲北斗朱子集傳兼取二說〔元圻案〕〔小雅大東正義曰〕言南箕北斗者按二十八宿連四方爲名者唯箕斗井壁四星而已壁在室之外院箕在南則壁在室東

普天王土爲舜詩

青蠅刺魏武信讒

故稱東壁鄭稱參旁有玉井則井星在參東故稱東井推此則箕斗並在南方之時箕在南而斗在北故言南箕北斗也〔董氏廣川詩〕故曰斗四星爲斗三星爲柄〔朱子集傳曰〕箕斗二星以夏秋之間見於南方云北斗者以其在箕之北也或曰北斗常見不隱者南斗柄固在西若北斗而西柄則亦秋時也

呂氏春秋。孝行覽愼人篇 謂舜自爲詩曰。普天之下。莫非王土。率土之濱。莫非王臣。疑與咸邱蒙同一說。而託之於舜。〔元圻案〕〔呂覽愼人篇曰〕舜之耕漁其賢不肖與爲天子同其未遇時也以其徒屬堀地取水利編蒲葦結罘網手足胼胝不居然後免於凍餒之患其遇時也登爲天子賢士歸之萬民譽之丈夫女子振振殷殷無不戴說舜自爲詩曰普天之下莫非王土率土之濱莫非王臣所以見盡有之也盡有之賢非加也盡無之賢非損也時使然也

袁孝政釋劉子曰。魏武公信讒。詩刺之曰營營青蠅。止于藩。豈弟君子。無信讒言。傷讒爲文 此小雅也。謂之魏詩可乎。〔元圻案〕〔逸齋詩補傳論篇目曰〕袁孝政釋劉子云云今據魏自有國風若果爲魏詩聖人刪詩雅頌各得其所豈容以風爲雅袁氏亦豈惑於齊魯韓三家之說乎〔四庫全書總目子部雜家類〕劉子十卷隋志不著錄唐志作梁劉勰撰陳振孫晁公武据唐播州錄事參軍袁孝政序作北齊劉晝撰陳氏載其序曰晝傷己不遇天下陵遲播遷江表故作此書時人莫知謂爲劉勰劉歆劉孝標作云云不知所据何書故陳氏以爲終不知晝爲何代人惟北齊劉晝字孔昭渤海阜城人名見北史儒林傳然未嘗播遷江表與孝政之序不符

韋昭說采菽黍苗

鄭禮注諸說異箋鄭箋易毛諸義

朱子詩傳采菽天子所以答魚藻也黍苗宣王時美召穆公之詩皆非刺詩愚按國語〔晉語文公在翟篇〕注采菽王賜諸侯命服之樂也黍苗道召伯述職勞來諸侯也韋昭已有是說〔元圻案〕詩序采菽刺幽王也侮慢諸侯諸侯來朝不能錫命以禮數徵會之而無信義君子見微而思古焉黍苗刺幽王也不能膏潤天下卿士不能行召伯之職焉〔晉語文公在翟篇〕明日燕秦伯賦采菽子餘使公子降拜秦伯降辭子餘曰君以天子之命服命重耳重耳敢有安志敢不降拜子餘使公子賦黍苗子餘曰重耳之仰君也若黍苗之仰陰雨也若君實庇廕膏澤之使能成嘉穀薦在宗廟君之力也〔韋昭注〕采菽三章屬小雅王賜諸侯命服之樂也其首章曰君子來朝何以予之雖無予之路車乘馬黍苗亦小雅道邵伯述職勞來諸侯也其詩曰芃芃黍苗陰雨膏之悠悠南行邵伯勞之

鄭康成先通韓詩故註二禮與箋詩異〔閻按〕二禮謂周禮禮記如先君之思以勗寡人爲定姜之詩生甫及申爲仲山甫申伯又不濡其翼維禹敶之上天之載匪革其猶汭阸之即至於湯齊是也注禮記與注易異如東隣西隣是也〔閻按〕康成註易東隣爲日出東方象西隣月出西方象見王氏集周易鄭注〇〔元圻案〕〔後漢書康成傳〕云先從張恭祖受韓詩〔禮記坊記〕注先君之思以勗寡人此衞夫人定姜之詩也定姜無子立庶子衎是爲獻公獻公無禮於定姜定姜言獻公當思先君

定公以孝於寡人釋文云此是魯詩〔正義曰〕邶風燕燕之篇衛莊姜送歸妾之詩鄭又以為衛定公夫人定姜之詩〔按〕〔鄭志答炅模云〕註記時執就盧君後得毛詩乃改之凡註與詩不同皆倣此　〔孔子閒居〕鄭注見後第七條正文〔正義曰〕〔按〕詩嵩高之篇甫侯及申伯甫侯謂呂侯也穆王之時訓夏贖刑謂呂侯與申伯俱出伯夷之後掌四岳之事〔又〕詩稱仲山甫之賢與嵩高生甫及申全別此云仲山甫者按鄭志註禮在先未得毛詩傳然則此註在前故以甫為仲山甫在後箋詩乃得毛傳知甫侯申伯同出伯夷之後故與禮別也　〔表記〕註鵜鶘胡汚澤也汚澤善居泥水之中在魚梁以不濡其翼為才正義曰言凡鳥居水中必濡溼其翼今鵜胡獨能不濡故為才〔按〕詩註云鵜鳥在梁可謂不濡其翼乎言必濡其翼也與此乖者註禮在前註詩在後故不同也〔周禮地官稍人註云〕甸讀與維禹敶之之敶同〔正義曰〕毛詩云維禹甸之不為敶者鄭先通韓詩此據韓詩而言　〔禮記中庸註〕上天之載載讀曰栽謂生物也〔大雅文王篇毛傳〕載事也　〔禮器註〕革急也猶道也正義曰文王有聲之詩革作棘猶作欲字異義同　〔周禮夏官職方氏註〕汭在豳地詩大雅公劉曰汭泦之即〔正義曰〕〔按〕彼毛傳云芮水厓也箋云芮之言內也水之內曰隩水之外曰鞫就澗水之內外而居與此義違者按詩上云夾其皇澗遡其過澗故以芮鞫為外內今為水名者蓋周公制禮之時以汭為水名汭即皇澗名曰汭耳猶禹貢太嶽至周為霍山也　〔孔子閒居註〕詩讀湯齊為湯躋躋升也〔正義曰〕詩長發本註言天命帝此殷家世世不違至於成湯乃與天心齊此記註意與詩註稍殊〔商頌長發至於湯齊傳云〕湯與天心齊〔箋云〕至于湯而當天心〔經又曰〕聖敬日躋傳云躋升也〔箋云〕聖敬之德日新〔釋文曰〕鄭注禮讀上為湯躋讀此為湯齊齊莊也　〔坊記註〕東鄰謂紂國中也四鄰謂文王國中也此辭在既濟〔正義曰〕鄭注既濟九五曰互體為坎也又互體為離離為日坎為月日出東方東鄰象也月出西方西鄰象也與此文異　〔錢氏大昕曰〕〔惠定宇云〕鄭箋宗毛然亦有从韓魯說者如唐風素衣朱襮以繡黼為綃黼十月之交為厲王詩皇矣侵阮徂共為三國名皆從魯詩衡門可以樂飢以樂為𤻲十月之交抑此皇父抑讀為意思齊古之人無斁斁作擇泮水狄彼東南狄作鬄皆韓詩也

亂離瘼矣。爰其適歸。〔小雅四月〕爰當作奚　新經義二云亂出乎上。

榛楛與君子干祿

旱麓山近漢廣

而受患常在下。及其極也。乃適歸乎其所出矣。噫。宣靖之際。宣和徽宗年號靖康欽宗年號其言驗矣。而兆亂者誰歟。言與行違。心與跡異。荊舒之謂也。〔全云〕王荊公用意氣則有之言行心跡不至歧而爲二也章蔡之致亂不可竟以罪荊公○〔元圻案〕〔朱子楚辭後語〕謂安石致位宰相流毒四海而其言與生平行事心術無毫髮肖夫子所以有於予改是之歎　王安石初封舒國公元豐三年改封荊崇寧中追封舒王

單穆公曰。旱麓之榛楛殖。故君子得以易樂干祿焉。若夫山林匱竭。林鹿散亡。藪澤肆既。君子將險哀之不暇。而何易樂之有焉。周語誦險哀二字此文中子所以有帝省其山之歎也。天地變化草木蕃。況賢者而不樂其生乎。天地閉。賢人隱。況草木而得遂其性乎。〔元圻案〕〔大雅旱麓〕瞻彼旱麓榛楛濟濟豈弟君子干祿豈弟毛傳干求也言陰陽和山藪殖故君子得以干祿樂易正義曰周語引此一章乃云夫旱麓之榛苦殖云云毛依此文爲義〔中說立命篇〕遼東之役天下治船子曰林麓盡矣帝省其山其將何辭以對

旱麓。毛氏云。旱。山名也。曹氏名粹中著詩說按漢地理志漢

鼉鳴如鼓

棫樸與左右趣善

中南鄭縣有旱山沱水所出〔閣按〕沱本作池即沱字東北入㵐旱山在梁州之境與漢廣相近故取以與焉〔元圻案〕〔王氏詩地理攷〕曰九域志興元府有旱山寰宇記在南鄭縣西南二十里〔周地圖記〕云山上有雲即雨〔嚴氏粲詩緝〕曰毛氏以旱爲山名不知山之所在或取漢地理志漢中郡南鄭縣之旱山以實之詩人託興皆取其在境內者何獨遠取漢中之旱山乎闕其所不知可也王氏以嚴說爲不然故曰與漢廣相近以正之

鼉鳴如鼓新經之說也解頤新語取之鑿矣〔集證〕〔陸佃埤雅釋魚詩曰〕鼉鼓逢逢先儒以爲鼉皮堅厚取以冒鼓蓋鼉鼓非特有取於皮亦其鼓聲逢逢然象鼉之鳴故謂之鼉鼓也〔臨安海物記〕鼉宵鳴如桴鼓今江淮之閒謂鼉鳴爲鼉鼓佃安石之客也故訓鼉鼓從王氏說○〔元圻案〕〔大雅靈臺篇毛傳〕鼉魚屬〔正義曰〕其皮堅可以冒鼓〔月令注〕亦云鼉皮可以冒鼓也〔逸齋詩補傳二十三〕鼉水畜也樂作於辟廱鼉聞之而亦學逢逢然和鳴以應之又是一義

賈誼書容經篇諺云君子重襲小人無由入正人十倍邪辟無由來古之人其謹於所近乎詩曰芃芃棫樸薪之槱之濟濟辟王左右趣之此言左右日以善趣也此即選左右之說爰延亦云善人同處則日聞嘉訓惡人從遊則日生邪情

申甫爲周翰
申甫申呂

〔元圻案〕〔新書保傅篇〕天子之善在於蚤諭教與選左右〔大戴禮保傅篇〕文同惟太子作天子〔後漢書爰延傳〕延字季平陳留外黄人也徵拜大鴻臚上封事曰臣聞之帝左右者所以咨政德也故周公戒成王曰其朋其朋言慎所與也善人同處云云

維申及甫。維周之翰。申甫之地。爲形勢控扼之要。甫卽呂也。呂刑一曰甫刑。史伯曰。當成周者南有申呂。見鄭語左氏傳成公七年楚子重請申呂以爲賞田。申公巫臣曰。不可。此申呂所以邑也。是以爲賦。以御北方。蓋楚得申呂而始彊。茲所以爲周室之屏翰歟。漢地理志。南陽宛縣申伯國。詩書及左氏注不言呂國所在。史記齊世家正義引括地志云。故呂城在鄧州南陽縣西。徐廣云。呂在宛縣。水經注亦謂宛西呂城。四嶽受封。然則申呂。漢之宛縣也。高帝入關。光武起兵。皆先取宛。其形勢可見。李忠定曰。天下形勢。關中爲上。襄鄧次

生甫及申蹶父皇父無稱甫樊仲山甫無單稱甫命程伯休父

之(原注)(輿地廣記云)蔡州新蔡古呂國今按新蔡之地屬蔡未嘗屬楚子重不當請爲賞田則呂國在宛明矣(閻按括地志)故申城在鄧州南陽縣北三十里故呂城在鄧州南城縣西四十里故班固曰宛縣申伯國徐廣曰呂在宛縣(詩集傳)以申在今鄧州信陽軍之境亦非○(元圻案)(尚書呂刑孔傳)後爲甫侯故稱甫刑(正義曰)禮記書傳引此篇之吉多稱爲甫刑故傳解之(唐宰相世系表)呂氏出自姜姓至周穆王呂侯入爲司寇宣王世改呂爲甫水經淯水注梅溪又逕宛西呂城東史記曰呂尚先祖爲四岳佐禹治水有功虞夏之際受封於呂故因氏爲呂尚也(漢書高帝紀)秦三年六月略南陽郡南陽守走保城守宛沛公引兵過宛西張良諫曰沛公雖欲急入關秦兵尚衆距險今不下宛宛從後擊彊秦在前此危道也於是沛公乃夜引軍從他道還偃旗鼓遲明圍宛城三匝(後漢書光武紀)莽地皇三年光武與李通從弟軼起於宛更始元年正月伯升破王莽納言將軍嚴尤秩宗將軍陳茂於淯陽進圍宛城(王氏詩地理考引林氏曰)漢與楚相持常出武關收兵宛葉間光武起南陽以宛首事申卽宛也　李忠定名綱字伯紀邵武人祖從無錫登政和進士事跡具宋史本傳高宗卽位拜尚書右僕射中書侍郎如姚崇疏上十事王氏所引其巡幸事中語也又言臣嘗議巡幸今縱未能行上策當且適襄鄧示不忘故都以繫天下之心夫南陽光武所與西隣關陜可以召將士東達江淮可以運穀粟南通荆湖巴蜀可以取財貨北距三都可以遣救援

禮記孔子閒居詩曰維嶽降神生甫及申鄭康成注言周道將興五嶽爲之生賢輔佐仲山甫及申伯爲周之幹臣(原注)正義(云)按鄭志注禮在先未得毛傳　愚謂仲山甫猶儀禮所謂伯某甫也周語二云樊仲山父蓋甫與父同若以仲山甫爲甫則尹吉甫蹶父皇父程

宣王撥亂之志

伯休父亦可以言甫矣。近世說詩者。乃取此而舍箋傳。愛奇之過也。〔原注〕〔權德輿集云〕魯獻公仲子曰山甫入輔於周食采於樊〔閻按〕〔漢杜欽傳〕仲山甫異姓之臣就封於齊注云韓詩康成其出此乎○〔元圻案〕詩蒸民肅肅王命仲山甫將之毛傳仲山甫樊侯也〔正義曰〕言仲山甫是樊國之君爵為侯而字仲山甫也六月文武吉甫萬邦為憲傳吉甫尹吉甫也韓奕蹶父之子傳蹶父卿士也常武南仲太祖太師皇父箋南仲文王時武臣也宣王命大將乃用其以南仲為太祖者今太師皇父是也王謂尹氏命程伯休父正義曰楚語云重黎氏世敘天地其在周程伯休父其後也〔韋昭云〕程國伯爵休父名也按父宜是字而昭以為名未能審之○〔崧高箋〕申申伯也甫甫侯也〔正義曰〕孔子閒居注以甫為仲山甫〔按外傳〕稱樊仲山甫則是樊國之君必不得與申伯同為岳神所生注禮之時未詳詩意故耳〔序云〕崧高美宣王也天下復平能建國親侯襃賞申伯焉故詩之稱申伯者十四申甫並稱者惟首章耳〔朱新仲猗覺寮雜記〕謂甫侯乃穆王時人去宣王時甚遠觀蒸民一篇專美山甫則崧高所美為山甫不疑東萊呂氏實夫黃氏皆以康成遠取訓夏贖刑之甫侯為非而黃氏謂申甫皆宣王時賢諸侯甫雖不見於經以文考之蓋當如此〔朱子集傳〕謂甫是宣王時人作呂刑者之子孫皆不從鄭箋之說李迂仲据史記言太公望其先祖掌四岳佐禹有功虞夏之際或封於呂或封於申周語曰齊許申呂皆姜姓也至於甫侯即穆王時訓夏贖刑者是也蓋皆出于四岳之後故連言之言崧高之山其大極矣在穆王時則生甫侯在宣王時則生申伯此說是也詩人之美其人者多推本其先祖之德如南仲太祖太師皇父是也甫申皆四岳之後詩言維嶽降神生甫及申由先以及其後言能世濟其美也又言維申及甫維周之翰由後以及其先言能繩其祖武也若申甫為同時之人何以下獨美申伯而不復更及甫之一語乎

左氏傳〔昭公二十六年〕曰。諸侯釋位。以閒王政。宣王有志。而後效官。雲漢之序曰。內有撥亂之志。非立志何

庭燎沔水以箴規

祈父以司馬職廢作轉予卹爲四伐戎

以成中興之功。〔何云〕宋之孝宗豈伊無志哉惑于羣小偷惰之言志不定故也○〔元圻案〕〔大雅雲漢序曰〕仍叔美宣王也宣王承厲王之烈內有撥亂之志遇烖而懼側身修行欲銷去之 後唐之莊宗能繫燕父子以組函梁君臣之首入太廟而告成功亦以能立志故也及得志意滿而漸不克終矣

宣王晏起。姜后請愆。則庭燎之箴。始勤終怠可見矣。殺其臣杜伯而非其罪。則沔水之規。讒言其興可見矣。〔元圻案〕〔後漢書皇后紀〕康王晚朝關雎作諷宣王晏起姜氏請愆〔註列女傳曰〕周宣王姜后齊后之女也宣王嘗夜臥晏起后夫人不出房姜后既出乃脫簪珥待罪于永巷使傅母通言於王曰妾不才淫心見矣至使君王失禮而晏起以見君王樂色忘德敢請罪惟君王之命王曰寡人之過夫人何辜遂勤政事成中興之名焉 〔小雅庭燎序〕美宣王也因以箴之〔逸齋補傳十七〕庭燎首章以夜未央而問次章以夜未艾而問卒章以夜鄉晨而問則宣王怠意已見視朝漸晚矣至煩賢妃脫簪待罪詩人之規信於蓍龜也 〔周語內史過曰〕周之興也鸑鷟鳴于岐山其衰也杜伯射王於鄗韋昭註杜國伯爵陶唐氏之後〔周春秋曰〕宣王殺杜伯而不辜後二年宣王田於圃日中杜伯起于道左衣朱衣朱冠操朱弓朱矢射王中心折脊而死 〔說苑立節篇〕左儒友於杜伯皆臣周宣王宣王將殺杜伯而非其罪也左儒爭之於王九復而王弗許〔墨子明鬼篇〕載杜伯事與韋注所引周春秋其辭略同疑皆非其實也唯說苑爲近正 〔小雅沔水序〕規宣王也逸齋補傳十七卒章有讒言其興之戒必宣王頗惑讒言不親諸侯故近臣規之也

祈父傳。謂宣王之末。司馬職廢。羌戎爲敗。按通鑑外紀。三十三年。王伐太原戎。不克。三十八年。王伐條戎奔戎。王師敗績。三十九年。戰于千畝。王

詩尹氏與春秋先後

召故老訊夢

師敗績於姜氏之戎。四十一年。王征申戎。破之。
轉予于恤。蓋謂此四役也。〔全云〕此二條乃亭林顧氏日知錄中論宣王所本○〔元圻案〕〔祈父正義曰〕周語云宣王三十九年戰于千畝王師敗績於姜氏之戎故言姜戎爲敗常父美宣王命程伯休父爲大司馬則休父賢者也言職廢者蓋休父卒後他人爲之其人不賢故職廢也〔後漢書西羌傳〕宣王三十一年王遣兵伐太原戎不克後五年王伐條戎奔戎王師敗績後二年晉人敗北戎於汾隰戎人滅姜侯之邑明年王征申戎破之年分與外紀不符
尹氏不平。〔節南山〕赫赫尹氏不平謂何此幽王所以亡。春秋於平王之末。書尹氏卒。〔隱公三年〕見權臣之繼世也。於景王之後書尹氏立王子朝。〔昭公二十三年〕見權臣之危國也。詩之所刺。春秋之所譏。以此坊民。猶有五侯擅漢。三馬食曹之禍。〔元圻案〕〔隱公三年公羊傳曰〕其稱尹氏何貶曷爲貶譏世卿世卿非禮也〔漢書元后傳〕成帝河平二年上悉封舅譚爲平阿侯商成都侯立紅陽侯根曲陽侯逢時高平侯五人同日封故世謂之五侯〔司徒掾班彪曰〕王莽之興由孝元后歷漢四世爲天下母饗國六十餘載羣弟世權更持國柄五將十侯卒成新都〔晉書宣帝紀〕魏武察帝有雄豪之志聞有狼顧相乃召使前行令反顧面正向後而身不動又嘗夢三馬同食一槽甚惡焉
召彼故老。訊之占夢。於是卽我御事。罔或耆壽俊在厥服。矣好讒慝暗昧。近頑童窮固矣。商之咈

赫赫宗周衰兆

國亂職競由人

裳裳者華興世臣

家父仍叔尙見春秋

厲王稱汾王

其耇長吳之播棄黎老與亂同事也（元圻案）（小雅正月箋云）君臣在朝侮慢元老召之不問政事但問占夢不尙道德而信徵祥之甚（周語史伯曰）今王棄高明昭顯而好讒慝暗昧惡犀角豐盈而近頑童窮固（吳語）吳王還自伐齊申胥曰昔吾先王世有輔弼之臣以能遂疑計惡以不陷于大難今王播棄黎老而孩童焉比謀

宣三十年有兔舞于鎬京而赫赫宗周有寖微之象矣幽二年三川竭岐山崩而陵谷易處有將亡之形矣匪降自天職競由人致此者人也豈天所爲哉（元圻案）有兔舞于鎬京見竹書紀年（周語）幽王三年西周三川皆震伯陽父曰周將亡矣又是歲也三川竭岐山崩史記作幽王二年（小雅十月之交）下民之虐匪降自天噂沓背憎職競由人（朱子集傳曰）言所以致變異者由小人用事於外而嬖妾蠱惑王心於內以爲之主故也

裳裳者華興賢者功臣之子孫世臣與國升降者也王朝則周召二公夾輔王室家父仍叔二雅舊人歷汾王之亂平王之遷猶在也（何云）（正義）謂詩家父仍叔與見春秋桓公年閒者年月長遠並應別人侯國則翼之九宗遂之四氏與封建之法相維持彼漢之彧羣魏之荀何江左之淵儉

唐季之崔柳。豈世臣之謂乎。〔閻按〕〔孔穎達辨詩〕家父仍叔與見春秋桓公年閒者年月長遠並應別人然王氏亦指其後人言〇〔元圻案〕〔小雅裳裳者華序云〕刺幽王也古之仕者世祿小人在位則讒諂並進棄賢者之類絕功臣之世焉〔節南山序云〕家父刺幽王也正義曰桓七年天王使家父來求車桓十五年上距幽王之初則八十五年矣古人以父爲字或累世同之未必是一人也〔雲漢序云〕仍叔箋引桓五年仍叔之子來聘春秋時趙氏世稱孟智氏世稱伯仍氏或亦世字叔也自桓五年上距宣王之卒七十六歲引之以證仍叔是周大夫耳未必是一人也〔大雅韓奕〕韓侯娶妻汾王之甥箋云汾王厲王也厲王卒于彘彘在汾水之上故時人因以號之〔隱公六年左傳〕翼九宗五正註翼晉舊都也唐叔受封受懷姓九宗職官五正遂世爲晉強家九宗一姓爲九族也〔莊公十七年左傳〕遂因氏頜氏工婁氏須遂氏饗齊戍醉而殺之註四族遂之彊宗 荀彧陳羣注見後召公是似條 〔晉書荀顗傳〕傳顗字景倩魏太尉彧之第六子也魏時累遷侍中賜爵關內侯高貴鄉公立顗言於景帝曰今上踐阼權道非常宜速遣使宣德四方且察外志武帝踐阼進爵爲公 何曾字穎考父夔魏太僕陽武亭侯曾少襲爵武帝襲王位以曾爲晉丞相加侍中與裴秀王沈等勸進〔南齊書褚淵傳〕淵字彥回父湛之尙宋武帝女淵復尙文帝女齊臺建淵白太祖引何曾自魏司徒爲晉丞相求爲齊官太祖謙讓不許又王儉傳儉字仲寶祖曇首宋右光祿父僧綽金紫光祿大夫儉數歲襲爵豫章侯拜受茅土太祖爲太尉引爲長史時大典將行儉爲佐命禮儀詔策皆出於儉褚淵唯爲禪詔文使儉參治之 〔唐書姦臣傳〕崔允字垂休宰相愼由子也允素善朱全忠委心結之天復元年全忠已取河中進偪同華中尉韓全誨以允與全忠善恐導之翦除君側乃白罷政事未及免倉卒挾帝幸鳳翔允怨帝見廢不肯從召全忠以兵迎天子允出居華州全忠引兵還屯河中允迎謁渭橋奉觴爲全忠壽自歌以釂酒全忠雖據河南顧強諸侯相持未敢決移國及允閒內隙與相結得擿其禍取朝權以成強大終亡天下又柳璨字炤之公綽族孫也以諫議大夫同中書門下平章事朱全忠圖篡弒宿衞士皆汴人璨亦厚結之脅哀帝曰人望歸元帥矣陛下宜揖讓以授終璨請自行進拜司空爲冊禮使師日進道

執我仇仇

三事亶侯多藏

小大東杼柚之空

皇父爲羣邪之宗

執我仇仇。亦不我力。周所以替也。雖不能用吾慭寘之於耳。楚所以亂也。君且休矣。吾將思之。漢所以徵也。〔元圻案〕〔小雅正月傳〕曰仇仇猶謷謷也箋云王既得我執留我其禮待我謷謷然亦不問我在位之功力言其有貪賢之名無用賢之實〔爾雅釋訓〕仇仇敖敖傲也註皆傲慢賢者〔楚語〕靈王虐白公子張驟諫王病之曰子復語不穀雖不能用吾慭實之於耳對曰賴君之用也故言不然巴浦之犀犛兕象其可盡乎其又以規爲瑱也遂趨而退乃有乾谿之亂〔漢書楚元王傳〕成帝無繼嗣政由王氏出災異寖甚向遂上封事極諫天子召見向歎息悲傷其意謂曰君且休矣吾將思之

擇三有事。亶侯多藏。貪墨之臣爲蟊賊。小東大東。杼柚其空。聚斂之臣爲斧斤。文侯之命所謂殄資澤於下民也。是時號石父好利用事。而皇父以卿士爲羣邪之宗。〔何云〕此皆感歎田公之事〔全云〕宋之弊政始於趙與籌岳珂之聚斂繼而爲安宅之趙汝楳之履畝又繼而爲買似道之公田深寧所以浩歎也何說未備○〔元圻案〕〔小雅十月之交傳曰〕擇三有事有司國之三卿信維貪淫多藏之人箋云作都立三卿皆取聚斂之人言不知猒也〔小雅大東箋云〕小也大也謂賦斂之多少也小亦於東大亦於東言其政偏失砥矢之道也〔史記周本紀〕幽王以號石父爲卿用事國人皆怨石父爲人佞巧善諛好利〔十月之交經曰〕皇父卿士番維司徒家伯冢宰仲允膳夫聚子內史蹶維趣馬楀維師氏豔妻煽方處箋云皇父家伯仲允皆字番聚蹶楀皆氏六人之中雖官有尊卑權寵相連朋黨於朝皇父則爲之端首兼擅衆職故但目以卿士云

神聽和平見信好

神之式穀見與直

播厥百穀種數

文基武鑿周內

詩雅分經傳

公劉詩爲周禮所本

神之聽之。終和且平。小雅伐木朋友之信。可質於神明。〔案〕〔程子曰〕鳥鳴嚶嚶以物情與朋友之好視鳥如是豈人而不求友乎朋友之信久不渝可質於神明神之聽之。式穀以女。〔小雅〕小明上句云靖共爾位正直是與正直之道。無愧於幽隱。

楊泉物理論曰。稻粱菽各二十種。爲六十。疏果之實助穀各二十。凡爲百穀。故詩曰播厥百穀。〔元圻案〕〔隋書經籍志〕儒家梁有楊子物理論十六卷晉徵士楊泉撰　物理論今佚此文見太平御覽八百三十七

詩大小雅譜引傳曰。文王基之。武王鑿之。周公內之。疏云。未知此傳在何書。〔全云〕漢儒引緯書有易傳書傳之稱則此亦其類非三家詩傳也〇〔元圻案〕〔正義曰〕此傳以作室爲喻也言周國之興譬如爲室文王始造其基武王鑿其榱楝周公內而架之乃成爲室猶言文王受命武王因之得伐紂定天下周公致太平制禮作樂以成之大雅十八篇小雅十二篇爲正經凡書非正經者謂之傳未知此傳在何書也〔讀詩記十七〕〔按〕屈原離騷謂之經自宋玉九辯以下皆謂之傳以此例考之鹿鳴以下小雅之經也六月以下小雅之傳也文王以下大雅之經也民勞以下大雅之傳也孔氏謂凡書非正經者謂之傳善矣又謂未知此傳在何書則非也〔北史魏李彪求復舊職表曰〕記曰善迹者欲人繼其行善歌者欲人繼其聲故傳曰文王基之周公成之

三代之禮有損益。而所因者。未之有改也。以公劉

君之宗之
其軍三單
徹田為糧

咨女殷商

靡哲不愚事證
善人載尸事證

之詩考之君之宗之宗法始於此其軍三單軍制始於此徹田為糧徹法始於此周禮有自來矣（元圻案）（大雅公劉傳曰）為之君為之大宗也（朱子集傳曰）宗尊也主也嫡子孫主祭祀而族人尊之以為主也（李氏樗曰）周禮宗子有五大宗子一小宗子四別子為祖繼別為宗百世不遷者大宗也繼禰之宗繼祖之宗繼曾祖之宗繼高祖之宗五世則遷者小宗也皆所以主祭祀而統族人（箋云）大國之制三軍以其餘卒為羨單者無羨卒也（正義曰）地官小司徒云凡起徒役無過家一人以其餘為羨羨謂家之副丁也今言其軍三單則是軍而無副故稱單也（又箋云）什一而稅謂之徹（正義曰）徹乃周之稅法公劉夏時諸侯而言徹者以其俱是什一其名可以相通也大國三軍亦是周制而謂公劉之時已作三軍者以三代損益事多相因（逸齋詩補傳）正君臣之位以統率於上立大宗之法以相維於下蓋古者建國必立宗疑始於此立大軍之制以治兵為徹田十一之法以儲糧凡周家軍制徹法皆始於此也

咨女殷商猶賈山之借秦為諭也周公戒成王無若殷王受又曰宜鑒于殷駿命不易人君常聞危亡之言則可保其安存矣（元圻案）（逸齋詩補傳）蕩蕩上帝自二章以下皆設言商之過猶後世借秦為諭也（漢書賈山傳）山潁川人也孝文時言治亂之道借秦為諭名曰至言

靡哲不愚司空圖之耐辱也善人載尸裴度之晚節也（元圻案）（大雅抑傳）國無道則愚（箋云）王政暴虐賢者皆佯愚不為容貌如不肖然（大雅板箋云）王方行酷虐之威賢人君子則如尸矣不復言語（唐書

孔子說烝民
緡蠻詩
菁莪詩句解
韓子說詩繁
簡
易道書言詩

卓行傳〕司空圖字表聖河中虞鄉人咸通末擢進士昭宗在華召拜兵部侍郎以足疾固自乞圖本居中條山王官谷遂隱不出作亭名休休作文以見志自號耐辱居士其言詭激不常以免當時禍災云〔又裴度傳〕度字中立河東聞喜人貞元初擢進士第文宗時進司徒平章軍國重事時閹豎擅威天子擁虛器搢紳道喪度不復有經濟意乃治第東都集賢里午橋作別墅號綠野堂與白居易劉禹錫為文章把酒窮晝夜相歡不問人間事〔王安石曰〕善人載尸畏禍故也

孔子於烝民加四字而意自明。於緡蠻曰於止知其所止。可以人而不如鳥乎。此說詩之法。韓子於菁菁者莪。屑屑訓釋。蓋少作也。晚歲引詩言老成人重於典刑。簡而當矣。〔何云〕若庸人不得不申重反覆非少作故〔全云〕既庸人矣何必毋申重反覆以求一遇〇〔元圻案〕〔昌黎集上宰相書曰〕詩之序曰菁菁者莪樂育材也君子能長育人材則天下喜樂之矣其詩曰菁菁者莪在彼中阿既見君子樂且有儀說者曰菁菁者盛也莪微草也阿大陵也言君子之長育人材若大陵之長育微草能使之菁菁然盛也既見君子樂且有儀云者天下美之之辭也其三章曰既見君子錫我百朋說者曰百朋多之之辭也言君子既長育人材又當爵命之賜之厚祿以寵貴之云爾其卒章曰汎汎楊舟載沈載浮既見君子我心則休說者曰載載也沈浮者物也言君子之於人材無所不取若舟之於物浮沈皆載之云爾既見君子我心則休云者言若此則天下之心美之也君子之於人也既長育之又當爵命寵貴之而於其才無所遺焉案年譜公時年二十八〔又論孔戣致仕狀曰〕七十求退人臣之常禮若有德及氣力尚强則君優而留之不必年過七十盡許致事也詩曰雖無老成人尚有典刑此言老成人重於典刑不可不惜而留之也公時年五十六〔邵氏博聞見後錄曰〕退之於文不全用詩書之言如田宏正先廟碑曰昔者魯僖公能遵其祖伯禽之烈周天子實命其史臣克作駉駜泮閟之詩使聲於其廟以假魯靈其用詩之法如此如上

愛莫助之歎
仲山甫
仲山甫諫立
戲料民
韓城燕師地

宰相書解釋藹藹者哉二百餘字蓋少作也〔讀詩記一〕引謝氏曰明道先生善言詩未嘗章解句釋但優遊玩味吟哦上下使人有得處曰瞻彼洛矣悠悠我思道之云遠曷云能來思之切矣百爾君子不知德行不忮不求何用不臧歸於正也只兩言而意已盡矣足以推廣王氏之說

考之周語。立魯公子戲。則仲山甫諫。料民太原。則仲山甫又諫。然聽之藐藐也。當時公卿唯虢文公諫不籍千畝。而他無聞焉。此詩人所以有愛莫助之之歎。〔元圻案〕〔周語〕魯武公以括與戲見王王立戲樊仲山甫諫曰天子立諸侯而建其少是教逆也若魯從之而諸侯傚之王命將有所壅若不從而誅之是自誅王命也王卒立之又宣王既喪南國之師乃料民於太原仲山甫諫曰不謂其少而大料之是示少而惡事也臨政示少諸侯避之治民惡事無以賦令王卒料之又宣王卽位不籍千畝虢文公諫曰民之大事在農膳夫農正陳籍禮太史贊王王耕一墢班三之燕人終於千畝民用莫不震動恪恭於農功今天子欲修先王之緒而棄其大功匱神之祀而困民之財將用以求福用民王弗聽〔大雅烝民愛莫助之箋云〕愛惜也仲山甫能獨舉此德而行之惜乎莫能助之者

溥彼韓城。燕師所完。鄭箋以燕爲燕安。王肅云今涿郡方城縣有韓侯城。〔原注〕見水經注燕北燕國。愚謂詩云奄受北國。肅說爲長。〔閻按〕韓侯入覲入字便知韓國不在畿內遠與北燕爲鄰肅說果長○〔元圻案〕〔大雅韓奕箋云〕溥大也燕安也大矣彼韓國之城乃古平安時衆民之所築完〔水經注十二〕聖水又東南逕韓城東詩韓奕篇溥彼韓城燕師所完〔鄭元曰〕周封韓侯居韓城爲侯伯爲獫

出宿于屠

申侯爲封外戚藉口

夷所逼稍稍東遷也(王肅曰)今涿郡方城縣有韓侯城 鄭康成以韓國在同州韓城縣則去北燕二千餘里必無遠役燕民往城之理故以燕爲燕安不以燕爲燕國惟王子雍以韓城在涿郡方城縣則與燕爲近則燕卽北燕也不必迂其說爲燕安矣李迂仲黃實夫從鄭氏曹氏詩說逸齋補傳朱子集傳從王氏(釋文)燕王肅孫毓並烏賢反云北燕國

韓侯出祖。出宿于屠。毛氏曰。屠地名。不言所在。潏水李氏以爲同州鄜谷。今按說文。鄜(邑部)有左馮翊鄜陽亭。(原注)同都切 馮翊。卽同州也。潏水之言信矣。(元圻案)(朱子集傳)屠地名或曰卽杜也 (金壇段玉裁曰)屠鄜古今字顧氏祖禹讀史方輿記要作荼谷渡云在今陝西同州府郃陽縣東河西故城南

漢恩澤侯表曰。帝舅緣大雅申伯之意。後之寵外戚者。率以是藉口。自宣王褒申伯而申侯終以召戎禍。猶可以爲萬世法乎。外戚秉政。未或不亡。漢亡於王莽何進。晉亡於賈謐。唐幾亡於楊國忠。石晉亡於馮玉。(何云)庾亮有賢名然終致蘇峻之亂 (全云)曹操篡漢而伏完死難司馬氏篡魏而張緝死難蕭道成篡宋而王蘊死難楊堅以外戚篡周而尉遲迥亦以外戚死難外戚非必皆不賢也漢之呂霍上官不可用矣而竇嬰則名臣王商馮野王傅喜三人元成哀若能大用之可無王氏之禍要之在知人耳然深寧則有感於賈妃而言○(元圻案)(漢書恩澤侯表注)應劭曰申伯周宣王元舅也爲邑於謝後世欲光寵外親者緣申伯之恩援此以爲諭也(後漢書何進傳)進

異母女弟道入掖庭靈帝立爲皇后皇子辯卽位何太后臨朝進輔政素知中官天下所疾兼
忿蹇碩圖己陰規誅之遂召前行軍董卓屯關中上林苑〔晉書賈充傳〕充無嗣謚母賈午
充少女也父韓壽謐好學有才思既爲充嗣繼佐命之後賈后〔賈充女〕專恣謐權過人主及
遷侍中專掌禁內遂與后成謀誣陷太子〔案〕晉亡於賈謐謂西晉也當有西字〔唐書
外戚傳〕楊國忠太真妃之從祖兄拜右相安祿山方有寵總重兵于邊偃蹇不奉法國忠知
終不出己下又恃內援獨暴發反狀國忠寡謀矜躁謂祿山跋扈不足圖故激怒之使必反以
取信於帝〔五代史雜傳〕馮玉定州人晉出帝納玉姊爲后玉以后戚遷樞密使中書侍郎
同中書門下平章事是時出帝童昏馮皇后用事軍國大事一決於玉四方賄賂積貲鉅萬
〔晉書庾亮傳〕亮字元規明穆皇后之兄也明帝卽位以爲中書監亮上書讓曰臣於陛下
后之兄也婚媾之私羣情之所不能免是以疏附則信姻進則疑疑積於百姓之心則禍成於
重闈之內矣受遺詔輔幼主太后臨朝政事一決於亮蘇峻多納亡命亮知峻必爲
禍亂徵爲大司農舉朝謂之不可溫嶠亦累書止之皆不納峻遂與祖約俱舉兵反

盜言孔甘。寇攘式內。〔案〕〔大雅蕩箋云〕寇盜攘竊爲姦宄者而王信之使用事於內 皆孟子所
謂民賊也。有民賊則賊民。與漢傅爕曰。天下之
禍。不由於外。皆興於內。唐裴度曰。欲平賊當先
清朝廷。眞文忠公曰。內有衣冠之盜。而後外有
干戈之盜。〔元圻案〕〔後漢書傅爕傳〕爕字南容北地靈州人也爲護軍司馬與
皇甫嵩俱討賊張角爕素疾中官既行因上疏云云〔資治通鑑唐紀〕
穆宗長慶元年裴度討王庭湊元稹以度先達重望恐其復有功大用妨己進取故度所奏畫
軍事多與魏宏簡從中沮壞之度乃上表以爲逆豎構亂震驚山東姦臣作朋撓敗國政陛下
欲蕩掃幽鎮先宜肅清朝廷〔鹽鐵論文學曰〕諸侯好利則大夫
鄙大夫鄙則士貪士貪則庶人盜是開利孔爲民罪梯者也

大師維垣。鄭箋以爲三公。王介甫以爲大衆。朱子集傳從王說。〔元圻案〕〔大雅板之七章大師維垣箋云大師三公也〕〔朱子集傳曰〕師衆〔呂成公讀詩記〕引王氏曰大師大衆也　鄭以大師爲三公故讀大爲泰呂從介甫爲大衆則大當依本音而亦音泰似誤集傳無音蓋讀如字

維天之命。傳引孟仲子曰。大哉天命之無極。而美周之禮也。詩譜云。子思論詩於穆不已。孟仲子曰於穆不似。〔原注〕仲子子思之弟子　閟宮傳引孟仲子曰。是禖宮也。序錄云。子夏傳曾申。申傳魏人李克。克傳魯人孟仲子。歟〔原注〕〔孟子注〕孟仲子孟子之從昆弟學於孟子者豈名氏之同〔全云〕孟子事子思已云時世闊絕況孟仲子乎〇〔元圻案〕〔周頌維天之命正義曰〕孟子云齊王以孟子辭病使人問醫來孟仲子對趙岐云孟仲子孟子從昆弟學於孟子者也譜云孟仲子者子思弟子蓋與孟子共事子思後學於孟子著書論詩毛氏取以爲說又云子思論詩於穆不已仲子曰於穆不似此傳雖引仲子之言而文無不似之義蓋取其所說而不從其讀

筆談云。彼徂矣岐。有夷之行。朱浮傳作彼岨者岐。有夷之行。今按後漢朱浮傳無此語。西南夷傳。朱輔上疏曰。詩云。彼徂者岐。有夷之行。注引韓

昊天成命以郊祀說成王成康義異周頌有康昭以後詩

詩薛君傳曰徂往也蓋誤以朱輔爲朱浮〔案〕李黃集解引筆談而未正其誤亦無岨字〔元圻案〕〔夢溪筆談十四〕謂書之闕誤有可見於他書者如詩天夭是椓〔後漢蔡邕傳〕作夭夭是加與速速方轂爲對又彼徂矣岐云云〔後漢書莋都夷傳〕益州刺史朱輔上疏曰臣聞詩云彼徂者岐有夷之行傳曰岐道雖僻而人不遠注韓詩薛君傳曰徂往也夷易也行道也彼百姓歸文王者皆曰岐有易道可往歸矣易道謂仁義之道而易行故岐道險阻而人不難　彼徂矣岐有夷之行毛詩作徂〔箋云〕後之往者又以岐邦之君有佼易之道故也以矣字絶句集傳徂作岨〔朱子曰沈括云後漢書西南夷傳〕作彼岨者岐今按彼書岨但作徂而引韓詩薛君章句亦但訓爲往獨矣正作者如沈氏說然其注末復云岐雖阻僻則似又有岨意韓子亦云彼岐有岨疑或別有所据故今從之而定讀岐字絶句〔書錄解題小說類〕夢溪筆談二十六卷沈括存中撰序云退居絶過從所與談者惟筆硯而已

歐陽公詩本義時世論曰昊天有成命二后受之成王不敢康所謂二后者文武也則成王者成王也當是康王以後之詩執競不顯成康所謂成康者成王康王也當是昭王已後之詩噫嘻曰噫嘻成王者亦成王也范蜀公正書曰昊天有成命言文武受天命以有天下而成王不敢以逸豫爲也此揚雄所謂康王之時頌聲作於下自

成王不敢康

彼成康奄有四方祀武王而述成康見子孫之善繼也班孟堅兩都賦序文曰成康沒而頌聲寢言自成康之後不復有見於頌也朱子集傳與歐范之說合〔元圻案〕〔周頌昊天有成命箋云〕有成命者言周自后稷之生而已有天命也文王武王受其業施行道德成此王功不敢自安逸〔執競傳〕不顯乎其成大功而安之〔噫嘻傳〕成王成是王事也〔欽定詩經傳說彙纂〕案昊天有成命詩自古序以至漢唐諸儒皆以爲郊祀天地之樂歌文武受天命成其爲王業其詩作在周公成王之世宋諸儒亦遵其說惟歐陽修以昊天有成命之成王執競之成康噫嘻之成王謂成王誦康王釗也朱子初亦從毛鄭之詁後定集傳援國語從歐說以爲祭成王之詩蓋依經爲解辭無紆曲後儒遵之者固衆而暨議以申序說者亦不少其意謂周公制禮作樂頌之用於郊廟爲大孔子刪詩雅頌得所旣以頌爲周公所作不應有康昭以後之詩若康昭之詩次於我將時邁及思文大武之前似非得所且禋祀大典文王何得無詩一疑也國語叔向引詩朱子作成王誦解亦可然晉語載穆叔聘晉樂及鹿鳴而後拜晉侯使人問焉對曰先樂金奏肆夏繁遏渠天子所以饗元侯也故不敢拜呂叔玉云繁遏執競也朱子取呂說載於集傳若從國語叔向之告以昊天章爲康王之詩則國語穆叔之對稱執競爲先王饗元侯所用又不可爲昭王以後詩矣二疑也然要皆未識朱子虛公之心爾頌首集傳云周頌三十一篇多周公所定則即鄭箋據周禮以詮詩之說也又云亦或有成王以後之詩夫據經文以解詩而猶曰或曰疑者朱子何嘗蔑視古昔哉〔宋黃震曰〕古注晦菴凡二說在學者詳之是矣〔又按〕〔朱子初注〕執競詩曰武王持其自強不息之心故其功烈之盛天下莫得而競此其所以成大功而安之見於呂祖謙讀詩記中後從歐陽修之說而定集傳始闢毛鄭

昊天有成命二后受之成王不敢康朱子〔集傳〕引國

飴我釐麰亦作麰赤烏以牟麥俱來

語叔向曰。是道成王之德也。成王能明文昭定武烈者也。其爲祀成王之詩無疑。愚觀賈誼書禮容語。引叔向曰。二后文王武王。成王者武王之子。文王之孫也。文王有大德而功未就。武王有大功而治未成。及成王承嗣。仁以臨民。故稱昊天焉。其義尤明。〔元圻案〕〔讀詩記〕昊天有成命引朱子曰天將祚周以天下既有服命矣文武受之將成其王業不敢康寧夙夜積德以爲受命之基者至深遠矣朱子初亦從舊說〔又引蘇氏曰〕此詩有成王不敢康而執競有不顯成康世或以爲此言成王誦康王釗也然則周頌有康王子孫之詩矣周公制禮禮之所及樂必從之樂之所及詩必從之故頌之施於禮樂者備矣後世無容易也且詩曰成王不敢康夙夜基命宥密又曰自彼成康奄有四方非自成康始也

歐陽公詩論古今諸儒。謂來牟爲麥者。更無他書所見。直用二頌毛鄭之說。來牟爲麥始出於毛鄭。而二家所據。乃臆度爲大誓不可知之言。愚按劉向封事引飴我釐麰。釐麰麥也。始自天降見漢書本傳文選班孟堅典引注。引韓詩貽我嘉麰。薛君曰。麰

陳少南不取商魯頌陳氏詩解

三壽作朋諸說

大麥也。毛鄭之說未可以爲非。(原注)(毛氏傳)牟麥也鄭箋赤烏以牟麥俱來廣雅始以爲來小麥牟大麥以劉向說麰矦當從古注(何云)來字卽麥字之半歐陽公不識字耶(一又云)說文云周所受瑞麥來麰一來二縫象芒朿之形天所來也故爲行來之來詩曰貽我來麰與毛鄭合○(元圻案)(周頌思文傳牟麥箋云)武王渡孟津白魚躍入于舟出涘以燎後五日火流爲烏五至以穀俱來此謂貽我來牟正義曰武王渡孟津至以穀俱來皆尚書文(惠氏九經古義)案鄭梟卿(後漢中庶子)字指蠥字从釐徐仙民讀與來同(歐陽公詩本義十二論曰)思文曰貽我來牟臣工又曰於皇來牟毛以牟爲麥牟者百穀中一穀爾自漢以前已有此名故孟子亦言麰麥然言麰又言麥則明非一物蓋麥類也古今諸儒皆來牟爲麥云云其可信哉(爾雅釋草)載詩所有諸穀之名甚多而獨無來謂之來牟是毛公之前說詩者不以來牟爲麥可知矣

陳少南不取魯頌。然思無邪一言亦在所去乎。(全云)不取魯頌亦非無義○(元圻案)(晁氏讀書志二)陳氏詩解二十卷皇朝陳鵬飛少南撰(書錄解題)謂少南不解商魯二頌以爲商頌當闕而魯頌可廢(陳氏詩解)今四庫書不著於錄經義考云未見

晉姜鼎銘曰保其孫子。三壽是利。魯頌三壽作朋。蓋古語也。先儒以爲三卿。恐非。(集證)(宣和博古圖)保其孫子三壽是利三壽者與詩人言三壽作朋同意蓋晉姜觀其始特保我子孫而外之三卿亦冀壽考也○(元圻案)(閟宮傳)壽考也(箋云)三壽三卿也正義曰老者尊稱天下謂父事之者爲三老公卿大夫謂其家臣之長稱室老諸侯之國立三卿故知三壽卽三卿也(張平子東京賦)降至尊以訓恭送迎拜乎三壽薛綜注三壽三老也(逸齋詩補傳二十七)三壽謂大國三卿或曰三壽謂上中

三頌傚誇異體

商頌繁周頌簡

正考父校商頌

奚斯作閟宮頌魯

商頌美宋襄謬說

商頌十二篇亡七

史克作魯頌由請命

下上壽百二十中壽百歲下壽八十魯人頌僖公與三壽之人爲朋也〔朱子集傳曰〕三壽未詳鄭氏曰三卿也或曰願公壽與岡陵等而爲三也

商周之頌。皆以吿神明。太史公〔史記樂書〕曰。成王作頌。推己懲艾。悲彼家難。至魯頌始爲溢美之言。所謂善頌善禱者。非商周之體也。後世作頌。傚魯而近諛又下矣。〔元圻案〕〔詩大序曰〕頌者美盛德之形容以其成功吿於神明者也〔毛詩李黃集解四十二〕李迂仲曰王氏曰周頌之辭約約所以爲嚴所美盛德故也魯頌之辭後後所以爲誇德不足故也此說盡之矣自古人君常患德之不足不患名之不揚使無其德而求其名則雖爲美辭以誇示天下天下後世其誰信之乎

或謂文之繁簡。視世之文質。然商質而周文。商頌繁而周頌簡。文不可以一體觀也。

法言〔學行篇〕曰。正考甫常晞尹吉甫矣。公子奚斯常晞正考甫矣。司馬公注揚子謂正考甫作商頌。奚斯作閟宮之詩。故云然。愚按史記宋世家襄公之時。修仁行義。欲與盟主。其大夫正考甫美之。故追道契湯高宗殷所以興。作商頌。〔全云〕襄公最不道何足頌乎注

詩毛傳未行異說
薛夫子父子爲韓詩

云韓詩章句美襄公。〔裴駰集解〕今本史記作修行仁義欲爲盟主樂記溫良而能斷者。宜歌商。鄭康成注謂商宋詩。蓋用韓詩說也。考之左傳。正考甫佐戴武宣。世本正考甫生孔父嘉。爲宋司馬。華督殺之而絕其世。皆在襄公之前。安得作頌於襄公之時乎。〔案〕宋穆公七年始入春秋穆公宣公之弟歷殤莊桓始及襄公孔父嘉見殺在魯桓公二年是年殤公被弒莊公立襄公卽位在魯僖公十年後漢曹褒傳。奚斯頌魯。考甫詠殷。注引韓詩新廟奕奕。奚斯所作。薛君傳云。是詩公子奚斯所作。正考甫孔子之先也。作商頌十二篇。詩正義云。奚斯作新廟。而漢世文人班固王延壽謂魯頌奚斯作。謬矣。然揚子之言。皆本韓詩。時毛詩未行也。〔原注〕薛漢世習韓詩父子以章句著名馮衍傳注引薛夫子韓詩章句卽漢也〔何云〕魏文帝呼薛夏爲薛君然魏略不言其傳詩定指薛漢也〔閻按〕此止辨商頌非正考甫作何不引魯語昔正考父校商之名頌十二篇於周大師以那爲首益見非考甫作〇〔元圻案〕〔鄭康成魯頌譜曰〕季孫行父請命於周而作其頌〔一正義曰〕文公年行父始見於經十八年史克名見於傳駉傳云史克作是頌廣言作頌不指

長發雝禘祭之別

駉篇則四篇皆史克所作閟宮云新廟奕奕奚斯所作自言奚斯作新廟耳而漢世文人班固毛延壽之等謂魯頌是奚斯作之謬矣故王肅云當文公時魯賢臣季孫請於周而令史克作頌四篇以祀〔商頌譜曰〕湯中宗高宗有受命中興之功時有作詩頌之者武王伐紂封微子啓爲宋公七世至戴公時當宣王大夫正考甫者校商之名頌十二篇於大師以那爲首歸以祀其先王孔子錄詩之時則得五篇而已〔班固兩都賦序〕皐陶歌虞奚斯頌魯同見采於孔氏列於詩書〔王延壽魯靈光殿賦序〕奚斯頌僖歌其路寢　漢時毛傳未行故多異說司馬貞史記索隱洪氏容齋續筆毛詩李黃集解皆有辨正其說與詩正義略同〔三國志魏王肅傳〕〔注〕魏略曰薛夏字宣聲黃初中爲祕書中帝每與夏推論書傳未嘗不終日也每呼之而不名謂之薛君〔惠氏九經古義曰〕薛君爲韓詩章句世謂淮陽薛漢撰而不知爲薛夫子也薛夫子名方邱字夫子廣德曾孫漢之父也見唐書宰相世系表〔後漢書儒林傳〕薛漢字公子淮陽人世習韓詩父子以章句著名當世言詩者推漢爲長范蔚宗不著漢父名字蓋由馬班史漢皆父子述作而成書於子也〔後漢書注〕文選注或引薛夫子或引薛君蓋稱薛君者皆漢說稱薛夫子者則方邱說耳〔周益公二老堂詩話下〕學者謂閟宮但曰奕奕新廟奚斯所作而無作頌之文遂疑揚子爲誤以予觀之奚斯既以公命作廟又自陳詩歸美其君故八章之中上自姜嫄后稷下逮魯公魯侯備極稱頌至末章始言作廟之功亦不爲過只如崧高詩亦云其詩孔碩其風肆好是吉甫固嘗自稱美何獨於奚斯而疑之揚子之言必有所據

長發大禘商頌毛傳箋云郊祭祭天也雝禘太祖周頌毛傳箋云大祭也大於四時而小於祫鄭康成以祭天爲禘與宗廟大祭同名春秋纂例趙子已辨其失矣王肅以禘祫爲一祭亦非也禘與祫異祫則太

孔子就太師正雅頌黍離降為國風

祖東嚮毀廟及羣廟之主昭南穆北合食於太祖禘則祖之所自出者東嚮惟以祖配之今混禘於祫宗廟有祫無禘〔元圻案〕〔長發序正義曰〕祭法云殷人禘嚳而郊冥注云禘謂冬至祭天於圜丘則圜丘之祭名為禘也〔雝序正義曰〕鄭志云禘大祭天人共之禘既大祭而小於祫者以四時之外特為此祭大於四時故云大祭但此大祭五年再為一則合聚祭之一則各就其廟故以合祭為祫就廟為禘禘尚大祭祫之可知〔春秋纂例曰〕閔公二年吉禘于莊公鄭康成注祭法云禘謂配祭昊天上帝於圜丘也蓋見祭法所說文在郊上謂為郊之最大者故為此說耳祭法所論禘郊祖宗者謂六廟之外永世不絕者有此四種爾禘之所及最遠故先言之又云祖之自出謂感生帝靈威仰也此何妖妄之甚此文出自讖緯始於哀平間偽書也〔文獻通考〕代宗寶應元年太常卿杜鴻漸等言禘者冬至祭天于圜丘周人配以遠祖高祖非始封之君不得為太祖以配天而太祖景皇帝受封于唐即殷之契周之后稷也請以太祖配享諫議大夫黎幹以為禘者宗廟之祭非祭天而太祖非受命之君不宜作配為十詰十難以排之是禘之為祭天祭宗廟唐時猶聚訟也宋衞湜禮記集說於祭法首節列鄭注於前次及孔氏熊氏皆從鄭學者也次及王荆公十二家之說於後皆從王肅之說者也朱子注論語禘之說亦從趙伯循〔本朝惠氏棟著明堂大道錄〕禘說專明鄭義〔書錄解題三〕春秋集傳纂例十卷辨疑七卷唐給事中吳郡陸質撰初潤州丹陽主簿趙郡啖助叔佐明春秋傳洋州刺史河東趙匡伯循質從助及伯循傳其學助攷三傳舍短取長又集前賢注釋補以己意為集傳集注又撮其綱目為統例助卒質與其子異纘錄以詣伯循請損益焉質隨而纂會之

范甯穀梁序孔子就太師正雅頌因魯史修春秋列黍離於國風齊王德於邦君明其不能復雅

萇楚箋端愨情慾義

甯戚歌碩鼠

政化不足以被羣后也。然左傳襄二十九年。季札觀樂於魯。已爲之歌王矣。孔子至哀十一年。始自衛反魯。樂正雅頌得所。則降王於國風。非孔子也。（元圻案）（哀公十一年左傳）孔文子之將攻太叔也。訪於仲尼。仲尼曰。胡簋之事則嘗聞之矣。甲兵之事未之聞也。魯人以幣召之乃歸。（晉書范汪傳）子甯字武子。以春秋穀梁氏未有善釋。遂沈思積年。爲之集解。爲世所重。

隰有萇楚箋云。人少而端愨。則長大無情欲。胡邦衡解學記取之。（元圻案）（玉海三十九）胡銓禮記傳十八卷。經義考云佚。今四庫全書亦不著錄。（衞湜集說）學記大學之法節。載廬陵胡氏曰。易蒙卦初六發蒙。則知未發猶童蒙之初也。其志不分。防之宜早。康衡曰。講防其端。禁於未然。詩傳人少而端愨。長大無情欲。十有五而志于學。三年而通一經。三十而五經立。此皆學之時。不陵節。若學詩學禮之次。

呂氏春秋。甯戚飯牛居車下。望桓公而悲。擊牛角疾歌。高誘注以爲歌碩鼠。不知何所據。（原注）（三齊記）載甯戚歌所謂南山矸白石爛者是也○（元圻案）（呂氏春秋離俗覽舉難篇）甯戚欲干齊桓公。窮困無以自進。於是爲商旅。將任車以至齊。暮宿於郭門之外。桓公郊迎客。夜開門。辟任車。爝火甚盛。從者甚衆。甯戚飯牛車下。望桓公而悲。擊牛角疾歌。桓公聞之曰。異哉之歌者。非常人也。命後車載之。注云。歌碩鼠也。其詩曰。碩鼠碩鼠。無食我黍云云。畢氏沅校本載孫云。後漢書馬融

四月秀葽非葽繞

衛武九十五作抑詩抑戒亦爲懿侯包韓詩翼要
衛武作刺詩年不合

傳注引說苑曰甯戚飯牛於康衢擊車輻而歌碩鼠與此正合梁仲子云今說苑善說篇云甯戚飯牛康衢擊車輻而歌顧見桓公得之霸也以上下文義求之顧見當是碩鼠之誤〔盧云〔按史記鄒陽傳集解〕引應劭曰齊桓公夜出迎客而甯戚疾擊其牛角商歌曰南山矸白石爛生不遭堯與舜禪短布單衣適至骭從昏飯牛薄夜半長夜曼曼何時旦此歌出三齊記〕〔藝文類聚〕又載一篇云滄浪之水白石粲中有鯉魚長尺半敝布單衣裁至骭清早飯牛至夜半黃犢上坂且休息吾將舍汝相齊國〔李善注文選成公子安嘯賦〕又載一篇云出東門兮厲石班上有松柏清且闌麤布衣兮縕縷時不遇兮堯舜主牛兮努力食細草大臣在爾側我當與爾適楚國三歌真贗雖不可知合之亦自成章法

四月秀葽。諸儒不詳其名。唯說文〔艸部葽〕引劉向說。以爲苦葽。曹氏以爾雅本草證之。知其爲遠志。〔元圻案〔爾雅釋草〕葽繞蕀蒬註今遠志也似麻黃赤華葉銳而黃其上謂之小草〔廣雅云〕〔邵氏正義〕葽繞一名蕀蒬說文云蒬棘蒬繫傳謂即遠志是也〔說文又云〕葽艸也詩曰四月秀葽劉向說此味苦苦葽此說文別釋秀葽之義或遂謂詩言秀葽即今遠志非也〔本草云〕遠志一名蕀蒬一名葽繞一名細草〔陶注云〕狀似麻黃而青〔圖經云〕遠志生泰山及寃句山谷今河陝京西州郡亦有之據此則曹氏之說非

董氏〔全云〕廣川董逌舉侯包言衛武公作抑詩。使人日誦於其側。朱子謂不知此出在何處。愚考侯包之說見於詩〔大雅抑〕正義。隋經籍志。韓詩翼要十卷。侯包撰。然則包學韓詩者也。〔元圻案〕大雅抑正義曰楚語云昔衛武公年九十有五矣猶箴儆於國曰自卿以下至於師

西戎以寒爲板屋

詩中華字車字音讀

朱子論詩中叶韻法

長苟在朝者無謂我耄而捨我於是乎作懿以自儆韋昭云昭謂懿詩大雅抑之篇也抑讀曰懿毛詩序曰抑衛武公刺厲王亦以自警如昭之言武公年耄始作抑詩按史記衛世家武公者僖侯之子共伯之弟以宣王三十六年即位則厲王之世武公時爲諸侯之世子耳未爲國君未有職事善惡無豫於物不應作詩刺王必是後世乃作追刺之耳正經美詩有後王時作以追美前王者則刺詩何獨不可後王時作而追刺前王乎〔侯包亦云〕衛武公刺王室亦以自戒行年九十有五猶使人日誦是詩而不離于其側其意亦取楚語爲說與韋昭小異〔朱子詩集傳曰〕董氏曰侯包言武公行年九十有五猶使人日誦是詩而不離於其側然則序說爲刺厲王者誤矣〔董逌廣川詩故注〕見前十五頁

秦詩在其板屋。西戎地寒。故以板爲屋。張宣公南嶽唱酬序云。方廣寺皆板屋。問老宿云。用瓦輒爲氷雪凍裂。自此如高臺上封皆然。〔原注〕〔漢地理志〕天水隴西民以板爲屋以南嶽觀之非獨西陲也〔闇按〕高臺上封皆寺名并見朱子詩〔又案南史隱逸傳〕南嶽鄧先生郁隱居衡山極峻之嶺立小板屋兩間是南嶽上之有板屋舊矣〇〔元圻案〕〔地理志云〕天水隴西山多林木民以板爲屋故秦詩在其板屋小戎正義引之蓋從其義〔朱子方廣板屋詩曰〕秀木千章倒層巒萬瓦差悄無人似玉空詠小戎詩亦取山多林木之意又有自方廣過高臺次敬夫韻至上封用擇之韻贈上封諸老詩

唐棣之華。維常之華。協車字。黍稷方華。協塗字。隰有荷華。協且字。曹氏謂華當作雩。音敷。蓋古車本音居。易曰。睽孤見豕負塗。載鬼一車。來徐徐

零露漙矣當作霝

困于金車。其音皆然。至說文有尺遮之音。乃自漢而轉。其聲。愚按何彼襛矣。釋文或云古讀華爲敷。與居爲韻。後倣此。朱文公集傳並著二音。而以音敷爲先。〔集證〕（引顧氏唐韻正曰）華古音敷易枯楊生華老婦得其士夫睽孤見豕負塗載鬼一車來徐徐困于金車其音皆然爾雅華荂也注今江東呼華爲荂荂音敷陸德明曰古讀華如敷不獨江東也今十虞部有荂字西漢時司馬相如上林賦華與沙叶音娑東方朔誡子詩華與和多叶始入歌韻至說文又有尺遮之音陸氏釋文引韋昭云古皆尺遮反至後漢始有居音非也○〔元圻案〕（朱子詩傳遺說曰）叶韻恐當以頭一韻爲準且如華字叶音敷如有女同車是第一句則第二句顏如舜華當讀作敷然後與下文佩玉瓊琚洵美且都皆叶至如何彼襛矣唐棣之華是第一韻則當依本音讀而下文王姬之車卻當作尺奢反如此方是今只從吳才老舊說不能又創得此例然楚辭紛余既有此內美兮又重之以修能能音耐然後與下文紉秋蘭以爲佩叶若能字只從本音則佩字遂無音如此則又未可以頭一韻爲定也

野有蔓草。零露漙兮。有美一人。清揚婉兮。漙音團。〔釋文〕漙本亦作團徒端反集傳叶上兗反。顏氏正俗二云〔全云〕顏之推作案呂氏〔全云〕呂忱字林。作⿱雨專。上兗反。訓二云。露貌。音與婉類。〔元圻案〕（顏師古匡謬正俗二）鄭詩野有蔓草零露漙兮有美一人清揚婉兮詩古本有水旁作漙字者亦有單作專字者後人輒改爲之漙字讀爲團團之漙按呂氏字林雨下作專訓云露貌音上兗反此字本作⿱雨專或作漙耳單作專者古字從省又上兗之音與婉相類益知呂氏之說可依本作團義矣下云零露瀼瀼豈復亦論其從橫之貌乎　顏書本名匡謬正俗王

衡從其畝衡爲横徐仙民毛詩音

于旃詩馬數爲加禮權輿詩簋食爲禮衰

營謝戍申美刺異義

氏單舉正俗避宋諱也〔謝山先生云〕顏之推作蓋因顏氏家訓有音辭篇多辨音韻遂誤以師古爲之推耳〔隋書經籍志小學類〕字林七卷晉弦令呂忱撰

蓺麻如之何。衡從其畝。顏氏云。禮今也衡縫。衡即横也。不勞借音。徐氏音横。失之矣。〔元圻案〕此亦匡謬正俗之說見卷一〔齊風南山篇釋文〕衡音横亦作横字又一音如字衡郎訓爲横〔韓詩云〕東西耕曰横〔正義曰〕衡古横字也〔檀弓鄭注〕衡讀爲横　徐邈字仙民東莞人東晉中書侍郎太子前衛率著毛詩音晉書有傳〔鄭漁仲曰〕徐音雖亡然陸音多本於此

于旃四馬。至於五之六之。猶緇衣之改爲也。權輿四簋。至於每食不飽。猶醴酒之不設也。君子之去就于其心。不于其禮。〔何云〕五之六之鄭箋皆以爲見之數〇〔元圻案〕〔程子詩說曰〕馬四至於五六馬之益多見其禮之益加也〔朱子秦風權輿集傳引漢書楚元王傳曰〕元王敬禮申公白生穆生穆生不嗜酒元王每置酒嘗爲穆生設醴及王戊即位常設後忘設焉穆生退曰可以逝矣醴酒不設王之意怠不去楚人將鉗我於市申公白公强起之曰獨不念先王之德歟今王一旦失小禮何足至此穆生曰先王之所以禮吾三人者爲道之存也今而忽之是忘道也忘道之人胡可與久處豈爲區區之禮哉遂謝病去亦此詩之意也〔輔氏廣〕曰引穆生之事爲證者推原詩人之心蓋本於此不然則其所討者不過區區於安居餔歠之事而已恐非賢者之志也

營謝戍申。其篤於母家。一也。一美焉。一刺焉。宣王

采薇揚水公私不同

狐裘黄黄關言行

親親。平王忘讎也。〔全云〕營謝本不足美美宣王之詩蓋多溢詞故此等城作皆歸揚扢之中〇〔元圻案〕〔朱子王風揚之水集傳曰〕申侯與犬戎攻宗周而弒幽王則申侯者王法所必誅而平王與其臣庶不共戴天之讎也今平王知有母而不知有父知其立己爲有德而不知其弒父爲可怨至使復讎討賊之師反爲報施酬恩之舉則其忘親逆理而得罪於天已甚矣〔毛詩李黄集解八李迂仲曰〕以公存心則如采薇詩人美之以私存心則如揚之水刺之其遣戍則同其而美刺則不同也

孝經言卿大夫之孝曰。非先王之法服不敢服。非先王之法言不敢道。非先王之德行不敢行。孟子謂曹交曰。服堯之服。誦堯之言。行堯之行。聖賢之訓。皆以服在言行之前。蓋服之不衷。則言必不忠信。行必不篤敬。中庸修身亦先以齊明盛服。都人士之狐裘黄黄。所以出言有章。行歸于周也。〔元圻案〕〔毛詩李黄集解二十九李迂仲曰〕古之士有美行其所衣之服則狐裘也而狐裘之色黄黄然論其容貌則足以稱其裘之黄也其容貌則不改出言語則有文章所行之行則有忠信此下民所望而爲則傚也夫狐裘黄黄則是非先王之法服不敢服出言有章則是非先王之法言不敢言行歸于周則是非先王之德行不敢行惟其如此此民之所以取法也〔又曰〕古者衣冠不正朋友之罪則是衣服之不正古人以爲甚恥蓋所以壞其德者不在大也席不正不坐則以席之不正而坐者必其心之不正也割不正不食則以其割之不正而食者亦以其心之不正也今衣服之無常者亦以德行之無常也

似召公祖南仲濟美

敬之美臣進戒諸證

召公是似南仲太祖世濟其美也逵有充超叛鑒

蘇文忠慨焉〔閻按〕鑒似宜作愔尤切東坡以愔平聲字遂不用耳或附曹羣士漢朱

文公悕焉〔元圻案〕〔三國志魏賈逵傳〕逵字梁道河東襄陵人也拜諫議大夫太祖崩鄢陵侯彰來赴問逵先王璽綬所在逵正色曰太子在鄴國有儲副先王璽綬非君侯所宜問也〔晉書賈充傳〕充字公閭父逵高貴鄉公之攻相府也充率衆拒戰軍將敗成濟謂充曰今日之事如何充曰公等養汝正擬今日濟於是抽戈犯蹕〔又郗鑒傳〕鑒字道徽高平金鄉人嘗謂王敦曰丈夫既絜身北面義同在三豈可偷生屈節靦顏天壤耶茍道數終極固當存亡以之耳及蘇峻祖約反進鑒爲司空奉詔流涕登壇慷慨三軍爭爲用命子愔字方回性至孝徵拜司空固辭不起子超桓溫懷不軌欲立霸王之基超爲之謀超雖實黨桓氏以愔忠於王室不令知之〔三國志魏荀彧傳〕彧字文若潁川潁陰人祖父淑字季和朗陵令當漢桓順之間知名當世父緄濟南相叔父爽司空彧從太祖太祖大悅曰吾之子房也〔又陳羣傳〕羣字長文潁川許昌人也祖父寔父紀叔父諶皆有盛名羣參丞相軍事魏國既建遷爲御史中丞文帝踐祚徙尚書令〔東坡戲作賈梁道詩曰〕稽紹似康爲有子郗超叛鑒是無孫如今更恨賈梁道不殺公閭殺子元〔朱子聚星堂書贊曰〕彧乃附曹羣亦忘漢嗣守之難今古共歎

敬之羣臣進戒嗣王〔周頌敬之小序〕荀子云天子即位上卿進曰能除患則爲福中卿進曰先事慮事先患慮患下卿進曰敬戒無怠羣臣進戒始以敬三卿授策終以敬此心學之原也伊尹訓太甲曰

漢魏引詩序
諸說
獨斷載周頌
序
孟子說北山
詩同序
葉氏論衛宏
作詩序

祇厥身。召畢告康王曰。今王敬之哉。皆以此爲告君第一義。〔元圻案〕〔荀子大略篇〕天子即位上卿進曰如之何憂之長也能除患則爲福不能除患則爲賊授天子一策中卿進曰配天而有下土者先事慮事先患慮患先事慮事謂之接接則事優成先患慮患謂之豫豫則禍不生事至而後慮者謂之後後則事不舉患至而後慮者謂之困困則禍不可禦授天子二策下卿進曰敬戒無怠慶者在堂弔者在閭禍與福鄰不知其門豫哉豫哉萬民望之授天子三策注策編竹爲之後易之以玉焉〔毛詩李黃集解二十九黃實夫曰〕書之所載皆帝王爲治之法曰奈何不敬曰其汝克敬德曰敬哉有土曰惟敬五刑曰敬授人時敬之一辭君臣吉之不能自已誠以天下治亂之基皆在一念之敬與不敬也堯之所以兢兢舜之所以業業禹之所以孜孜湯之所以汲汲文王之所以亹亹皆自其敬心之所發耳曲禮論安民之道而先之以毋不敬中庸之所謂篤恭皆敬之充也大學之所謂正心誠意者此敬之本也爲人君者試以是思之

葉氏云。漢世文章。未有引詩序者。魏黃初四年詔云。曹詩刺遠君子。近小人。蓋詩序至此始行。〔全云〕毛詩蓋于是始列學官也陳氏魏志失紀〇〔元圻案〕〔曹風候人序曰〕刺近小人也共公遠君子而近小人焉〔三國志魏文帝紀〕黃初四年夏五月有鵜鶘鳥集靈芝池詔曰此時人所謂汙澤也曹詩刺恭公遠君子而近小人今豈有賢智之士處于下位乎否則斯鳥何爲至其博舉天下儁德茂才獨行君子以答曹人之刺〔石林葉氏曰〕世人疑詩序非衛宏所爲此殊不然使宏鑿空爲之乎雖孔子亦不能使宏誦師說爲之則雖宏有餘矣且宏詩序有專取諸書之文而爲之者有雜取諸書之說而重複互見者有委曲婉轉附經而成其書者序果非宏之所作乎漢世文章未有引詩序者云云石林之說朱竹垞經義考亦引之惠定宇九經古義引之作鄭漁仲〔錢氏大昕養新錄二〕謂紀聞引葉氏云云近儒陳啓源始非之云司

朱子詩序辨說
夾漈詩傳辨妄
宋儒去序言詩
歐陽詩本義

馬相如難蜀父老云王事未有不始憂勤而終逸樂此魚麗序也班固東京賦德廣所及此漢廣序也一當武帝時一當明帝時可謂非漢世乎吾友惠定宇亦云左傳襄廿九年此之謂夏聲服虔解誼云秦仲始有車馬禮樂之好侍御之臣戎車四牡田狩之樂與諸夏同風故曰夏聲又蔡邕獨斷載周頌卅一章盡錄詩序自清廟至般一字不異何得云至黃初始行于世耶愚又攷孟子說北山之詩云勞于王事而不得養父母〔即小序說也〕唯小序在孟子之前故孟子得引之漢儒謂子夏所作殆非誣矣 〔董氏曰〕緇衣公孫尼子作也其書曰長民者衣服不貳從容有常以齊其民則民德壹〔即都人士小序文〕詩序蓋雜出於古道之遺言也陳啓源字長發吳江人著毛詩稽古編

朱子詩序辯說。多取鄭漁仲詩辯妄。艾軒〔與趙子直書〕謂歐陽公詩本義。不當謂之本義。古人旨意精粹。何嘗如此費辭。〔全云〕厚齋蓋亦不取鄭漁仲之學。愚按漁仲最多武斷○〔元圻案〕〔書錄解題二〕詩序辨說一卷朱子撰以大小序自爲一編而辯其是非又夾漈詩傳二十卷辯妄六卷鄭樵撰辯妄者專指毛鄭之失〔經義考云〕未見今 四庫全書亦不著錄〔通考載樵自序略曰〕毛詩自鄭氏既箋之後學者篤信康成故此書專行三家遂廢今學者只憑毛氏且以序爲子夏所作更不敢擬議蓋事無兩造之辭則獄有偏聽之惑今作詩辯妄六卷可以見其得失〔黃氏日抄曰〕雪山王質夾漈鄭樵始皆去序言詩晦菴先生因鄭公之說盡去美刺探求古始其說頗驚俗雖東萊不能無疑焉 〔歐陽公本義詩譜補亡後序曰〕昔者聖人已沒六經之道幾熄於戰國而焚於秦自漢以來收拾亡逸發明遺義而正其譌謬得以粗備傳於今者豈止一人之力哉後之學者因迹前世之所傳而較其得失或有之矣若使徒抱焚餘殘脫之經倀倀於去聖人千百年後不見先儒中間之說而欲特立一家之學者果有能哉吾未之信也先儒之論苟非詳其終始而牴牾質諸聖人而悖理害經之甚有不得已而後改易者何以徒爲異論以相訾也 〔林艾軒與趙子直書曰〕詩本義初得之如洗滌腸胃讀之三載覺有未穩處云云又一書駁本義關雎樛木兔罝麟趾諸解辨難甚力

詩草木蟲魚古賢圖

詩格物多識諸義鶴鳴誠不可掩隰有荷華喻君子

唐志毛詩草木蟲魚圖二十卷開成中文宗命集賢院修撰并繪物象學士楊嗣復張次宗上之按名賢畫錄太和中文宗好古重道以晉明帝朝衞協畫毛詩圖草木鳥獸古賢君臣之像不得其真召程修己圖之皆據經定名任意採掇由是冠冕之製生植之姿遠無不詳幽無不顯然則所圖非止草木蟲魚也(原注)(隋志)梁有毛詩古賢聖圖二卷○(元圻案)(宋郭若虛圖畫見聞志一)文宗太和二年自撰集尚書中君臣事蹟命畫工圖於太液亭朝夕觀覽則毛詩圖之有古聖賢同一意也(南齊謝赫古畫品錄第一品)晉衞協古畫之略至協始精六法之中殆爲兼善(第五品)晉明帝雖略於形色頗得神氣(夏文彥圖繪寶鑑二)唐程修己冀州人時周昉任越州長史修己師事之盡得其畫人物口授之妙(杜荀鶴松窗雜記)開元中有程修己者以善畫得進謁元宗修己始以孝廉籍召入故不甚以畫者流視之

格物之學莫近於詩關關之雎摯有別也(案)(周南關雎毛傳)雎鳩王雎也鳥摯而有別呦呦之鹿食相呼也(小雅鹿鳴毛傳)鹿得蓱呦呦然鳴而相呼德如鳩鳩言均一也(曹風鳲鳩毛傳)鳲鳩之養其子朝從上下莫從下上平均如一德如羔羊取純潔

葛屨褊羔裘
怠
蟋蟀儉蜉蝣
奢
檀轂美必有
惡
黍以爲稷蠅
以爲鷄
贈芍貽椒芳
馨之辱
相鼠碩鼠以
疾惡
采葛采苓爲
傷讒

也。〔逸齋詩補傳二〕裘之必用羔既取羔羊之德絲必用素亦取潔白之義也 仁如騶虞。不嗜殺也。〔召南騶虞序〕仁如騶虞則王道成也〔毛傳〕騶虞義獸白質黑文不食生物有至信之德則應之 鴛鴦在梁。得所止也。〔小雅鴛鴦箋〕梁石絕水之梁鴛鴦休息於梁明王之時人不驚駭自若無恐懼 桑扈啄粟。失其性也。〔小雅小宛毛傳〕桑扈竊脂也〔箋〕竊脂肉食今無肉而循場啄粟失其天性不能以自活 倉庚陽之候也。鳴鵙陰之兆也〔豳風七月毛傳〕倉庚離黃也鵙伯勞也〔箋〕陽溫也溫而倉庚又鳴可蠶之候也伯勞鳴將寒之候也五月則鳴豳地晚寒鳥物之候從其氣焉〔正義陳思王惡鳥論曰〕伯勞以五月鳴應陰氣之動 蒹葭露霜。變也。〔秦風蒹葭毛傳〕蒹葭蘆也白露凝戾爲霜然後歲事成 桃蟲拚飛。化也。〔周頌小毖毛傳〕桃蟲鷦也鳥之始小終大者〔正義陸璣疏云〕今鷦鷯是也微小於黃雀其雛化而爲鵰故俗語鷦鷯生鵰〔朱子集傳〕拚飛貌 鶴鳴于九皐。聲聞于野。誠不可揜也。朱子集傳語 鳶飛戾天。魚躍于淵。道無不在也。義本中庸 南有喬木。正女之操也。〔周南漢廣毛傳〕南方之木美喬上竦也〔正義〕木以高其枝葉人無休息者女由持其清潔人無求思者 隰有荷華。君子之德也。〔鄭風山有扶蘇箋〕荷華生於隰喻忽置美德者于下位〔毛詩李黃集解十黃實夫曰〕山有扶蘇亦有橋松隰有荷華亦有游龍以見國人未嘗無君子亦未嘗無小人在人君能辨之耳 匪鱣匪鮪。避危難也。〔小雅四月箋〕非鶉鳶能高飛非鱣鮪能處淵皆驚駭辟害耳 匪兕匪虎。慨勞役也。〔小雅何草不黃箋〕兕虎比戰士也〔正義〕言我此役人若是野獸可常在外今非是兕非是

虎何爲久不得歸循彼空野之中乎

蓼莪常棣知孝友也。〔小雅蓼莪序〕刺幽王也民人勞苦孝子不得終養爾〔蘇子由詩傳曰〕我蘿可食而蒿不可食譬如生子者將賴其養也幽王之世孝子行役而遭喪哀其父母生己之勞而終不得養如采莪者之得蒿也〔小雅常棣序〕燕兄弟也〔毛傳〕常棣棣也〔箋〕承華者曰鄂不當作拊拊鄂足也〔毛詩李黃集解李迂仲曰〕楊龜山爲國子祭酒嘗論此詩以爲常棣上承而下覆華則覆萼萼則承華兄弟之和睦當如此也

蘩蘋行葦見忠信也。〔召南采蘩毛傳〕蘩皤蒿也公侯夫人執蘩菜以助祭神饗德與信不求備焉〔又采蘋毛傳〕蘋大蓱也〔箋〕蘋之言賓也藻之言澡也婦人之行尚柔順自潔清故取名以爲戒〔大雅行葦序〕行葦忠厚也周家忠厚仁及草木〔隱三年左傳〕風有采蘩采蘋雅有行葦泂酌昭忠信也

葛屨褊而羔裘怠也。〔魏風葛屨序〕刺褊也魏地陿隘其民機巧趨利其君儉嗇褊急而無德以將之〔檜風羔裘序〕大夫以道去其君也國小而迫君不用道好潔其衣服逍遙游燕而不能自强於政治

蟋蟀儉而蜉蝣奢也。〔唐風蟋蟀序〕刺晉僖公也儉不中禮故作是詩以閔之〔曹風蜉蝣序〕刺奢也昭公國小而迫好奢而任小人〔毛傳〕蜉蝣渠略也朝生夕死

爰有樹檀其下維穀。美必有惡也。〔小雅鶴鳴毛傳〕穀惡木也〔正義〕以上檀擇類之取其上善下惡〔陸璣疏云〕幽州人謂之穀桑荊揚人謂之穀中州人謂之楮殷中宗時桑穀共生是也

周原膴膴。堇荼如飴。惡可爲美也。〔大雅緜箋〕廣平曰原周之原地在岐山之南膴膴然肥美其所生之菜雖有性苦者甘如飴也

黍以爲稷。心眩於視也。〔王風黍離李迂仲曰〕說文黍稷屬而黑者也王氏曰視稷而謂之黍者憂而惛也〔逸齋補傳六〕憂思亂於中則瞻視眩於外閔周室者黍稷不分念父母者莪蒿莫辨此黍離蓼莪所爲作也

蠅以爲雞。心惑於聽也。〔齊風雞鳴正義〕常禮以雞鳴而起今夫人之在君所心常警懼但恐傷晚故以蠅

鞏爲鷄鳴

綠竹猗猗。文章著也。〔衛風淇澳序〕美武公之德也有文章又能聽其規諫以禮自防

皎皎白駒。賢人隱也。〔小雅白駒毛傳〕宣王之末不能用賢賢者有乘白駒而去者

贈以芍藥。貽我握椒。芳馨之辱也。〔鄭風溱洧毛傳〕芍藥香草〔陳風東門之枌毛傳〕椒芬香也 男女相會戲謔以此爲贈貽故曰芳馨之辱

焉得蘐草。言采其蝱。憂思之深也。〔衛風伯兮毛傳〕蘐草令人忘憂〔嚴氏粲曰〕我欲植之以銷憂今我思伯至於心病恐非蘐草所能療也〔鄘風載馳毛傳〕蝱貝母也〔朱子集傳曰〕將欲升高望遠以抒憂想之情言采其蝱以療鬱結之疾

柞棫斯拔。侯薪侯蒸。盛衰之象也。〔大雅緜柞棫拔矣箋〕柞櫟也棫白桵也〔皇矣柞棫斯拔箋〕天既顧文王乃和其國之風雨使其山樹木茂盛言非徒養其民人而已〔朱子緜集傳〕拔挺拔而生不拳曲蒙密也〔小雅無羊以薪以蒸箋〕麤曰薪細曰蒸〔正月侯薪侯蒸箋〕侯維也林中大木之處而維有薪蒸爾喻朝廷宜有賢者而但聚小人〔正義〕薪蒸柴樵之名

鳳凰于飛。雉離于羅。治亂之符也。〔大雅〕〔卷阿箋〕鳳凰往飛翽翽然亦與衆鳥集於所止衆鳥慕鳳凰而來喻賢者所在羣士皆慕而往仕也因時鳳凰至因而喻焉〔王風兔爰逸齋詩補傳六〕謂兔狡而難取以喻背叛之諸侯雉介而易斃周之君子自喻也兔則爰爰而自得雉則憂網羅之多故不樂其生者自比於雉也

相鼠碩鼠。疾惡也。〔衛風相鼠序〕刺無禮也〔魏風碩鼠序〕刺重斂也國人刺其君貪而畏人若大鼠也

采葛采苓。傷讒也。〔王風采葛序〕懼讒也〔毛傳〕葛所以爲絺綌也事雖小一日不見於君憂懼於讒矣〔唐風采苓序〕刺晉獻公也獻公好聽讒焉〔毛傳〕苓大苦也采苓細事也首陽幽辟也細事喻小行也幽辟喻無徵也

引而伸之。觸類而長之。有多識之益也。

孟子善言詩

申毛詩出荀卿荀卿說卷耳鳴鳩詩不敢暴虎爲敬不肖荀子引詩多逸篇

〔何云〕絕佳賦

誦詩三百不能專對不足以一獻〔禮記禮器文〕皆誦言而忘味者也自賜商之後言詩莫若孟子其述孔子之言以爲知道者二鴟鴞烝民是也如靈臺皇矣北山雲漢小弁凱風深得詩人之心以意逆志一言而盡說詩之要學詩必自孟子始〔元圻案〕〔歐陽公詩本義麟之趾論曰〕孟子去詩世近而最善言詩推其所說詩義與今序意多同〔宋周紫芝毛詩講義自序曰〕孔子聖人明乎詩之道者也子夏子貢則學乎孔子而明乎詩之義者也孟子則與孔子同道而明乎詩之志者也孟子曰說詩者不以文害辭不以辭害志以意逆志是謂得之觀周餘黎民靡有孑遺之詩則知詩人之意在憫旱魃之爲虐而已果黎民之無遺也哉非略其辭以求其志則未有不以辭害志者故曰惟孟子能知詩之志也

申毛之詩皆出於荀卿子而韓詩外傳多述荀書今考其言采采卷耳鳴鳩在桑不敢暴虎不敢馮河得風雅之旨而引逸詩尤多其孔筆所刪歟〔元圻案〕〔漢書楚元王傳〕王少時嘗與魯穆生白生申公俱受詩於浮邱伯伯者孫卿門人也〔師古注〕孫卿姓荀名況漢以避宣帝諱改之曰孫〔荀子解蔽篇〕詩云采采

袁固申公無愧言詩　王式以三百五篇諫　匡衡說詩解頤

卷耳不盈頃筐頃筐易滿也卷耳易得也然而不可以貳周行（楊倞注）采易得之物實易滿之器以懷人寘周行之心貳之則不能滿況乎難得之正道而可以他術貳之乎（勸學篇）曰不兩視而明耳不兩聽而聰螣蛇無足而飛梧鼠五技而窮詩曰鳲鳩在桑其子七兮淑人君子其儀一兮其儀一兮心如結兮故君子結於一也（臣道篇）仁者必敬人凡人非賢則是不肖也人賢而不敬則是禽獸也人不肖而不敬則是狎虎也禽獸則亂狎虎則危災及其身矣詩曰不敢暴虎不敢馮河人知其一不知其它戰戰兢兢如臨深淵如履薄冰此之謂也（王霸篇）引詩曰如雪霜之將將如日月之光明天論篇引詩何恤人之言兮臣道篇引詩國有大命不可以告人妨其躬身（解蔽篇）引詩鳳凰秋秋其翼若干其聲若簫有鳳有凰樂帝之心（又）引詩墨以為明狐狸而蒼（正名篇）引詩長夜漫漫永思騫兮大古之不慢兮禮義之不愆兮何恤人之言兮（法行篇）引詩涓涓源水不雝不塞轂已破碎乃大其輻事已敗矣乃重太息注云皆逸詩　（王霸篇）如日月之光明句下有為之則存不為之則亡厚齋詩考幷引之以為逸詩蓋傳刻者誤入注逸詩二字於日月句下也當從詩考

法言淵騫篇曰。守儒袁固申公二子。無愧於言詩矣。王式以三百五篇諫。亦其次也。彼說詩解頤者。能無愧乎。

（全云）申公同門穆生其最高者也王式之徒有薛廣德廣德之徒有龔舍而齊詩有蕭望之師丹而韓詩亦有王式皆足以雪匡衡之恥者也〇（元圻案）三箋本誤載謝山之說於前一條之下今改正　（漢書儒林傳）轅固齊人也以治詩孝景時為博士竇太后好老子書召問固固曰此家人言耳太后怒曰安得司空城旦書乎又申公魯人也事浮邱伯受詩武帝迎申公問治亂之事對曰為治不在多言顧力行何如耳是時上方好文辭見申公對默然（又王式傳）式字思翁東平新桃人也式為昌邑王師昭帝崩昌邑王嗣立以行淫亂廢治事使者責問曰師何以無諫書式對曰臣以三百五篇朝夕授王至於忠臣孝子之篇未嘗不為王反覆誦之也至於危亡失道之君未嘗不流涕為王深陳之也臣以三百五篇諫是以亡諫書　（匡衡傳）諸儒為之語曰無說詩匡鼎來匡說詩解人頤衡代韋元成為丞相元帝時中書令石顯用事衡畏顯不敢失其意

草木鳥獸蟲魚疏
詩譜徐整太叔裘注
詩緯言四始五際
五際革命改正四辰
天保卯祈父酉
采杞午大明亥
四牡在寅爲木始

草木鳥獸蟲魚疏。陸璣字元恪。所撰。非陸機也。〔元圻案〕〔經義考載崇文總目云〕世或以璣爲機非也機本不治詩今應以璣爲正〔書錄解題云〕其書引郭璞注爾雅則當在郭之後亦未必吳時人也〔四庫全書總目十五〕案書中所引爾雅注僅及漢犍爲文學樊光實無一字涉郭璞不知陳氏何以云然

鄭氏詩譜。徐整暢太叔裘隱〔原注〕見釋文敘錄隋志太叔求及劉炫注。古今書錄云。徐正陽注。館閣書目謂注者爲太叔求。而不考敘錄。徐正陽疑卽徐整誤以整爲正。暢爲陽也。〔原注〕整字文操吳太常卿〔閻按〕徐整暢太叔裘隱謂整旣暢演而裘隱括之也〔集證〕隋志毛詩譜三卷吳太常卿徐整撰〔玉海三十八國史志云〕詩譜世傳太叔求注不在祕府經典釋文敘錄所稱徐整暢太叔裘隱蓋謂整旣暢演而裘隱括之求字譌也

詩緯含神霧曰。集微揆著。上統元皇。下序四始。羅列五際。又曰。詩者天地之心。君德之主。百福之宗。萬物之戶也。推度災曰。建四始五際而八節通。〔以上俱見太平御覽六百九〕〔宋均注曰〕集微揆著若綿綿瓜瓞人之初生揆其如是必將至著有天下也汎歷樞曰。午亥之際爲革命。卯酉之際爲改正。辰在天門出入

嘉魚巳火鴻雁申金五際有天門戌四始五際毛義應注

聽候。卯天保也。酉祈父也。午采芑也。亥大明也。大明在亥。水始也。四牡在寅。木始也。嘉魚在巳。火始也。鴻鴈在申。金始也。以上見詩大序正義翼奉學齊詩。聞五際之要十月之交篇。郎顗曰。四始之缺。五際之戹。五際本於齊詩。四始與毛詩序異。蓋習聞其說而失之也。〔三〕箋本附程瑤田云云王氏言四始五際引據未審詩緯汎歷樞之言五際也見詩序是謂四始詩之至也下〔孔氏正義云云鄭於六藝論引春秋緯演孔圖云詩含五際六情者鄭以汎歷樞云午亥之際爲革命卯酉之際爲改正辰在天門出入聽候卯天保也酉祈父也午采芑也亥大明也然則亥爲革命一際也亥又爲天門出入聽候二際也卯爲陰陽交際三際也午爲陽謝陰興四際也酉爲陰盛陽微五際也孔氏此釋頗能說五際之義然緯言辰在天門今曰亥爲天門疑不能明及考後漢書郎顗傳順帝時災異屢見公車徵顗顗條便宜七事其第七事中引詩汎歷樞曰卯酉爲革政午亥爲革命神在天門出入聽候言神在戌亥司候宋均注云神陽氣君象也天門戌亥之間乾所據也据此始與孔氏所釋相應今孔疏所引詩緯恐後人據轉寫譌本而改之吾疑王氏所採巳是僞本故不引孔氏亥爲天門云云以亥之與辰兩不相應而不知其辰爲神字之譌也卯爲改正亦當爲革正之譌郎顗傳所說甚明而宋均之注尤顯又按河圖括地象西北爲天門楊烱少姨廟碑嵩崙西北之地天門也亦可與天門乾所據之說相發明且翼奉傳注孟康曰韓詩外傳云五際卯酉午戌亥也陰陽終始際會之歲於卯酉午亥外加戌以定之是又與天門戌亥之說脗合又五際推演據汎歷樞曰凡推其數皆從亥之仲起此天地所定位陰陽氣周而復始萬物死而復蘇大統之始故王命一節爲之十歲也言之甚鑿鑿然其法未經講習終難了然而應劭之注翼奉傳則又以君臣父子兄弟夫婦朋友爲五際是又不承取

太始冊文爲詩所起

詩緯之義至詩緯以卯酉午亥配天保祈父采芑大明四詩終亦疑不能明也瑶田又按詩序之言四始指爲國風小雅大雅頌箋以爲王道興衰之所由而詩緯則謂亥水始寅木始巳火始申金始亦淺近無深義又配以大明四牡嘉魚鴻雁諸篇夫固有所受之度亦不關至要吾疑作詩時不當與十二子相應則毛氏之說允矣至章懷太子注郎顗傳云四始謂關雎爲國風之始鹿鳴爲小雅之始文王爲大雅之始清廟爲頌之始又以四詩之首篇爲始義亦淺近不若詩序王道興衰所由之義爲精深也瑶田又按讖緯家言康成說經多引用之此亦一蓺其來有自故推演頗有徵驗未可盡非之然而儒者之道先難後獲責效望報非所敢知苟其通經致用其爲明效大驗可勝言哉郎顗所謂四始之缺五際之戹其歸咎於不求賢則逆天違人而災眚降化不行也因舉黃瓊李固言若還瓊徵固任以時政則可垂景光而致休祥然則災異屢見雖曰天運豈非人事哉〔繼序按〕程說甚覈但十二支可云十二子亦可云十二辰祇言辰則嫌于辰巳之辰耳韓詩外傳當改內傳○〔元圻案〕〔漢書翼奉傳〕奉字少君東海下邳人也奉上封事曰臣竊學齊詩聞五際之要十月之交篇知日蝕地震之效昭然可明猶巢居知風穴處知雨亦不足多適所習耳〔後漢書郎顗傳〕顗字雅光北海安邱人也順帝時災異屢見顗詣闕拜章曰夫求賢者上以承天下以爲人不用之則逆天統違人望逆天統則災眚降違人望則化不行災眚降則下嗟吁化不行則君道虧四始之缺五際之戹其咎如此〔詩大序〕是謂四始詩之至也〔箋云〕始者王道興衰之所由〔正義曰〕四始者鄭答張逸問云風也小雅也大雅也頌也此四者人君行之則爲興廢之則爲衰

曹氏論詩云詩之作本於人情自生民以來則然。太始天皇之策包犧罔罟之章葛天之八闋康衢之民謠愚按素問天元紀大論鬼臾區曰積考太始天元冊文曰太虛寥廓肇基化元萬物資始。五運終天。布氣真靈。總統坤元。九星懸朗。七曜周旋。曰陰曰陽。曰柔曰剛。幽顯既位。寒暑弛張。生生化化。品物咸章。蓋古詩之體始於此。然伊川謂素問出於戰國之末。（閻按）（鄒平馬公驌曰）上古文字簡略而世傳素問瀨煩數萬言知非軒后之舊矣然精微奧博語多至道其亦緩和摯扁之流依託以立言者乎（何云）太虛寥廓以下直似東漢人語○（元圻案）（隋書樂志）伊耆有葦籥之音伏羲有網罟之詠（通鑑外紀）太昊作荒樂歌扶徠詠罔罟以鎮天下之人命曰立基（呂氏春秋仲夏紀古樂篇）昔葛天氏之樂三人操牛尾投足以歌八闋一曰載民二曰元鳥三曰遂草木四曰奮五穀五曰敬天常六曰達帝功七曰依地德八曰總禽獸之極（列子仲尼篇）堯微服遊於康衢聞童謠云立我烝民莫匪爾極不識不知順帝之則（四庫全書總目一百三）黃帝素問二十四卷唐王冰注漢志載黃帝內經十八篇無素問之名後漢張機傷寒論引之始稱素問晉皇甫謐甲乙經序稱鍼經九卷素問九卷與漢志十八篇之數合則素問之名起於漢晉間矣故隋志始著錄也然隋志所載止八卷全元起所注已闕其第七冰爲篇應間人乃自謂得舊藏之本補足此卷宋林億等校正謂天元紀大論以下卷帙獨多與餘篇絕不相通疑即張機傷寒論序所稱陰陽大論之文冰取以補所亡之卷理或然也

文粹。（二十六）李行修（請置詩學博士書）云。劉迅說詩三千言。言詩者尚之。今考迅作六說以繼六經。自孔氏至考亂凡八十九章。取漢史詔書及羣臣奏議。以擬尚

書。又取房中歌。至後庭闕百草。臨春樂。少年子之類。凡一百四十二篇。以擬雅章。又取巴渝歌。白頭吟。折楊柳。至談容娘。以比國風之流。然文中子嘗續經矣。朱子（雜著文中子續經說）謂高文武宣之制。豈有精一執中之傳。曹劉顏謝之詩。豈有物則秉彝之訓。況迅乎。（元圻案）（唐李行修請置詩學博士書云）書殘於古今論失於齊魯漢有毛萇鄭康成師道可觀逮聖朝劉迅者說詩三千言近代言詩者尙之 （房中樂）注見本卷 （唐書樂志）隋煬帝不解音律大製艷曲令樂正白明達造新聲萬歲樂藏鉤樂七夕相逢樂投壺樂玉女行觴神仙客鬭百草泛龍舟還舊宮長樂花等曲 （陳書後主張貴妃傳）史臣曰後主每引賓客對貴妃等遊宴則使諸貴人及女學士與狎客共賦新詩採其尤艷麗者以爲曲詞被以新聲其曲有玉樹後庭花臨春樂等皆美妃嬪之容色也 （李太白集）古樂府有少年子一篇元蕭士贇補注云樂府遺聲遊俠二十一曲有少年子 （國初王琦輯注云）郭茂倩樂府詩集以少年行少年子皆入雜曲歌辭中齊王融梁吳均皆有少年子太白樂府有折楊柳王琦注文獻通考鼓角橫吹十五曲中有折楊柳 （晉書樂志）漢高祖自巴漢將定三秦閬中范因率賨人以從爲前鋒高祖樂其猛銳數觀其舞後使樂人習之閬中有渝水故名曰巴渝舞 （西京雜記）司馬相如將聘茂陵女爲妾卓文君作白頭吟以自絕相如乃止唐吳兢樂府古題要解以爲古詞一說司馬相如云云與雜記同 （唐崔令欽教坊記）踏謠娘以其且步且歌故謂之踏謠或呼爲談容娘 劉迅知幾第五子唐書本傳迅字捷卿歷京兆功曹參軍事迅續詩書春秋禮樂五說書成語人曰天下滔滔知我者希終不以示人云 （唐李肇國史補）劉迅著六說以探聖人之旨唯易說不成行於代者五篇而已識者服其精當 （中說禮樂篇）程元問六經之致子曰

九德九夏豳雅豳頌貍首似雅體非風詩音律猶易象數

宋公成誙鐘樂

續書以存漢晉之實續詩以辨六代之俗修元經以斷南北之疑讚易道以申先師之旨正禮樂以旌後王之說　李行修長慶中宮殿中侍御史左司員外郎（朱子文集六十七王氏續經說曰）今其遺編雖不可見然考之中說而得其大略則彼之贊易則豈足以知先天後天之相爲體用而高文武宣之制是豈有精一執中之傳曹劉沈謝之詩是豈有物則秉彝之訓叔孫通公孫述曹褒荀勉之禮樂又孰與伯夷后夔周公之懿至於宋魏以來一南一北校功度德蓋未有以相君臣也則其天命人心之向背統序繼承之偏正亦何足論而欲攘臂其閒奪彼予此以自列於孔子之春秋哉

艾軒策問曰九德九夏雅頌之流也貍首風也豳之雅頌猶魯頌也薛士龍曰詩之音律猶易之象數（閻按）貍首逸詩果載射義篇內則似二雅體非風也詳尚書古文疏證卷五第八十條（何云）是二者蓋亦無害乎其不知也況强以臆說求之終亦不知而作而已〇（元圻案）（林艾軒集策問曰）九德之歌九夏之奏貍首之節與夫豳雅豳頌皆曉然見之於經而求之三百篇之中無有也如九德九夏則雅頌之流也貍首則風也豳之雅頌猶魯頌也然豳一國之事不應有所謂雅者周公之所載仲尼獨缺而不取者又何耶（薛士龍浪語集答何商霖第三書曰）詩家之音律猶易之象數聖人於易稱君子之道四則詩之聲又未可以一偏取孔子固嘗絃歌合樂亦不爲無取于辭

說詩者謂宋襄公作誙鐘之樂按博古圖有宋公成誙鐘大晟樂書應天得六鐘篆其帶曰莖鐘詔謂獲英莖之器於受命之邦此姦諛傅會之

學庸孝經引
詩法

言宋公成亦非襄公用以說詩陋矣〔集證〕〔博古圖錄〕䡵鐘六器銘文略無小異皆曰宋公成之䡵鐘考歷代之樂顓帝曰六莖䡵與莖通則䡵鐘者是爲顓帝之樂宋商之系二王之後得用天子禮樂則歷代之樂章固當有之蓋此鐘特其一樂之名耳宋自微子有國二十世而有共公固成又一世而有平公成又七世而有剔公成則所謂宋公成者不知其爲誰也惟太祖有天下實起睢陽故國號大宋是六鐘既出於宋地而銘文又有曰宋公成則其於受命之邦出爲太平之符者正其時歟由是作樂之初特詔大晟府取是爲式遂成有宋一代之樂○〔元圻案〕〔宋陳均皇朝編年備要二十七〕徽宗崇寧四年八月大晟樂成大觀初頒新樂於天下先是端州忽上銅器口口驗款式乃宋成公之時物而端州上與王之地故詔又有曰獲英莖之器于受命之邦〔史記宋世家〕襄公名茲甫〔陳氏書錄解題目錄類〕宣和博古圖三十卷宣和殿所藏古器物圖其形象而記其名物錄其款識〔又音樂類〕大晟樂書二十卷大中大夫開封劉炳子蒙撰大晟者本方士魏漢津妄出新意以裕陵指節定尺律傅會身爲度之說炳爲大司樂精爲緣飾

大學止於至善引詩者五齊家引詩者三朱子謂詠嘆淫液其味深長最宜潛玩中庸末章凡八引詩朱子謂衣錦尚絅至不顯惟德始學成德之序也不大聲以色至無聲無臭贊不顯之德也反復示人至深切矣孝經引詩十引書一張子韶云多與詩書意不相類直取聖人之意而

補亡詩南陔義
陔夏以鼓陔爲節
夏侯湛補亡詩

用之是六經與聖人合非聖人合六經也或引或否卷舒自然非先考詩書而後立意也六經即聖人之心隨其所用皆切事理此用經之法

〔閻按〕〔邵文莊寶言〕中庸尙絅章猶樂章之亂蓋一篇之總要也〔全云〕陸文安公所云六經皆我注脚之語斯之謂也觀深寧所言而後知其不足駴○〔元圻案〕〔陸象山語錄曰〕論語中多有無頭柄的說話如知及之仁不能守之之類不知所及所守者何事如學而時習之不知時習者何事非學有本領未易讀也苟學有本領則知之所及者及此也仁之所守者守此也時習之習習此也說者說此樂者樂此如高屋之上建瓴水矣學苟知本六經皆我注脚　張子韶名九成著孝經解四卷宋史藝文志著錄書錄解題云一卷

束晳補亡詩循彼南陔釋曰陔隴也羣經音辯二云序曰孝子相戒以養陔當訓戒鄉飲酒燕禮賓醉而出奏陔夏鄭氏注陔之言戒也以陔爲節明無失禮與詩序義協愚按春官樂師鄭司農注今時行禮於大學罷出以鼓陔爲節〔全云〕相戒以養之說精矣然何以云南戒其義難通則恐束氏亦有所本○〔元圻案〕〔文選十九〕束廣微補亡詩六首一曰南陔李善注聲類曰陔隴也〔五臣注〕〔呂向云〕南方養萬物之方此以戒養故取以爲名據此可釋謝山南戒之疑　束晳晉書有傳〔文選補亡詩注晉書曰〕束晳字廣微平陽陽平人也嘗覽古詩惜其不備故作詩以補之〔書錄解題經解類〕羣經音辯七卷丞相眞定

善爲詩者不說詩無達詁

子建言胡顏之譏

說文稱毛有同韓得此䶢鼀碩大且嬒

賈昌朝子明撰〔世說新語三〕夏侯湛作周詩以示潘安仁注湛集載其敘曰周詩者南陔白華華黍由庚崇邱由儀六篇有其義而亡其辭故云周詩也其詩曰既殷斯虔仰說洪恩夕定辰省奉侍朝昏宵中告退雞鳴在門孳孳恭誨夙夜是敦然則補亡不止束晳也湛與晳俱晉武帝時人

荀子曰。善爲詩者不說。程子之優游玩味。吟哦上下也。董子曰。詩無達詁。孟子之不以文害辭。不以辭害志也。〔元圻案〕〔荀子大略篇〕善爲詩者不說善爲易者不占善爲禮者不相其心同也〔董子繁露精華篇〕所聞詩無達詁易無達占春秋無達辭〔說苑奉使篇傳曰〕詩無通詁易無通占春秋無通辭

曹子建表。忍垢苟全。則犯詩人胡顏之譏。詩無此句。李善引毛詩曰。何顏而不速死也。今相鼠注無之。〔元圻案〕〔文選二十〕曹子建上責躬應詔詩表曰竊感相鼠之篇無禮遄死之義形影相弔五情愧赧以罪棄生則違古賢夕改之勸忍垢苟全則犯詩人胡顏之譏李善注云即上胡不遄死之義明非別有胡顏之句也又云毛詩謂何顏而不速死也蓋釋毛詩胡不遄死之意非謂毛傳有此文也善注引毛詩經傳甚多引經則有詩曰有毛詩曰引傳則有毛萇曰毛萇詩傳曰今此獨作毛詩謂謂者繹其意也言詩人之意無禮而不速死則有靦面目耳

說文敘云。其稱詩毛氏者。皆古文也。以今詩考之。其文多異。得此䶢鼀爲蟾蠩。碩大且嬒爲重頤

伐木爲刺詩

魯修泮宮衛勸學鄭子衿城闕之刺

爲詩音者九人

皆韓詩之說也。〔集證〕〔說文黽部〕鼉下鼀鼉詹諸也詩曰得此鼀鼉言其行鼀鼀式支切女部嬒下云嬒含怒也一曰難知也詩曰碩大且嬒五感切○〔元圻案〕〔王氏詩攷〕燕韓嬰作內外傳數萬言頗與齊魯閒殊又曰新臺得此戚施薛君曰戚施蟾蜍喻醜惡澤陂碩大且嬒薛君曰嬒重頤也五檢反並見太平御覽一見九百四十九卷一見三百六十八卷

蔡邕正交論云周德始衰頌聲既寢伐木有鳥鳴之刺。是以正雅爲刺也。〔全云〕亦是魯詩○〔元圻案〕〔後漢書朱穆傳〕穆字公叔作崇厚論云虛華盛而忠信微刻薄稠而純篤稀蓋谷風有棄予之歎伐木有鳥鳴之悲矣論曰朱穆志抑朋游之私遂著絕交之論蔡邕以爲穆貞而孤又作正交論以廣其志注邕論略曰古之交者其義敦以正其誓信以固逮夫周德始衰頌聲既寢伐木有鳥鳴之刺谷風有棄予之怨其所由來政之缺也邕之以伐木爲刺詩實本於朱穆

春秋時諸侯急攻戰而緩教化。其留意學校者。唯魯僖公能修泮宮。衛文公敬教勸學。它無聞焉。鄭有子衿城闕之刺。子產僅能不毀鄉校而已。〔元圻案〕〔魯頌泮水序曰〕頌僖公能修泮宮也〔鄭風子衿序曰〕刺學校廢也 其三章曰佻兮達兮在城闕兮 〔襄公三十一年左傳曰〕鄭人游于鄉校以論執政然明謂子產曰毀鄉校何如子產曰何爲夫人朝夕退而游焉以議執政之善否其所惡者吾則改之是吾師也若之何毀之

吳才老詩叶韻補音序曰。詩音舊有九家。唐陸德

我心慘慘爲懆伐鼓淵淵爲鼘

古香止取蕭脂酒醴

明。〔原文〕此下有以已見三字定爲一家之學。開元中修五經文字我心慘慘爲懆。〔原注〕七到反伐鼓淵淵爲鼘。〔原注〕於巾反皆與釋文異。乃知德明之學。當時亦未必盡用。〔元圻案〕〔陸德明經典釋文自序曰〕夫書音之作作者多矣漢魏迄今遺文可見或專出己意或祖述舊音各師成心製作如面加以楚夏聲異南北語殊是非信其所聞輕重因其所習後學鑽仰罕逢指要遂因暇景救其不逮研精六籍采摭九流搜訪異同校之蒼雅等音合爲撰集五典孝經論語及老莊爾雅等音合爲三十卷〔敘錄曰〕爲詩音者九人鄭康成徐邈蔡氏孔氏阮侃王肅江惇干寶李軌〔四庫全書總目經部小學類〕韻補五卷宋吳棫撰棫字才老書錄解題詩類載棫毛詩補音十卷注曰棫別有韻補一書不專爲詩作今補音已亡惟此書存〔武夷徐藏爲韻補序曰〕才老與藏同里有連其祖後家同安才老登宣和六年進士嘗召試館職不就除太常丞忤時宰斥通判泉州〔書錄解題三經解類〕五經文字三卷唐國子司業張參撰大歷中刻石長安太學取蕭祭脂。曰其香始升。爲酒爲醴曰有飶其香。古所謂香者如此。韋彤五禮精義云。祭祀用香。今古之禮。並無其文。隋志曰。梁天監初。何佟之議鬱鬯蕭光。所以達神。與其用香。其義一也。〔案隋書禮樂志一一梁天監四年何佟之曰南郊明堂用沈香取本天之質陽所宜也北郊用上和香以地與人親宜加雜馥無此條所引數語攷之殊無依

后稷之穡田
甽田
有相之道

據。開元開寶禮不用。〔元圻案〕〔宋史禮志一〕凡常祀天地宗廟皆內降御封香凡祈告亦內出香遂爲定制嘉祐中裴煜請大祀悉降御封香中小祀供太府香元符元年左司員外郎曾旼言周人以氣臭事神近世易之以香按何佟之議以爲南郊明堂用沈香本天之質陽所宜也北郊用上和香以地與人親宜加雜馥今令文北極天皇而下皆用濕香至於衆星之位香不復設恐於義未盡於是每陛各設香〔長編三百十七〕神宗元豐四年十月詳定禮文所言宗廟之有祼鬯焫蕭則與祭天燔柴祭地瘞血同意蓋先王以爲通德馨於神明近代有上香之制頗爲不經〔按〕〔韋彤五禮精義曰〕祭祀用香今古之禮並無其文〔隋志云〕梁天監初何佟之議鬱鬯蕭光所以達神與其用香其義一也上古禮樸未有此制今請南郊明堂用沈香氣自然至天示恭合質陽之氣北郊請用上和香地道親近雜芳可也臣等考之殊無依據且今崇祀宗廟明堂器服牲幣一因古典至於上香乃襲佟之議如曰上香亦祼鬯焫蕭之比則今既上香而又祼焫求之古義已重複況開元開寶禮亦不用乎注云從違當攷據厚齋此條似議而未從也〔唐書藝文志禮類〕韋彤五禮精義十卷〔又儀注類〕開元禮一百五十卷開元中張說請修貞觀永徽五禮爲開元禮命蕭嵩總之〔書錄解題禮注類〕開寶通禮二百卷開寶四年命劉溫叟等以開元禮重加損益以成此書〔梁書儒林傳〕何佟之字士威廬江灊人少好三禮時太尉王儉爲儒宗頗相推重高祖踐阼以佟之爲尚書左丞是時百度草創佟之依禮定議多所裨益〔唐書儒學傳〕韋彤京兆人彤名治禮德宗時爲太常博士

誕后稷之穡有相之道。疏云。種之必好。似有神助。呂氏春秋。〔士容論任地篇〕后稷曰。子能使子之野盡爲泠風乎。六尺之耜所以成畝也。其博八寸所以成甽也。耨柄尺。此其度也。其耨六寸所以間稼也。

興雨祈祈

以按徂旅爲遏莒

夏屋蘧蘧

漢趙過曰后稷始甽田。〔元圻案〕〔任地篇注曰〕浛風和風所以成穀也〔又曰〕耜六尺其刃廣八寸古者以耜耕廣六尺爲畝三尺爲甽遼西之人謂之𡍬也〔畢氏沅曰〕周禮廣尺深尺曰甽此云三尺黃東發謂於正文不合其言曰耜者今之犁廣六尺旋轉以耕土其塊彼此相向亦廣六尺而成一畯此之謂畝而百步爲畝總畝之四圍總名其博八寸所以成甽者犁頭之刃逐塊隨刃而起其長竟畝其起而空之處與刃同其潤此之謂甽案此所云則與周禮相近𡍬字書無考〔漢書食貨志〕趙過爲搜粟都尉過能爲代田一畮三甽歲代處故曰代田古法也后稷始甽田以二耜爲耦廣尺深尺曰甽長終畮一畮三甽一夫三百甽而播種於甽中苗生葉以土稍耨隴草因隤其土以附苗根

興雨祈祈。雨欲徐徐則入土。鹽鐵論水旱篇云。周公太平之時。雨不破塊。旬而一雨。雨必以夜。〔集證〕曰西京雜記載董仲舒雨雹對太平之世風不鳴條開甲散萌而已雨不破塊潤葉津莖而已〇〔元圻案〕〔小雅大田傳曰〕祈祈徐也〔箋云〕古者陰陽和風雨時其來徐徐然而不暴疾

以按徂旅。孟子作以遏徂莒。韓非云。文王克莒。〔元圻案〕〔韓非子二難篇〕文王侵孟克莒舉酆三舉事而紂惡之文王乃懼請入洛西之地以請解炮烙之刑〔毛傳〕以阮徂共爲三國又以旅爲地名鄭以旅爲兵衆以孟子證之則毛義爲長〔孟子正義曰〕春秋魯隱公二年書莒子盟于密則莒者密之近地

夏屋渠渠。箋云。設禮食大具。其意勤勤。正義王肅云大屋。崔駰七依說宮室之美。云夏屋渠渠。文

選靈光殿賦注。引七依作蘧蘧。蘧也李善注高檀弓見若覆夏屋者矣。注。夏屋。今之門廡。其形旁廣而卑。正義。殷人以來。始屋四阿。夏家之屋。唯兩下而已。無四阿。如漢之門廡。(原注)鄭康成於詩禮注異如此○(元圻案)(秦風權輿傳曰)夏大也箋云屋具也渠渠猶勤勤也言人君始於我厚設禮食大具以食我其意勤勤然(正義曰)夏大釋詁文屋具釋言文(案)(崔駰七依)說宮室之美云夏屋渠渠王肅云屋則立之於先君食則受之於今君故居大屋而食無餘義似可通鄭不然者始則大具今終則無餘猶下章始則四簋今則不飽皆說飲食之事不得言屋宅也(法言云)震風凌雨然後知夏屋之爲帡幪也後人以夏屋爲屋宇蓋本於揚子雲(後漢書崔駰傳)駰字亭伯涿郡安平人也少游大學與班固傅毅齊名著詩賦銘頌書記表七依婚禮結言達旨酒警合二十一篇(文選十一王文考靈光殿賦序曰)魯靈光殿者蓋景帝程姬之子恭王餘之所立也初恭王始都下國好治宮室遂因魯僖基兆而營焉(後漢書文苑傳上)王逸字叔師南郡宜城人也子延壽字文考有儁才游魯作靈光殿賦

文王之治。由身及家。風始于關雎。雅始于大明。而思齊又關雎之始也。家人之九五曰。王假有家。(原注)不顯亦臨謹獨者齊家之本故家人之吉在于反身(何云)此說從南豐列女傳序中來○(元圻案)(大雅第二篇大明序)文王有明德故天復命武王也(又思齊序)文王所以聖也正義曰作思齊詩者言文王所以得聖由其賢母所生文王自天性當聖聖亦由母大賢故歌詠其母言文王之聖有所以而然也(曾子固烈女傳目錄序曰)古之君子未嘗不

關雎大明於始見義思齊又爲關雎始二南之業本文王文武皆有聖母

衛武山甫皆言柔嘉

土宇彌性相因證史

葛生駟鐵變遺風唐風爲堯舊都

以身化也故家人之義歸于反身二南之業本于文王夫豈自外至哉世皆知文王之所以興能得內助而不知所以然者蓋本于文王之躬化故內則后妃有關雎之行外則羣臣有二南之美與之相成（文中子曰）予讀大明之詩而知人之求配不可不慎擇也蓋雖大聖賢而配非其人所生之子必不能全類其父詩稱文武之興各本其母而言有旨哉

衛武公自警曰愼爾出話敬爾威儀無不柔嘉古之君子剛中而柔外仲山甫之德柔嘉維則隨會柔而不犯韓文公爲王仲舒銘曰氣銳而堅又剛以嚴哲人之常與其友處順若婦女何德之光

爾土宇昄章必曰俾爾彌爾性務廣地而不務廣德者人君之深戒也不務德而勤遠略齊之霸所以衰僖公九年左傳狄之廣莫于晉爲都晉之亂所以萌莊公二十八年左傳（全云）晉雖世有赤翟白翟中山之禍然不因此而亡國深寧特有慨於宋室耳○（元圻案）（三略）務廣地者荒務廣德者强

風俗世道之元氣也觀葛生之詩堯之遺風變爲北方之强矣觀駟鐵小戎之詩文武好善之民

蔡仲孫兵討西戎

魯以稷配天見頌

變爲山西之勇猛矣晉秦以是彊於諸侯然晉之分爲三秦之二世而亡風俗使然也是以先王之爲治威彊不足而德義有餘商之季也有故家遺俗焉周之衰也懷其舊俗焉〔元圻案〕〔唐風葛生序〕刺晉獻公也好攻戰則國人多喪矣〔鄭氏詩譜〕唐者帝堯舊都之地今曰太原晉陽是堯始居此後乃遷河東平陽〔秦風駟鐵序〕美襄公也始命有田狩之事園囿之樂焉〔小戎序〕美襄公也備其兵甲以討西戎西戎方彊而征伐不休國人則矜其車甲婦人能閔其君子焉〔詩譜〕秦者隴西谷名於禹貢近雍州鳥鼠之山又曰秦仲之孫襄公平王之初興兵討西戎以救周平王東遷王城乃以岐豐之地賜之始列爲諸侯〔史記晉世家〕哀公四年趙襄子韓康子魏桓子共殺智伯盡幷其地十八年哀公卒子幽公柳立幽公之時晉畏反朝韓趙魏之君獨有絳曲沃餘皆入三晉〔又秦始皇本紀〕始皇崩於沙邱胡亥襲位爲二世皇帝元年七月戍卒陳勝等反二世齋於望夷宮趙高與其壻閻樂其弟趙成謀立公子嬰二世自殺〔賈誼曰〕秦爲天子二世而亡〔詩大序〕國史明乎得失之迹傷人倫之廢哀刑政之苛吟咏性情以風其上達於事變而懷其舊俗者也

皇皇后帝皇祖后稷魯以稷配天周之東遷始僭禮矣夫子以爲周公之衰而史克何美焉齊百庭燎晉請王章習以爲常禮樂安得不自大夫出乎〔元圻案〕〔魯頌閟宮箋〕皇皇后帝謂天也成王以周公功大魯郊祭天亦配之以后稷〔禮記禮運〕孔子曰魯之郊禘非禮也周公其衰矣〔衛氏集說〕引蔣氏君

季孫行父請命作頌
庭燎數遞降

刪詩篇數
詩有刪章刪句刪字
孔子不刪詩

寶曰前輩爲之說曰魯不得用天子禮樂是成王過賜而伯禽受之非也夫以伯禽受之爲非而成王之時禮典未壞周應有是用之之事乎識者又從而爲之說曰賜非成王是周之末王賜之也昔者魯惠公使宰請郊廟之禮於天子天子使史角往止之使成王之時而魯已郊則惠公奚請惠公之請殆由平王以下也是說然矣自今言之聖人觀周道而傷幽厲論郊禘而衰周公則重祭賜魯豈盛時賢君事其出於衰世天子諸侯無疑也〔魯頌譜曰〕僖公當周惠王襄王時而遵伯禽之法復魯舊制國人美之季孫行父請命于周而作其頌正義曰駉頌序云史克作是頌廣言作頌不指駉篇〔禮記郊特牲〕庭燎之百由齊桓公始也註僭天子也庭燎之差公蓋五十侯伯子男皆三十〔正義曰〕庭燎者謂於庭中設火以照燎來朝之臣又曰此數出大戴禮皇氏云作百炬列於庭也或云百炬共一束也〔僖公二十五年左傳〕晉侯朝王王饗醴命之宥請隧弗許曰王章也未有代德而有二王亦叔父之所惡也

朱子發曰。詩全篇削去者二千六百九十四篇。如貍首曾孫之類是也。篇中刪章者。如唐棣之華。偏其反爾。豈不爾思。室是遠而之類是也。章中刪句者。如巧笑倩兮。美目盼兮。〔何云〕今石經論孟乃宋人所補盼譌爲盻然宋板四書集註已改正素以爲絢兮是也。句中刪字者。如誰能秉國成。不自爲政。卒勞百姓是也。〔閻按〕此必無之事〔全云〕深寧開卷不取月離于畢素以爲絢爲孔子所刪之說則朱子發之論亦非其所取此條必尙有辯正之說而今失之又云李淇水亦嘗有此說見象山集〇〔元圻案〕朱子發之說本於歐陽公〔孔穎達曰〕經傳所引諸詩見在者多亡失者少不容孔子十去其九〔朱子曰〕當時史官收詩時已各有編次但經孔子時已經散失故孔子重新整理一番未見得刪與不刪〔水心葉氏曰〕論語稱詩三百本謂古

二南後次國風諸義邶鄘自別於衛次曹檜豳思復二南

人已具之詩不應指其自删者言之然則詩不因孔氏而後删矣　李淇水即清臣也其說見陸象山語錄上

止齋答黃文叔書曰，國風作而二南之正變。邶鄘曹鄶特微，國也而國風以之終始。蓋邶鄘自別於衛而諸侯浸無統紀。及其厭亂思治。追懷先王先公之世。〔案〕原文此下有匪風下泉四字有如曹鄶。然君子以是為二南之可復。世無周公。誰能正之。是故以豳終。〔閻按〕呂東萊於詩一說朱子於詩又一說故各解思無邪之旨前輩謂之未了公案王魯齋出則謂詩非聖人之原本余頗然其說〔新安方回曰〕蓋嘗以上二說就內翰尚書王公應麟一商略之今王氏詩說如此是亦未敢舍而從魯齋也因識於此○〔元圻案〕〔詩譜〕邶鄘衛者商紂畿內方千里之地武王伐紂以其京師封紂子武庚為殷後乃三分其地置三監使管叔蔡叔霍叔尹之三監導武庚叛成王既黜殷命殺武庚復伐三監更於此三國建諸侯以殷餘民封康叔於衛使為之長後世子孫稍并彼二國混而名之七世至頃侯當周夷王時衛國政衰變風始作故作者各有所傷從其國本而異之為邶鄘衛之詩焉　一鄶風終於匪風序曰思周道也〔曹風終於下泉序曰〕思治也

周禮字數
河間獻王得
周官
唐太宗稱周
禮
蘇綽安石三
用周禮
文中子程子
知周禮
行周禮宜本
雎麟
武帝及諸儒
排周禮
以周禮爲理
財陰謀書
周公致太平
之跡

困學紀聞注卷四

餘姚翁元圻載青輯

周禮(元圻案)(鄭晄老曰)周禮四萬五千八百六字(晁氏讀書附志曰)石經周禮十二卷經註一十六萬三千一百單三字

漢河間獻王得周官而武帝謂末世瀆亂不驗之書。唯唐太宗夜讀之。以爲眞聖作。曰不井田不封建而欲行周公之道不可得也。人君知此經者。太宗而已。(何云)太宗語出於文中子第十卷王福時所錄未可以爲信也不封建下尚有不肉刑三字 劉歆始用之。(案)王莽之王田市易是也 蘇綽再用之。(後周書太祖本紀)魏恭帝三年初太祖以漢魏官繁思革前弊大統中乃命蘇綽盧辯依周制改創其事尋亦置六卿官然爲撰次未成衆務猶歸臺閣至是乃命行之 王安石三用之。(宋神宗之青苗均輸是也) 經之蠹也。(何云)唐之立法皆本蘇綽不得目爲經之蠹 唯文中子(中說魏相篇)曰。如有用我。執此以往。程伯子(告呂與叔)曰。必有關雎麟趾之意。然後可以行周官之法度。儒者知此經者。王程二子而已。(全云)案唐太宗銳意封建有世襲刺史之命則福時之言未必妄雖然貞觀之治稍可觀而以言乎先王雎麟之意何有無論其父子兄弟事即如侯君集張亮反側於廟堂之間而謂其能封建乎太子承乾與魏王泰傾奪於嫡庶之際而謂其能封建乎衛公鄂公俱遭讒李君羨以疑似死即魏文貞公亦不保始終而謂其能封建

周官經　補周
禮之始　周官周禮之
別
漢注解周禮
諸家
周禮置博士
成風卜偃稱

乎然則太宗亦未必能真知此經也〔又云〕何氏以蘇綽能開貞觀之治其實唐之治法亦不盡本於綽也〇〔元圻案〕〔王福時錄唐太宗與房魏論禮樂事曰〕太宗召房杜及魏徵入上曰朕夜讀周禮真聖作也首篇云惟王建國辨方正位體國經野設官分職以為人極誠哉深乎良久謂徵曰朕思之不井田不封建不肉刑而欲行周公之道不可得也　〔漢書景十三王傳〕河間獻王德以孝景前二年立修學好古實事求是從民得善書必為好寫與之留其真加金帛賜以招之所得皆先秦舊書周官尚書禮記孟子老子之屬　〔唐賈公彥序周禮廢興曰〕周禮起於成帝劉歆而成于鄭元附離之者大半故林孝存以為武帝知周官末世瀆亂不驗之書故作十論七難以排棄之何休亦以為六國陰謀之書唯有鄭元偏覽羣經知周禮乃周公致太平之跡故能答林碩之論難使周禮義得條通　〔鄭氏樵六經奧論周禮辨曰〕周禮或謂文王治岐之制或謂成周理財之書或謂戰國陰謀之書或謂漢儒附會之說或謂末世瀆亂不驗之書紛紜之說無所折衷予謂非聖人之智不及此惟見其所傳不一故武帝視為末世瀆亂不驗之書而不知好也自成帝時雖著七略終漢迄唐竟不置學官博士文中子居家未嘗廢周禮太宗讀周禮謂真聖作其深知周禮者歟若夫後世用周禮王莽敗於前荊公敗於後此非周禮不可行而不善用周禮者之過也　〔朱子語類〕北周宇文泰及蘇綽有意復古官制頗詳盡如租調庸府兵之類皆是蘇綽之制故義門云唐之立法皆本蘇綽爾　〔葉水心序黃文度周禮五官說曰〕周官既晚出而劉歆遽行之大壞矣蘇綽又壞矣王安石又壞矣

漢志。謂之周官經。〔閻案〕河間獻王傳亦曰周官序錄云。劉歆始建立周官經。以為周禮。意者。周禮之名昉此乎。然後漢書云。鄭眾傳周官經。後馬融作周官傳。授鄭元。元作周官注。〔案〕此儒林董鈞傳文猶未以周禮名也。隋志自

周禮今周官非古周禮

冬官屬地官不亡司空篇雜出於五官五官今冬官無羨數周禮爲未成書

馬融注已下。始曰周官禮。〔原注〕〔隋志〕三禮目錄一卷鄭元撰今見于釋文〔閻案〕〔鄭康成序云〕世祖以來通人達士鄭氏父子衞宏賈逵馬季長皆作周禮解詁周禮之名已見於此〔賈公彥曰〕以設位言之謂之周官以制作言之謂之周禮〔程易田云〕案康成注開章第一條天官冢宰惟王建國下鄭云周公居攝而作六典之職謂之周禮冬官鄭目錄云古周禮六篇畢矣古周禮六篇者天子所專秉以治天下諸侯不得用焉〔康成序又云〕世祖以來通人達士皆作周禮解詁然則王氏謂未以周禮名者言其時但稱周官經周官傳周官注尚未以周禮名其書也今六篇第目曰天官地官云云但稱官者是也〔集證曰〕〔後漢盧植傳〕植上書曰臣前以周禮諸經發起粃繆爲之解詁〔鄭康成傳〕所著有答臨孝存周禮難荀悅云劉歆以周官六篇爲周禮王莽時奏以爲經置博士〇〔元圻案〕〔漢書藝文志〕周官經六篇王莽時劉歆置博士〔師古曰〕即今之周官禮也〔隋書經籍志〕周官禮十二卷馬融注又自鄭康成以下十三家皆曰周官禮〔鄭康成序云〕大中大夫鄭少贛名興及子大司農仲師名衆故議郎衞次仲侍中賈景伯南郡太守馬季長皆作周官解詁〔葉夢得春秋攷二〕周官太宰以六典佐王治邦國此先王待五服諸侯之法也其爲之必有其目矣須句之滅成風猶能爲僖公言崇明祀保小寡爲周禮而襄王避子頽之難出居于鄭卜偃勸晉文公以爲周禮未改吾然後知周公之典其所以爲天下者大焉今之周禮蓋周官非周禮惜乎先王之六典不得而見矣蓋因其始但名曰官經而爲此說

五峯胡氏〔皇王大記十九〕云。周官司徒掌邦教。敷五典。司空掌邦土。居四民。世傳周禮缺冬官。未嘗闕也。乃冬官事屬之地官。程泰之〔全云〕程文〔簡公〕大昌云。五官各有羨數。天官六十三。地官七十八。春官七十。夏官

周禮止載六卿實職

俞氏周禮復古編

周禮書成未行

周禮制不合書孟子

考工記爲先秦書

漢博士作考工記

周官出山巖屋壁

六十九秋官六十十六蓋斷簡失次取羨數(何云)羨數凡四十六凡百工之事歸之冬官其數乃周俞庭椿(全云)字壽翁象山弟子爲復古編亦云司空之篇雜出於五官之屬九峯蔡氏云周公方條治事之官而未及師保之職冬官亦闕首末未備周公未成之書也

(閻按)古者三公多係兼官惟六卿是實職周禮蓋載其實職者也其中有三公云何孤云何皆六卿職之所及亦莫或遺蔡氏說頗傅會○(元圻案)俞氏復古編自序曰周禮司空之篇反覆之經質之於書驗之於王制皆有可以足正者而司空之篇實雜出於五官之屬且因司空之復而五官之譌誤亦遂可以類考誠有犂然當於人心者(四庫全書總目禮類一)周禮復古編一卷宋俞庭椿撰庭椿字壽翁臨川人乾道八年進士官古田令是書宋志作三卷今本一卷復古之說始於庭椿厥後邱葵吳澄皆襲其繆說周禮者遂有冬官不亡之一派(鄭樵通志)引孫處之言曰周公居攝六年之後書成歸豐而實未嘗行惟其未經行故僅述大略俟其臨事而損益之故建都之制不與召誥洛誥合封國之制不與武成孟子合設官之制不與周官合九畿之制不與禹貢合蔡氏以爲周公未成之書蓋本於此　胡宏字仁仲號五峯崇安人文定公安國季子　蔡沈字仲默號九峯建陽人西山先生子受業朱子之門

考工記或以爲先秦書而禮記正義云孝文時求得周官不見冬官一篇乃使博士作考工記補之馬融云孝武開獻書之路周官出於山巖屋

塚中得科斗書考工

考工制度非周典

獻王取考工補闕

冬官亦稱事官

千金購冬官

竇公獻書爲宗伯文

補亡取考工記序

易祓周禮總義

壁。漢書謂河間獻王得之。非孝文時也。序錄云。或曰河間獻王開獻書之路時有李氏上五篇。失事官一篇。取考工記補之。六藝論〔全云鄭康成作〕云。壁中得六篇。誤矣。齊文惠太子鎮雍州。有盜發楚王冢。獲竹簡書。青絲編。簡廣數分。長二尺。有得十餘簡。以示王僧虔。僧虔曰。是科斗書考工記。周官所闕文也。〔事見南齊書文惠太子傳〕漢時科斗書已廢。則記非博士所作也。易氏〔全云山齋易氏祓字元章〕云。考工記非周書也。言周人上輿而有梓匠之制。言周人明堂而有世室重屋之制。言溝洫澮川。非遂人之制。言旂旟旐。非大司馬司常巾車之制。眡周典大不類。〔閻按〕科斗書漢世盛行且著之功令見漢藝文志蕭何草律云云〇〔元圻案〕〔禮記篇首正義曰〕六藝論云周官壁中所得六篇漢書說河間獻王開獻書之路得周官有五篇失冬官一篇乃購千金不得取考工記以補其闕漢書云得五篇六藝論云得其六篇其文不同未知孰是〔周禮鄭氏目錄冬官考工記第六〕注曰司空之篇亡漢興購求千金不得此前世識其事者記錄以備大數疏曰冬官一篇其亡已久有人增集舊典錄此

經禮三百
經禮曲禮之別
周禮之名有七

三十工以爲考工記雖不知其人又不知作在何日要之在於秦前是以得遭秦滅焚典籍韋氏裘氏等闕也〔漢書藝文志〕曰周衰樂猶微眇六國之君魏文侯最爲好古孝文時得其樂人竇公獻其書乃周官大宗伯之大司樂章也如其時周官未出安知其爲大司樂章乎〔後漢書儒林傳云〕孔安國所獻禮古經五十六篇乃周官經六篇又與禮正義漢書之說不同〔宋王與之周禮訂義第七十卷〕夫考工記之可以補周官者非三十工之制有合周之遺法也獨考工之序其議論有源委足以發明聖經之祕此所以取而爲補亡之書也如捨此而索於制度之末則論周人上輿奚及乎上梓上匠之制論周人明堂奚取乎世室重屋之制言溝洫澮川非遂人之制也言斿旗旟旐非司馬司常巾車之制也其他纖悉有不可盡信者槩以爲周家之制度豈其然乎此說本於易氏〔宋志易祓周禮總義三十六卷〕趙希弁讀書附志作三十卷經義考云未見今 四庫全書從永樂大典錄出〔南宋館閣續錄〕載易祓字彥章潭州寧鄉人〔周密齊東野語〕謂祓諂事蘇師旦由司業躐擢左司諫其人不足道也〔漢書藝文志〕周官保氏掌養國子教之六書謂象形象事象意象聲轉注假借造字之本也漢興蕭何草律亦著其法又以六體試之六體者古文奇字篆書隸書繆篆蟲書〔後漢書盧植傳〕植上書曰古文科斗近於爲實而厭抑流俗降在小學中興以來通儒學士班固賈逵鄭興父子並敦悅之是科斗書至東京猶行也古文尚書孔安國以隸古定是一行科斗書一行真書孔穎達謂就古文體而從隸定之存古爲可慕以隸爲可識然則其時之識科斗書者蓋亦僅矣

禮器。經禮三百。鄭氏注。謂即周禮三百六十官。漢藝文志。禮經三百。〔案注〕韋昭曰周禮三百六十官也三百舉成數臣瓚注云。周禮三百。是官名也。禮經。謂冠婚吉凶。蓋以儀禮爲經禮也。朱子從瓚說。謂周禮乃設官分職之書。禮

鄭注周禮三誤

鄭注引王制司馬法

引漢官比周官

徐鈞周禮微言

周禮三綱領

了翁止齋周禮三書

典在其中。而非專爲禮設也。〔元圻案〕〔禮記正義曰〕周禮見於經籍其名異者見有七處案孝經說云經禮三百一也禮器云經禮三百二也中庸云禮儀三百三也春秋說云禮經三百四也禮說云有正經三百五也周官外題爲周禮六也漢書藝文志云周官經六篇七也〔朱子曰〕近世括蒼葉夢得曰經禮制之凡也曲禮文之目也諸儒之說瓚與葉氏爲長

鄭康成釋經。以緯書亂之。以臆說汨之。而聖人之微指晦焉。徐氏微言。謂鄭注誤有三。王制漢儒之書。今以釋周禮。其誤一。〔何云〕以王制爲孝文時博士作者盧子幹一家之說以史記封禪書索隱所載劉向七錄云文帝所造書有本制服制篇者參斷則非今禮記中王制也明矣〔方樸山云〕案鄭氏每以周禮駁王制謂王制爲殷禮何曾以釋周官徐氏妄說司馬法兵制也。今以證田制。其誤二。〔方樸山云〕古兵農不分漢官制皆襲秦。今引漢官以比周官。小宰乃漢御史大夫之職。謂小宰如今御史中丞。如此之類。其誤三。鶴山〔全云〕魏文靖了翁字華父〇瀘州贍軍田記謂以末世弊法。釋三代令典。如以漢算擬邦賦。以莽制擬國服。止齋〔夏休井田譜序〕謂以周禮爲非聖人之書者。以說之者之過也。

劉歆以周官文姦
新莽襲周禮諸制

〔全云〕鶴山同時傳琴山之說與此略同琴山名伯魯象山弟子○〔元圻案〕〔宋王氏炎曰〕康成之釋訓可謂有功於周禮然六官制度以康成而傳亦以康成而晦一則以緯書汩之一則以臆說參之是以學者不得不疑〔經義考〕徐氏筠周禮微言宋志十卷未見江西通志徐筠字國堅清江人得之子蚤歲擢第知金州續中興書目徐筠學周官於陳傅良記所口授成書十卷自謂闢於傅良曰周禮綱領有三養君德正紀綱均國勢鄭氏注誤有三云云〔禮記王制正義曰〕王制之作蓋在秦漢之際知者按下文云有正聽之鄭云漢有正平承秦所置又有古者以周尺之言今以周尺之語則知是周亡之後也秦昭王亡周故鄭答臨碩云孟子當赧王之時王制之作復在其後盧植云漢孝文皇帝令博士諸生作此王制之書．〔漢書藝文志〕軍禮司馬法百五十篇〔宋志〕魏了翁周禮折衷二卷周禮要義三十卷陳傅良周禮記一卷趙希弁讀書附志陳傅良周禮說三卷舊刊於止齋文集中曹叔遠別爲一書而刻之且爲之說案以上三書今　四庫書皆不著錄

張禹以論語文其諛。〔方樸山云〕未見的據劉歆以周官文其姦。猶以詩禮發冢也禹不足以玷論語而以歆訾周禮可乎。〔原注〕西山曰歆之王田安石之泉府直竊其一二以自蓋爾○〔元圻案〕〔漢書張禹傳〕永初元延之間吏民多上書言災異王氏專政所致上意頗然之乃至禹第辟左右因用吏民所言示禹禹自見年老子孫弱又與曲陽侯不平恐爲所怨謂上曰災變之意深遠難見故聖人罕言命不語怪神上雅信愛禹由此不疑王氏〔通鑑〕王莽始建國三年國師公劉秀言周有泉府之官收不售與欲得即易所謂理財正辭禁民爲非者也莽乃下詔曰周禮有賒貸樂語有五均傳記各有筦焉今開賒貸張五均設諸筦者所以齊衆庶抑兼并也遂於長安及洛陽邯鄲臨菑宛成都立五均司市錢府官司市常以四時仲月定物上中下之賈各爲其市平民賣五穀布帛絲綿之物不售者均官考驗用其本賈取之又民有乏絕欲賒貸者錢府予之每月百錢取息三錢又以周官稅民凡田不耕爲不殖出三夫之稅城郭中宅不樹藝者爲不毛出三夫之布民浮游無事出夫布一疋其不能

周禮內外官數

制官格心輔德法冢宰領膳服嬪御宗伯領冕旗巫祝周輿替由臣庶官常弛張證史

出布者宂作縣官衣食之諸取金銀連錫鳥獸魚鼈於山林水澤及畜牧者嬪婦桑蠶織紝紡績補縫工匠醫巫卜祝及他商販賈人皆各自占所爲於其所在之縣官除其本計其利十分之而以其一爲貢案通鑑此文本漢食貨志而有所增刪〔莊子外物篇〕儒以詩禮發冢〔漢書食貨志〕莽更名天下田曰王田奴婢曰私屬皆不得賣買其男口不盈八而田過一井者分餘田予九族鄰里鄉黨〔原注〕引西山語見所作王與之周禮訂義序

易氏總義云府史胥徒通典職官一總言其爲六萬三千六百七十五人愚攷之通典周六萬三千六百七十五員內二千六百四十三人〔閻按〕〔文獻通考云〕此數未知何據〔按〕通考據周禮當作二萬五千二百六十五人外諸侯國官六萬一千三十二人又云此據王制殷時天下諸侯官數則合此乃官數非爲府史胥徒也

嬪御奄寺飲食酒漿衣服次舍器用貨賄皆領於冢宰冕弁車旗宗祝巫史卜筮瞽侑皆領於宗伯此周公相成王格心輔德之法周之興也滕侯爲卜正呂伋爲虎賁氏侍御僕從罔匪正人左右攜僕庶常吉士及其衰也昬椓靡共婦寺

太師治王燕私事

階亂膳夫內史趣馬師氏締交於嬖宴寵瑣瑣姻亞私人之子竊位於王朝至秦而大臣不得議近臣矣至漢而中朝得以詘外朝矣至唐而北司是信南司無用矣由周公之典廢也閒有詰責幸臣如申屠嘉奏劾常侍如楊秉宮中府中爲一體（方樸山云此一語說盡周官）如諸葛武侯可謂知宰相之職者唐太宗責房元齡以北門營繕何預君事豈善讀周禮者哉（全云此說是）我朝趙普於一熏籠之造亦制以有司之法李沆於後宮之立奏以臣沆不可（閻按宜增一事曰文彥博於疾勢增損責宦者必以報）趙鼎於內苑移竹責宦者罷其役庶幾古大臣之風矣五峯乃謂周公不當治成王燕私之事殆未之思也（元圻案）（朱子曰）古人立法無所不有天下有此一事他便立此一官且如女巫之職掌宮中巫祝之事凡宮中祈祝皆在此人如此便無後世巫蠱之事矣（史記李斯列傳）李斯上書言趙高之短二世已前信趙高恐李斯殺之乃私

告趙高高曰丞相所患者獨高高已死丞相卽欲爲田常所爲於是二世曰其以李斯屬郎中令趙高案治〔漢書佞幸傳〕元帝以石顯久典事中人無外黨精專可信任遂委以政事無大小因顯白決貴幸傾朝百僚皆敬事顯〔唐書劉蕡傳〕文宗卽位宦人握兵權橫制海內號曰北司蕡對策極言其禍曰今分外官中官之員立南司北司之局或犯禁於南則亡命於北或正刑於外則破律於中法出多門人無所措〔漢書申屠嘉傳〕孝文時鄧通方愛幸嘉入朝而通居上旁有怠慢之禮嘉奏事畢因言曰陛下幸愛羣臣則富貴之至於朝廷之禮不可以不肅上曰君勿言吾私之罷朝坐府中嘉爲檄召通詣丞相府通恐入言上上曰汝第往吾今使人召若通至詣丞相府免冠徒跣頓首謝嘉責曰夫朝廷者高皇帝之朝廷也通小臣戲殿上大不敬當斬通頓首首盡出血不解上度丞相已困通使使持節召通而謝丞相〔後漢書楊秉傳〕桓帝五年代劉矩爲太尉中常侍侯覽弟參爲益州刺史累有臧罪暴虐一州秉劾奏參檻車徵詣廷尉參自殺秉因奏覽及中常侍具瑗官亟屏斥投畀有虎帝不得已竟免覽官而削瑗國〔三國志蜀諸葛亮傳〕亮上疏曰宮中府中俱爲一體陟罰臧否不宜異同〔通鑑唐紀〕太宗貞觀十六年房元齡高士廉遇少府少監竇德素於路問北門近何營繕德素奏之上怒讓元齡等曰君但知南牙政事北門小營繕何預君事元齡等拜謝案太宗詔太子用庫物有司勿爲限制蓋誤認周禮世子不會之說與魏鄭公於房元齡之見責而謝也進曰元齡爲陛下股肱耳目於中外事豈有不應知者使所營是則當助成之非則當請罷之不知何罪而責亦何罪而謝也可謂深知宰相之職何於太子取物之詔而不聞諫諍也其後張元素雖以用物過度諫止太子已無及矣〔劉元城語錄〕太祖嘗令後苑作熏籠數日不至責怒左右對以事下尚書省本部本曹本局本局覆奏得旨依方制造乃進御太祖怒曰誰做這般條貫來約束我曰可問宰相普至對曰此自來條貫不爲陛下設乃爲陛下子孫設後世若非禮製造奢侈之物經諸處行遣必有臺諫理會此條貫深意也太祖大喜曰此條貫極妙無熏籠是小事後法壞自御前直下後苑作更不經由朝廷至今爲例〔宋呂氏雜記〔下〕〕李文靖沆爲相時真廟常夜遣使持手詔問欲以某氏爲貴妃如何文靖對使者引燭焚詔口附奏曰但道沆以爲不可其事遂寢〔東都事略〕〔文彥博傳〕仁宗御殿疾暴作扶入禁中二府候於殿閣召內侍史志聰等問起居狀對曰禁中事嚴密不敢泄彥博怒叱之曰上暴疾繫國安危惟爾曹出入禁闥不令宰相知天子起居欲何爲邪自今疾勢稍有損增必

內宰世婦屬外臣

太公立九府圜法顏注九府遺職歲

白〔王明清揮麈餘話一〕紹興中趙元鎭爲左相入朝見自外移竹栽入內奏事畢亟往視之方興工於隙地元鎭詢誰主其事曰內侍王彥節也元鎭即呼彥節詬責之曰頃歲艮嶽花石之擾皆出汝曹今將復蹈前轍邪勒令罷役彥節以聞翌日元鎭奏事畢喻之曰前日偶見禁中有空地因令植竹數十竿非欲以爲苑囿然卿能防微杜漸如此可謂盡忠爾後儻有似此等事勿憚以警朕之不逮也〔胡五峯皇明大紀十九〕論曰陳平爲相尚不肯任廷尉內史之事況周公成文武之德相成王爲太師乃廣置宮闈褻衣服飲食技藝之官以爲屬必不然矣〔朱子答潘恭叔書曰〕周禮冢宰一官兼領王之膳服嬪御此最是設官者之深意蓋天下之事無重於此而胡氏乃痛詆之以爲周公不當治成王燕私之事誤矣

李泰伯〔全云〕盱江先生李覯〇〔案〕盱江集周官致太平論內治第二曰。內宰用大夫士。世婦每宮卿二人。皆分命賢臣。以參檢內事。〔原注〕漢世皇后詹事以二千石爲之猶有成周遺意〇〔元圻案〕〔天官內宰〕下大夫二人上士四人中士八人〔王氏訂義〕引呂成公曰天子理陽道后治陰德風化並行故贊治之官皆曰宰內宰屬之太宰意其治家之道亦權衡審訂於大臣格心之所自出與〔春官〕世婦每宮卿二人下大夫二人中士二人注世婦後宮官也王后六宮漢始大長秋詹事中少府太僕亦用中士八人〔後漢書宦者傳論曰〕漢興仍襲秦制置中常侍官然亦引用士人以參其選中興之初宦官悉用閹人〔宋鄭伯謙太平與國書曰〕漢大長秋爲后卿蓋內宰之意又曰前漢大長秋士大夫也猶可以節制後宮成帝勑許后減省用度后上書辨論恐宦吏以詔書繩之猶有周家氣象後漢雖改用宦官而宮中財用尙付之有司章和以後不復領於外朝及隋置殿中監唐置內諸司凡天子服食器用一切付之奄人大臣不敢問則成周設官之意無復存者矣〔王與之曰〕南城李氏覯字泰伯有周禮致太平論

漢食貨志。太公爲周立九府圜法。顏師古注。周官太府。玉府。內府。外府。皆天官之屬泉府。地官天府。春官職內。

九府見爾雅管子書

職金秋官職幣天官皆掌財幣之官故曰九府東坡對策從顔注

愚按爾雅釋地醫無閭之珣玗琪會稽之竹箭梁山之犀象華山之金石霍山之珠玉崑崙之璆琳琅玕幽都之筋角斥山之文皮岱岳之五穀魚鹽是謂九府淮南墬形訓引爾雅五穀下多桑麻二字五峯胡氏皇王大紀武王十九年所述與爾雅同而繼之曰尚父立圜法輕重以銖通九府之貨又按史記管晏列傳吾讀管氏輕重九府劉向別錄曰九府書民間無有裴駰集解引索隱謂其書論鑄錢之輕重鹽鐵論輕重篇文學曰管仲設九府徼山海通典亦云太公立九府之貨〔案〕通典無此句惟食貨門錢幣上有太公立九府圜法句又錢幣下孝明帝熙平初尚書令任城王澄上言有太公立九府之法句則之貨二字當作圜法或作之法然則九府太公立之管仲設之其名列於爾雅蓋即管氏書也大紀之說得之顔注恐非〔原注〕曲禮天子之

九嬪放月紀

六府亦與大禹謨之六府異〔何云〕九府當如顏注〔集證〕〔引宋張淏雲谷雜記曰〕漢食貨志太公為周立九府圜法李奇曰圜即錢也顏師古曰此非也周官太府玉府內府外府泉府天府職內職金職幣皆掌財幣之官故云九府圜謂均而通之也今以周官考之天府掌寶器實春官之屬初無預於貨財之事而職內職歲職幣職金四者在周官皆為掌財之官今師古乃略去職歲以三者附太府等為九牽強特甚況太公立法之時周官尚未建也師古之不審亦甚矣又太公為周立法之後退而復行於齊至管仲時其法猶存故仲著書有九府之篇且齊猶用之則九府非周官決矣爾雅有九府云云予意太公所謂九府者即此爾蓋九府所產不同故作圜法用金錢貨帛以均通之此說於理頗近不然則九府不過自為掌財之一司耳亦不足容異說也予又得師古所作賢良策問有云九府之名欲知其九意師古亦自疑其未安因策賢良故以此詢之惜未見所答云何〔漢鹽鐵論云〕文學曰以心計策國用構諸侯參以酒榷咸陽孔僅增以鹽鐵江充等各以鋒銳通利末之事析秋毫可謂無間矣非特管仲設九府徼山海也詳此則九府非周官又一證〇〔元圻案〕〔趙希弁讀書附志云〕五峯先生所述皇帝王霸之事自堯以上六閼逢無紀堯之初載迄于赧王乙巳二千有三十年貫通經典採摭史傳又因事而為之論所以述去取之原釋疑似之惑者至矣　通典九府之名亦從漢書顏注

九嬪注。引孔子曰。日者天之明月者地之理孝經援神契之言也何休公羊傳序引孔子有云吾志在春秋。行在孝經。孝經鉤命決之言也漢儒以緯書孔子所作。〔原注〕康成注中庸亦引孔子曰吾志在春秋行在孝經〔何云〕緯書中固亦有孔子緒言在焉　〔全云〕聖人緒言存於緯書者甚多如典禮逸文律歷積算尤可取惜以妖妄之語揜之〇〔元圻案〕〔九嬪注〕孔子云日者天之明月者地之理陰契制故月上屬為天使婦從夫放月紀疏曰孔子

王宮士庶子證史

奄止上士證史

八則禮俗義司徒以俗教安

云以下者孝經援神契文但彼是孔子所作故言孔子云也云日者天之明者本合在天云月者地之理者本合在地今以陽尊而陰卑月乃爲天契制所使故云陰契制上屬爲天使是以月上屬於天隨日而行云婦從夫放月紀者解后已下就燕寢而御之意〔公羊傳序正義曰〕案孝經鈎命決云孔子在庶德無所施功無所就志在春秋行在孝經是也

宮伯掌王宮之士庶子。〔案〕鄭注王宮之士謂王宮中諸吏之適子也庶子其支庶也漢諸侯子入宿衞。齊王之弟章是也。入京師受業。楚王之子郢客是也。其制猶古。〔元圻案〕〔漢書高五王傳〕齊悼惠王肥其母高祖微時外婦也高祖六年立十三年薨哀王襄孝惠六年嗣立哀王弟章入宿衞於漢高祖封爲朱虛侯又〔楚元王傳〕楚元王交高祖同父少弟也高后時浮邱伯在長安元王遣子郢客與申公俱卒業

奄止於上士。抑其權也。〔案〕〔春官內小臣奄〕上士四人注奄稱士者異其賢也〔東萊呂氏曰〕奄位極於上士先王防患之意蓋微唐太宗詔內侍省不立三品官。不任以事。然內侍並列於六省。開閹尹與政之階。與周典異統於冢宰異矣。〔元圻案〕〔唐書宦者傳序曰〕太宗詔內侍省不立三品官以內侍爲之長階第四不任以事惟門閤守禦廷內掃除稟食而已 六省曰尚書省門下省中書省秘書省殿中省內侍省詳唐書百官志

八則。禮俗以馭其民。〔案〕〔天官太宰〕以八則治都鄙六曰禮俗以馭其民注禮俗昏姻喪紀舊所行也呂微仲謂庶民可參之以俗。士以上專用禮。此說非也。

王及后世子五不會冢宰羞服之式唐人誤解不會膳服賦止關市

大傳百志成。故禮俗刑。呂成公謂禮俗不可分爲兩事。制而用之謂之禮。習而安之謂之俗。若禮自禮。俗自俗。不可謂之禮俗。〔元圻案〕〔周禮訂義〔一〕引龜山楊氏曰五方之民皆有性其安居和味宜服利用備器不可推移先王修禮以節其性因之以達其志通其欲爲節文道之使成俗也以是馭之故無殊俗〔案〕〔地官司徒之十二教〕一曰以祀禮教敬二曰以陽禮教讓三曰以陰禮教親四曰以樂禮教和五曰以儀辨等六曰以俗教安似分禮俗爲兩事然曰以俗教安則所以敎之者亦惟以禮而已〔王昭禹周禮詳解曰〕凡習而安焉之謂俗先王亦各因其所宜而教之使安焉則民各從其所願而無苟且幸免之意偷薄之患無自作矣　呂大防字微仲京兆藍田人相哲宗謚正愍

王之膳服。雖不會。而九式有羞服之式。冢宰所均節也。〔案〕〔天官太宰〕以九式均節財用四曰羞服之式鄭注式謂財用之節度待王之膳服不過以關市之賦。天官大府關市之賦以待王之膳服則其用簡矣。〔全云〕唐人誤會世子不會之說而啓承乾之僭越吾故曰唐太宗非能知周禮者○〔元圻案〕〔楊龜山與胡康侯第八書曰〕惟王及后世子不會特膳服之類而已有不如式雖有司不會冢宰得以式論之矣世儒以爲至尊不可以法數制之非正論也〔止齋陳氏曰〕古者關幾而不廛市廛而不征其歲入視地賦至薄也至不常獲也以富有四海而一人之奉特居經費之九一又取其至薄者不常獲者如是足矣〔東萊呂氏曰〕膳服雖不會要不出關市之賦而已　〔易氏祓周禮總義曰〕經言不會者五裘與皮事惟王不會服與飲酒膳禽之不會則后與焉膳則世子亦不會又曰古者關市雖有征然凶荒札喪則關門無征而作布非常賦也以之待膳服足以見先生薄於自奉

司徒司馬不言財兵
鄉遂兵財在其中
教典自經界始
後世言生財足兵
井田出夫兵之數

鄉遂互爲軍田
上劑下劑有萊無萊

司徒掌教不言財。司馬掌政不言兵。鄉遂九畿。兵財在其中。井田封建。足食足兵之本也。周官之法不行。無善教善政。於是憂財用。畏夷狄矣。〔全云〕古人原不言理財本常賦而範以定式故也大學言生財以賦式之禮壞也古人原不言治兵農即兵也論語言足兵孟子言制梃以撻秦楚之堅甲利兵以軍禮壞也〇〔元圻案〕〔王與之周禮訂義二十六〕引陳君舉曰地官掌教所謂教官者師氏保氏司諫訓人司教鼓人不過六七而已謂之教典何也先王教民自經界始八八爲井五五爲軍市有奠居里有聯比無非習民於正而寓之於道德之意俾之分定而慮不易事同而心臧生厚而德優易直而敦龐以服從上令是爲教典〔呂伯恭曰〕生養便是教既富能教資富能訓使他衣食足各保其生方教以君臣父子夫婦長幼之義〔又四十七引孫偉夫曰〕夏官不曰掌邦兵而曰掌邦政政修則兵可不試〔陳及之曰〕班固漢志謂天子畿方千里提封百萬井定出賦六十四萬井兵車萬乘一井之田八家耕之統計六十四萬井之田爲五百一十二萬夫耕者五百一十二萬家以此夫家之衆而供萬乘之賦蓋七家賦一兵則是甸出七十五人亦七家賦一兵如司馬法之言列國之賦皆同此數

鄉有軍制。無田制。遂有田制。無軍制。〔原注〕疏云鄭註互見其義〔元圻案〕遂人疏曰小司徒註云鄉之田制與遂同在彼鄉中惟見出軍無田制此遂人唯見田制無出軍法故鄭彼註云鄉之制與遂同此遂之軍法追胥起役如彼六鄉互見其義明彼此皆有也但彼此雖相如細論之仍有稍異以其六鄉上劑致民六遂下劑致甿六鄉上地無萊六遂上地有萊是其稍異也〔王氏詳說曰〕六鄉所言伍兩卒旅師軍詳於軍制六遂所言遂溝洫澮川詳於田制然軍旅未始無田田制亦未始無軍要之互文見義也

土圭土其地
匠人建國諸法
參日景考極星
詩考工正南北法異
行人不朝不夕

大司徒建邦國以土圭土其地（案）注土其地猶言度其地匠人建國晝參諸日中之景夜考之極星考工記文詩定之方中傳云度日出日入以知東西南視定北準極以正南北愚按晏子春秋內篇雜下景公新成柏寢之室使師開鼓琴師開左撫宮右彈商曰室夕東方之聲薄西方之聲揚公召大匠曰室何爲夕大匠曰立室以宮矩爲之於是召司空原文此下有曰立宮何爲夕司空八字曰立宮以城矩爲之明日晏子朝公曰先君太公以營邱之封立宮本書作城何爲夕對曰古之立國南望南斗北戴樞星彼安有朝夕哉而以今之夕者周之建國國之西方以尊周也公曰古之臣乎樞星卽極星也公劉居豳旣景迺岡然則尚矣（全云）

古人無葬經而有宅經此說最爲不易詳見胡仲子集○（元圻案）（考工記匠人注）日中之景最短者也極星謂北辰疏曰大司徒云日至之景尺有五寸以其在上臨下故最短也（爾

師氏保氏教同居異王門王闈之別國子名稱別見

雅云〕北極謂之北辰〔詩定之方中傳〕定營室也方中昬正四方〔箋〕定昬中而正謂小雪時〔正義曰〕此度日出日入謂度其影也其術則匠人云水地以縣置槷以縣視以影爲規識日出之影與日入之影晝參諸日中之影夜考之極星以正朝夕〔注云〕於四角立植而縣以水望其高下高下既定乃爲位而平地於所平之地中央樹八尺之臬以縣正之視之以其影將以正四方也日出日入之影其端則東西正也又爲規以識之者爲其難審也自日出而晝其影端以至日入既則爲規測影兩端之內規之規之交乃審也度兩交之間中屈之以指臬則南北正也日中之影最短者也極星謂北辰也是揆日瞻星以正東西南北之事也如匠人注度日出日入之影不假於視定視極而東西南北皆知之此傳度日出入以知東西視定極以正南北者考工之文止言以正朝夕無正南北之語故規影之下別言考之極星是視極乃南北正矣但鄭因屈橫度之繩卽可以知南北故細言之與此不爲乖也惟傳言南視定者鄭意不然何者以匠人云晝參諸日中之影不言以定星參之經傳未有以定星正南北者故上箋以定爲記時異於傳也〔孫編修星衍晏子音義〕載王侍御念孫之說曰夕與邪語之轉也〔呂氏春秋明理篇〕是正坐於夕室也其所謂正乃不正矣〔高誘注〕言其室邪不正徙正其坐也夕又有西義周禮凡行人之儀不朝不夕鄭氏注不正東鄉不正西鄉故云國之西方以尊周也〔大雅〕篤公劉既景迺岡相其陰陽觀其流泉〔箋云〕既以日景定其經界於山之脊觀相其陰陽寒煖所宜流泉浸潤所及皆爲利民富國

蔡邕明堂論曰王居明堂之禮南門稱門西門稱闈故周官有門闈之學師氏教以三德守王門保氏教以六藝守王闈然則師氏居東門南門保氏居西門北門也〔案〕此論見後漢書祭祀志中卷朱子大學章句序王宮有學蓋謂此魯孝公之爲公子嘗入京

師氏三德證諸儒

周禮書外言師氏

師。爲國子。注見卷二四十六頁〔今二十二〕人稱其孝。宣王命之導訓諸侯。他書言國子者。唯周語焉。〔全云〕魯孝公下另是一條舊本誤屬上文○〔元圻案〕地官師氏以三德教國子居虎門之左使其屬帥四夷之隸各以其兵服守王之門外保氏養國子以道乃教之六藝使其屬守王闈注國子公卿大夫之子弟虎門路寢門也門外中門之外闈宮中之巷門〔疏曰〕師氏守中門外保氏守王闈門〔爾雅釋宮〕宮中之門謂之闈〔邵氏正義曰〕劉昭所述以門與闈散文言之耳對文言之則闈爲小門故後漢書注引爾雅作宮中小門爲之闈〔左氏哀十四年傳云〕攻闈與大門是闈爲小門別於大門也　陶淵明列魯孝公於孝傳

師氏三德。朱子周禮三德說曰。至德以爲道本。明道先生以之。敏德以爲行本。司馬温公以之。孝德以知逆惡。趙無愧。徐仲車之徒以之。〔案以之朱子集皆作是已○〔閻按〕趙無愧名君錫洛陽人事父良規至孝絕類徐仲車歷官神宗哲宗朝見宋史列傳第四十六

牧誓。顧命。皆言師氏。雲漢之傳曰。年穀不登。則師氏弛其兵。文王世子。大司成注以爲師氏。而楀維師氏。以刺匪其人。九兩師以賢得民。注謂諸侯師氏。言賢者以身教也。后妃亦有之。葛覃云

保氏九數諸名重差夕桀爲漢法

言告師氏。(元圻案)禮記文王世子鄭注大司成司徒之屬師氏也(正義曰)以其掌教故知爲司徒之屬以後言父師司成書傳大夫爲父師師氏爲大夫故知爲師氏　天官冢宰以九兩繫邦國之民三曰師以賢得民鄭注師諸侯師氏有德行以教民者　(東萊呂氏曰)師言賢而不言道身即道也故王氏曰以身教　(詩周南葛覃毛傳)師女師也古者女師教以婦德婦言婦容婦功　(穀梁傳)宋伯姬曰婦人之義傅母保母不在宵不下堂則后妃兼有保傅矣

保氏九數。鄭司農云今有重差夕桀句股。釋文夕音的。此二字非鄭注。(案)(錢氏養新錄曰)夕桀未詳何義疑是互乘之誤　愚按少儀正義引鄭司農云今有重差句股。馬融干寶等更云今有夕桀。各爲二篇。未知所出。則夕桀二字後人附益。非鄭注。信矣。劉徽九章算經序云包犧氏始畫八卦。作九九之術。以合六爻之變。黃帝建曆紀。協律呂。隸首作數。周公制禮有九數。九數之流。則九章是矣。漢張蒼耿壽昌皆善算。因舊文删補。故校其目與古或異。而所論多近語。(元圻案)(地官保氏注)鄭司農云九數方田粟米差分少廣商功均輸方程贏不足旁要今有重差夕桀句股也(疏曰)方田以下皆依九章算術而言云今有重差

合耦于耡
里宰街彈室

夕桀句股者此漢法增之馬氏注以爲今有重差夕桀夕桀亦是算術之名與鄭異案今九章以句股替旁要則旁要句股之類也〔禮記少儀正義曰〕今有重差句股者鄭司農指漢時云今世於九數之內有重差句股二篇其重差卽與舊數差分一也去舊數旁要而以句股替之爲漢之九數卽今之九章也先師馬融干寶等云今有夕桀各爲二篇未知所出〔晉劉徽九章算術注序曰〕在昔包犧氏始畫八卦以通神明之德以類萬物之情作九九之術以合六爻之變暨於黃帝神而化之引而伸之於是建曆紀協律呂用稽道原然後兩儀四象精微之氣可得而效焉紀稱隸首作數其詳未之聞也按周公制禮而有九數九數之流則九章是矣往者暴秦焚書經術散壞自時厥後漢北平侯張蒼大司農中丞耿壽昌皆以善算命世蒼等因舊史之遺殘各稱刪補故校其目則與古或異而所論者多近語也徽幼習九章長再詳覽觀陰陽之割裂總算術之根源探賾之暇遂悟其意是以敢竭頑魯爲之作注〔四庫全書總目天文算法類〕九章算術九卷按九章算術蓋周禮保氏之遺法不知何人所傳永樂大典引古今事通曰王孝通言周公制禮有九章之名其理幽而微其彩祕而約張蒼刪補殘缺校其條目頗與古術不同云云舊本有注題曰劉徽所作考晉書稱魏景元四年劉徽注九章然注中所云晉武庫銅斛則徽入晉之後又有增損矣又有注釋題曰李淳風所作又海島算經一卷晉劉徽撰唐李淳風等奉詔注據徽序九章算術有云徽尋九數有重差之名凡望極高測絶深從兼知其遠者必用重差輒造重差并爲注解以究古人之意綴於句股之下據此則徽之書本名重差初無海島之目亦但附於句股之下不別爲書故隋志九章算術增爲十卷蓋以九章九卷合此而爲十也案二書皆從永樂大典輯錄〔漢書張蒼傳〕蒼陽武人也自秦時爲柱下御史明習天下圖書計籍又善用算律歷故令蒼以列侯居相府領主郡國上計者〔又食貨志〕大司農中丞耿壽昌以善爲算能商功利得幸於上

里宰以歲時合耦于耡。地官注云。耡者。里宰治處也。若今街彈之室。於此合耦。使相佐助。疏謂漢時在街置室。檢彈一里之民。金石錄有中平後漢靈帝十七年改

里胥坐塾出民

庖人注蠏胥籩人注鱐爲乾薧

元中平二年正月都鄉正街彈碑在昆陽城中（以上皆黄山谷雜著語）趙明誠失於攷禮注而酈氏注水經洪氏隸釋皆以街爲衞又誤矣漢食貨志言古制云春將出民里胥平旦坐於右塾鄰長坐於左塾畢出然後歸夕亦如之里胥之塾其即里宰所謂耡者歟〔元圻案〕〔金石錄十八〕都鄉正街彈碑在昆陽城中文字磨滅不可考究其歲月略可見蓋中平二年正月而其額題都鄉正街彈碑不知其何碑也〔水經注二十九〕比水注澧水逕平氏縣故城城內有南陽都鄉正衞彈勸碑〔又三十一〕淯水又東逕魯陽縣故城南城即劉累之故邑也有南陽都鄉正衞爲碑〔隸釋十五水經注〕魯陽縣有南陽都鄉正衞爲碑平氏縣有南陽都鄉正衞彈勸碑此則其一也趙氏誤認衞爲街遂云莫曉其爲何碑〔逸周書大聚解〕飲食相約興彈相庸抱經堂校本引趙云功作則互相勸是興遊惰則互相糾是彈惠云漢時尚有街彈之室蓋取則於古〔書錄解題譜牒類〕金石錄三十卷東武趙明誠德甫撰明誠宰相挺之之子〔四庫全書總目目錄類〕隸釋二十七卷宋洪适撰适字景伯皓之長子紹興壬戌中博學宏詞科官至尙書左僕射同中書門下平章事謚文惠

庖人天官注青州之蟹胥〔原注〕釋文胥息徐反劉音素字林先於反蟹醬也集韻蝑蟹醢四夜切〔原注〕當從集韻

籩人天官注鱐者析乾之出東海陸廣微吳地記云闔閭思海魚而難於生致治生

土會土宜辨物
九州土物土宜之名

魚鹽漬而日乾之故名爲鯗〔原注〕讀如想〔全云〕周時蠏蝑尙青州而漢時則以吾鄉之奉化者爲尙漢律所載鮚醬是也亦見說文至今吾鄉尙有山名鮚埼鯗則以天台者爲貴二物皆浙東典故○〔元圻案〕〔書錄解題小學類〕字林五卷晉絃令呂忱撰太乙山僧雲勝注其書集說文之漏略者凡五篇又景祐集韻十卷直史館宋祁鄭戩等修定學士丁度李淑典領字訓皆本說文說文所無則引他書〔又地理類〕吳地記一卷唐陸廣微撰郚人也多記古吳國事

管子地員篇九州之土爲九十物每土有常而物有次羣土之長是唯五粟次曰五沃次曰五位次曰五蘟〔案玉篇蘟於謹切〕次曰五壤次曰五浮凡上土三十物種十二物中土曰五怸〔注怸密也正字通音朮〕次曰五纑次曰五墭〔玉篇〕音櫨墭堅大廣韻墭堅土也次曰五剽次曰五沙次曰五塥〔正字通音革〕凡中土三十物種十二物下土曰五猶次曰五壯〔五壯之狀如鼠肝〕次曰五殖次曰五觳〔唐韻音斛〕次曰五鳧次曰五桀凡下土三十物種十二物凡土物九十其種三十六按大司徒以土會之法辨五地之物生以土宜之灋辨十二壤之物而知

草人制見管子草土

其種此篇亦古制之存者河圖〔全云〕漢時所傳河圖皆係方輿之書宋人始撰爲五行生成之用謂東南神州曰晨土淮南墜形訓作農土正南邛州曰深土淮南作次州曰沃土西南戎州曰滔土正西弇州曰开土淮南作幷土正中冀州曰白土淮南作中土西北柱州曰肥土淮南作台州北方元州曰成土淮南作濟州東北咸州曰隱土淮南作薄州正東揚州曰信土淮南作申土〇〔元圻案〕〔陳振孫曰〕漢志管子八十六篇列於道家〔隋唐志〕著之法家之首今篇數與漢志合河圖之說見後漢書張衡傳注

地員篇凡草土之道各有穀造或高或下各有草土葉下於鬱〔集韻〕音鬱芳草也鬱下於莧莧下於蒲蒲下於葦葦下於雚〔唐韻〕音貫爾雅釋草雚芄蘭雚下於蔞蔞下於荓〔集韻〕音萍荓下於蕭蕭下於薜薜下於萑萑下於茅凡彼草物有十二衰〔原注〕註鬱即鬱也衰謂草上下相重次也按周官有草人此豈其遺制歟〔元圻案〕管子注舊題房元齡晁公武以爲尹知章所託考唐書藝文志著錄有尹知章而無房元齡知後人改題也舊唐書知章絳州

土圭測地景差

歷測景差不同

地中陽城浚儀不同

翼城人睿宗時官國子博士有孝經注老子注

土圭度地之灋。景一寸。地差千里。一分地差百里。王畿千里。以寸爲法。五等諸侯之地。以分爲法。尺有五寸者。一萬五千里之景也。天地相去三萬里。（以上大司徒正義文）嘗考隋唐志。宋（文帝）元嘉十九年。測於交州。何承天謂六百里差一寸。後魏（宣武帝）永平元年。測於洛陽。信都芳謂二百五十里差一寸。然宋之於陽城。魏之於金陵。皆踰度未可據也。唐開元十二年。植表浚儀。大率五百二十六里二百七十步。差二寸餘。遂以舊說千里一寸爲妄。（原注王朴曰）陽城乃在洛之東偏開元得浚儀之岳臺應南北弦居地之中 司馬公日景圖云。日行黃道。每歲有差。地中當隨而轉移。故周在洛邑。漢在潁川陽城。唐在汴州浚儀。濡水李氏云。周於陽城測景說者謂地形西北高東南下極星在北斗亦在北極星乃天之中也天之中則地之中。〔元圻案〕〔隋書天文志上〕考靈曜周髀張衡靈憲及鄭元注周官並云日景於地千里而差一寸案宋元嘉十九年壬午使使往交州測影夏至之日影出表南三寸二分何承天遙取陽城云夏至一尺五寸計陽城去交州路當萬里而影實差一尺八寸二分是六百里而差一寸也又梁大同中二至所測以八尺表率取之夏至當一尺一寸七分彊後魏信都芳注周髀四術稱永平元年戊子當梁天監之七年見洛陽測影又見公孫崇集諸朝士共觀秘書影同是夏至日其中影皆長一尺五寸八分以此推之金陵去洛南北路當千里而影差四寸則二百五十里而影差一寸也況人路迂迴山川登降方於鳥道所校彌多則千里之言未足依也〔唐書天文志一〕開元十二年太史監南宮說釋河南平地設水準繩墨植表而以引度之自滑臺始白馬夏至之晷尺五寸七分又南百九十八里百七十九步得浚儀岳臺晷尺五寸三分又南百六十七里二百八十一步得扶溝晷尺四寸四分又南百六十里百一十步至上蔡武津晷尺三寸六分半大率五百二十六里二百七十步晷差二寸餘而舊說王畿千里影差一寸妄矣〔五代史司天考一〕周世宗詔端明殿學士王朴撰定歲餘朴奏曰古者植圭於陽城以其近洛也蓋尚慊其中乃在洛之東偏開元十二年遣使天下候影南距林邑北距橫野中得浚儀之岳臺應南北弦居地之中〔大司徒鄭注〕鄭司農云土圭之長尺有五寸以夏至之日立八尺之表其景適與土圭等謂之地中今潁川陽城地爲然〔宋書何承天傳〕承天東海郯人也五歲失父母徐氏廣之姊也聰明博學承天幼漸訓義儒史百家莫不該覽先是禮論有八百卷承天刪減并合以類相從凡三百卷又考定元嘉歷〔魏書張淵傳〕時有河間信都芳字玉琳好學善天文算數

諸公之地方五百里與武成孟子之言不合子產曰列國一同。襄二十五年左傳 孟子亦曰魯方百里明堂位

諸公地或百或五百言實封與兼附庸異

虞夏謂殷之公

大司徒正治致事大宰受會大計

乃云魯方七百里。或謂周官明堂位。兼附庸而言。職方氏疏云無功縱是公爵惟守百里地謂若虞公虢公。舊是殷之公至周仍守百里國以無功故也。愚按左氏傳。（僖公五年）虞仲太王之昭也。虢仲虢叔。王季之穆也。皆周所封。謂舊是殷之公誤矣。〔全云〕殷之公當是虞公夏公虢字乃夏字之譌虞公固非虞仲之虞也○〔元圻案〕大司徒凡建邦國以土圭土其地而制其域諸公之地封疆方五百里其實者半〔鄭司農云〕其食者半公所食租稅得其半耳其半皆附庸小國也屬天子〔周禮訂義陳及之曰〕王介父以爲孟子據實封言之周官則兼附庸言之也其說是矣而辯未詳夫諸侯之得附庸必其有大功者也春秋時自齊晉之外魯有邾鄫鄭有費滑宋有蕭滕凡陳衛等盟會大國皆統屬諸小國愚按此說以孟子王制指實封之地周官兼山川附庸言之鄭司農陸農師呂東萊皆同

歲終正治而致事。注上其計簿。疏云。漢時考吏謂之計吏。今按說苑（政理篇）晏子治東阿三年。景公召而數之。明年上計。景公迎而賀之。（晏子治東阿事亦見晏子而無明年上計句）韓子外儲說。西門豹爲鄴令。居期年上計。君收

車乘人數合司馬法甸七十五人實百人戰車重車先後

其璽新序。雜事二魏文侯東陽上計錢布十倍史記范雎列傳秦昭王召王稽拜爲河東守三歲不上計然則春秋戰國時已有上計非始于漢。〔元圻案〕大司徒歲終則令教官正治而致事註正治明處其文書致事上其計簿疏漢時考吏謂之計吏計吏據其使人也此言計簿據其文書也 太宰之職歲終則令百官府各正其治受其會三歲則大計羣吏之治而誅賞之註會大計也

朱文公答王南卿曰讀曹公杜牧孫子見其所論車乘人數諸儒皆所未言唯蔡季通每論此事以考周禮軍制皆合恩按孫子作戰篇凡用兵之法馳車千駟革車千乘帶甲十萬曹公注馳車輕車也杜牧注輕車戰車也古者車戰革車輜車重車也載器械財貨衣裝司馬法曰一車甲士三人步卒七十二人炊家子十人固守衣裝五人廐養五人樵汲五人輕車七十五人重車二十

五人。故二乘兼一百人爲一隊。舉十萬之衆。革車千乘。校其費用支計。則百萬之衆皆可知也。〔案〕司馬法云云亦杜牧註所引 左氏傳。宣公十二年 乙卯。楚師軍於邲。丙辰楚重至於邲。呂成公謂凡戰兵車在前。輜重常在兵車之後。楚重次日乃至。後一日。故無鈔擊之患。〔何云〕輜重雖在兵車之後然不相離也邲之役車馳卒奔以乘晉軍故晉軍於邲及明重車乃至謂必後一日者非也去大軍稍遠則鈔擊彌易矣 唐說齋云。儒者謂甸出七十五人。不知實出百人。其七十五人。戰車也。其二十五人。重車也。〔全云〕輜重有隨車而行者有相繼接應者亦不可泥○〔元圻案〕〔四庫全書總目兵家類〕孫子一卷周孫武撰考史記孫子列傳載武之書十三篇而漢書藝文志乃載孫子兵法八十二篇圖九卷杜牧謂武書本數十萬言皆曹操削其繁剩筆其精粹以成此書然史記稱十三篇在漢志之前不得以後來附益者爲本書牧之言固未可以爲據也又司馬法一卷舊題齊司馬穰苴撰今考史記穰苴列傳稱齊威王使大夫追論古者司馬兵法而附穰苴於其中因號曰司馬穰苴兵法然則是書乃齊國諸臣所追輯隋唐諸志皆以爲穰苴之所自撰者非也 〔呂成公左氏傳說六〕邲之戰楚既敗晉以乙卯日敗丙辰楚重方至以此知輜重嘗後一日到蓋楚之軍甚有法輜重不過後正軍一日若與正軍大相遠時便有邀擊之患太過近時重兵才亂便亂了正軍 〔唐仲友帝王經世圖譜十二〕兵車攻守之圖注曰四閭爲族攻車一乘七十五人車士三人步卒七十二人四兩爲卒守車一乘二十五人二車合百人載兵謂之兵車以戰謂

步百爲畝準今數減小畝中畝大畝步數

之攻車載任器謂之重車亦謂之守車〔經義考〕唐氏仲友說齋六經解一百五十卷九經發題一卷佚〔先民錄〕唐仲友字與政金華人登紹興辛未進士復中宏詞科知台州抑奸扶弱發粟賑饑創中津浮橋以濟涉政聲卓然俄爲同官高文虎所忌譖諸倉使屢疏劾之歸益肆力於經史百家以究其業〔案〕倉使謂朱子也劾仲友疏具載大全集中

古者步百爲畝〔案〕〔司馬法〕六尺爲步步百爲畝畝百爲夫夫三爲屋屋三爲井井方一里是爲九夫古之百畝。爲今四十一畝一百六十步古之一井爲今三百七十五畝竇儼曰小畝步百周之制也中畝二百四十。漢之制也大畝三百六十。齊之制也今所用者。減之中畝〔竇說〕玉海食貨門亦載之鹽鐵論。未通篇御史曰古者制田百步爲畝先帝哀憐百姓制田二百四十步而一畝。通典謂商鞅佐秦以爲地利不盡。更以二百四十步爲畝二說不同〔何云〕意者鞅但行之西陲漢乃徧於天下〇〔元圻案〕〔程子曰〕古之百畝止當今之四十畝今之百畝當古之二百五十畝商鞅以二百四十步爲畝通典無此文〔玉海食貨田制〕引唐突厥傳杜佑謂周制步百爲畝畝百給一夫商鞅佐秦以爲地利不盡更以二百四十步爲畝百畝給一夫〔通典食貨田制下〕大唐開元二十五年令田廣一步長二百四十步爲畝百畝爲頃自注曰自秦漢以降即二百四十步爲畝非獨始於國家蓋具令文耳然則竇儼之言亦祇據漢令文而云然非必以二百四十步不始於秦也〔東都事略竇儼傳〕儼字望之幼能屬文周廣順初拜中書舍人顯德

九等地各爲三等不易一易再易

遂人匠人溝洫制異

四年儼上疏言累朝以來屢下詔書聽民多種廣耕止輸舊稅及其既種則有司履畝而增之故民皆疑懼而田不加闢

禹貢之田九等。蔿掩別楚地亦九等。孟子王制爲五等。而周官止三等。解者謂大司徒不易一易再易三等。都鄙之制也。小司徒上下中地三等。六鄉之制也。遂人上中下地三等。有萊者。六遂之制也。大司馬上中下地三等。諸侯之制也。〔元圻案〕此三山鄭氏諤周禮全解之說〔襄二十五年〕左傳蔿掩書土田度山林鳩藪澤辨京陵表淳鹵數疆潦規偃豬町原防牧隰皋井衍沃杜註度量山林之材以供國用鳩聚也聚成藪澤使民不得焚燎壞之欲以備田獵之處辨別也絕高曰京大阜曰陵別之以爲冢墓之地淳鹵埆薄之地表異輕其賦稅疆界有流潦者計數減其租入偃豬下濕之地規度其受水多少廣平曰原防隄也防隄間地不得方正如井田別爲小頃町隰皋水涯下濕爲芻牧之地衍沃平美之地則如周禮制以爲井田〔王制〕制農田百畝百畝之分上農夫食九人云云與孟子同鄭註田之肥墝有五等收入不同〔又正義曰〕案周禮地有九等故司徒上地家七人中地家六人下地家五人註云自二人以至於十人爲九等一家男女七人以上則授之以上地所養者衆也五人以下則授之以下地所養者寡也止以七人六人五人爲率者舉中而言以此推之下地之上家四人下地之中家三人下地之下家二人郎上地之上家十人上地之中家九人上地之下家八人是有九等案大司徒不易之地家百晦一易之地家二百晦再易之地家三百晦地惟有三等者大司徒言其大綱其實不易一易再易各爲三等則九等也

遂人治野。乃鄉遂公邑之制。匠人溝洫。乃采地之

畿內用貢邦國用助九夫十夫分合諸說周制井田通天下匠人爲前代之制

制。鄭康成云。周制畿內用夏之貢法。稅夫無公田。邦國用殷之助法。制公田不稅夫。朱文公語類亦云。溝洫以十爲數。井田以九爲數。井田溝洫。決不可合。而永嘉諸儒。全云薛艮齋陳止齋輩欲混爲一。康成注分爲二。是也。愚按李泰伯平土書。第二十云周畿內及天下諸侯一用貢法。稅夫無公田也蓋泰伯已與康成異矣。非始於永嘉諸儒也。劉氏中義。全云劉彝字執中安定弟子以匠人溝洫求合乎遂人治野之制。謂遂人言積數。匠人言方法。然周禮考工各爲一書。易氏謂匠人前代之制。

元圻案地官遂人凡治野夫間有遂遂上有徑十夫有溝溝上有畛百夫有洫洫上有涂千夫有澮澮上有道萬夫有川川上有路以達于畿考工記匠人爲溝洫九夫爲井井間廣四尺深四尺謂之溝方十里爲成成間廣八尺深八尺謂之洫方百里爲同同間廣二尋深二仞謂之澮鄭注此畿內采地之制采地制井田異於鄉遂及公邑以載師職及司馬法論之周制畿內用夏之貢法稅夫無公田以詩春秋論語孟子論之周制邦國用殷之助法制公田不稅夫貢者自治其所受田貢其稅穀莇者借民之力以治公田又使收斂焉畿內用貢法者鄉遂及公邑之吏旦夕從民事爲其促之以公使不得恤其私邦國用莇法者諸侯專一國之政爲其貪暴稅民無蓺周之畿內

稅有重輕諸侯謂之徹者通其率以什一爲正孟子云野九夫而稅一國中什一是邦國亦異內外之法耳(周禮訂義二十五)陳及之曰周制井田之法通行於天下安有內外之異哉遂人言十夫有溝以一直度之也凡十夫之田田首必有一溝以瀉水以方度之則方一里之地所容者九夫其間廣四尺深四尺者謂之溝則方一里之內凡四溝矣兩旁各一溝中間二溝遂人云百夫有洫是百夫之地相連屬而同以一洫瀉水以方度之則方十里之成所容者九百夫其間廣八尺深八尺謂之洫則方十里之內凡四洫矣兩旁各一洫中間二洫至於澮亦然若川則非人力所能爲故匠人不爲川而云兩山之間必有川焉遂人萬夫有川亦大約言之耳大槪則徑水瀉於溝溝水瀉於洫洫水瀉於澮澮水瀉於川其縱橫因地勢之便利遂人匠人以大意言之遂人以長言之故曰以達于畿匠人以方言之故止一同耳陳君舉曰溝洫之制無鄉遂采地之異遂人言夫者指實地言之山林川澤不在其數匠人以里言者溝洫咸在其中所以用里數也薛士龍曰遂人言十夫有溝以旁加言之也匠人以九夫爲井井間謂之溝以實數言之也(愚按)遂人自十夫起數匠人自九夫起數井田之法惟九夫共井未有十夫共者此鄭氏所以謂遂人法與匠人不同也必欲合其說宜以大約計之不可拘也遂人所謂夫間有遂即匠人廣二尺深二尺之遂也遂人十夫爲溝即匠人九夫爲井井間廣四尺深四尺之溝也匠人謂九夫而遂人乃云十夫者遂溝以十夫之地約之耳而匠人方十里爲成成間廣八尺深八尺謂之洫計一成之地乃是百井九百夫之地方有洫而遂人言百夫有洫蓋止言百夫之田始共一洫而成間有洫則總一成之內九百夫之田凡九洫矣匠人言百里爲同同間廣二尋深二仞謂之澮計一同之地乃是萬井九萬夫之地而遂人言千夫爲澮蓋止言千夫之田始共一澮而同間有澮則總一同九萬夫之田凡九十澮矣人力所爲止於澮此外則自然之川故遂人萬夫有川而匠人一同九萬夫之外亦曰專達於川要知一同之內自澮而達者已有川矣此皆以大約言之(陳氏祥道曰)遂人所言者積數也匠人所言者方法也積數則計其所有者言之方法則積其所圍之內者名之其實一制也蓋與劉執中之說同(易氏袚周禮總義曰)遂人井田之法乃成周開方之數若匠人言井間之溝爲一里十倍之而爲十里之洫又倍之而爲百里之澮特言其一面之長者而已蓋匠人方十里之洫是一面各十井以開方而論則方十里者爲方一里者百是洫爲百井乃九百夫之地果何與於遂人百夫之洫匠人言方五百里之澮是每一面爲百井以開方而論則方百里者爲

遂人溝涂因禹
稻人以水佐耕
司險以水佐守
鄉遂法弛證史
井田以制侯國王畿

十里者百是澮爲萬井乃萬夫之地果何與於遂人千夫之澮鄭氏疑之而不得其說故曰此畿內采地之制其說無所依據或者欲以匠人溝洫求合乎遂人治野之制若必欲以一面而牽合其數則十夫之溝爲一里之井十倍之爲十里之成又十倍之爲百里之同以是推之自百里之同而至兩山之川得無太遼絕乎以是知匠人溝洫不可拘以成周之法或出於商夏之制未可知也何以明之通十爲成成十爲終終十爲同文王司馬法爲商末之制則有合乎十里百里之說益稷之書曰濬畎澮距川是自然之川則有合乎兩山之間之說知此則匠人爲前代之制遂人爲成周之制明矣

禹盡力乎溝洫。濬畎澮距川。遂人五溝五涂之制因于古也。以水佐耕者。豐稻人掌之。以水佐守者。固司險掌之。自鄉遂之法弛。子駟爲田洫。而喪田者以爲怨襄十年左傳子產作封洫而伍田疇。以爲謗襄三十年左傳晉欲使齊盡東其畝。而戎車是利成二年左傳甚而兩周爭東西之流。至商鞅決裂阡陌。呂政決通川防。古制蕩然矣。古者內爲田廬。外爲溝洫。在易之師。寓兵於農。伏險於順。取下坎上坤之象。溝洫之成。自禹至周。非一人之力。溝洫

合耦為人耦牛耦

之壞。自周衰至秦。非一日之積。先儒謂井田壞而戎馬入中國。如入無人之境。悲夫。〔何本載閣云〕陳龍揚亦言自溝洫廢而長城興〇〔元圻案〕遂人溝涂注已見上疏曰五溝所以通水入川五涂所以通道入都及國城也〔地官稻人〕掌稼下地以豬畜水以防止水以溝蕩水以遂均水以列舍水以澮瀉水〔夏官司險〕設國之五溝五涂而樹之林以為阻固皆有守禁注五溝遂溝洫澮川也五涂徑畛涂道路也〔史記商君列傳〕鞅為田開阡陌封疆而賦稅平〔又蔡澤傳〕蔡澤曰商君決裂阡陌以靜生民之業而一其俗又秦始皇本紀三十二年刻碣石門其辭曰皇帝奮威德并諸侯初一泰平墮壞城郭決通川防夷去險阻〔又周本紀〕赧王時東西周分治赧王徙都西周〔戰國策〕東周欲為稻西周不下水東周患之蘇子謂東周君曰臣請使西周下水可乎〔朱氏漢上易傳〕師大象傳或曰隱至險於大順伏師旅于民衆井田之法也〔漢書食貨志〕上周室既衰暴君汙吏慢其經界陵夷至於戰國李悝為魏文侯作盡地利之教國曰富強及秦孝公用商君壞井田開阡陌王制遂滅〔胡子知言〕王制井田所以制侯國也制侯國所以制王畿也王畿安強萬國親附四夷雖虎猛狼貪安得肆其欲而逞其志乎

人耦牛耦鄭氏注合耦並言之疏謂周時未有牛耦耕至漢趙過始教民牛耕。今考山海經。后稷之孫。叔均始作牛耕。〔見海內經〕周益公二云。孔子有犂牛之言。〔集證皇侃論語疏犂耕犂也〕冉耕亦字伯牛。賈誼書〔春秋篇〕新序。〔刺奢篇〕載鄒穆公曰百姓飽牛而耕。月令。季冬出土牛。

天官五鹽義
及所出

示農耕早晚何待趙過過特教人耦犂費省而
功倍爾。〔元圻案〕〔地官〕里宰以歲時合耦于耡注考工記曰耜廣五寸二耜爲耦此言兩人相助耦而耕也季冬之月命農師計耦耕事修耒耜具田器是其歲時與合人耦則牛耦可知也疏曰周時未有牛耦耕至漢時搜粟都尉趙過始教民牛耕今鄭云合牛耦可知者或周末兼有牛耦至漢趙過乃絕人耦專以牛耦故鄭兼云焉〔漢書食貨志〕上武帝末年曰趙過爲搜粟都尉用耦犂二牛三人一歲之收常過縵田畮一斛以上善者倍之〔後魏賈思勰齊民要術序曰〕趙過始爲牛耕實勝耒耜之利〔周益公泰和曾氏農器譜序曰〕山海經曰后稷之孫叔均始作牛耕世以爲起於三代厥後王弼傳易以爲稼穡之資宋景文公闢之曰古者牛惟服車書肇牽車牛易服牛乘馬漢趙過始教牛耕蓋本賈勰齊民要術予謂輔嗣固失矣賈氏景文亦未爲得也竊疑牛耕起於春秋之間故孔子有犂牛之言而弟子冉耕亦字伯牛彼禮記月令季冬出土牛示農耕早晚賈誼新書劉向新序俱載鄒穆公曰百姓飽牛而耕暴背而耘大率在秦漢之際何待趙過云云〔四庫全書總目小說家類〕山海經十八卷晉郭璞註卷首有劉秀校上奏稱爲伯益所作案山海經之名始見史記大宛傳而未言爲何人所作列子稱大禹行而見之伯益知而名之夷堅聞而志之似乎即指此書而不言其名山海經王充論衡別通篇曰禹主行水益主記異物海外山表無所不至以所見聞作山海經吳越春秋所說亦同惟隋經籍志云蕭何得秦圖書後又得山海經相傳夏禹所記其文稍異然似皆因列子之說推而衍之觀書中載夏啓周文及秦漢長沙象郡餘暨下巂諸地名斷不作於三代以上殆周秦間人所述而後來好異者又附益之　周益公名必大字子充一字洪道江西廬陵人孝宗時拜右丞相光宗立封益國公謚文忠自號平園老叟宋史有傳

盬鹽引池而化。山海經。盬販之澤。穆天子傳。至於盬。盬晉郇瑕氏之地而猗頓用是起者也。散鹽煑

水而成夏書青州之貢職方幽州之利齊之渠展燕之遼東而宿沙初作者也形鹽掘地以出之周公閱所云鹽虎形也飴鹽於戎以取之伊尹所云和之美者大夏之鹽也後周四鹽之政倣此古者川澤之饒與民共之自海王之篇祁望之守作俑于齊至漢二十倍於古攷之漢志鹽官三十有五〔全云〕隋書祇載河東張掖西海山池隆山巴東金山蜀四池餘不見○〔案〕今漢志所載實三十有六唐有鹽之縣一百五詳唐書地理志本朝鹽所出者十二路爲池二十〔全云〕卽解州之二池而西夏鹽州四池豐州七池會州一池不與焉契丹亦有鹽池爲監七爲場二十二〔全云〕實止十六場蓋合六倉言之爲井六百有九〔閻按〕玉海作井八百二十二〔全云〕據會要作井七百五十五法益詳而利無遺矣〔全云〕盬鹽宋時謂之顆鹽散鹽宋時謂之末鹽或煮海或煮井而會要以煮鹻者亦與焉其實煮鹻是

掘地以出者形鹽非散鹽也自生鹵地故曰形又有出於崖者生於木者生於石者皆形也飴鹽宋時無之蓋取諸外國者○〔元圻案〕天官鹽人祭祀共其苦鹽散鹽賓客共其形鹽散鹽王之膳羞共飴鹽注杜子春讀苦爲盬謂出鹽直用不湅治〔鄭司農云〕散鹽湅治者〔元謂散鹽鬻水爲鹽形鹽鹽之似虎形飴鹽鹽之恬者今戎鹽有焉〔疏曰〕杜讀苦爲盬者盬鹹非苦

故破苦爲盬見今海防出鹽之處謂之盬戎鹽卽石鹽是也〔說文鹽部〕盬河東鹽池袤五十一里廣七里周百十六里〔山海經〕景山南望盬販之澤郭注卽解縣鹽池也〔穆天子傳六〕乙酉天子西絕鈃蹬乃遂西南戊子至於盬郭注盬池今在河東解縣〔成公六年左傳〕郇瑕氏之地沃饒而近盬杜注猗氏縣鹽池是也〔史記貨殖列傳序〕猗頓用盬鹽起〔禹貢〕海岱惟青州厥貢鹽絺〔夏官職方氏〕東北曰幽州其利魚鹽〔管子輕重甲篇〕齊有渠展之鹽燕有遼東之煮〔魯連子〕古善漁者宿沙瞿子又曰宿沙瞿子善煮鹽使煮漬沙雖十宿沙不能得也〔說文〕鹽鹹也古者宿沙初作煮海鹽〔天官籩人朝事之籩其實麷蕡白黑形鹽注鄭司農曰築鹽以爲虎形謂之形鹽故春秋傳曰鹽虎形元謂形鹽鹽之似虎者〔僖公三十年左傳〕王使周公閱來聘饗有昌歜白黑形鹽辭曰國君文足昭也武可畏也則有備物之饗以象其德薦嘉穀鹽虎形以獻其功吾何以堪之〔呂氏春秋本味篇〕伊尹曰和之美者陽樸之薑招搖之桂越駱之菌鱣鮪之醢大夏之鹽注大夏澤名〔通典飲食十〕後周文帝霸政之初置掌鹽之政一曰散鹽煮海以成之二曰盬鹽引池以化之三曰形鹽物地以出之四曰飴鹽於戎以取之隋書食貨志物地作掘地〔管子海王篇〕桓公問於管子曰吾何以爲國對曰惟官山海爲可耳桓公曰何謂官山海對曰海王之國謹正鹽筴〔昭公二十年左傳〕晏子曰海之鹽蜃祈望守之注祈望官名也正義曰海是水之大神有時祈望祭之因以祈望爲主海之官也山澤之利當與民共之言公立此官使之守掌專山澤之利不與民共〔漢書食貨志上〕田租口賦鹽鐵之利二十倍於古〔玉海一百八十一〕國朝鹽四種一曰末鹽海鹽也其次顆鹽解州鹽澤及晉絳潞澤所出又次井鹽鑿井取之又次崖鹽生土崖之間故全云宋以盬鹽爲顆鹽散鹽爲末鹽〔案王溥唐會要八十八〕貞元十六年史牟奏澤潞鄭等州多食末鹽請一切禁斷元和六年盧坦奏河中兩池顆鹽勅文祗許于京畿鳳翔陝虢河中澤潞河南許汝等十五州界內糶貨云云則顆鹽末鹽之名不始於宋〔四庫全書總目小說類〕穆天子傳六卷晉郭璞注〔按束皙傳云〕太康二年汲郡人不準盜發魏襄王墓得竹書穆天子傳五篇列子周穆王篇所載與此傳相出入蓋當時流俗有此記載故列禦寇得捃摭其文耳〔水經注三十三〕〔王隱晉書地道記曰〕入湯口四十里有石煮以爲鹽石大者如升小者如拳煮之水竭鹽成豈卽全氏所謂生於石者歟

式貢之餘共玩好
共玩好之失證史
邦布出入爲泉布
射御爲正心修身法
五御名義

玩物喪志。召公以爲戒。凡式貢之餘財以共玩好之用。恐非周公之典。無逸曰。惟正之供。〔元圻案〕〔胡氏皇王大紀十九論曰〕四方貢賦各有定制無非王者之財不可有公私之異大府乃以式貢之餘供玩好之用不幾於李唐之君受裴延齡之欺罔乎玉府乃有王金玉玩好兵器不幾如漢桓靈私置庫者乎內府乃有四方之金玉齒革良貨賄之獻而共王之好賜予不幾於李唐之君受四方羨餘之輕侮者乎

外府注。泉始蓋。一品。周景王鑄大泉而有二品。韋昭注。周語。曰單穆公云。古者有母平子子權母而行。然則二品之來。古而然矣。〔元圻案〕天官外府掌邦布之出入註布泉也其藏曰泉其行曰布泉始蓋一品周景王鑄大泉而有二品後數變易不復識本制至漢惟有五銖久行王莽改貨而異作泉布多至十品〔正義曰〕周景王巳下並漢書食貨志文　〔周語〕周景王將鑄大錢單穆公曰不可古者民患輕則爲之作重幣以行之於是乎有母權子而行若不堪重則多作輕而行之亦不廢重於是乎有子權母而行韋昭注重曰母輕曰子以子貿物物輕則子獨行物重則以母權而行之以重者貿其貴以輕者貿其賤子權母者母不足則以子平而行之〔又曰〕鄭後司農說周禮云錢始蓋一品周景王鑄大錢而有二品單穆公云古者有母平子子權母而行然則二品之來古而然矣鄭君省之不熟耳

古者以射御爲藝。孔子曰。執射乎執御乎詩曰叔善射忌。又良御忌。四黃既駕。兩驂不猗。御之善

貨賄用璽節
楬而璽之

也。不失其馳。舍矢如破。射之善也。學射者多矣。造父之師泰豆氏。〔案〕〔列子湯問篇造父之師曰〕泰豆氏造父之始從習御也執禮甚卑泰豆三年不告造父執禮愈謹　呂氏春秋有始覽聽言篇造父始習於大豆尹需之習秋駕。〔淮南子道應訓〕尹需學御三年而無得私自苦痛常寢想之夜乃夢受秋駕於其師法秋駕善御之術呂氏春秋博志篇與此文同尹需作尹儒皆學御者也。說苑說叢篇謂御者使人恭。射者使人端。〔閻案〕淮南說山訓射者使人端釣者使人恭亦正心修身之法。〔閻按〕朱子言六藝之射猶略見鄉射大射篇御法則廢不可考矣余每讀其言而三嘆之鄭司農註云五馭曰鳴和鸞逐水曲過君表舞交衢逐禽左惟漢時猶流傳此名目恐後并名亦不能詳惜哉〇〔元圻案〕〔樓攻媿答楊敬仲論詩解曰〕車攻不失其馳舍矢如破蘇黃門曰四黃既駕兩驂不猗御者之善也不失其馳舍矢如破射者之善也蓋不善射者必待御者爲之詭遇則獲故王良爲之範則嬖奚不能獲一惟御者不失其馳而舍矢如破方見射者之善不惟此詩意明孟子一段亦皆煥然〔地官保氏正義〕鳴和鸞者和在式鸞在衡〔韓詩云〕升車則馬動馬動則鸞鳴鸞鳴則和應先鄭依此而言逐水曲者馭車隨逐水勢之屈曲而不墜水也過君表者若車攻詩毛傳云褐纏旃以爲門裘纏質以爲槸閑容握驅而入擊則不得入〔春秋昭八年穀梁傳〕亦云艾蘭以爲防置旃以爲轅門以葛覆質以爲槷流旁握御擊者不得入是也舞交衢者衢道也謂御車在交道車旋應於舞節也逐禽左者謂御驅逆之車逆驅禽獸使左當人君以射之君自左射故車攻毛傳云自左膘而射之達於右腢爲上殺是也

貨賄用璽節。注今之印章也。〔案〕〔地官掌節疏曰〕節以下周法無文故皆以漢法況之司市注云。如今斗檢封。〔疏曰〕漢法斗檢封其形方上有封檢其內有書職金云。楬而璽

之。秋官職金註楬書其數量以著其物也璽者印也既楬書揃其數量又以印封之疏曰楬卽今之版書揃卽今記錄文書謂以版記錄量數爲後易分別故也左傳。襄二十九年季武子使公冶問璽書追而與之戰國策。欲璽者段干子也。蔡邕獨斷云。古者尊卑共用之。衛宏云。秦以來天子爲璽。又獨以玉爲之。臣下莫敢用。唐又改璽爲寶。〔原注〕〔五代史臣曰〕國以玉璽爲傳授神器遂古無聞運斗樞曰舜爲天子黃龍負璽世本曰魯昭公始作璽〔何云〕季武子使公冶問在襄公二十九年而謂昭公始作璽可乎〇〔元圻案〕〔蔡邕獨斷曰〕璽者印也印者信也天子璽以玉螭虎紐古者尊卑共之月令曰固封璽〔春秋左氏傳曰〕魯襄公在楚武子使公冶問璽書追而與之此諸侯大夫印稱璽者也衛宏曰秦以前民皆以金玉爲印龍虎紐唯其所好然則秦以來天子獨以印稱璽又獨以玉羣臣莫敢用也〔唐書元宗紀〕開元六年十一月改傳國璽曰寶〔後漢書蔡邕傳〕邕字伯喈陳留圉人也初平元年拜左中郎將所著獨斷勸學釋誨敘樂女訓凡百四篇傳於世

司門正貨賄

司門正其貨賄。正者。禁其淫侈而歸於正也。注讀爲征。非是。〔元圻案〕地官司門幾出入不物者正其貨賄注正讀爲征征稅也〔周禮訂義案〕一正故書爲正如中度中數中量皆正也不物者既於出入之際而察之則貨皆可得而正矣王昭禹曰不物有所幾而後害者亡靡者微貨賄有所正而後亡者有利者阜

迹人官尚見春秋

迹人。地官之屬註迹之言跡知禽獸處春秋。末宋猶有是官。左氏哀十四年傳。迹人來告曰。逢澤有介麇焉。

司祿闕由諸侯去籍

外朝地猶漢殿

司祿闕。地官文孟子二云諸侯惡其害己也而皆去其籍。趙氏注今周禮司祿之官無其職是諸侯皆去之故不復存。(閻按)欲以此補集註爲以經解經○(元圻案)(晁氏客語云)呂晦叔謂王荊公曰周室班爵祿諸侯惡其害己也而皆去其籍故司祿之官闕

槁人注。今司徒府中有百官朝會之殿。後漢蔡邕集所載百官會府公殿下者也。古天子之堂未名曰殿說苑反質篇魏文侯御廩災素服辟正殿五日莊子說劍云入殿門不趨。蓋戰國始有是名。燕禮注當東霤者人君爲殿屋也疏謂漢時殿屋四向流水舉漢以況周然漢黃霸傳先上殿注謂丞相所坐屋古者屋之高嚴通呼爲殿不必宮中也。(元圻案)地官槀人掌共外內朝冗食者之食注外朝司寇斷獄弊訟之朝也今司徒府中有百官朝會之殿云天子與丞相舊決大事焉 宋葉大慶攷古質疑唐徐堅初學記引蒼頡篇曰殿大堂也商周以前其名不載(史記始皇紀)始曰作前殿(石林燕語)謂初未有稱殿皆起于秦者其本于堅之所記而云乎大慶續見高承

事物紀原云禮記與白虎通俱曰天子之堂史記秦始皇作朝宮渭南先作前殿阿房商君書有言天子之殿則是秦自孝公已然矣大慶攷之通鑑外紀晉平公布蒺藜于殿下師曠刺足曰五鼎之具不當烹藜藋人主堂殿不當生蒺藜齊景公怒有罪者縛至置殿下〔家語〕楚王將遊荊臺司馬期諫王怒之令尹子西賀于殿下〔又〕齊有一足鳥下止於殿前景公使問孔子〔又史記〕楚莊王欲以棺槨葬馬優孟入殿門仰天大哭諸書殿之名已見于春秋戰國不始于秦也況六韜五將篇太公曰凡國有難君避正殿命將曰社稷安危一在將軍此其來也遠矣又曰漢書梁王立爲輔相不以仁義輔翼大臣皆尚苛刻宮殿之裏毫釐過失亡不暴陳而魯恭王靈光巋然議者不以爲僭制則人臣之堂亦爲之殿矣〔藝文類聚〕宮闕名曰蕭何曹參韓信並有殿〔太平寰宇記〕河南道鄆州須城縣有東平憲王蒼之殿是知兩漢時不以殿爲僭也至魏張遼傳文帝爲起殿舍又特與遼母作殿齊高帝爲齊公以石頭城爲其世子宮王儉引靈光殿例以聽事爲崇光殿外齋爲宣德殿卽是而觀唐以前上下猶稱殿也至唐則不然觀師古註漢書辭意可見矣〔程大昌演繁露十五〕〔顏師古漢書黃霸傳〕注曰古者屋之高嚴通呼爲殿不必宮中然董賢傳將作大匠爲賢起大第重殿洞門師古註曰殿有前後僭天子制也則更不以殿爲高屋矣豈以殿之重復者乃爲天子禮耶不然語皆出顏而二傳異釋也鄭司農釋周禮朝士所掌外朝曰今司徒府有天子以下大會殿亦古之外朝也〔按〕漢宮典儀司徒府與蒼龍闕對則亦不在禁中諸家謂古外朝在路門之外其地亦與古應也則是殿也雖立於司徒府非司徒可得而有也

周禮疏引星備書

大宗伯疏星備云。五星初起牽牛。歲星一日行十二分度之一。十二歲而周天。熒惑日行三十三分度之一。三十三歲而周天。鎭星日行二十八分度之一。二十八歲而周天。太白日行八分度

五禮之別三十六後世時行禮附周官

之一。八歲而周天。辰星日行一度。一歲而周天。馮相氏疏星備云明王在上則日月五星皆乘黃道保章氏疏星備云五星更王相休廢其色不同。王則光芒。相則內實。休則光芒無角不動。搖廢則少光色。順四時其國皆當也。星備之書。僅見於此。隋唐志皆不著錄。〔集證〕按隋五行家有易三備三卷鄭樵曰上備言天文中備卜筮下備地理疑星備即上備中子目也○〔元圻案〕馮相氏疏引星備之下有又云黃道占日天道有三黃道者日月五星所乘問曰〔按鄭駁異義〕云三光考靈曜書云日道出於列宿之外萬有餘里謂五星則差在其內何謂與日同乘黃道又問曰日何得在婁角牽牛東井乎答曰黃道數寬廣雖差在內猶不離黃道或可以上下爲內外一節保章氏疏有又云立春歲星王七十二日其色有白光芒角土王三月十八日其色黃而大休則圜廢則內虛立夏熒惑王七十二日色赤角黃土王六月十八日其色黃而大立秋太白王七十二日光芒無角土王九月十八日其色黃而大立冬晨星王七十二日其色白芒角土王十二月十八日其色黃而大星當王相不芒角其邦大弱强國取地大弱失國亡土也一節似亦星備之文

周五禮之別三十有六。〔案〕〔大宗伯註〕吉禮之別十有二凶禮之別有五賓禮之別有八軍禮之別有五嘉禮之別有六

唐五禮之儀一百五十有二。唐禮樂志一志云自梁以來。始以當時所行傳於周官五禮之名。各立一

九磬之舞爲大磬諸書言招九招九韶

家之學。（元圻案）（唐六典四）凡五禮之儀一百五十有二一曰吉禮其儀五十有五二曰賓禮其儀有六三曰軍禮其儀二十有三四曰嘉禮其儀有五十五曰凶禮其儀一十有八（唐書禮樂志）一唐初卽用隋禮太宗時房元齡等因之增爲吉禮六十一篇賓禮四篇軍禮二十篇嘉禮四十二篇凶禮十一篇是爲貞觀禮高宗又詔長孫无忌等增之爲一百三十卷是爲顯慶禮元宗開元十四年通事舍人王嵒疏請刪去禮記舊文而益以今事張說以爲禮記不刊之書去聖久遠不可改易而貞觀顯慶禮儀注前後不同宜加折衷乃詔徐堅李銳施敬本撰述未就而銳卒蕭嵩代銳爲學士奏起居舍人王仲邱撰定爲一百五十卷是爲大唐開元禮由是唐之五禮之文始備而後世用之雖時小有損益不能過也

九磬之舞。注云。當爲大磬。（案春官大司樂疏云九磬讀當爲大韶者上六樂無九韶而有大韶故破從大韶也）愚謂九磬之名尚矣。不必改字。按說苑（修文篇）孔子至齊郭門之外。遇一嬰兒挈一壺。相與俱行。其視精。其心正。其行端。孔子謂御曰。趣驅之。趣驅之。韶樂方作。孔子至彼聞韶。三月不知肉味。齊景公作徵招角招。蓋舜樂之存者。劉原父云。九韶者。九名。予識其二焉。所徵角之謂也。（公是先生弟子記文）山海經。夏后開得九辯九歌以下。始歌九招於大

律呂上生下生諸說

穆之野。(見大荒西經)帝王世紀。啓升后十年。舞九韶。(原注衍書曰)夏后開舞九韶史記。(五帝本紀)禹乃興九招之樂。索隱曰。卽舜樂簫韶九成。艾軒謂勸之以九歌。卽九招之樂。呂氏春秋。(仲夏紀古樂篇)帝嚳命咸黑作爲舞(閻按)舞字宜衍聲歌九招六列六英。帝舜令質修九招六列六英以明帝德。(高誘注招英列皆樂名也)然則九招作於帝嚳之時。舜修而用之。(原注)秦唯韶舞二樂存(閻按)後漢孔僖傳章帝幸闕里祠孔子作六代之樂疑此時安得備此樂蓋秦得天下唯餘韶武耳後讀玉海載劉子文武篇漢祖海內大定以文止戈召鄒魯儒生而制禮儀修六代之樂朝諸侯於咸陽則闕里所作樂其漢祖之所遺與抑出於夸飾而史家沿之也(何云)按此說不足信當据漢志〇(元圻案)(莊子至樂篇)昔者海鳥止於魯郊魯侯御而觴之於廟奏九韶以爲樂陸氏釋文九韶舜樂名(淮南子原道訓)耳聽九韶六樂高誘注九韶舜樂(漢書禮樂志)高祖廟奏武德文始五行之舞文始舞者本舜招樂也高祖六年更名曰文始五行舞者本周舞也秦始皇三十六年更名曰五行(宋書樂志)一周存六代之樂至秦唯餘韶武而已始皇改周舞曰五行漢高祖改韶舞曰文始以示不相襲也

班固律歷志述劉歆之言。以律爲下生。呂爲上生。(案漢書律歷志)律呂唱和以育生成化歌奏用焉指顧取象然後陰陽萬物靡不條鬯該成故以成之數忖該之積如法爲一寸則黃鐘之長也參分損一下生林鍾參分林鍾益一上生

太蔟參分太蔟損一下生南呂參分南呂益一上生姑洗參分姑洗損一下生應鍾參分應鍾益一上生蕤賓參分蕤賓損一下生大呂參分大呂益一上生夷則參分夷則損一下生夾鍾參分夾鍾益一上生亡射參分亡射損一下生中呂陰陽相生自黃鍾始而左旋八八爲伍注張晏曰黃鍾長九寸㠯二乘九得十八㠯三除之得林鍾六寸其法率如此當算乃解晉灼曰蔡邕律歷記凡陽生陰曰下陰生陽曰上也

鄭康成以黃鍾二律爲下生。以蕤賓二律爲上生。〔大司樂註〕天宮夾鍾陰聲其相生從陽數其陽無射無射上生中呂中呂與地宮同位不用也中宮上生黃鍾黃鍾下生林鍾林鍾地宮又不用林鍾上生大蔟大蔟下生南呂南呂與無射同位又不用南呂上生姑洗地宮林鍾林鍾上生大蔟大蔟下生南呂南呂上生姑洗人宮黃鍾黃鍾下生林鍾林鍾地宮又辟之林鍾上生大蔟大蔟下生南呂南呂與天宮之陽同位又辟之南呂上生姑洗姑洗南呂之合又辟之姑洗下生應鍾應鍾上生蕤賓蕤賓地宮林鍾之陽也又辟之蕤賓上生大呂疏曰凡言不用者卑之凡言辟之者尊之

梁武帝鍾律緯謂班固夾鍾中呂。過於無調。鄭康成有升陽而無降陽。〔隋書律歷志上〕梁武帝作鍾律緯論前代得失其略云按律呂京馬鄭蔡至蕤賓並上生大呂而班固律歷志至蕤賓仍以次下生若從班義夾鍾唯長三寸七分有奇律若過促則夾鍾之聲成一調中呂復去調半是過於無調仲春孟夏正相長養其氣緩不容短促求聲索實班義爲乖鄭元又以陰陽六位次第相生若如元義陰陽相逐生者止是升陽其降陽復將何寄就筮數而論乾主甲壬而左行坤主乙癸而右行故陰陽得有升降之義陰陽從行者真性也六位升降者象數也今鄭迺執象數以配真性故言比而理窮云九六相生了不釋十二氣所以相通鄭之不思亦已明矣

陳用之禮書。謂自子午以左皆上生。子午以右皆下生。以鄭說爲是。張文饒翼元曰。十一月之律

以候月。六十日之律以候日。月律當一下一上。依次而生。日律當用甤賓重上生。司馬遷劉歆之法。月律也。呂不韋。（呂氏春秋季夏紀音律篇）大聖至理之世天地之氣合而生風日至則月鐘其風以生十二律仲冬日短至則生黃鍾季冬生大呂孟春生大蔟仲春生夾鍾季春生姑洗孟夏生中呂仲夏日長至則生甤賓季夏生林鍾孟秋生夷則仲秋生南呂季秋生無射孟冬生應鍾天地之風氣正則十二律定矣淮南。（天文訓）黃鍾爲宮宮者音之君也故黃鍾位子其數八十一主十一月下生林鍾林鍾之數五十四主六月上生大蔟大蔟之數七十二主正月下生南呂南呂之數四十八主八月上生姑洗姑洗之數六十四主三月下生應鍾應鍾之數四十二主十月上生甤賓甤賓之數五十七主五月上生大呂大呂之數七十六主十二月下生夷則夷則之數五十一主七月上生夾鍾夾鍾之數六十八主二月下生無射無射之數四十五主九月上生仲呂仲呂之數六十主四月極不生京房。（後漢書律歷志）元帝時郎中京房知五聲之音六律之數上使韋元成問房對受學焦延壽六十律相生之法以上生下皆三生二以下生上皆三生四陽下生陰陰上生陽終於中呂而十二律畢矣中呂上生執始執始下生去滅上下相生終於南事六十律畢矣（晉志云續漢志）具載其六十律準度數其相生之次與呂覽淮南同之法。日律也。晉志。取司馬而非淮南。（晉書律歷志）上在六律爲陽則當位自得而下生陰在六呂爲陰則得其衡而上生於陽推算之術無重上生之法也所謂律取妻呂生子陰陽升降律呂之大經而還又言十二律之長今依淮南九九之數則甤賓爲重上又言五音相生而以宮生角角生商商生徵徵生羽羽生宮求其利用罔見通途梁武。是京房而非班固。皆非通論。（隋書律歷志）梁武帝鍾律緯案京房六十準依法推迺自無差房妙盡陰陽其當有以若非深理難求便是傳者不習（夢溪筆談漢志）陰陽相生自黃鍾始而左旋八八爲伍八八爲伍者謂一上生與一下生相間如此則自大呂以後律數皆差須自蕤賓再上生方得本數此八八爲伍之誤也或曰律無上生呂之理但當下生而用獨倍二說皆通〔玉海二十六〕張行成撰翼元十二篇〔四庫全書總目禮類〕禮書一百五十卷宋陳祥道撰祥道字用之福州人李廌師友談記稱其元祐七年進禮圖儀禮注除館閣校勘用爲太常博士宋史則作官至秘書省正字祥道王安石客故多排斥舊說晁公武陳振孫皆稱其精博

大卜三兆繇頌諸辭

大卜三兆其頌皆千有二百。夏后鑄鼎繇曰。逢逢白雲。一南一北。一西一東。九鼎既成。遷于三國。懿氏占曰。鳳凰于飛。和鳴鏘鏘。有嬀之後。將育于姜。〔莊公二十二年左傳〕成季卜曰。間於兩社。爲公室輔。〔閔公二年〕驪姬繇曰。專之渝。攘公之羭。一薰一蕕。十年尚猶有臭。〔莊公二十八年〕衞侯繇曰。如魚竀尾。衡流而方羊。裔焉。〔襄公十七年〕漢文兆曰。大橫庚庚。余爲天王。夏啓以光。皆龜繇也。〔閻按漏齊世家〕西伯卜曰所獲非龍非彲非虎非羆所獲霸王之輔〔晉語史蘇卜曰〕挾以銜骨齒牙爲猾戎夏交捽〔漢元后傳晉史卜曰〕陰爲陽雄土火相乘故有沙麓崩後六百四十五年宜有聖女興〔襄十年孫文子卜曰〕兆如山陵有夫出征而喪其雄哀九年史龜曰是謂沈陽可以興兵利以伐姜不利子商〇〔元圻案〕春官大卜掌三兆之法一曰玉兆二曰瓦兆三曰原兆其經兆之體皆百有二十其頌皆千有二百疏頌者卦繇之辭〔墨子耕柱篇〕昔者夏后開採金於山川而陶鑄之

卜師四兆事證方功義弓四兆義鄭諤周禮解義

於昆吾是使翁難乙卜於目若之龜龜曰鼎成三足而方不炊而自烹不舉而自藏不遷而自行以祭於昆吾之墟上鄉乙又言兆之由曰饗矣逢逢白雲云云〔史記文帝本紀〕高后八年大臣謀召立代王丞相陳平等使人迎代王代王報太后計之猶與未定卜之龜卦兆得大橫占曰大橫庚庚云云〔沈存中夢溪筆談七〕古之卜者皆有繇辭周禮三兆其頌皆千有二百如鳳凰于飛和鳴鏘鏘間于兩社爲公室輔專之渝攘公之羭一薰一蕕十年尚猶有臭如魚竀尾衡流而方羊裔焉大國滅之將亡闔門塞竇乃自後踰大橫庚庚予爲天王夏啟以光之類是也今此書亡矣漢人尚視其體今人雖視其體而專以五行爲主三代舊術莫有傳者

卜師四兆鄭氏鍔以理推之謂方兆占四方之事也漢武帝發易占知神馬從西北來事見史記大宛列傳功兆占立功之事也楚司馬子魚卜戰令龜事見昭十七年左傳義兆占行義之事也惠伯曰忠信之事則可事見昭十二年左傳弓兆有射意後世有覆射之法〔元圻案〕春官卜師掌開龜之四兆一曰方兆二曰功兆三曰義兆四曰弓兆注方功義弓之名未聞〔周禮訂義四十二〕載鄭鍔曰方兆者占四方之事漢武帝發易占知神馬從西北來非占四方之事乎功兆者占立功之事楚司馬子魚卜戰令龜曰鮒也以其屬死之楚師繼之尚大克之吉非立功之事乎義兆者占行義之事南蒯筮得黃裳元吉惠伯曰忠信之事則可不然必敗非占行義之事乎弓兆者弓有射義故後世有覆射之法東方朔射守宮有跂跂緣壁之語非爲覆射之事乎〔又載薛士龍曰〕以意推之麗於形者方也謂之方兆則言其上下陰陽之勢以力與造者功也謂之功兆則言廢與成敗之理度其宜者義也謂之義兆則言其吉凶禍福之宜能弛張者弓也謂之弓兆則言曲折長短之象〔宋史藝文志〕鄭鍔周禮解義二十二卷今四庫全書不著於錄

春官六龜之屬

六夢亦見列子

噩夢亦作蘁夢

龜人六龜。易十朋之龜。〔原注〕爾雅十龜 唐六典辨龜九類五
色。依四時用之。〔元圻案〕春官龜人掌六龜之屬各有名物天龜曰靈屬地龜曰繹屬東龜曰果屬西龜曰靁屬南龜曰獵屬北龜曰若屬各
以方之色與其體辨之〔劉執中中義曰〕命名以其形則經以其形之相類者爲之屬與易稱錫以十朋之龜爾雅釋魚曰神龜靈龜攝龜寶龜文龜筮龜山龜澤龜水龜火龜以爲十朋
豈亦其屬哉〔唐六典十四〕太卜令掌卜筮之法以占邦家動用之事一曰龜二曰兆三曰
易四曰式凡龜占辨龜之九類五色依四時而用之註一曰石龜二曰泉龜三曰蔡龜四曰江
龜五曰洛龜六曰海龜七曰河龜八曰淮龜九曰旱龜春用青靈夏用赤靈秋用白靈冬用黑
靈四季之月用黃靈又曰欲知龜神骨白如銀欲知龜聖脅龜千里徑正欲知龜志看龜十字
分四時所灼之體而用之春灼後左足夏灼前左足秋灼前右足冬灼前左足〔史記龜策
列傳褚先生曰〕記曰能得名龜者財物歸之家必大富一曰北斗龜二曰南辰龜三曰五星
龜四曰八風龜五曰二十八宿龜六
曰日月龜七曰九州龜八曰玉龜

列子周穆王篇夢有六候與占夢同。噩作蘁。東坡曰。高宗
言夢。文王武王言夢。孔子亦言夢。其情性治其
夢不亂。西山曰。正夢不緣感而得。餘皆感也。〔元圻案〕
一〔春官占夢〕占六夢之吉凶一曰正夢二曰噩夢三曰思夢四曰寤夢五曰喜夢六曰懼夢
〔東坡夢齋銘序〕至人無夢或曰高宗武王孔子皆言夢佛亦夢夢與不夢異覺覺不異夢夢即
是覺覺即是夢此其所以無夢也歟〔真西山劉誠伯字說曰〕正夢不緣感而得餘皆感也
感者何中有動焉之謂也其動也有真有妄夢亦隨之〔容齋隨筆十五〕高宗夢得說周文
王夢帝與九齡武王伐紂夢叶朕卜宣王考牧牧人有熊羆虺蛇
之夢召彼故老訊之占夢左傳所書尤多孔子夢坐奠於兩楹

大祝共祭

肅拜猶今時揖

大祝九祭九曰共祭注云共猶授也王祭食宰夫授祭孝經說曰共綏執授疏云孝經說孝經緯文共綏執授謂將綏祭之時共此綏祭以授尸愚謂疏謂綏祭非也後漢禮儀志注孝經援神契曰尊三老者父象也謁者奉几安車輭輪供綏執授宋均曰供綏三老就車天子親執綏授之永平二年養老詔亦有安車輭輪供綏執授之語見後漢書明帝紀蓋取孝經緯〔元圻案〕〔儀禮〕少牢饋食禮上佐食取四敦黍稷下佐食取牢一切肺以授上佐食上佐食以綏祭注綏或作挼挼讀爲墮士虞禮祝命佐食墮祭注下祭曰墮今文墮爲綏特牲少牢或爲羞失古甚矣疏曰鄭不從綏與羞之義也賈氏以共綏爲綏祭蓋據少牢爲說故王氏援孝經緯漢書以正之

鄭司農大祝注肅拜但俯下手今時揖是也〔注又曰〕介者不拜故曰爲事故敢肅使者疏按儀禮鄉飲酒賓客入門有揖入門之灋推手曰揖引手曰揖成十六年晉楚戰於鄢陵楚子使工尹襄問郤至以弓郤至見客免冑承命〔又云〕不敢拜命註云介者不拜〔又云〕君命之辱爲事故敢肅使者三肅使者而退是軍中有肅拜灋項氏五安世家說云古之拜如今之

眂祲十煇名義
三夢十運九變

揖折腰而已。介冑之士不拜。故以肅爲禮。以其不可折腰也。其儀特歛手向身微作曲勢。此正今時婦人揖禮也。漢時婦人之拜不過如此。或謂自唐武氏始尊婦人不令拜伏。誤矣。周天元令婦人拜天臺作男子拜。則雖虜俗婦人亦不作男子拜也。內則尚右手者言歛手右向非若今用手按膝作跪也。男之尚左亦然。〔原注〕今考太祖問趙普拜禮何以男子跪而婦人不跪普問王貽孫對曰古詩長跪問故夫婦人亦跪也唐武后時婦人始拜而不跪普問所出對曰唐張建章渤海記備言之〔閣按〕嘗共胡朏明讀此條舉劉熙釋名云拜於婦人爲扶自袖扶而上下也證漢婦人之拜朏明爲解頤〔朱子曰〕古者婦人首飾盛多如副笄六珈之類自難以俯伏地上此解爲正確〔又辨樂府〕只說長跪問故夫不曾說伏拜引者亦非余謂婦人拜之重者莫過首昏禮之扱地拜扱地拜以手至地猶首不至手首至手則書所謂拜手大祝所謂空首矣婦人無此等○〔元圻案〕王貽孫字象賢溥之子對趙普語是葉夢得石林燕語釋文瑩玉壺清話

眂祲掌十煇〔釋文〕煇音運之法。占日旁之氣也。一二鄭解其同者六。其異者四。太卜掌三夢之法。其經運十

經運十煇同占

歲年分中數朔望準節氣中氣置閏法歲以建寅爲正年從時王之朔

其別九十。謂占夢之正法有十也。一運而九變。十運而九十變。此鄭剛中解義。文見訂義。注以經運爲十煇。先儒謂日之煇光夢之變。通其占不同。不當改運爲煇。〔元圻案〕春官眡祲掌十煇之法以觀妖祥辨吉凶一曰祲二曰象三曰鑴四曰監五曰闇六曰瞢七曰彌八曰敘九曰隮十曰想註故書彌作迷隮作資鄭司農云祲陰陽氣相侵也象者如赤烏也鑴謂日旁氣四面反鄉如煇也監雲氣臨日也闇日月食也瞢日月瞢瞢無光也彌者白虹彌天也敘者雲有次敘如山在日上也隮者升氣也想者煇光也元謂鑴讀如童子佩鑴之鑴謂日旁氣刺日也監冠珥也彌氣貫日也隮虹也詩云朝隮于西想雜氣有似可形想疏此經上事先鄭皆解之後鄭從其六不從其四〔鄭剛中解義曰〕案二鄭解十煇之說其同者六其異者四〔春官〕大卜掌三夢之法一曰致夢二曰觭夢三曰咸陟其經運十其別九十〔鄭註云〕運或爲緷當爲煇是眡祲所掌十煇也王者於天日也夜有夢則晝視日旁之氣以占其吉凶凡所占者十煇每煇九變此術今亡〔王氏安石曰〕占夢以歲時日月占六夢之吉凶則此所謂經運蓋歲時日月星辰之運

太史正歲年以序事。注中數曰歲。朔數曰年。中數三百六十五日四分日之一。朔數三百五十四日。漢歷志曰閏所以正中朔也。〔案賈公彥曰〕中朔大小不齊不置閏則中氣入後月

或謂周以建子爲正。而四時之事有用夏正建寅者。用建寅則謂之歲。用建子則謂之年。〔原注洪範正義〕

從冬至及明年冬至爲一歲○〔元圻案〕〔春官太史疏〕一年之內有二十四氣正月立春節雨水中至十二月小寒氣大寒中皆節氣在前中氣在後節氣一名朔氣朔氣在晦則後月閏中氣在朔則前月閏節氣有入前月灋中氣無入前月法中氣帀則爲歲朔氣帀則爲年假令十二月中氣在晦則閏十二月十六日得後正月立春節此卽朔數曰年至後年正月一日得啓蟄中此中氣帀此卽是中數曰歲　周以建子爲正以下皆鄭剛中解義文見訂義〔案鄭注小宰正歲云〕謂夏之正月則剛中亦本之康成也〔侯官林樾亭喬蔭三禮陳數求義云〕春官太史正歲年以序事蓋歲卽夏正年卽周正二者並用以序事事有當從正朔者則用周正以尊時王之典有宜從正歲者則用夏正以協天運之宜三統可以建子建丑而言歲必以建寅爲正時王之朔則不謂之正而謂之年矣歲以太歲所在得名由今歲寅月之中氣數至來歲寅月中氣凡三百六十五日四分日之一而十二中氣一周是謂中數年以正朔得名由今年正月之朔數至來年正月之朔凡三百五十四日而十二月朔一周是謂朔數年歲之分以數術言之爲中朔之數以典則言之爲夏周之正注特據其一耳　林樾亭先生余甲午鄉試座師香海先生之兄也兄弟同登福建乙酉科鄉試

馮相氏冬夏致日春秋致月。注冬至日在牽牛。景丈三尺。夏至日在東井。景尺五寸。此長短之極。春分日在婁。秋分日在角。而月弦於牽牛東井。左氏昭公二十一年傳。日月之行分同道也。至相過也。正義云。春分朔則日在婁。望則月在角。秋分朔在角。望在婁。婁角天之中道。故晝夜等。冬至朔則日在

星土辨九州封域
十二次分野
分星州郡有改易
地紀天綱
五帝墟分野
五岳分野
唐一行論分野

斗。望則月在井。井夏至朔在井。井望在斗。斗斗井南北。故晝夜長短極冬至古日在牽牛。今在斗。鄭注與孔疏異。曆法歲差也。(元圻案)(訂義引陸農師禮記解曰)黃道北至東井南至牽牛東至角西至婁夏至日在東井而北極近則晷短而表景尺五寸冬至日在牽牛而南極遠則晷長而表景丈三尺春分日在婁秋分日在角而中於極星則晷中而表景七尺三寸此四時致日之法也月之九行在東西南北有青白赤黑之道各二而出於黃道之旁立春春分月循行青道而春分上弦在東井立冬冬至北旋黑道立夏夏至南旋赤道古之致月不在立而常在二分不在二分之望而常在弦者以月入八日與不盡八日得陰陽之正平故也

保章氏星土。按乙巳占(全云)李淳風作論十二次云北方之宿。主吳越火午之辰在周邦天度均列而分野殊別一次所主或亘萬里跨數州或於寰內不布一郡國語歲在鶉火有周之分野今豐鄗當秦宿而周分隸豫州理實難詳至如熒惑守心宋景禳其咎實沈爲祟晉侯受其殃事驗時有相應賈公彥謂吳越在南齊魯在東今歲星或

歲星超辰年數
太歲爲陰行地

北或西。不依國地所在。此受封之日。歲星所在之辰。國屬焉。故也。或云〔集證〕六經天文編引之爲陳傅良之言十二次可言者一。其惟析木乎。〔原注〕尾箕艮維燕可以言東北〔闇按〕保章氏星土之說康成尙襲舊聞然亦直至唐浮圖一行始闡發無遺見唐天文志余欲取以補鄭註之不逮○〔元圻案〕〔春官保章氏〕以星土辨九州之地所封封域皆有分星以觀妖祥注星土星所主土也其書亡矣今其存可言者十二次之分也星紀吳越也元枵齊也娵訾衞也降婁魯也大梁趙也實沈晉也鶉首秦也鶉火周也鶉尾楚也壽星鄭也大火宋也析木燕也〔唐天文志〕夫雲漢自坤抵艮爲地紀北斗自乾攜巽爲天綱其分野與帝車相直皆五帝墟也究咸池之政而在乾維內者降婁也故爲少昊之墟叶北宮之政而在乾維外者陬訾也故爲顓頊之墟成攝提之政而在巽維內者壽星也故爲太昊之墟布太微之政而在巽維外者鶉尾也故爲列山氏之墟得四海中承太階之政者軒轅也故爲有熊氏之墟木金得天地之微氣其神治於季月水火得天地之章氣其神治於孟月故章道存乎至微道存乎終皆陰陽變化之際也斗杓謂之外廷陽精之所布也斗魁謂之會府陽精之所復也杓以治外故鶉尾爲南方負海之國魁以治內故陬訾爲中州四戰之國其餘列舍在雲漢之陰者八爲負海之國在雲漢之陽者四爲四戰之國降婁元枵以負東海其神主于岱宗歲星位焉星紀鶉尾以負南海其神主于衡山熒惑位焉鶉首實沈其神主于華山太白位焉大梁析木以負北海其神主于恆山辰星位焉鶉火大火壽星豕韋爲中州其神主于嵩邱鎭星位焉近代諸儒言星土者或以州或以國虞夏秦漢郡國廢置不同周之興也王畿千里及其衰也僅得河南七縣今又天下一統而直以鶉火爲周分則疆埸舛矣〔書錄解題歷象類〕乙巳占十卷唐太史令岐陽李淳風撰起算上元乙巳故以名焉

十有二歲。〔春官保章氏〕注。歲星爲陽。右行於天。太歲爲陰。左行於地。十二歲而小周。涵水云。歲星在天。歲

陰在地天官書曰歲陰在攝提格歲星在星紀歲陰在單閼歲星在元枵自嘉祐丁酉驗之多差近年尤甚歲星常先月餘近年以來常先一百二十餘日愚考大衍歷議曰歲星自商周迄春秋之季率百二十餘年而超一次戰國後其行寖急至漢尚微差及哀平間餘勢乃盡更八十四年而超一次（見唐書歷律志五星議）三山陳氏（全云卽陳用之）謂如左氏之說則寅而在卯午而在亥如史記之說則寅而在丑辰而在亥以次推之皆不同汲冢師春謂歲星每歲而成一分積百四十四年而滿本數則爲超辰之限（元圻案）（馮相氏疏曰）云歲爲太歲歲星與日同次之月斗所建之辰者此太歲在地與天上歲星相應而行歲星爲陽右行於天一歲移一辰又分前辰爲一百三十四分而侵一分則一百四十四年跳一辰十二辰而則總有千七百二十八年十二跳辰而以此而計之十二歲一小周謂一年移一辰故也千七百二十八年一大周十二跳而故也太歲左行於地一與歲星跳辰年數同　師春汲冢書七十五篇之一也（杜預春秋左氏傳後序云）師春一卷則純

外史達書名文字形聲之別六書分文字

集左氏傳卜筮事

外史達書名。鄭康成謂古曰名今曰字。(〔原注〕字者滋也〔一〕聘禮記云百名以上書於策不及百名書於方〇〔原注〕卽賈疏文)王文公云文者奇偶剛柔雜比以相承。如天地之文。故爲之文字者始於一而生於無窮。如母之字子。故謂之字。(〔全云〕此引荆公之說)夾漈謂獨體爲文。合體爲字。主類爲母。從類爲子。六書象形指事文也。會意諧聲轉注字也。假借者文與字也。(〔何云〕叔重既曰說文又曰解字文字二義鄭最分曉)諧聲與五書同出。五書尚義。諧聲尚聲。說文形也。以母統子。廣韻聲也。以子該母。字書眼學。韻書耳學。(〔全云〕此引漁仲象類書)中庸或問曰。司徒教民書居其一。外史達書名於四方。大行人又九歲一諭焉。其制度之詳如此。秦以小篆隸書爲法。而周制始改。(〔集證〕說文敘蒼頡之初作書蓋依類象形故謂之文其後形聲相益故

鄭注引內外傳字異

司爟變國火救疾四時舉火於木爟火權火

謂之字文者物象之本字者孳乳而生〔意林引王嬰古今通論云〕蒼頡造書形立謂之文聲具謂之字〔李登云〕物相雜故曰文文相滋故曰字

鎛師注引春秋傳賓將趨今左傳作掫昭公二十年環人注引御下㨯馬今作兩宣公十二年職方氏注引國語閩芊蠻矣今作蠻芊〔集證〕〔左傳昭二十年〕賓將掫主人辭春官鎛師注夏官掌固注皆引作賓將趨〔按〕掫趨古字通襄二十五年陪臣干掫〔史記齊太公世家〕作陪臣爭趨宣十二年御下兩馬夏官環人注引作御下㨯馬〔按左傳釋文徐邈云〕兩或作㨯皆力掌反周禮釋文㨯音兩又音亮是兩㨯字通也〔鄭語〕蠻芊蠻矣職方氏注引作閩芊蠻矣〔按〕周禮釋文閩漢書音義服虔音近蠻

司爟〔夏官〕司爟掌行火之政令四時變國火以救時疾鄭司農引鄹子與論語馬融引周書月令同〔原注〕春取榆柳之火夏取棗杏季夏取桑柘秋取柞楢冬取槐檀〔案〕司爟疏先鄭引鄹子書論語註引周書不同者鄹子書出於周書其義是一故各引其一言王劭曰周官四時變火以救時疾火不數變疾必興聖人作法豈徒然也晉時有以洛陽火度江者代代事之相續不滅火色變青東漢禮儀志日夏至浚井改水日冬至鑽燧改火〔原注〕改水唯見於此〔全云〕管子幼官篇亦有改水事○〔元圻案〕唐劉餗隋唐嘉話江寧縣寺有晉長明燈歲久火色變青而不熱隋文平陳已訝其古至今猶存〔林艾軒齋中

出火納火山林金錫厲禁

行〕且說金陵佛屋何年燈晉分隋張猶青熒用此事也〔隋書王劭傳〕劭字君懋太原晉陽人也高祖起爲員外散騎侍郎劭以古有鑽燧改火之法於是上表請變火云云〔管子禁藏篇〕當春三月鑽燧易火抒井易水〔宋彭叔夏文苑英華辨證曰〕雍時舉爟火史記漢書作權火而張晏注權火音爟火周禮有司爟〔許氏說文〕舉火曰爟〔司馬氏史記索隱〕作權火孟康注漢書云狀如井絜皁如淳曰權舉也

水有疏導火有出納山林金錫之地皆爲之厲禁時而用之先王財成輔相之妙也鹽鐵論通有篇大夫曰五行東方木而丹章〔閻按〕丹謂丹揚章謂鄣郡〔全云〕丹章謂丹揚豫章閻氏謂鄣郡非也有金銅之山南方火而交趾有大海之川西方而金蜀隴有名材之林北方水而幽都有積沙之地此天地所以均有無通萬物也管子地數篇出銅之山四百六十七出鐵之山三千六百九唐六典天下水泉三億三萬三千五百五十有九

〔元圻案〕〔唐六典七水部〕郎中員外郎掌天下川澤陂池之政令以導達溝洫堰決河渠凡舟楫灌漑之利咸總而舉之凡天下水泉三億三萬三千五百五十有九其在遐荒絕域殆不可得而知矣

挈壺晝夜漏刻數
司寤夜時早晚
昏明日出入異限
星見日出入異時
王昭禹周禮詳解

漏刻之法晝夜百刻（夏官挈壺氏註）漏之箭晝夜共百刻易氏祓云十二時每時八刻二十分每刻六十分王昭禹（全云）字光遠荆公弟子云寅申巳亥子午卯酉八時各八刻辰戌丑未四時各九刻愚謂易氏之說與古法合司寤氏掌夜時注謂夜晚早若今甲乙至戊疏云甲乙則早時戌亥則晚時愚按衛宏漢舊儀中黃門持五夜甲乙丙丁戊夜今謂之五更疏以戊爲戌誤矣馬融以昏明爲限鄭康成以日出入爲限有五刻之差（史記）正義文蔡邕以星見爲夜日入後三刻日出前三刻皆屬晝（月令）正義文鄭與蔡校一刻王伯照云晝夜長短以岳臺爲定九服之地與岳臺不同則易箭之日亦皆少差（元圻案）（文選注衛宏漢舊儀曰）晝夜漏起省中用火中黃門持五夜（初學記漏刻門衛宏漢舊儀曰）五夜甲夜乙夜丙夜丁夜戊夜也（又梁漏刻經云）至冬至晝漏四十五刻冬至之後日長九日加一刻以至夏至晝漏六十五

職方氏亦作識方

刻夏至之後日短九日減一刻或秦之遺法漢代施用（邯鄲五經析疑曰）漢制又以先冬至三日晝冬至後三日晝漏四十五刻夜五十五刻先夏至三日晝夏至後三日晝漏六十五刻（元嘉起居注曰）以日出入定晝夜冬至晝四十刻夏至夜亦宜四十刻夏至晝六十刻冬至夜亦宜六十刻春秋分晝夜各五十刻今減夜限日出前日入後昏明際各二刻半以益晝夏至晝六十五刻冬至晝四十五刻二分晝五十五刻而已（堯典正義）天之晝夜以日出入爲分人之晝夜以昏明爲限日未出前二刻半爲明日入後二刻半爲昏損夜五刻以裨於晝則晝多於夜復校五刻（岳珂九經三傳沿革例曰）秋官司寤氏掌夜時注夜時謂夜晚早若今甲乙至戌疏又以甲乙則早時戌亥則晚時實其說獨蜀本作戊字竊謂戊字爲是而疏則因傳寫之訛而曲爲之說爾注意正指甲夜乙夜至戊夜也　王昭禹周禮詳解四十卷陳振孫曰未詳何等人其學皆宗王氏新記王與之作周禮訂義編類姓氏世次列於龜山楊氏之後曰字光遠當爲徽欽時人（玉海十一書目）紹興初太常博士王普撰官歷刻漏圖一卷幷序言百刻分十二辰晝夜長短以岳臺爲定九服之地冬夏至晝夜刻數或與岳臺不同則二十四氣前後易箭之日亦皆少差　伯照蓋即王普之字

職方氏。漢樊毅修西嶽廟記作識方氏。史通（內篇尙書家）云周書職方之言與周官無異。（元圻案）（歐陽公集古錄後漢樊毅華嶽碑云）泰華之山削成四方其高五十仞廣十里周禮職方氏華爲之西嶽祭視三公者以能興雲雨產萬物通精氣有益於人則祀之跋尾云其字畫頗完惟以周禮職方氏爲識方氏其字畫分明非譌闕疑當時周禮之學自如此蓋識誌其義皆通也（周禮職方解註）此在周官大司馬下篇穆王使有司抄出之欲時省焉（趙明誠金石錄跋尾六）余按袁逢華嶽碑亦引職方氏乃用職字蓋漢人簡質字相近者輒假借用之初無意義耳（史通內篇一）又有周書者與尙書相類卽孔氏刊約百篇之外凡爲七十一章上自文武下終靈景甚有明允篤誠典雅高義時亦有淺末恆說滓穢相參殆似後之好事者所增益也至若職方之言與周官無異時訓之說與月令多同斯百王之正書五經之別錄者也

兖浸盧維非雷雍

治朝燕朝外朝分掌

兖州其浸盧維〔閻按〕周禮作廬此從漢地理志○〔案〕逸周書石經亦作廬注云當作雷雍字誤也顏師古〔漢書地理志注〕曰盧水在濟北盧縣說文〔水部濰字〕濰水出琅琊箕屋山東入海徐州浸夏書濰淄其道鄭讀非也〔集證〕按今山東濟南府長清縣西有廢盧縣盧水所出也維水出今山東沂州府莒州西北九十里箕屋山即濰山也東流逕諸城縣西折而北至萊州府昌邑縣東北五十里入海○〔元圻案〕康成以禹貢無盧維故引禹貢雷夏既澤雍沮會同以證盧維為字之誤　〔水經〕濰水出琅琊箕縣濰山又北過平昌縣東又北過高密縣西又北過淳于縣東又東北過都昌縣東又東北入于海注濰水導源濰山許慎呂忱云濰水出箕屋山淮南子曰濰水出覆舟山蓋廣異名也〔黃氏度五官說曰〕水經注盧水出密州諸城縣盧山即久台水也西北入濰杜佑通典盧水在濟陽盧縣因水而名盧縣今屬東平府非盧水所經其說誤

王有三朝一曰治朝在路門之外宰夫司士掌之〔案〕〔天官大宰〕王眡治朝則贊聽治註治朝在路門外羣臣治事之朝　宰夫之職掌治朝之灋〔夏官司士〕正朝儀之位辨其貴賤之等註此王日視朝於路門外之位二曰燕朝在路門之內大僕掌之〔夏官大僕〕王眡燕朝則正位註燕朝朝於路寢之庭王圖宗人之嘉事則燕朝〔秋官朝士〕註周天子諸侯皆有三朝外朝一內朝二內朝之在路寢門內者或謂之燕朝三曰外朝在皋門之內庫門之外朝士掌之〔原註〕內朝二外朝一〔秋官朝士〕掌建邦外朝之法註外朝在庫門之外皋門之內今司徒府有天子以下大會殿亦古之外朝哉唐六典承天門古之外朝太極殿

王服章不同公冕旒取法天數

古之中朝。兩儀殿。古之內朝。〔閻按〕此則蔡氏書傳外朝在路門外內朝在路門之內之說全非○一元圻案〕唐六典七宮城南面三門中曰承天若元正冬至大陳設燕會赦過宥罪除舊布新受萬國之朝貢四夷之賓客則御承天門以聽政注蓋古之外朝也其北曰太極門其內曰太極殿朔望則坐而視朝焉注蓋古之中朝也又北曰兩儀門其內曰兩儀殿常日聽朝而視事焉注蓋古之內朝也〔晁氏讀書志職官類〕唐六典三十卷唐元宗撰李林甫張說等注以三公三師三省九司五監十二衞等列其職司官佐敘以品秩擬周禮六官云蓋唐極治之書也

鄭康成因左氏三辰旂旗之文。謂王與公同服九章之衮。春官司服註攷之經無所見。司服云公自衮冕而下如王之服。則衮冕而上之章日月星辰也冕十二旒取法天數。豈同服九章。無君臣之別哉。郊特牲王被衮以象天。注謂有日月星辰之章。此魯禮也。豈有周服九章而魯乃服十二章者乎。漢明帝采周官禮記尚書臯陶篇乘輿服從歐陽氏說。備十二章。得古制矣。〔元圻案〕〔後漢書輿服志〕孝明皇帝永平二年初詔有司采周官禮記尚書益稷篇乘輿服從歐陽氏說公卿以下從大小夏侯氏說　此時康成之說猶未出也秦郊祀之服皆以袀元漢承秦故至孝明始用東平王蒼之議初服冕旒

司刑宮罪除復

戎右贊牛耳

衣裳元上纁下乘輿備文日月星辰十二章其以粉米爲二物宗彝爲宗廟彝樽蓋從安國書傳

五刑之濾。疏謂宮刑至隋乃赦。崔浩漢律序。文帝除肉刑而宮不易。書呂刑正義。隋開皇之初。始除宮刑。按通鑑西魏大統十三年。三月。除宮刑。非隋也。〔閻按〕宮刑西魏雖除而於時土宇分裂北齊天統五年猶有應宮刑者之詔不似隋開皇元年永行停止詳見尚書古文疏證卷四第六十三條○〔元圻案〕惠氏九經古義司刑注鄭司農云漢孝文帝十三年除肉刑疏云所赦者唯赦墨劓與刖三者其宮刑猶在大隋開皇之初始除男子宮刑婦人猶閉於宮〔崔浩漢律序曰〕文帝除肉刑而宮不易〔張斐律注云〕以淫亂人族序故不易也〔棟案漢書鼂錯對策曰〕除去陰刑張晏曰宮刑也則漢文亦除宮刑矣或後仍復之實孔之說蓋本崔張愚按漢刑法志文帝詔曰今法有肉刑三注孟康曰黥劓二刖左右趾合一凡三也詔又曰其除肉刑有以易之丞相張蒼等請定律曰諸當完者完爲城旦舂當黥者髡鉗爲城旦舂當劓者笞三百當斬左止者笞五百當斬右止及殺人先自告及吏坐受賕枉法守縣官財物而卽盜之已論命復有笞罪者皆棄市詔既不及宮刑而議亦不言所以易之此不除宮刑之明證〔又〕司馬遷下蠶室後漢安帝永初中陳寵子忠疏請除蠶室刑則崔浩之言爲可據也

孫君孚〔閻按〕君孚名升高郵人坐元祐黨籍謫談圃。謂周官贊牛耳。荊公言取其順聽。不知牛有耳而無竅。本以鼻聽。有人引一牛與荊公辯。〔又云〕詩誰謂鼠無牙荊公謂鼠實無牙不知鼠實有牙今按荊公周禮義

云牛耳尸盟者所執無順聽之說蓋荆公聞而知之〔閻按〕尸盟者所執五字用鄭注〔方樸山云〕知之當作改之〔繼序按〕以埤雅證之則引牛與荆公辯者乃陸農師也順聽之說本之孔仲達禮記正義如何肯改今王氏訂義陳氏集說尚載荆公原文厚齋但就一處覽之故以為無其說耳○〔元圻案〕陸農師埤雅三戎右曰贊牛耳桃茢牛耳無竅以鼻聽也盟者聽於人神故執牛耳正以不聽為戒〔焦氏易林曰〕牛龍耳聵蓋龍亦聾者也先儒以為面牛鼓簧為聾故也世之學者以為坤牛取順蓋知其一而已〔鄭譔曰〕牛性至順用牛耳者取其順從以聽命也〔張世南游宦紀聞三〕予友人胡子震嘗謂予曰牛以鼻聽蓋聞之先輩餘論而莫知所本一日觀庖丁解牛首劃至耳果窒塞無孔始信其言之不妄〔書錄題解小說類〕孫公談圃三卷臨江劉延世錄孫升君孚所談升元祐中中書舍人坐黨謫汀州〔蔡絛鐵圍山叢談〕王元澤奉詔為三經義時王丞相介甫為之提舉詩書蓋多元澤及諸門弟子手周禮新義實丞相親為之筆削者

萍氏幾酒猶妹土之誥也禹惡旨酒易未濟之終以濡首為戒曷嘗導民以飲而罔其利哉初榷酒酤書於漢武紀天漢三年春二月初榷酒酤其流害萬世甚於魯之初稅畝〔元圻案〕秋官萍氏幾酒註苛察沽買過多及非時者疏時謂若酒誥惟祀茲酒及鄉飲酒及婚娶為酒食以召鄉黨僚友是其時也〔東萊呂氏曰〕周公作酒誥其刑之重恐人沈湎浸漬傷德敗性至於周官之禁酒皆此意及漢文帝為酒酺景帝以歲旱禁民酺酒蓋恐耗靡米穀民食不足此猶有重本抑末之意及宏羊建榷酒之利設心大不同不過私家不敢擅利公家却自專其利耳古者惟恐人飲酒至後來惟恐人不飲酒

典命朝儀同大戴

狐貉不踰汶

大戴記十二朝事篇。取周官典命大行人。朱子儀禮經傳以爲朝事義。〔元圻案〕朝事篇古者天子之官有典命官掌諸侯之儀大行人掌諸侯之儀以等其爵故貴賤有別尊卑有序上下有差也朝事義在儀禮〔經傳通解〕王朝禮一之下篇中多取朝事篇之文〔書錄解題〕大戴禮十三卷漢信都王太傅梁戴德延君九江太守聖次君皆受禮於后蒼所謂大小戴禮者也今小戴四十九篇行於世而大戴之書所存止此公符篇全錄漢昭帝冠辭則書殆後人好事者采獲諸書爲之〔又古禮經傳通解〕二十三卷集傳集註十四卷朱子撰以古十七篇爲主而取大小戴禮及他書傳所載繫於禮者附入之二十三卷已成書缺書數一篇其十四卷草定未刪改

考工記。貉踰汶則死。先儒以汶爲魯之汶水。列子釋文。云按史記汶與崏同。謂汶江也。今江邊人云狐不渡江。說文貉狐類也。踰越大水則傷本性。〔元圻案〕〔列子湯問篇釋文曰〕周禮貉踰汶則死鄭元云汶水在魯城北先儒相因以爲魯之汶水皆大誤也〔案史記〕汶與崏同武巾切謂汶江也非音問之汶〔案山海經〕大江出汶山郭云東南逕蜀郡東北逕巴東江夏至廣陵入海韓詩外傳云昔者江出於汶山其始也足以濫觴是也〔又楚詞云〕隱汶山之清江固可明矣且列子與周禮通言水土性異則遷移有傷故舉四瀆以言之〔案〕今魯之汶水闊不踰數十步源不過二百里揭厲皆渡斯須往還豈狐貉暫游生死頓隔矣說文云貉狐類也皆生長邱陵旱地今江邊人云狐不渡江是明踰大水則傷本性遂致死者也〔史記夏本紀〕汶嶓既藝集解鄭元曰地理志岷山在蜀郡〔又曰〕汶山導江〔水經〕岷山在蜀郡氐道縣大江所出注岷山卽瀆山也水曰瀆水矣又謂之汶　列子釋文二卷唐當塗縣丞殷敬順撰近時興化任先生大椿得之於淮陰淮瀆廟中別爲專刻又取古今本之異同標其崖略附於書後

有虞上陶遺器

周人上輿軌度

車輻言犫同萷

冶氏鋌十之注讀

有虞氏上陶。考工記文舜陶河濱。器不苦窳。周陶正猶以虞閼父爲之。〔方樸山云〕〔按考工記賈釋云〕此據升爲帝時所尙不得取陶於河濱解也則王氏此說公彥已先駁之○〔元圻案〕〔史記五帝本紀〕舜陶河濱河濱器不苦窳韓非子東夷之陶者器苦窳舜往陶焉朞年而器牢〔襄二十五年左傳〕子產曰昔虞閼父爲周陶正以服事我先王我先王賴其利器用與其神明之後庸以元女太姬配胡公而封諸陳以備三恪〔鄭註〕舜至質貴陶器甒大瓦棺是也疏喪禮兩甒醴酒明堂位云泰有虞氏之尊也檀弓云有虞瓦棺是也

周人上輿。考工記文中庸或問軌者車之轍迹。輿之廣六尺六寸。其轍迹在地者相距之間廣狹如一。無有遠邇。莫不齊同。至秦然後車以六尺爲度

輪人注。犫讀爲紛容犫參之犫。疏云今檢未得。愚謂卽上林賦紛溶箾蔘。〔集證日知錄上林賦〕字作萷音簫宋玉九辨萷櫹槮之可哀兮形銷鑠而瘀傷張衡西京賦櫹爽櫹槮卽此異文

冶氏注。鋌讀如麥秀鋌之鋌。表記注移讀如禾氾移之移。六字未知出何書。疏不釋其義。或者農書所載歟。〔原注〕移昌氏反

㮚氏爲量尺度

嘉量銘祭侯辭文妙梓人文奇古

祭侯辭互見不同

潏水二云㮚氏爲量。鄭元以方尺積千寸。此乃九章粟米法某家舊有一古銅敦。乃周成王時物其人侵邑。命正人出師復邑邦賜有功師氏而數亦皆備。〔元圻案〕〔考工記〕㮚氏爲量量之以爲鬴深尺內方尺而圜其外其實一鬴注鬴六斗四升也鬴十則鍾方尺積千寸於今粟米法少二升八十一分升之二十二其數必容鬴

嘉量之銘。其銘曰時文思索允臻其極嘉量既成以觀四國永啓厥後茲器維則祭侯之辭。詳見下皆極文章之妙。而梓人筍虡之制文法奇古有飛動之狀。蓋精於道者兼物物而後能制器。莊子達生篇謂梓慶削木爲鐻。鐻成見者驚猶鬼神。以天合天。道與藝俱化。豈物物刻雕之哉。〔元圻案〕〔考工記曰〕百工之事皆聖人之作也〔繫辭傳曰〕備物致用立成器以爲天下利莫大乎聖人

大戴記十二投壺篇二云。嗟爾不定〔何本戴閣云大戴記作寧〕侯爲爾不朝于王所。故亢而射女。强食食爾曾孫侯氏百

司儀君所問諸辭

福。此祭侯之辭也。與梓人同而略異。(原注)蓋宏設射不來不來者諸侯之不來朝者也 (案)此注引漢書郊祀志文 侯者射埰也。因祭寓意以爲諸侯之戒。(元圻案)梓人祭侯之辭曰惟若寧侯毋或若女不寧侯不屬于王所故抗而射女强飲强食詒女曾孫諸侯百福 (白虎通引禮射祝曰)嗟爾不寧侯爾不朝于王所故抗而射爾蓋據大戴記

司儀(秋官之屬)問君。君問大夫。君勞客。注云。問君曰。君不恙乎。對曰。使臣之來。寡君命臣于庭。問大夫曰。二三子不恙乎。對曰。寡君命使臣于庭。二三子皆在。勞客曰。道路悠遠。客甚勞。勞介則曰。二三子甚勞。疏云。(問君曰已下)未知所出何文。或云。是孔子聘問之辭。亦未得其實。愚按說苑(奉使篇)魏太子擊封中山。遣倉唐(閻按)說苑太子擊舍人趙倉唐趙字似不宜脫 使於文侯。文侯召倉唐見之。曰。擊無恙乎。倉唐曰。唯唯。如是者三。乃曰。君出太子而封之國。君名之。非禮也。文侯

周禮有故書今文

屬民讀灋

冥氏注鄭讀

怵然變容問曰子之君無恙乎倉唐曰臣來時拜送書於庭鄭氏所述蓋古禮也（原注）大行人注亦云問不恙○（元圻案）（說苑奉使篇）魏文侯封太子擊於中山三年舍人趙倉唐願奉使乃遣之文侯召而見之曰擊無恙乎云云文侯顧指左右曰子之君長孰與是倉唐曰禮擬人必於其倫諸侯無偶無以擬之曰長大孰與寡人倉唐曰君賜之外府之裘則能勝之賜之斥帶則不更其造趙倉唐事亦見韓詩外傳惠氏周禮古義王伯厚曰司儀問君云云棣案襄廿七年春秋傳曰仲尼使舉是禮也以爲多文辭服虔云以其多文辭故特舉而用之後世謂之孔氏聘辭此書漢時猶存故鄭引之或說非無據也

周禮劉向未校之前有古文校後爲今文古今不同鄭據今文注故云故書朱子曰八灋八則三易三兆之類各有書屬民讀灋其法不可知如戰之陳其陳法不可見矣（何云）朱子以下自爲一條○（元圻案）天官太宰以九貢致邦國之用二曰嬪貢註嬪故書作賓疏云言故書者鄭註周禮時有數本劉向未校之前或在山巖石室有古文考校後爲今文古今不同鄭據今文註故云故書作賓（釋文鄭六藝論云）後得孔氏壁中河間獻王古文禮五十六篇記百三十一篇周禮六篇

冥氏注鄭司農云讀爲冥氏春秋之冥按漢書儒林傳冥都傳顏氏春秋之學疏謂若晏子春秋呂氏

南郊圜邱異同禘爲五年大祭配食明堂

春秋之類非也〔元圻案〕〔漢儒林傳〕顏安樂字公孫魯國薛人疏廣授瑯邪筦路貢禹授泰山冥都都爲丞相史都與路又事顏安樂故顏氏復有筦冥之學〔師古曰〕冥音莫零反〔惠氏周禮古義〕秋官冥氏注王伯厚云云案夏本紀禹姒姓後有冥氏

王肅聖證論譏短鄭康成謂天體無二郊丘爲一禘是五年大祭先祖非圜丘及郊祖功宗德是不毀之名非配食明堂皆有功於禮學先儒譏之聖證論今不傳正義僅見一二唐禮志三曰讖緯亂經鄭元主其說以禋祀祀昊天上帝此天也元以爲天皇大帝者北辰耀魄寶也兆五帝於四郊此五行精氣之神也元以爲靈威仰赤熛怒含樞紐白招拒汁光紀者五天也由是有六天之說顯慶高宗七年改元顯慶二年禮部尚書許敬宗與禮官議六天出緯書南郊圜丘一也元以爲二郊及明堂祭天而元以爲祭太微五帝啓蟄而郊郊而後耕

而元謂周祭感帝靈威仰。配以后稷。因而祈穀。

皆繆論也。以上皆見唐書樂志三〇〔元圻案〕〔禮記郊特牲正義〕先儒說郊其義有二案聖證論以天體無二郊卽圜丘圜丘卽郊鄭氏以爲天有六天丘郊各異今具載鄭義兼以王氏難鄭氏謂天有六天天爲至極之尊其體秖應是一而鄭氏以爲六者指其尊極清虛之體其實是一論其五時生育之功其別有五以五配一故謂六天據其在上之體謂之天天以體稱因其生育之功謂之帝帝以德稱而賈逵馬融王肅之等以五帝非天唯用家語之文謂太皞炎帝黃帝五人帝之屬〔祭法〕有虞氏禘黃帝而郊嚳祖顓頊而宗堯鄭註此禘謂祭昊天於圜丘也祭上帝於南郊曰郊祭五帝五神於明堂曰祖宗〔一正義案〕聖證論以此禘黃帝是宗廟五年祭之名故小記云王者禘其祖之所自出以其祖配之謂虞氏之祖出自黃帝以祖顓頊配黃帝而祭故云以其祖配之肅又以祖宗爲祖有功宗有德其廟不毀肅又以郊與圜丘是一故肅難鄭云案易帝出乎震震東方生萬物之初故王者制之初以木德王天下非謂木精之所生五帝皆黃帝之子孫各改號代變而以五行爲次焉何太微之精所生乎〔又郊祭鄭註〕祭感生帝唯祭一帝耳郊特牲何得云郊之祭大報天而主日又天唯一而已何得有六〔又家語二云〕季康子問五帝孔子曰天有五行木火金水及土分四時化育以成萬物其神謂之五帝是五帝之佐也猶三公輔王三公可得稱王輔不得稱天王五帝可得稱天佐不得稱上天而鄭以五帝爲靈威仰之屬非也鄭以圜丘祭昊天最爲首禮周人立后稷廟不立嚳廟是周人尊嚳不若后稷及文武以嚳配至重之天何輕重顚倒之失所郊則圜丘圜丘則郊猶王城之內與京師異名而同處〔又王肅孔晁云〕虞夏出黃帝殷周出帝嚳祭法四代禘此二帝上下相證之明文也詩云天命元鳥履帝武敏歆自是正義非讖緯之妖說此皆王肅難大略如此〔又云〕春秋緯紫微宮爲大帝〔又云〕北極耀魄寶〔又云〕太微宮有五帝坐星青帝曰靈威仰赤帝曰赤熛怒白帝曰白招拒黑帝曰汁光紀黃帝曰含樞紐〔陳氏及周禮辨疑曰〕鄭氏惑六經緯書由是有六天之說後世莫能廢至唐許敬宗始立論非之近世學者亦知其誕〔三國志魏王肅傳〕時樂安孫叔然授學鄭元之門人肅集聖證論以譏短元叔然駁而釋之〔隋書經籍志〕聖證論十二卷王肅撰

魯之削爲書刀築氏爲削形製

雍州西無九畿地冀州北可畫可服地師氏司隷衛王宮

古未有筆。以書刀刻字於方策。謂之削。魯爲詩書之國。故考工記以魯之削爲良。〔何云〕筆則筆削則削當是既書而後削　〔全云〕筆削之削非此削何說非○〔元圻案〕初學記尚書中侯曰元龜負圖出周公援筆以時文寫之〔曲禮云〕史載筆士載言此則秦之前已有筆矣蓋諸國或未之名而秦獨得其名蒙恬更爲之損益耳故說文曰筆所以書也楚謂之聿吳謂之不律燕謂之拂秦謂之筆是也　〔余友王煦曰古人以筆點黍而書誤則以刀削去之非謂筆卽削也〔左傳〕宋向戌以賞示子罕賞書也子罕削而投之是其證〔又考工記〕築氏爲削長尺博寸合六而成規按其形製略如偃月必不宜於刻也

沙隨程氏曰。禹貢冀州之北。可以畫五服之地。周官雍州之西。不可畫九畿之地。

師氏使其屬帥四夷之隷。各以其兵服守王之門外。司隷帥四翟之隷。使皆服其邦服。執其邦兵守王宮。唐太宗擒頡利。其酋長帶刀宿衛。亦古制也。然頡社率之變。幾至危殆。蓋先王德化之盛。非太宗所能及。慕冠帶百蠻之名。而不虞後患。孟子曰。以力服人者。非心服也。〔元圻案〕通鑑唐太宗貞觀四年李靖襲破突厥於

遂師及窆抱磿

太史抱式占天時

陰山頡利可汗遁走張寶相擒突厥頡利以獻上御樓受俘館之太僕以突利爲順州都督頡利爲右衛大將軍其餘拜官有差後突利之弟結社率入朝爲中郎將久不進秩會上幸九成宮結社率陰遣種人夜犯御營折衝孫武開率衆擊斬之

遂師抱磿音歷史記樂毅書故鼎反乎磿室徐廣注磿歷也戰國策燕新序雜事第三作歷室蓋古字通用〔元圻案〕〔惠氏周禮古義〕遂師及窆抱磿注云磿者適歷執綍者名也疏云天子千人分布六綍之上分布稀疏得所名爲適歷棟爲歷當作秝說文秝稀疏適也讀若歷稀疏適均故謂之適歷〔史記樂毅傳〕索隱磿室亦宮名戰國策作歷室也〔戰國策〕燕九韋昭注凡鼎以占休咎故歸之律歷之室

太史大師抱天時注云大出師則太史主抱式以知天時史記日者傳旋式正棊〔集證〕〔索隱曰〕式之形上圓象天下方象地用之則轉天綱加地之辰故云旋式棊者筮之狀正棊蓋謂下以作卦唐六典太卜令三式曰雷公太一六壬其局以楓木爲天棗心爲地六壬之說許叔重曰水者準也水部注文生數一成數五以水數配之爲六壬也遁甲者推六甲之陰而隱遁也本黃帝風后之術孤虛者一晝爲孤無晝爲虛

冕服各章形製
弁服元冠諸形製

二一畫爲實以六十甲子定四方占其孤虛實而向背之。〔原注〕〔吳越春秋計硯曰〕孤虛謂天門地戶也〔集證漢志五行家〕泰一陰陽二十三卷風后孤虛二十卷〔隋志五行類〕遯甲孤虛記一卷伍子胥撰〔唐志五行類〕雷公式經一卷六壬式經雜占九卷〔後漢方術傳〕注遁甲推六甲之陰而隱遁也孤虛者孤謂六甲之孤辰若甲子旬中戌亥無爲孤對孤爲虛〔又趙彥傳〕彥爲宗資陳孤虛之法以討賊〇〔元圻案〕〔唐六典十四〕太卜令掌卜筮之法凡式占辨三式之同異凡用式之法注一曰雷公式二曰太乙式並禁私家畜三曰六壬式士庶通用之周禮太史抱天時鄭司農云抱式以知天時也今其局以楓木爲天棗心爲地〔同年王穀塍宗炎曰〕左傳襄十八年董叔曰天道多在西北南師不時必無功孟子公孫丑下夫環而攻之必有得天時者矣皆出師抱天時之證得時失時以式所加之辰言杜左傳注不時謂觸歲月者術家所謂衝太歲犯月破也趙岐注孟子以天時爲時日干支五行孤虛王相之屬則宜言浹辰不言環攻矣

鄭剛忠〔名諱忠當作中〕〔全云〕解義如冕服九章。〔元圻案〕王與之周禮訂義春官司服引鄭諤曰王之吉服九自大裘至元冕冕服六自韋弁至冠弁弁服三總而言之皆曰吉服大裘不謂之羔裘而謂之大裘者惟天體爲甚大故以名凡冕之制版廣八寸長倍之前圓後方後仰前俛衮冕衮之爲言卷也畫升降二龍衮服自龍始其章九不用十二章享之何耶蓋凡奉祭之服從尸之所服周之先王追王也其尸服衮故服衮以享之鷩冕無山龍自華蟲以下以爲章則曰華蟲以名服則曰鷩冕蓋章取其五色之著冕卽實以名之也毳冕虎蜼二物不可以偏言以其皆毛物故因名曰毳希冕惟有粉米黼黻三章其章爲罕故其字用希本又作絺字粉米兩物共爲一章言粉其米以爲章其在裳則當繡及爲三章之首則當畫以在衣不可繡也元冕元者至幽之色衣既無文裳乃有黻取其兩己相背之形有萬物分辨之義韋弁服者爵弁也康成引左氏韎韋之跗注爲證韎者赤色以赤色之韋爲弁亦服赤色之衣裳皮弁服用白鹿皮以爲弁言皮則其毛存也鹿之爲物能求其類以是爲服見君臣類聚之意冠弁服不言韋不言皮但

鄉遂都鄙授田法

旗物互建之義

曰冠蓋承皮弁之下以皮爲冠也服則與服皮弁之服同皮弁白布衣冠弁緇布衣此蓋別也冠弁服者廉成以爲委貌卽元冠也以形言曰委貌以色言曰元冠

授田二等。〔小司徒職引鄭鍔曰〕說者謂授田有九等之法此以七五六爲三等者蓋因中以寄明上下之義余以爲此言六鄉受地之法學禮者見遂人頒田里自上地夫一廛田百畝至餘夫亦如之乃謂六鄉受田之法與六遂同特因中以寄明上下之義殊不知經之所載自王畿之鄉遂都鄙至於諸侯之邦國凡授田之法自有四節大司徒言不易之地家百畝一易之地家二百畝再易之地家三百畝此一節也小司徒言上地家七人可任也者家三人中地家六人可任也者二家五人下地家五人可任也者家二人此又一節也遂人言上地夫一廛田百畝萊五十畝餘夫亦如之中地夫一廛田百畝萊百畝餘夫亦如之下地夫一廛田百畝萊二百畝餘夫亦如之此又一節也大司馬言上地食者言之二其民可用者家三人中地食者半其民可用者二家五人下地食者三之一其民可用者家二人此又一節也卽是四節攷之大司徒言都鄙之制小司徒言六鄉之制遂人言六遂之制大司馬言諸侯國之制何以明之司徒言凡造都鄙而繼以不易一易再易之地其爲都鄙之制明矣小司徒言上地中地下地之制不與遂同又不與都鄙大司馬同非六鄉田制而何何則上地當食十人九人八人中地當食七人六人下地當食五人此固常法也六鄉在內不及十人九人但家有七人則授以上地家有六人則授以中地家有五人則授以下地所以然者將以強內故也若六遂所授則不可與鄉同故別言之曰上地夫一廛田百畝中地夫一廛田百畝下地夫一廛田百畝見其如常法而已然又有萊五十畝萊百畝萊二百畝不與鄉同則以遂地遠而稍授之萊乃所以饒遠而已又以爵位攷之鄉大夫爵與遂大夫同鄉師爵與遂師同小司徒爵與遂人同遂人掌授遂田則小司徒掌授鄉田矣遂人言六遂之制則小司徒所言爲六鄉授田之制何疑之有若夫外造都鄙則大司徒事故都鄙之田於大司徒言之施政職於九畿之外而令其軍賦則大司馬事故邦國之田於大司馬言之以是觀之謂因中以寄明上下之義者妄說也

治兵大閱旗物之互建。〔春官司常引鄭鍔曰〕軍旅之中所以一人之目者旗物也春官之司常與夏官之大司馬或頒之或辨之職雖不同所以一軍旅之目則一而已然王與諸侯或建或載不出乎太常與旂至於旜則孤卿建之矣師都又載之物則大夫士建之矣鄉遂又載之旗則師都載

之矣軍旅又載之旟則州里建之矣百官又載之旐則都鄙建之矣郊野又載之變易不常何以一人之目耶余以爲司常所頒者冬之大閱也司馬所辨者秋之治兵也秋冬所教各不同則旗物所用宜不一蓋兵事多變應變不一則教之之術不可以不多變故秋而治兵用旗物則異乎冬冬而大閱用旗物則異乎秋使民於秋已知其一於冬又知其一秋冬所用各不同而民之所習亦不一有旗物建於上有徽識被於身旗物不同則徽識不同仰視其旗俯觀其徽雖百戰而不亂奚患其不知所從乎又曰秋冬異教則旗物異用凡有職於軍中者可以互建今也所建所載之官吏互不一其說果可攷乎余以爲凡教民者欲其易知耳軍吏也孤卿也師都也三者不同名攷其實則皆孤卿而已平日爲孤卿有事則命爲軍將所謂軍將者非軍吏乎在朝爲孤卿食采皆在師都所謂師都者非孤卿乎孤卿可以謂之軍吏又可以爲之師都故所互建者旗也旜也所迭載者亦旗也旜也或曰軍吏或曰師都不過皆孤卿耳人習知其孤卿豈不易知哉鄉遂也大夫士也百官也州里也四者不同名攷其實皆大夫士而已判而言之則曰大夫曰士合而言之則曰百官鄉則有州遂則有里曰鄉遂者總名也曰州里者各舉其一以名之其實則鄉遂也鄉遂州里之官皆大夫士爲之爲大夫士者乃所謂官也故所互建者物也旟也所迭載者亦物也旟也或曰鄉遂或曰州里或曰百官不過皆大夫士耳人習知其爲大夫士豈不易知哉郊里也縣鄙也二者不同名攷其實則皆公邑之吏而已鄉遂餘地與夫封王子弟之餘地謂之公邑亦謂之閒田自其地言之名曰郊野自天子使吏治之名曰縣鄙夫公邑閒田之地既名郊野又名縣鄙何也蓋是田邑也有在六遂之縣者有在采地之縣者康成所謂一百里爲州四百里爲縣者謂此地爾故所互建者旐也所迭載者亦旐也或曰郊野或曰縣鄙不過皆公邑之吏耳人習知其公邑之吏豈不易知哉且夫周禮王畿之內官吏之衆大抵有三節曰朝廷之孤卿耳鄉遂之士大夫耳公邑閒田之羣吏耳民於每歲治兵大閱之時見聞習熟安其教訓一旦有軍事仰視其旗雖異其人易識安得不如子弟之衛父兄手足之捍頭目耶

六鄉六遂。師都之異名。

〔大司馬總論引鄭鍔曰〕成周法制如織之有經司常之大閱王也諸侯也孤卿也大夫士也不言可知若所謂師都者都鄙之長耳所謂州里者六鄉之吏耳所謂縣鄙者六遂之吏耳何以謂師都爲都鄙之長蓋四百里之小都五百里之大都皆衆所聚也自其有先君之主言之曰都自其人民爲甚衆言之曰師則師都者非六

鄉六遂大夫明矣何以州里爲六鄉之吏蓋一鄉者五州之積里者卽民所居之稱州長言大攷州里鄉師言受州里之役要皆指六鄉言之則州里非遂之官明矣何以謂縣都爲六遂之吏蓋一遂者五縣之積遂有縣正有鄙師故通縣鄙稱之遂爲縣鄙猶稱州里知其爲鄉也則縣鄙非鄉之官又明矣

陰陽之祀有用牲之疑。（地官牧人）凡陽祀用騂牲毛之陰祀用黝牲毛之引鄭鍔曰祭祀用物必有其由其一以禮神其一以祀神祀神之物從其類故陽騂而陰黝禮神之物象其功故天蒼而地黃大宗伯言其禮神者故以禮言牧人言其祀神者故以祀言禮經之文本無牴牾也說者疑禮記祭法言燔柴於泰壇祭天瘞埋於泰折祭地其牲則俱用騂犢又與此用騂用黝之文不合余以爲此乃爲禮學者之過經之文曰燔柴於泰壇祭天也瘞埋於泰折祭地也其下乃云用騂犢埋少牢於泰昭祭時也康成失其句讀以用騂犢之文連上讀其說曰地陰祀用黝牲與天俱用犢連言爾安有天地異位騂黝異色而於經文只連言耶注疏之學此類多矣

九畿之國有朝貢之惑。（秋官大行人引鄭鍔曰）大宰以九貢致邦國之用司會以九貢之法致邦國之財用王朝所以仰給者諸侯之貢爲多若一歲來者始貢祀物二歲來者始貢嬪物以至六歲來者始貢貨物則王朝所須無時而可具又況小行人令諸侯春入貢爲每歲之常安有如此之希闊乎先儒謂九州諸侯依服數來朝因有貢物與太宰九貢及小行人春入貢別彼二者是歲之常貢也余以爲先王制貢之法初無異也顧讀經者不深考耳竊謂此行人言見與貢自是二事非聯之也侯服歲一見也其所常貢則祀物甸服二歲一見也其所常貢則嬪物男服三歲一見也其所常貢則器物采服四歲一見也其所常貢則服物衞服五歲一見也其所常貢則材物朝見固有歲數之不同若貢物則是其服每歲之常安可以爲來朝始有貢乎見者自其君之親來貢則每歲或遣使而入耳說者合而爲一茲所以紛紛也

豆區鍾釜有多少之差。（考工記旊人引鄭鍔曰）考諸家說豆區鍾釜數皆不同蓋始於經無爲豆之法梓人言一獻而三酬則一豆矣以爵一升觚三升攷之則一豆當容十升字當爲斗與此所謂豆蓋不同此所謂豆乃俎豆之豆經只言豆實三而成觳不言豆之所容而康成以爲豆實四升者蓋用爾雅之文以謂匊二升二匊爲豆故曰豆四升也然則此豆容四升以之爲觳則觳容一斗二升矣不可

閑田餘夫羨卒義

侯國三年貢士數興賢能教國子

以爲豆區鍾釜之法先王之爲鍾釜之法必不同組豆之豆所容爲醯說者之異同蓋不攷其詳爾世室重屋非明堂之制。匠人夏后氏世室殷人重屋周人明堂引鄭鍔曰周繼夏商之後制度加倍然亦因二代制作而增廣之記者欲言周人明堂之制故併述二代宮室之制以見其來之有漸皆辯明使有條理。〔經義考一百二十三〕鄭鍔周禮解義二十卷中興藝文志周禮一經說者多穿鑿淳熙中鄭鍔爲解義詳制度明經旨學者宗其書　今四庫書不著錄　鄭剛中周禮說王與之訂義所採獨多與之字次點樂清人淳祐初趙汝騰進其書於朝補一官終泗州通判卒年九十七

古者國有閑田。田有餘夫。夫有閑民。民有羨卒。不盡其財力也。〔闇按〕楚子重爲政猶曰大戶已責晉尹鐸爲晉陽猶曰寬其戶數則周官可知矣至秦而自實田。〔案史記始皇本紀〕三十一年使黔首自實田至漢而覈墾田。〔後漢光武紀〕建武十五年六月詔下州郡檢覈墾田頃畝及戶口年紀至隋而閱丁口。〔隋書食貨志〕高祖令州縣大索貌閱戶口不實者正長遠配而又開相糾之科大功已下兼令析籍各爲戶頭以防容隱至唐而括逃戶隱田。〔唐書元宗紀〕開元九年正月括田通鑑元宗紀二月以宇文融充使括逃戶及籍外田　〔唐書宇文融傳〕時戶版刓隱人去本籍詭脫繇賦豪弱相幷融由御史陳便宜請校天下籍收匿戶羨田以融爲覆田勸農使諸道收沒戶八十萬田稱是於是財殫力盡民無樂生之心矣

取士之制。其塗有三。諸侯三十年一貢士。侯國之士也。鄉大夫興賢能。王畿之士也。大司樂教國

征漆林爲禁奢

子國之貴游子弟也。〔元圻案〕〔禮記射義〕古者天子之制諸侯歲獻貢士於天子天子試之射宮注三歲而貢士舊說云大國三人次國二人小國一人疏經貢士之文繫歲獻之下恐每歲貢士故云三歲而貢士也又知三歲者案書傳云古者諸侯之於天子也三歲一貢士一適謂之好德再適謂之賢賢三適謂之有功

漆林之征二十而五。漆以飾器用而已。舜造漆器。羣臣咸諫。防奢靡之原也。種漆成林。重其征。所以抑末而返樸也。〔元圻案〕〔鄭剛中解義曰〕漆之爲物特爲器用之飾舜造漆器羣臣咸諫懼用漆而至金玉富民之道可不禁其奢乎植至於成林則奢意無極特重其征非不仁也　舜造漆器事見韓非子說苑　〔王明清揮麈錄〕太學生劉希範上書曰唐太宗嘗怪舜作漆器禹雕其俎諫者數十不止褚遂良爲諫者救其原不使得開橫流則無復事矣當今庶政之行雖曰盡善事之若漆器雕俎者尚多也乃以非大政事而不言是不以舜禹事其君也深得防微杜漸之意

困學紀聞注卷四

儀禮字數　五禮亡軍禮吉凶賓嘉篇數　儀禮亦稱曲禮　臣瓚以儀禮爲經禮　事禮今禮逸禮諸篇有存者　吳草廬儀禮逸經　儀禮置鄭氏博士　中霤禮逸文　經禮曲禮皆有書　三千三百之數　獻王所得有禮禮記

困學紀聞注卷五　餘姚翁元圻載青輯

儀禮（元圻案）（閻氏曰）儀禮五萬六千六百二十四字

三禮義宗（全云）崔靈恩作云。儀禮十七篇。吉禮三。凶禮四。賓禮三。嘉禮七。軍禮皆亡。禮器注。曲禮謂今禮也。即指儀禮而儀禮疏。云亦名曲禮。（原注）晉荀崧亦云朱文公從漢書。藝文志臣瓚注。謂儀禮乃經禮也。曲禮皆微文小節。如今曲禮。少儀。內則。玉藻。弟子職。所謂威儀三千也。逸禮中霤在月令注疏。奔喪投壺。釋文引鄭氏。云實曲禮之正篇。又遷廟。釁廟見大戴記。可補經禮之闕。（全云）草廬所輯儀禮逸經十八篇蓋本於此○（元圻案）（經義考引崔靈恩曰）儀禮者周公所制吉禮惟得臣禮三篇凶禮得四篇上自天子下自庶人其禮同等餘三篇皆臣禮賓禮惟存三篇軍禮亡失嘉禮得七篇○（禮器）經禮三百曲禮三千其致一也（註）經禮謂周禮也周禮六篇其官有三百六十曲猶事也事禮謂今禮也禮篇多亡本數未聞其中事儀三千○（儀禮疏）一儀禮一部之大名亦名曲禮者見行事有屈曲故有二名也○（宋書禮志一）太興初議置周官禮記鄭氏博士太常荀崧上書曰儀禮一經所謂曲禮鄭元於禮特明皆有證據宜置鄭儀禮博士○（月令）孟春其祀戶祭先脾註凡祭五祀於廟用特牲有主有尸皆先設席于奧祀戶之禮南面設主于戶內之西乃制脾及腎爲俎奠于主北又設盛于俎西祭黍稷祭肉祭醴皆三祭肉脾一腎再既祭徹之更陳鼎俎設饌于筵前迎尸畧于祭宗廟之儀又孟夏其祀竈祭先肺註祀竈之禮先席于門之奧東面設主于竈陘乃制肺及心肝爲俎奠于主西又設盛于俎南亦祭黍三祭肺心肝各一祭醴二亦既祭徹之更陳鼎俎設饌于筵前迎尸如祀戶之禮又孟秋其祀門祭先肝〔註〕祀門之禮北面設主于門左樞乃制肝及肺心爲俎奠于主南又設盛于俎東其他皆如祀竈之禮又孟冬其祀行祭先腎〔註〕祀行之禮北面設主于軷上乃制腎及脾爲俎奠于主南又設盛于俎東祭肉腎一脾再其他皆如祀門之禮〔疏云〕皆中霤禮文又中央土其祀中霤祭先心註中霤猶中室也土主中央而神在室古者複穴是以名室爲霤云祀中霤之禮設主于牖下乃制心及肺肝爲俎其祭肉心肺肝各一他皆如祀戶之禮祀中霤以下亦當是中霤禮文疏不註者以本祀中霤不言可知也〇〔朱子曰〕今按禮經威儀劉向作禮經曲禮而中庸以禮經爲禮儀鄭元等皆曰經禮卽周禮曲禮卽今儀禮臣瓚曰周禮三百特官名耳經禮謂冠昏吉凶蓋以儀禮爲經禮也而近世括蒼葉夢得曰經禮制之凡也曲禮文之目也先王之世二者蓋皆有書藏於有司祭祀朝覲會同則太史執之以涖事小史讀之以喻衆而鄉大夫受之以教萬民保氏掌之以教國子者亦此書也愚意禮篇三名禮器爲勝諸儒之說瓚葉爲長蓋周禮乃制治立法設官分職之書而非專爲禮設也至於儀禮則其中冠昏喪祭燕射朝聘自爲經禮大目亦不容專以曲禮名之也又嘗考之經禮固今之儀禮其存者十七篇而其逸見於他書者猶有投壺奔喪遷廟等篇其不可見者又有古經增多三十九篇而明堂陰陽王史氏記數十篇及河間獻王所輯禮樂古事多至五百餘篇倘或猶有逸在其間者大率且以春官所領五禮之目約之則其初固當有三百餘篇亡疑矣所謂曲禮則皆禮之微文小節如今曲禮少儀內則玉藻弟子職篇所記事親事長起居飲食容貌辭氣之法制器備物宗廟宮室衣冠車旂之等凡所以行乎經禮之中者其篇之全數雖不可知然條而析之亦應不下三千有餘矣〇〔梁書儒林崔靈恩傳〕靈恩清河武城人也偏通五經尤精三禮三傳制三禮義宗四十七卷書錄解題作三十卷蓋是書宋末猶存也〇〔晉書荀崧傳〕字景猷潁川臨潁人太尉彧之元孫也元帝踐阼徵拜尚書僕射與刁協共定中興禮儀〇〔元吳氏澄纂儀禮逸經八篇〕一投壺禮二奔喪禮三公冠禮四諸侯遷廟禮五諸侯釁廟禮六中霤禮七禘于太廟禮八王居明堂禮自識云其二取之小戴

文公謂儀禮無用

文公善讀儀禮

十七篇有儀有禮孔壁多三十九篇

記其三取之大戴記其三取之鄭氏注又纂儀禮傳十篇冠義昏義士相見義鄉飲酒義鄉射義燕義大射義聘義公食大夫義朝事義〔漢書〕河間獻王傳獻王所得書皆古文先秦舊書周官尙書禮禮記周官不稱禮明是設官分職之書安得謂之經禮師古注曰禮者禮經也禮記者諸儒記禮之說也據此則儀禮之爲經禮明矣

韓文公讀儀禮謂考于今無所用。愚謂天秩有禮。小大由之冠昏喪祭必於是稽焉文公大儒猶以爲無所用。毋怪乎冠禮之行不非鄭尹而怪孫子也。〔全云〕無所用者以其委曲細瑣諸節目耳非謂冠昏喪祭大綱也○〔元圻案〕〔韓文公讀儀禮曰〕余嘗苦儀禮難讀又其行於今者蓋寡沿襲不同復之無由考之於今誠無所用之然文王周公之法度粗在於是孔子曰吾從周謂其文章之盛也古書之存者希矣百氏雜家尙有可取況聖人之制度耶於是掇其大要奇辭奧旨著於篇學者可觀焉惜乎吾不及其時揖讓進退於其間嗚呼盛哉觀此則於今無所用之言蓋文公之微辭耳〔鄭漁仲曰〕安得善讀儀禮如韓文公者與之論儀禮哉〔柳宗元與韋中立論師道書〕古者重冠禮將以責成人之道是聖人所尤用心者也數百年來人不復行近有孫昌允者獨發憤行之既成禮明日造朝至外廷薦笏言於卿士曰某子冠畢應之者咸憮然京兆尹鄭叔則怫然曳笏卻立曰何預我耶廷中皆大笑天下不以非鄭尹而怪孫子何哉獨爲所不爲也

藝文志謂之禮古經未有儀禮之名。張淳〔全云〕張忠甫淳永嘉諸儒之一。云疑後漢學者見十七篇中有儀有禮遂合而名之。此張忠甫儀禮識誤序文孔壁古文多三十九篇康成不

逸禮諸篇名

注。遂無傳焉。〔原注〕注謂古文作某者卽十七篇古文也論衡以爲宣帝時河內女子壞老屋得佚禮恐非〇〔案〕〔經典釋文敘錄曰〕古禮經五十六篇蒼后蒼傳十七篇所餘三十九篇以付書館名爲逸禮 天子巡狩禮。〔王氏漢藝文志攷證二〕自注云內宰注 朝貢禮。聘禮注 王居明堂禮。月令禮器註 烝嘗禮。射人注 朝事儀。覲禮注 見于三禮註學禮見于賈誼書。新書保傅篇 古大明堂之禮。見于蔡邕論。中郎集明堂月令論 雖寂寥片言斷圭碎璧猶可寶也。〔閻按〕孔壁古文禮三十九篇讀隋牛宏傳始知書亡於隋以前故隋經籍志無其目 朝事儀見大戴禮記卷十二非逸經也〔賈誼引學禮本禮記保傅篇〕古大明堂之禮蔡邕明言禮記皆非逸經〇〔元圻案〕〔漢書藝文志禮家〕禮古經五十六卷經七十篇后氏戴氏記百三十一篇七十子後學者所記也明堂陰陽三十三篇古明堂之遺事王史氏二十一篇〔阮孝緒七錄曰〕古經出魯淹中其書周宗伯所掌五禮威儀之事有五十六篇無敢傳者後博士侍其生得十七篇鄭注今之儀禮是也餘篇皆亡〔後漢書鄭元傳〕凡所著周易尚書毛詩儀禮禮記論語孝經儀禮之名始見於此〔漢書劉歆傳〕移讓太常博士書曰魯共王壞孔子宅欲以爲宮而得古文於壞壁之中逸禮有三十九天漢之末孔安國獻之〔朱子語類〕魯共王得古文儀禮五十六篇其中十七篇與高堂生所傳同〔鄭康成注〕此十七篇多舉古文作某則是當時亦見此壁中之書不知如何只解此十七篇而三十九篇不解竟無聞焉〔周禮〕天官內宰出其度量〔淳制注〕故書淳爲敦杜子春讀敦爲純純謂幅廣也制謂匹長元謂純制天子巡守禮所云制幣丈八尺純四𥿄與〔儀禮聘禮釋幣制註〕朝貢禮云純四只制丈八尺〔月令〕孟春迎春於東郊註王居明堂禮曰出十五里迎歲仲春祀高禖註帶以弓韣禮之禖下其子必得天材季春命國難註季春出疫于郊以禳春氣仲夏毋休于都註毋宿于國仲秋天子乃難註仲秋九門磔禳以發陳氣禦止疾疫仲秋穿竇窖註仲秋農隙民畢入于室曰時殺將至毋罹其災又水始涸註季秋

帝入五學各事

古大明堂之禮

明堂禮三出闈視事

中霤禮軍禮

禘於太廟禮

聘禮釋幣制

張忠甫儀禮

儀禮五傳弟子

除道致梁以利農也仲冬農有不收藏積聚馬牛畜獸有放佚者取之不詰註孟冬之月命農畢積聚繫牧牛馬季冬命樂師大吹而罷註季冬命國為酒以合三族君子說小人樂〔禮器〕曾子曰周禮其猶醵與註仲秋乃命國醵以上鄭注所弖皆王居明堂禮文〔周禮〕夏官射人祭祀則贊射牲註烝嘗之禮有射豕者〔儀禮〕覲禮天子拜日于東門之外註朝事儀曰天子冕而執鎮圭尺有二寸繅藉尺有二寸搢大圭乘大輅建大常十有二旒繁纓十有二就貳車十有二乘帥諸侯而朝日于東郊所以教尊尊也〔賈誼新書保傅篇〕學禮曰帝入東學上親而貴仁則親疏有序而恩相及矣帝入南學上齒而貴信則長幼有差而民不誣矣帝入西學上賢而貴德則聖智在位而功不遺矣帝入北學上貴而尊爵則貴賤有等而下不踰矣帝入太學承師問道退習而考于太傅太傅罰其不則而匡其不及則德智長而治道得矣〔蔡邕明堂月令論曰〕禮記古大明堂之禮曰膳夫是相禮日中出南闈見九侯反問於相日側出西闈視五國之事日入出北闈視帝節猷〔案〕〔閻氏古文尚書疏證第二十一篇曰〕漢興高堂生傳禮十七篇孔壁所出多三十九篇謂之逸禮平帝時王莽立之旋廢猶相傳至東漢鄭康成註三禮曾引之凡二十五條為篇名者八吳草廬逸經八篇僅及其三云云今將前註未及者附載于此春官司巫註中霤禮曰以功布為道布屬于几秋官士師註軍禮曰無干車無自後射亦見大司馬有司表貉誓民註儀禮少牢饋食禮註禘于太廟禮曰日用丁亥禮記奔喪篇註逸奔喪禮說不及殯日於又哭猶括髮即位不袒告事畢者五哭而不復哭也〔又曰〕哭父族與母黨於廟妻之黨於寢朋友於寢門外壹哭而已不踊〔又曰〕凡拜吉喪皆尚左手〔又曰〕無服袒免為位者唯嫂與叔凡為男子服其婦人降而無服者麻〔四庫全書總目二十〕儀禮識誤三卷宋張淳撰淳字忠甫永嘉人是書久無傳本故經義考以為已佚今從永樂大典綴錄成編惟缺鄉射大射二篇〔隋書牛宏傳〕修立明堂議曰劉向別錄及馬宮蔡邕等所見當時有古文明堂禮王居明堂禮明堂圖明堂大圖明堂陰陽太山通義魏文侯孝經傳等並說古明堂之事其書皆亡故莫得而正

六藝論五傳弟子。謂高堂生之學。蕭奮。孟卿。后蒼。戴德。戴聖也。〔全云〕康成所註是戴聖〇〔元圻案〕〔禮記篇首正義曰〕周禮儀禮是禮記之書自漢以後各有傳授〔鄭君六藝論云〕案漢書藝文

未冠笄著卷幘

滕薛名菌爲頍

兄弟畢袗玄

志儒林傳云傳禮者十三家唯高堂生及五傳弟子戴德戴聖名在也〔又案儒林傳云〕漢興高堂生傳禮十七篇而魯徐生善爲容孝文時徐生以容爲禮官大夫瑕邱蕭奮以禮至淮陽太守孟卿東海人事蕭奮以授戴德戴聖六藝論云五傳弟子者熊氏云則高堂生蕭奮孟卿后蒼及戴德戴聖爲五也此所傳皆儀禮也〔釋文敘錄曰〕蕭奮授東海孟卿卿授同郡后蒼蒼授聞人通漢及梁戴德戴聖沛慶普自注云孟卿孟喜父戴德字延君號大戴信都太守聖字次君號小戴以博士論石渠至九江太守

士冠禮注。今之未冠笄者著卷幘頍象之所生。滕薛名菌爲頍。〔原注〕菌古內反〔續漢輿服志〕菌簪珥〔集韻〕有籄幗無菌字〔疏云〕卷幘之類〇〔案〕玉篇亦有籄幗無菌字隸釋武榮碑云闕幘。〔元圻案〕〔武榮碑〕君諱榮治魯詩經〔韋君章句闕幘傳講釋云〕闕幘者未冠幘之稱〔後漢輿服志下〕古者有冠無幘其戴也加首有頍所以安物故詩曰有頍者弁此之謂也秦後稍稍作顏題名之曰幘幘者賾也頭首嚴賾也至孝文乃高顏題續之爲耳崇其巾爲屋合後施收貴賤皆服之文者長耳武者短耳未冠童子幘無屋者示未成人也

兄弟畢袗玄士冠禮注。袗同也。古文袗爲均。疏云。當讀如左傳僖五年均服振振。〔案〕今汲古閣註疏本脫當讀如左傳句近刻倣宋本亦無此九字按後漢輿服志。秦郊祀之服。皆以袀玄。〔阮芸臺儀禮校勘記曰〕說文無袀字均之爲袀猶玄之爲袨皆俗字也蓋袀字誤爲袗。袗釋文之忍反。亦誤。〔集證〕〔惠氏九經古義〕袗元即漢之袀元〔司馬彪輿服志云〕郊祀之服皆以袀元〔淮南子云〕尸祝袀袨高誘曰袀純服袨袀黑齋衣也篆書袗與袀相似古文作均故左傳云均服振振祭服上下皆元故謂之袀元戎事上

士冠醮用酒
士喪商祝夏祝
儀禮不言周
燕禮言諸公

五十以字加伯仲
古人重字
初冠稱伯某甫
先伯仲後字以序稱
先氏後伯仲以尊稱

下同服故謂之均服〇〔元圻案〕均服振振漢書五行志引作袀服

士冠禮有醮用酒。注。以爲用舊俗。士喪禮云。商祝夏祝。則禮之兼夏殷者。〔元圻案〕〔士冠禮疏曰〕上文適子冠於阼三加訖一醴於客位是周法今云若不醴則醮用酒非周位故知先王法矣故鄭云若不醴謂國有舊俗可行聖人用焉不改舊也云聖人者卽周公制此儀禮用舊俗則夏殷之禮是也〔儀禮篇首疏曰〕儀禮不言周者欲兼有異代之法故此篇有醮用酒燕禮云諸公士喪禮云商祝夏祝是兼夏殷故不言周

二十爲字。未呼伯仲。至五十乃加而呼之。此儀禮賈疏也。二十已有伯某甫仲叔季。雖云伯仲。皆配某甫而言。至五十直呼伯仲。此禮記檀弓孔疏也。朱文公曰。疑孔疏是。石林〔閻按〕石林葉夢得號謂五十爲大夫。去某甫。言伯仲而冠以氏。如南仲榮叔南季之類。然仲山甫尹吉甫皆卿士。亦以字爲重。〔元圻案〕〔士冠禮〕伯某甫仲叔季唯其所當疏殷質二十爲字之時兼伯仲叔季呼之周文二十爲字之時未呼伯仲至五十乃加而呼之故檀弓云五十以伯仲周道也〔朱子語錄曰〕古者初冠而字便曰伯某父仲某父五十稱伯仲除下兩字今人不敢斥尊者呼爲幾丈之類今看儀禮賈疏卻云既冠之時權以此三字加之實未嘗稱到五十始稱此三字某初疑

令月令辰文互見三加醴醮各辭

日入三商爲昏　昏期取陰之來

其不然取禮記看孔疏中正如前說疑孔疏是〔檀弓〕幼名冠字五十以伯仲死謚周道也〔石林葉氏曰〕或言士冠禮既冠而字曰伯某甫則固已稱伯仲何待於五十疑檀弓之誤此不然始冠而字者伯仲皆在上此但以其序次之所以爲字者在下某甫也如伯牛仲弓叔肸季友之類是也至於五十爲大夫尊其爲某甫者則去之故但言伯仲而冠之以氏伯仲皆在下如召伯南仲榮叔南季之類是也檀弓言伯仲者非加之伯仲也去其爲某甫者而言伯仲耳孔子諸弟子相字未有以伯仲在下者蓋皆不爲大夫也然孔子雖爲大司寇而但稱仲尼哀公誄之曰尼父仲山甫尹吉甫皆周之卿士而山甫吉甫猶通稱或者亦以爲重歟○案葉氏夢得有禮記解今佚此說見於宋衞湜禮記集說中

冠辭。令月吉日。吉月令辰。互見其文。〔案〕此引賈疏之文論語迅雷風烈。九歌吉日兮辰良。相錯成文。〔元圻案〕〔士冠禮〕始加祝曰令月吉日始加元服棄爾幼志順爾成德壽考惟祺介爾景福再加曰吉月令辰乃申爾服敬爾威儀淑慎爾德眉壽萬年永受胡福三加曰以歲之正以月之令咸加爾服兄弟具在以成厥德黃耇無疆受天之慶醴辭曰甘醴惟厚嘉薦令芳拜受祭之以定爾祥承天之休壽考不忘醮辭曰旨酒既清嘉薦亶時始加元服兄弟具來孝友時格永乃保之再醮曰旨酒既湑嘉薦伊脯乃申爾服禮儀有序祭此嘉爵承天之祜三醮曰旨酒令芳籩豆有楚咸加爾服肴升折俎承天之慶受福無疆字辭曰禮儀既備令月吉日昭告爾字爰字孔嘉髦士攸宜宜之于假永受保之〔宋陳善捫蝨新語楚辭〕以吉日對辰良以蕙殽蒸對奠桂酒存中云此是古人錯綜其語以爲矯健故耳

士昏禮目錄日入三商爲昏。疏云。商謂商量。是漏刻之名。故三光靈曜〔案惠氏古義曰〕三光靈曜當作考靈燿亦日入三刻爲昏不盡爲明。按馬氏云。日未出。日沒後。皆二刻

鄉飲酒三尚卿大夫本作鄉

半前後共五刻今二云二商者據整數而言其實二刻半也以上皆賈疏文詩齊風東方未明正義二云尚書緯謂刻爲商夏文莊〔全云〕夏竦蓮華漏銘五夜持宵二商定夕蓋取此〔原注〕蘇子美亦云三商而眠高春而起〔閻按淮南天文訓〕日至於淵隅是謂高春高春乃戌時似誤認〇〔元圻案〕〔士昏禮第一疏曰〕鄭目錄云士娶妻之禮以昏爲期因而名焉必以昏者陽往而陰來日入三商爲昏昏於五禮屬嘉禮〔一蘇子美答韓持國書曰〕三商而眠高春而起靜院明窗之下羅列圖史琴尊以自娛 夏竦字子喬江州德安人景德二年舉賢良方正官至同中書門下平章事諡文莊著文莊集三十六卷

鄉飲酒疏曰卿大夫飲酒〔案〕今注疏本卿作鄉尚德也黨正飲酒尚齒也公是劉氏〔全云〕劉敞原父曰謀賓介於先生尚德也旅酬以齒老者異秩尚年也大夫爲僎坐于賓東尚爵也〔元圻案主人就先生而謀賓介疏〕鄭引孟子天下有達尊三者證鄉大夫飲酒是尚德也黨正飲酒尊長尚齒也 〔公是先生弟子記曰〕或問鄉飲酒之禮劉子曰所尚三德也年也爵也俎豆之事則人知之矣敢問三者兼乎曰然如何曰謀賓介于先生尚德也旅酬以齒老者異秩尚年也大夫爲僎坐于賓東尚爵也三者天下之達尊也 〔鄉飲酒禮第四疏曰〕凡鄉飲酒之禮其名有四案此賓賢能謂之鄉飲酒一也又案鄉飲酒義云六十者坐五十者立侍是黨正飲酒亦謂之鄉飲酒二也鄉射州長習射于州序先行鄉飲酒亦謂之鄉飲酒三也案鄉飲酒義又有卿大夫士飲國中賢者用鄉飲酒四也〔阮氏校勘記曰〕卿大夫通解要義楊氏俱作鄉者非 〔禮記鄉

鄉射設豐形制
豐侯亡酒圖爵形

燕禮洗當東霤
四阿東榮
重屋夏屋

飲酒義〕鄉人士君子尊於房戶之間賓主共之也鄭注鄉人鄉大夫也士州長黨正也君子卿大夫也卿大夫飲國中賢者亦用此禮也〔陸氏釋文〕卿去京反王氏此條可以正今本作鄉大夫飲酒之誤〔歐陽公劉集賢墓誌曰〕公諱敞字仲原父姓劉氏世為吉州臨江人舉慶歷六年進士官終集賢院學士〔葉石林曰〕原父以博學通經自許弟貢父次其集私謚曰公是先生

鄉射禮設豐。燕禮有豐。注豐形似豆而卑。三禮圖二云罰爵作人形。豐國名也。坐酒亡國。戴盂戒酒。崔駰酒箴。豐侯沈湎。負甖負缶。自戮於世。圖形戒後。李尤豐侯銘。豐侯醉亂。乃象其形。〔元圻案〕〔鄉射禮注〕設豐所以承其爵也豐形蓋似豆而卑疏曰燕禮君尊有豐注曰似豆卑而大彼承尊故言大此承爵不言大或小耳〔聶氏三禮圖說曰〕舊圖引制度云射罰爵之豐作人形豐國名其君坐酒亡國載杅以為戒張鎰引鄉射設豐注云豐制蓋象豆而卑鄭注燕禮義同制度之說何所據乎且聖人一獻之禮賓主百拜此其所備酒禍也豈獨於射事而以亡國之豐為戒哉恐非也〔書錄解題〕三禮圖二十卷國子司業太常博士河南聶崇義撰自周顯德中受詔至建隆二年奏之蓋用舊圖六本參定故題集註〔後漢書崔駰傳〕駰字亭伯涿郡安平人博學有偉才與班固傅毅同時齊名〔又文苑傳〕李尤字伯仁廣漢雒人也少以文章顯和帝時賈逵薦尤有相如楊雄之風　此條所引崔李箴銘見太平御覽七百六十二

燕禮疏四向流水曰東霤。考工記之四阿。上林賦之四注也。兩下屋曰東榮。檀弓之夏屋也。〔原注〕士冠禮注周

漢不諱喪服
父在爲母
叔嫂制服
凶禮移二爲
五

制自卿大夫以下其室爲夏屋○〔元圻案〕〔燕禮〕設洗篚于阼東南當東霤疏曰云當東霤者人君爲殿屋也漢時殿屋四向流水故舉漢以況周言東霤明亦有西霤對士大夫言東榮兩下屋也〔宋李氏如圭儀禮集釋曰〕霤屋檐滴水處也殿屋四向流水所謂四阿故有東霤大夫以下無東霤洗當東榮耳〔考工記〕殷人重屋堂脩七尋堂崇三尺四阿重周〔司馬相如上林賦〕高廊四注重坐曲閣

夏侯勝善說禮服。謂禮之喪服也。師古註云爾蕭望之以禮服授皇太子。則漢世不以喪服爲諱也。唐之姦臣。以凶事非臣子所宜言。去國卹一篇。而凶禮居五禮之末。五服如父在爲母叔嫂之類。率意輕改。皆不逹禮意者。五服制度附于令。自後唐始。〔原注〕見五代史馬縞傳〔閻按〕己未庚申在京師與汪鈍翁論喪禮不合鈍翁詆余曰閻渠有嚴親在奈何喋喋與人言喪禮預凶事非禮也余對以此條徐原一寫贊曰於史有徵矣於經亦有徵乎君其思之余退而思得二事曰雜記曾申問於曾子曰哭父母有常聲乎申曾子次子也檀弓子張死曾子有母之喪齊衰而往哭之案昔者孔子沒他日子張尚存見孟子子張死而是時曾子方有母喪則孔子在時曾子母在堂可知也既在堂胡忍以喪禮相往復若曾子問者乎宮贊擊節曰雖百喙亦不能解矣〔舊唐書禮儀志〕高宗顯慶二年長孫無忌奏今律疏有舅報甥服則五服制度附于令不自後唐始五代史記誤○〔元圻案〕〔漢書夏侯勝傳〕勝字長公東平人爲學精熟所問非一師善說禮服〔蕭望之傳〕望之字長倩東海蘭陵人從夏侯勝問論語禮服爲太傅以論語禮服授皇太子〔柳子厚裴墐崇豐二陵集禮後序云〕自開元制禮大臣諱避去國卹章而山陵之禮遂無所

六朝人多精禮

執世之不學者乃妄取預凶事之說而大典缺焉〔唐書禮樂志〕五曰凶禮周禮五禮二曰凶禮唐初徙其次第五而李義府許敬宗以爲凶事非臣子所宜言由是天子凶禮闕焉至國有大故則皆臨時采掇附比以從事事已則諱而不傳〔五代史雜傳〕馬縞不知其世家唐莊宗時權判太常卿縞言緦麻喪紀所以別親疏辨嫌疑禮叔嫂無服推而遠之也唐太宗時有司議爲兄之妻服小功五月今有司給假服大功九月非是廢帝下其議太常博士段顒議嫂服給假以大功者令文也令與禮異者非一而喪服之不同者五禮姨舅皆服小功令皆大功妻父母壻外甥皆服緦令皆小功禮令之不可同如此劉昫等議曰令於喪服無正文而嫂服給大功假乃假寧附令而敕無年月請凡喪服皆以開元禮爲定下太常具五服制度附於令令有五服自縞始也〔通典禮四十九〕周制父在爲母周屈也大唐前上元元年武太后上表曰父在爲母服止一周雖心喪三年服由尊降竊謂子之於母慈愛特深三年在懷理宜崇報今請父在爲母終三年之服詔依行焉垂拱初始編入格又禮五十二周制嫂叔不相爲服貞觀十四年太宗謂侍臣曰同爨尚有緦麻之恩而嫂叔無服宜集學者詳議侍中魏徵等議曰嫂叔之不服蓋推而遠之也禮繼父同居則謂之周未嘗同居則不爲服又從母之夫舅之妻二人不相爲服或曰同爨緦然則繼父之徒並非骨肉服重由乎同爨恩輕在乎異居嫂叔譬同居之繼父方他人之同爨情義之深淺寧可同日哉謹案嫂叔舊無服今請小功五月報制可　元行沖父在爲母及舅姨嫂服議父在爲母罷職齊周而心喪三年謂之尊厭者則情申而禮殺也今若捨尊厭之重虧嚴父之義略純素之嫌貽非聖之責則事不師古有傷名教矣又云嫂叔不服遠嫌疑也若引同爨之緦以忘推遠之跡既乖前聖亦謂難從蓋議而不從也

宋何承天傳。云先是禮論有八百卷。承天刪減。并合爲三百卷。又王儉別抄條目爲三十卷。〔閻按〕〔南史王儉傳〕一作十三○何本三箋本亦作十三梁孔子袪續一百五十卷。隋江都集禮亦撮禮論爲之。朱文公謂六朝人多精於禮。當時專門名家有此學。朝廷有禮事。用此等人議之。唐時猶有此意。潘徽江都集禮序曰。明堂曲臺之記。南宮東觀之說。鄭王徐賀之答。崔譙何庾之論。簡牒雖盈。精華蓋鮮。杜之松借王無功家禮問喪禮新義。無功條答之。又借王儉禮論。則謂往於處士程融處。曾見此本。觀其制作。動多自我。周孔規模。十不存一。今諸儒所著。皆不傳。蓋禮學之廢久矣。〔元圻案〕〔何承天注〕見四卷十七頁〔南史王儉傳〕儉字仲寶何承天禮論三百卷儉抄爲八帙別抄條目爲十三卷朝儀舊典晉宋來施行故事撰次諳憶無遺漏者齊武帝五年開府儀同三司卒年三十八諡文憲〔梁書儒林傳〕孔子祛會稽山陰人續何承天集禮論一百五十卷南史儒林傳文同〔隋書文學傳〕潘徽字伯彥吳郡人也晉王廣引爲揚州博士令與諸儒撰江都集禮一部令徽作序云云名曰江都集禮凡十二帙一百二十卷〔一唐文粹八十一〕杜之松答王績書曰蒙借家禮今見披尋微而精簡而備誠經傳之典略閨庭之要訓也其喪禮新義頗有所疑謹用條問具如別帖又王績答書曰在帖垂問家禮喪服新義五道度情振理探幽洞微誠非野人所敢酬析但先人遺旨頗曾恭習謹因還使條申如左又於楊方奉口處分借王儉禮論門庭所蓄先無此書往於處士程融處曾見此本觀其制

特牲不言牢
太牢少牢中牢
士特士饋食

歐公不讀儀禮
爲人後降服
不降
高抑崇不考
儀禮

作動多自我周孔規模十不存一恐不足以壓大雅君子之視聽也〔唐書隱逸傳〕王績字無功絳州龍門人兄通隋末大儒也績大業中舉孝悌廉潔授祕書正字求爲六合丞解去著書自號東皋子杜之松故人也爲刺史請績講禮答曰吾不能揖讓邦君門談糟粕棄醇醪也〔日知錄四〕宋元嘉末數隱士雷次宗詣京邑築室於鍾山西巖下爲皇太子諸王講喪服經齊初何佟之爲國子助教爲諸王講喪服陳後主在東宮引王元規爲學士親授禮記左傳喪服等義魏孝文帝親爲羣臣講喪服於清徽堂而梁書言始興王憺昭太子命諸臣共議從明山賓朱异之言以慕悼之辭宜終服月自注梁陳北齊各有皇帝皇后太子王侯已下喪禮之書謂之凶儀

禮特牲不言牢。楚語天子舉以太牢。注牛羊豕也。卿舉以少牢。注羊豕。漢昭紀祠以中牢。注中牢即少牢。謂羊豕也。〔原注〕〔唐牛羊日歷〕牛僧孺楊虞卿有太牢筆少牢口之語然太牢非止於牛少牢非止於羊也 〔何云〕〔大戴禮天圓篇〕諸侯之祭牲牛曰太牢大夫之祭牲羊曰少牢士之祭牲特豕曰饋食此則牛羊日歷所由名也○〔元圻案〕〔書錄解題傳記類〕牛羊日歷一卷唐劉軻撰牛指僧孺羊謂虞卿漢公也是不孫甚矣 〔唐書牛僧孺傳〕僧儒字思黯奇章公宏之裔工屬文同中書門下平章事 〔楊虞卿傳〕虞卿字師皋宏農人李宗閔牛僧孺輔政引爲給事中虞卿佞柔善諧麗權倖倚爲奸利以口語軒輕事機故時號黨魁 漢公虞卿之弟

歐陽公自云。平生何嘗讀儀禮。而濮議爲言者所詆。高抑崇〔全云〕高憲敏公閌龜山弟子於鄉飲考。儀禮不詳。而朱文公譏之。禮學不可不講也。〔閻按〕〔蘇氏談訓曰〕歐陽公不甚留意禮經嘗與祖父說濮議云修平生何嘗讀

儀禮偶一日至子弟書院中几案有之因取讀見爲人後者爲其父母齊衰杖期云云與修意合由是破諸異議自謂得之多矣然則濮議正從儀禮得來昔未讀今知之耳王氏語誤但儀禮在不杖期條內歐公云杖亦誤○〔元圻案〕〔續通鑑〕英宗治平二年詔議崇奉濮安懿王典禮初知諫院司馬光以帝必將追隆所生嘗因奏事言漢宣帝爲孝昭後終不追尊衛太子史皇孫光武上繼元帝亦不追尊鉅鹿南頓君此萬世法也既而韓琦等言禮不忘本濮安懿王德盛位隆所宜尊禮司馬光議以爲宜準先朝封贈期親尊屬故事尊以高官大國王珪議濮王於仁宗爲兄於皇帝宜稱皇伯而不名歐陽修引喪服大記以爲爲人後者爲其父母降服三年爲期而不沒父母之名以見服可降而名不可沒也若本生之親改稱皇伯歷攷前世皆無典據進封大國則又禮無加爵之道范鎮呂誨范純仁呂大防以爲王珪議是劾修首開邪議妄引經據陷陛下於過舉〔朱子曰〕紹興初行鄉飲酒禮其儀乃是高抑崇撰如何不看儀禮只將禮記鄉飲酒義做這文字是貽笑千古者也〔朱子文集八十四〕有行鄉飲酒禮告先聖文云一昨朝廷行鄉飲酒之禮而縣之有司奉行不謹容節謬亂儀矩闕疏甚不足以稱明天子舉遺興禮之意云云蓋謂此也

布八十縷爲一升

布八十縷爲一升。鄭謂升當作登。登成也。〔喪服篇〕冠六升注文〔疏曰〕云八十縷爲升者此無正文經師相傳言之是以今亦云八十縷謂之宗宗即古之升也吳仁傑〔兩漢刊誤補遺〕曰。今織具曰筬。以成之多少。爲布之精麤。大率四十齒爲一成。而兩縷共一齒。正合康成之說。〔原注〕衰三升其麤者緇布冠三十升其細者○〔元圻案〕〔爾雅釋詁下〕登成也登陞也〔邵氏正義曰〕陞當作升

聘禮君行一臣行二

聘禮注。君行一。臣行二。疏謂出齊語。今按此晏子

皮樹亦爲繁豎

射儀合於賓筵行葦

少牢饋食合楚茨

射禮有三

之言。見韓詩外傳。衛孫文子聘魯。公登亦登。叔孫穆子曰。子不後寡君一等。〔闕按〕〔韓詩外傳〕晏子聘魯上堂則趨授玉則跪既退孔子問焉晏子對曰夫一堂之禮君行一臣行二今君行疾臣敢不趨乎今君之受幣也卑臣敢不跪乎孔子曰善禮中又有禮至衛孫文子聘魯乃又一義王氏引亦非〔集證曰〕〔左傳襄七年〕孫文子聘魯公登亦登〔正義曰〕聘禮公迎賓于大門內及廟門公揖入立於中庭納賓賓又三揖至於階三讓公升二等鄭元云先賓升二等亦欲君行一臣行二言君先升二等然後臣始升一等是禮登階臣當後君一等按左傳正義已引君行一臣行二以證孫文子事○〔元圻案〕晏子春秋內篇雜下〕晏子聘魯仲尼使門弟子往觀之子貢反報曰孰謂晏子習於禮乎夫禮曰登階不歷堂上不趨授玉不跪今晏子皆反此晏子退見仲尼曰嬰聞兩楹之間君臣有位焉君行其一臣行其二君之來遬是以登階歷堂上趨以及位也君授玉卑故跪以下之〔朱子語類曰〕君行步闊而遲臣行步狹而疾故君行一步而臣行兩步蓋不敢同君之行而踐其跡也國語齊君晏子行子貢怪之問孔子君臣交際之禮一段說得甚分曉

皮樹注云獸名張鎰三禮圖云皮樹人面獸形。〔原注〕宅書未見○〔元圻案〕〔儀禮十三鄉射禮〕君國中射則皮樹中注皮樹獸名今文皮樹爲繁豎〔經義考通禮二〕張氏鎰三禮圖唐志九卷佚〔舊唐書〕張鎰爲亳州刺史撰三禮圖九卷

詩禮相爲表裏。賓之初筵。行葦。可以見大射儀。楚茨。可以見少牢饋食禮。〔元圻案〕小雅賓之初筵篇大侯既抗弓矢斯張傳有燕射之禮〔箋〕將祭而射謂之大射〔正義曰〕毛以此篇爲燕射鄭則爲大射因辨禮射之數言己不同之意也故云射禮有三有大射有賓射有燕射大射者將祭擇士於射宮賓射者謂諸侯來朝與之射於朝燕射者因

燕禮主賓致辭文

覲禮宮壇方明

燕禮公與客燕曰寡君有不腆之酒以請吾子之與寡君須臾焉使某也以請對曰寡君君之私也君無所辱賜于使臣臣敢辭春秋辭命之美有自來矣

燕賓客卽與射於寢（大雅行葦篇）敦弓既堅四鍭既鈞舍矢既均序賓以賢（箋）周之先王將養老先與羣臣行射禮以擇其可與者以爲賓正義曰禮稱將祭而射謂之大射養老與祭相類而亦射以擇賓則亦爲大射禮射燕射皆無擇士之義故知此射必大射也小雅楚茨篇以妥以侑傳妥安坐也侑勸也（朱子集傳禮）曰詔妥尸蓋祭祀筮族人之子爲尸既奠迎之使處神坐而拜以安之也侑勸也恐尸或未飽祝侑之曰皇尸未實也　（呂氏讀詩記二十二）引少牢饋食禮尸升筵祝主人皆拜妥尸尸答拜遂坐尸告飽祝侑曰皇尸未實侑尸又食告飽主人不言拜侑（案）鄭註實猶飽也

覲禮諸侯覲于天子爲宮方三百步四門壇十二尋深四尺加方明于其上陳宣帝大建十年立方明壇于婁湖以始與王叔陵爲王官伯臨盟百官此與蘇綽之六官蘇威之五教何以異（原注）

傳曰不協而盟無故而盟百官不幾於戲乎○（元圻案）（陳書宣帝紀）十年九月乙巳立方明壇于婁湖戊申以中衞將軍揚州刺史始興王叔陵兼王官伯臨盟甲寅輿駕幸婁湖臨誓

士相見義補篇語

鄉先生爲父師少師大夫士致仕教塾上老庶老右師左師

乙卯分遣大使以盟誓班下四方上下相警戒也　王官伯南史作王官伯〔王汾原曰〕左傳單子爲王官伯〔通鑑梁紀〕敬帝紹泰元年初魏太師泰以漢魏官繁命蘇綽及尚書令盧辯依周禮更定六官又〔陳紀〕文帝天嘉二年周王班太祖所述六官之法〔北史蘇綽傳〕綽字令綽武功人周大行臺左丞參典機密子威字無畏隋尚書右僕射江表自晉以來刑法疏緩代族貴賤不相陵越平陳之後牧人者盡改變之無長幼悉使誦五教威加以煩鄙之辭百姓嗟怨

士相見義〔何云〕劉原父補曰。古者非其君不仕。非其師不學。非其人不友。非其大夫不見。〔閣案〕〔士相見義〕劉敞補士朱子儀禮經傳通解取之○〔元圻案〕一公是集〕載公食大夫義士相見義二篇

鄉先生謂父師少師。教于閭塾也。古者仕焉而已者。歸教于閭里書大傳謂之父師少師。白虎通謂之右師左師。〔元圻案〕〔士冠禮〕遂以贄見於鄉大夫鄉先生註鄉先生鄉中老人爲鄉大夫致仕者疏此即鄉飲酒與鄉飲禮先生及書傳父師皆一也先生亦有士之少師鄭不言者經云鄉大夫不言士故先生亦略不言士其實皆當有士也〔書大傳略說〕大夫士七十致仕退老歸其鄉里大夫爲父師士爲少師新穀已入穋鉏已藏祈樂已入歲事既畢餘子皆入學十五始入小學見小節踐小義十八入大學見大節踐大義距冬至四十五日始出學傅農事上老平明坐于右塾庶老坐于左塾餘子畢出然後皆歸夕亦如之鄭注上老父師也庶老少師也〔後漢書班固傳〕天子會諸儒講論五經作白虎通德論令固撰集其事注章帝建初四年詔諸王諸儒會白虎觀講議五經同異〔白虎通辟廱篇〕古之教民者里皆有師里中之老有道德者爲里右師其次爲左師

庠序堂室異制　豫則鉤楹內　周立四代學　州學之豫同榭

禮記字數　大經中禮記文爲少

庠爲鄉學。有堂有室。序爲州學。有堂無室。有室則四分其堂。去一以爲室。故淺。無室則全得其四分以爲堂。故深。〔元圻案〕〔鄉射禮〕豫則鉤楹內堂則由楹外註曰鉤楹繞楹而東也序無室可以深也周立四代之學於國而又以有虞氏之序爲鄉學〔鄉飲酒義曰〕主人迎賓於庠門外是也庠之制有堂有室也今言豫者謂州學也讀如成周宣榭災之榭凡屋無室曰榭疏曰云序無室可以深也者據立州序而言云庠之制有堂有室也者則此篇曰堂則由楹外是也論語云由也升堂矣未入於室室堂相將有室必有堂言此者見庠則室堂俱有對榭則有堂無室也〔玉海一百六十一〕宮室門古者爲室自半已前虛之爲堂半已後實之爲室

禮記〔閻案〕壬子夏讀唐司業李元瓘上言明經所習務在出身咸以禮記文少人皆競讀禮記在唐試士爲大經何以文反少會徧閱之人不得質諸書末由蓄疑義者二十九載今八月朔晨起讀唐書選舉志云禮記春秋左氏傳爲大經詩周禮儀禮爲中經易尚書春秋公羊傳穀梁傳爲小經通二經者大經小經各一若中經二通三經者大經中經小經各一通五經者大經皆通餘經各一不覺洞然曰唐制通五經固讀大經卽凡通二經三經亦必讀一大經禮記大經僅九萬餘字左氏傳一十九萬餘字誰肯舍九萬餘字之經而誦習十九萬餘字者乎參以同時楊瑒奏今之明經習左氏者十無二三正合所謂禮記文少者特較少於左傳耳爲之快絶附識於此○〔元圻案〕〔鄭畊老曰〕禮記九萬九千二十字〔唐李元瓘請令貢舉人習周禮等經疏曰〕今明經所習務在出身咸以禮記文少人皆諳讀周禮儀禮公羊穀梁歷代宗習今兩監及州縣以獨學無友四經殆絶〔殷侑〕〔請試三傳奏曰〕左傳卷軸文字比禮記多較一倍公羊穀梁比周易尚書多較五倍是以國朝舊制明經若大經中經能習一傳卽放冬集然明經爲傳者猶十不一二今明經一例冬集人之常情趨少就易三傳無復學者禮記字少於左傳唐人已明言之

魏徵傳曰。以小戴禮綜彙不倫。更作類禮二十篇。數年而成。太宗美其書。錄寘內府。藝文志云。次禮記二十卷。舊史（魏徵傳）謂採先儒訓注。擇善從之。諫錄〔何云〕諫錄王方慶所集載詔曰。以類相從。別爲篇第。幷更注解。文義粲然。〔案〕元翟思忠魏鄭公諫續錄亦載此詔其詞同會要云。爲五十篇。合二十卷。〔原注〕傳以卷爲篇〔何云〕諫錄作二帙二十卷元行沖傳。開元中。魏光乘〔原注〕集賢注記魏哲請用類禮列于經。命行沖與諸儒集義作疏。將立之學。乃采獲刊綴。爲五十篇。張說言戴聖所錄。向已千載。與經並立。不可罷。〔方樸山〕云請列於禮則戴記廢矣此議原奸燕公駁之有見但類禮不傳亦可惜耳魏孫炎始因舊書。摘類相比。有如抄撮。諸儒共非之。至徵更加整次。乃爲訓注。恐不可用。帝然之。書留中不出。行沖著釋疑曰。鄭學有孫炎。雖扶鄭義。乃易前編。條例支分箴石閒起。馬伷增華。向踰百篇。葉遵刪修。僅全十二。〔案〕下文云魏公病羣言之錯雜紬衆說之精深經文不同未敢刊正註理睽誤寧不芟蘙成畢上聞太宗嘉賞賚縑千四魏氏采衆說之精簡。刊正芟礱。〔原註〕〔集賢注記〕張說曰孫炎始改舊本以類相比徵因炎舊書整比爲注〇〔案〕魏氏采衆說之精簡二句非釋疑原文乃從新唐書元行沖傳刪節之語朱文公惜徵書之不復見。〔方樸山云〕此儀禮經傳之所以作也此張說文人不通經之過也。〔何云〕不妨兩行若以新廢舊惡乎可哉燕公未爲非行沖謂章句之士疑於知新果於仍故。〔案〕釋疑原文章句之士堅持昔言特嫌知新欲仍舊貫此從新唐書本傳比及百年。當有明哲君子。恨不與吾同世者。觀文公之書。則行沖之論信矣。〔原注〕

〔隋志〕禮記三十卷魏孫炎注　〔閣按〕詩除韓毛外又有葉詩二十卷宋葉遵注卽行沖所云葉遵也〇〔元圻案〕〔唐會要三十六〕貞觀十四年五月詔以特進魏徵所撰類禮賜皇太子及諸王幷藏本于祕府初徵以禮經遭秦滅學戴聖編之條流不次乃刪其所說以類相從爲五十篇合二十卷上善之賜物一千段〔張說駮行用魏徵類禮表云〕今之禮記是前漢戴德戴聖所編錄已向千年著爲經解不可刊削至魏孫炎始改舊本以類相比有同抄書先儒所非竟不行用貞觀中魏徵因孫炎所修更加整比兼爲之注先朝雖厚加賞賜其書亦竟不行今行沖等解徵所注勒成一家然與先儒第乖章句隔絕若欲行用竊恐未可〔釋文敘錄曰〕戴德刪古禮二百四篇爲八十八篇謂之大戴禮戴聖刪大戴禮爲四十九篇是爲小戴禮又禮記孫炎注二十九卷字叔然樂安人魏祕書監徵不就業遵注二十卷字長儒燕人宋奉朝請〔唐志作葉遵〕〔唐書儒學傳下〕元澹字行沖以字顯後魏常山王素蓮之後

曲禮雜採諸書

若夫坐如尸衍脫

恆言不稱老證史

封常山縣公又藝文志禮類司馬伷周官寧朔新書八卷又禮記寧朔新書二十卷並王懋約注（書錄解題典故類）魏鄭公諫錄五卷唐尚書吏部郎中瑯琊王綝撰又字方慶以字行所錄魏公進諫奏對之語又名魏文貞公故事又唐會要一百卷司空平章事晉陽王溥齊物撰初唐德宗時蘇冕撰四十卷武宗朝崔鉉續四十卷至是溥又採宣宗以降故事共成百卷又職官類集賢注記三卷唐集賢院學士京兆韋述撰敘置院始末學士名氏及院中故事（朱子偶讀漫記曰）魏徵以小戴禮綜彙不倫更作類禮二十篇今此書不復見甚可惜也

道德仁義。非禮不成。至是以君子恭敬撙節退讓以明禮。見賈誼新書禮篇。劉原父謂若夫坐如尸。立如齊。乃大戴記曾子事父母篇之辭。若夫二字。失於刪去。（何云）鄭注以若夫為讀 然則曲禮之所採摭。非一書也。（閻按）（大戴禮記）若夫坐如尸立如齊之上曰孝子唯巧變故父母安之語精○（元圻案）（鄭注）若夫言欲為丈夫也春秋傳是謂我非夫 （劉原父七經小傳）案曾子曰孝子唯巧變故父母安之若夫坐如尸立如齊弗訊不言言必齊色此成人之善者也未得為人子之道也疑曲禮本取曾子之言而誤留若夫不然則全脫一簡失弗訊以下十五字（朱子答潘恭叔曰）曲禮雜取諸書精要之語集以成編雖大意相似而文不連屬如首章四句乃曲禮古經之言敖不可長以下四句不知是何書語又自為一節皆禁戒之辭也賢者以下六句又當別是一書臨財毋苟得以下六句又是一書亦禁戒之辭若夫坐如尸立如齊劉原父以為此乃大戴記曾子事父母篇之辭若夫二字失於刪去鄭氏乃謂此二句為丈夫之事其說誤矣此說得之禮從宜使從俗當又是一書

恆言不稱老。漢胡廣年已八十。繼母在堂。言不稱

賜果君前證史

佞人於倫證史

將入門易篇適合

老。〔元圻案〕〔後漢書胡廣傳〕廣字伯始南郡華容人也靈帝立與太傅陳蕃參錄尚書事年已八十而心力克壯繼母在堂朝夕瞻省傍無几杖言不稱老注禮記曰夫爲人子者恒言不稱老〔曲禮正義曰〕老是尊稱稱老是己自尊大非孝子卑退之情子若自稱老則感動其親故舜年五十而慕是也

賜果於君前。其有核者懷其核 說苑。奉使篇 晏子曰。賜人主前者瓜桃不削。橘柚不剖。漢桓榮詔賜奇果。舉手捧之以拜。〔元圻案〕〔後漢書桓榮傳〕榮字春卿沛郡龍亢人也習歐陽尚書車駕幸太學會諸博士論難於前榮被服儒衣溫恭有蘊藉後榮入會庭中詔賜奇果受者皆懷之榮獨舉手捧之以拜帝笑指之曰此真儒生也以是愈見敬厚

佞人必於其倫。說苑。奉使篇 魏文侯封子擊中山倉唐奉使文侯顧指左右曰子之君長孰與是倉唐曰佞人必於其倫諸侯無偶無所佞之曰長大孰與寡人倉唐曰君賜之外府之裘則能勝之賜之斥帶則不更其造。〔何云〕魏之文若是子夏西河之化歟〔全云〕子夏若用於魏其文豈勵爾哉○〔元圻案〕〔鄭注曰〕佞猶比也倫猶類也比大夫當以大夫比士當以士不以其類則有所褻

列女傳。孟母曰。禮將入門。問孰存。所以將敬也 將上堂。聲

放飯流歠齒決

醜夷不爭證史

獻民虜田宅受珠玉爲禮妄

張拱葉拱

必揚。所以戒人也將入戶。視必下。恐見人過也今曲禮闕二句將入門問孰存二句禮記作將適舍求毋固孟子曰放飯流歠而問無齒決亦本於曲禮。〔元圻案〕〔漢書劉向傳〕向以爲王教由內及外自近者始故採取詩書所載賢妃貞婦興國顯家可法則及孽嬖亂亡者序次爲列女傳凡八篇

在醜夷不爭。唐沈季詮事母孝。未嘗與人爭。皆以爲怯。季詮曰。吾怯乎。爲人子者。可遺憂於親乎哉。〔元圻案〕〔唐書孝友傳〕沈季詮字子平洪州豫章人少孤事母孝云云貞觀中侍母渡江遇暴風母溺死季詮號呼投江中少選持母臂浮出水上

古者王司敬民。豈有獻民虜田以井授。豈有獻田宅無總于貨寶。豈有受珠玉。記禮者周之末造也。〔元圻案〕〔正義曰〕古者田宅悉爲官所賦本不屬民或有重勳爲君上所賜故得有獻〔呂氏大臨禮記解曰〕鄭伯假許田春秋譏之此必周衰變禮卽采地授之君公傳之先祖亦非己可擅與人者一說如郈成子分宅以居之類其曰獻者假人使如有之也此說則得之

張拱出曲禮注。〔原注〕室中不翔注行而張拱曰翔葉拱出書大傳。〔原注〕子夏葉拱而進又家語師襄子辟席葉拱而對注兩手薄其心○〔元圻案〕今本書大傳無葉拱語〔盧氏雅雨堂大傳補遺曰〕魏文侯問子夏子夏乃遷延而退見文選四十四〔盧氏文弨考異曰〕困學紀聞因大傳作子夏葉拱而進

君子欠伸義

前有車騎周末制

君子欠伸一章。余在經筵進講。謂君以自彊不息爲剛。臣以陳善閉邪爲敬。講經理。討古今。有夜分日昃而不倦者。上無厭斁之心。下無顧望之意。是故學以聚之。而德益進。問以辯之。而理益明。蓋因以規諷云。〔閻按〕王氏在經筵爲度宗咸淳元年乙丑值人日雪帝問有何故事以唐李嶠李乂等應制詩對因奏春雪過多民生饑寒方寸仁愛宜謹感召

古以車戰。春秋時鄭晉有徒兵。而騎兵蓋始於戰國之初。曲禮前有車騎。六韜言騎戰。其書當出於周末。〔案〕〔正義曰〕古人不騎馬經典無言騎者今言騎是周末時禮然左氏傳左師展將以昭公乘馬而歸。昭公二十五年公羊傳齊魯相遇以鞍爲几。昭公二十五年已有騎之漸。〔閻按〕〔程大昌雍錄云〕古皆乘車今古公亶父曰走馬恐此時或已變乘爲騎蓋避狄之遽不暇駕車余嘗戲題其端曰當時有姜女同行豈天立厥配亦善騎馬耶按樂師云行以肆夏趨以采薺車亦如之註王行於大寢之中則奏肆夏詩爲節趨於朝廷之上則奏采薺詩爲節行緩而趨疾故車之疾徐亦以二詩爲節也釋名疾行曰趨疾趨曰走車既可謂之趨則亦可謂之走〔何云〕焯謂來朝走馬或參西戎之俗○〔元圻案〕〔衞氏禮記集說〕載陸氏佃曰

射氏禮記音義隱禮記隱義諸解

伯氏不出圖君

古稱皇帝以車戰蚩尤以騎戰又齊魯相遇以鞍爲几則軍之有騎尚矣〔胡氏銓曰〕春秋時左師展以昭公乘馬而歸此騎之漸此言騎知禮記出周末漢世

曲禮禮器內則疏引隱義云按隋志禮記音義隱一卷射〔閻按〕今本作謝〔隋志注〕梁有射慈射貞禮記音各一卷亡氏撰〔原注〕又音義隱七卷○〔元圻案〕〔唐書藝文志〕射慈小戴禮記音二卷〔釋文序錄〕射慈字孝宗彭城人吳中書侍郎齊三傳禮記音一卷案齊三傳三字疑有誤萬氏集證引之作齊王傳〔經義考〕引冊府元龜射慈字孝宗爲中書侍郎撰喪服變除圖五卷禮記音一卷又禮記隱唐志二十六卷按陸氏釋文每引禮記隱義如云樂浪人呼容十二石者爲鼓齊人以相絞許爲掉磬犍筋之大者魚須文竹以魚須飾文竹之邊儐之爲移也符長符謂甘露醴泉之屬長謂麟鳳五靈之屬攷隋志不載惟唐志有禮記隱二十六卷疑其脫去義字卽是書也孔氏禮疏亦引之○〔案〕王氏謂禮疏所引隱義卽經義考所擿數條也據王氏似以此卽射氏之文竹垞以射氏書名音義隱而孔疏及釋文所引曰隱義故疑爲唐志禮記隱之說而脫去義字按隋志又有禮記音義隱七卷無名氏而王氏自注弁及之則王氏亦不能必其爲射氏之文也〔禮器疏〕無引隱義之文王氏偶誤

檀弓載申生辭於狐突曰伯氏不出而圖吾君澹庵胡氏謂狐突事晉未嘗去此云不出記禮者誤〔案〕此蓋胡氏詮禮記傳之說見於衛湜禮記集說反譏言益起狐突杜門不出申生使猛足言於狐突曰伯氏不出奈吾君何胡氏蓋未考此非

檀弓筆力勝左傳檀弓爲六國時人

吾將安仗脫文

舜葬蒼梧九疑山

記之誤也〔元圻案〕〔玉海三十九〕胡銓禮記傳十八卷

檀弓筆力左氏不逮也於申生杜蕢〔原注〕作屠蒯傳一二事見之致堂胡氏曰檀弓曾子門人其文與中庸之文有似論語子思檀弓皆纂修論語之人也〔閻按〕康成謂撰定論語者仲弓游夏等非檀弓〇〔元圻案〕〔檀弓正義曰〕案鄭目錄云名曰檀弓者以其記人善於禮故著姓名以顯之今山陽有檀氏此檀弓在六國之時知者以仲梁子是六國時人此篇載仲梁子故知也〔釋文〕檀弓魯人

家語終記云泰山其頹則吾將安仰梁木其壞吾將安仗哲人其萎吾將安放檀弓無吾將安仗四字或謂盧陵劉美中名才邵字美中家古本禮記梁木其壞之下有則吾將安仗五字蓋與家語同〔元圻案〕〔欽定禮記義疏〕謝枋得曰劉尙書美中家藏禮記梁木其壞下有則吾將安仗五字今案家語及高麗本皆有此五字應從之　羅大經鶴林玉露亦云爾

九嶷山在零陵而云舜葬蒼梧者文穎曰九嶷半在蒼梧半在零陵〔元圻案〕〔漢書武帝紀〕元封五年冬行南巡狩望祀虞舜於九嶷注應劭曰舜葬蒼梧九嶷山名今在零陵營道

曾元曾申師偃子申詳言思

附庸以名字爲大小

附庸取義於城

文穎曰九嶷山半在蒼梧半在零陵師古曰文說是也

曾子之子元。申。子張之子申祥。子游之子言思。皆見檀弓。〔閻按〕言思爲申祥之妻昆弟則子張與子游兒女姻家也○〔元圻案〕〔檀弓〕曾子寢疾病曾元曾申坐於足鄭注元申曾參之子又子張病召申祥而語之鄭注申祥子張子又曾子曰子思之哭嫂也爲位申祥之哭言思也亦然鄭注言思子游之子申祥妻之昆弟

春秋繁露。言爵五等。其分土與王制孟子同。又云。附庸字者。方三十里。名者方二十里。人氏者方十五里。蓋公羊家之說。〔元圻案〕〔繁露爵國篇〕春秋曰荊傳曰氏不若人人不若名名不若字凡四等命曰附庸三代共之然則其地列奈何曰天子邦圻千里公侯百里伯七十里子男五十里附庸字者云云〔春秋莊公十年〕荊敗蔡師于莘〔公羊傳曰〕荊者何州名也州不若國國不若氏氏不若人人不若名名不若字字不若子疏州不若國言荊不如言楚國不若氏言楚不如言潞氏甲氏氏不若人言潞氏不如言楚人人不若名言楚人不若言介葛盧名不若字言介葛盧不如言邾婁儀父字不若子言邾婁儀父不如言楚子吳子〔四庫全書總目春秋類附錄〕春秋繁露十七卷漢董仲舒撰繁或作蕃蓋古字相通其立名之義不可解中興館閣書目謂繁露冕之所垂有聯貫之象春秋比事屬辭立名或取諸此亦以意爲說也

王制注。小城曰附庸。庸古墉字。王莽曰。附城。蓋以庸爲城也。〔王莽曰〕以下十一字閣本作小註今從何本○〔集證〕〔大雅崧高〕因是謝人以作爾庸毛傳庸城也〔王制正義曰〕庸城也謂小國之城不能

南北東西遙近

周尺兼十寸八寸

自通以其國事附于大國故曰附庸此不能五十里故爲小國之城若詩崇墉言言及易公用射隼于高墉之上是大國之城亦名墉也○〔元圻案〕〔漢書王莽傳上〕臣請諸將帥當受爵邑者爵五等地四等奏可於是封者高爲侯伯次爲子男當賜爵關內侯者更名曰附城〔一項氏家說曰〕王莽封諸侯置附城則漢人蓋以城解庸也古文庸卽墉字後人加土以別之不成國者謂之附城猶今言枝郡爲屬城也

馬融云東西爲廣。南北爲輪。王制南北兩近一遙。東西兩遙一近。是南北長東西短。〔閻按〕〔皇氏云〕近者言不滿千里遠者言不啻千里熊氏則以近者謂過千里遙者謂不滿千里此云長短用熊氏說　漢地東西九千三百二里南北萬三千三百六十八里隋東西九千三百里南北萬四千八百一十五里唐東西九千五百一十一里南北一萬六千九百三十八里宋東西六千四百八十五里南北萬一千六百二十里元東南所至不下漢唐而西北則過之有難以里數限者皆南北長東西短也○〔元圻案〕王氏此條是周官大司徒賈疏文閻氏所引皇氏熊氏說是王制正義文周官賈疏從熊說禮記孔疏陳祥道禮記講義方慤禮記解陳澔集說鄭鍔周禮解從皇說　〔應鏞禮記纂義曰〕自秦而上西北衰而東南盛自秦而下東南展而西北縮古今之疆理天地之大運中外之消長大略可見

范蜀公曰周兼用十寸八寸爲尺漢專用十寸爲尺。〔元圻案〕〔續通鑑長編一百七十二〕仁宗皇祐四年六月祠部員外郎直祕閣判吏部南曹范鎮上書曰按周禮鬴法方尺圜其外深尺容六斗四升方尺者八寸之尺也深尺者十寸之尺也何以知尺有八寸十寸之別按周禮璧羨度尺好三寸以爲度璧羨之制長十寸廣八寸同謂之度尺既以爲尺則十寸八寸俱爲尺矣又王制云古者以周尺八尺爲步今以周尺六尺四寸爲步八尺者八寸之尺也六尺四寸者十寸之尺也同謂之周者是周用八寸十寸尺明矣　〔王穀塍曰〕蔡元定律呂新書以十寸之尺起度則十尺爲丈十丈爲引八

孟春蟄蟲始振　仲春始雨水驚蟄雨水互易取義　穀雨清明互易　雨水春分物候　命榜人脫文

寸之尺起度則八尺爲尋倍尋爲常

夏小正曰正月啓蟄月令孟春蟄蟲始振仲春始雨水注云漢始以驚蟄爲正月中雨水爲二月節左傳（桓公五年）啓蟄而郊（〔原注〕建寅之月）正義云太初（漢武帝三十七年改元太初）以後更改氣名以雨水爲正月中驚蟄爲二月節迄今不改（〔原注〕改啓爲驚蓋避景帝諱）周書時訓雨水之日獺祭魚驚蟄之日桃始華易通卦驗先雨水次驚蟄此漢太初後歷也月令正義云劉歆作三統歷改之又按三統歷穀雨三月節清明中（見後漢書律曆志）而時訓通卦驗清明在穀雨之前與今歷同然則二書皆作於劉歆之後時訓非周公書明矣（〔閻按〕〔三統歷〕以武王元年三月二日庚申驚蟄三月者建寅之月與左氏啓蟄而郊月數同〔時訓解〕雖未必周公書而先雨水後驚蟄則是傳寫人以後之節次上改古歷耳）是以朱子集儀禮取夏小正而不取時訓馬融注

七十二候增益七十二候早晚七十二候載歷中氣候應日數

論語讖。周書月令有更火之文。其篇今亡。（何云）上林賦張揖注引月令云命榜人蓋周書月令之文○（元圻案）通卦驗雨水凍冰釋猛風至獺祭魚鶬鶊鳴蝙蝠出驚蟄雷候鴈北春分明庶風至雷雨行桃始華日月同道（月令正義）漢始以驚蟄爲正月中雨水爲二月節漢末以雨水爲正月中驚蟄爲二月節是劉歆作三統歷改之也（案三統歷）正月節立春雨水中二月節驚蟄春分中三月節穀雨清明中案通卦驗及今歷唯以清明爲三月節穀雨爲三月中餘皆同（熊朋來經說祝子經云）驚蟄本在雨水之前考工記注冒鼓以啓蟄之日曰孟春中氣也唐一行改在雨水之後太元卦氣亦以驚蟄在雨水前舊圖於雨水下注云律夾鍾今雨水在驚蟄前未知劉歆所改抑亦一行所改也觀太元卦氣舊說疑劉歆欲改而未能至後人始以其書改之（元吳氏萊二十四氣論）天一生水人物之生皆始於水春屬木木生於水今歷立春後繼以雨水宜也卦氣正月爲泰天氣下降當爲雨水二月大壯雷在天上當爲驚蟄今歷先雨水而後驚蟄亦宜也　王氏此條與齊東野語辨證略同

周書序。周公辯二十四氣之應。以明天時。作時訓。唐大衍歷議。七十二候。原于周公時訓。月令雖頗有增益。然先後之次則同。自後魏始載于歷。乃依易軌所傳。不合經義。今改從古。（案）見唐書歷志第十七上○（原注）李業興以來迄麟德凡七家皆以雞始乳爲立春初候東風解凍爲次候與周書相校二十餘日一行改從古義（集證曰）元史歷志後魏李業興造正光歷北齊宋景業造天保歷後周甄鸞造天和歷隋張賓造開皇歷張胄造大業歷唐傅仁均造戊寅歷李淳風造麟德歷凡七家漢上易卦氣圖說二。云夏小

月令鴈凡四見鴻鴈來誤北來賓賓爵兩讀小正淮南記鴈月令分今古鴈有父母子之異

正具十二月。而無中氣有候應。而無日數。時訓乃五日爲候。三候爲氣。六十日爲節。二書詳略雖異。大要則同易通卦驗所記氣候比之時訓晚者二十有四早者三。當以時訓爲定故揚子雲太元二十四氣。關子明論七十二候。皆以時訓。(何云)訓下有脫字(又云)今歷家謂某月無中氣者國家嘗有凶衰之應然則時訓未作以前將何如耶(全云)中氣不至非謂歷本上無中氣也蓋失其氣耳何說謬〇(一元圻案)(周書周月解)春三月中氣雨水春分穀雨夏三月中氣小滿夏至大暑秋三月中氣處暑秋分霜降冬三月中氣小雪冬至大寒閏無中氣斗柄指兩辰之間(時訓解)立春之日東風解凍又五日蟄蟲始振又五日魚上冰是五日爲候也三候卽爲氣自立春之日至清明六十日凡十二候卽爲節(漢上易卦氣圖說)亦止於皆以時訓非此條有闕文也

時訓月令七十二候。鴈凡四見。孟春鴻鴈來夏小正曰鴈北鄉。呂氏春秋淮南時則訓曰候鴈北(原注)(月令注)今月令鴻皆爲候而不言北蓋來字本北字康成時猶未誤故曰鴈自南方來將北反其居其後傳寫者因仲秋鴻鴈來誤以北爲來〇(案)(正義曰)今月令鴻皆爲候者但月令出有先後入禮記者爲古不入禮記者爲今則呂氏春秋是也鴻字皆爲候也仲秋鴻鴈來。呂氏淮南曰候鴈來。季秋鴻鴈來賓。爵入大水爲蛤。(時訓作化爲蛤與淮

南同呂覽無化字　小正曰九月遰鴻鴈。呂氏淮南曰候鴈來。

高誘許叔重注。以候鴈來爲句。（原注）賓爵老爵也棲宿人堂宇之間有似賓客故曰賓爵○此呂覽高誘注文　季冬鴈北鄉。小正在正月。易說在二月。（原注）

（正義）謂節氣有早晚○（元圻案）（四庫全書總目子部雜家類）淮南子陳振孫謂今本題許慎注而詳序文即是高誘殆不可曉然隋唐宋志皆許氏高氏二注並列陸德明莊子釋文引淮南子注稱許慎李善文選注殷敬順列子釋文引淮南子注或稱高誘或稱許慎是原有二注之明證後慎注散佚傳刻者誤以誘注題慎名也高誘後漢書無傳其淮南子注自序云自誘之少從故侍中同縣盧君受其句讀建安十年乃得思先師之訓爲之註解（陳振孫曰）盧君者植也則誘乃漢末人（後漢許慎傳）稱慎少博學經籍馬融常推敬之則許慎在高誘之前數十年使慎先有淮南子注誘序何云覩時人少爲淮南者思遂陵遲乎（許慎傳）秖言撰五經異義說文解字傳於世或慎本無注而後人誤以誘注爲慎注歟然呂覽之爲高誘注古無二說今呂覽注明以賓字連下讀而淮南注則又曰鴈以仲秋先至者爲主後至者爲賓不應互異如此殊不可解（月令正義曰）鴈北鄉有早有晚早者則此月北鄉晚者二月乃北鄉故易說云二月驚蟄候鴈北鄉　夏小正鴈北鄉先言鴈而後言鄉者何也見鴈而後數其鄉也鄉者何也鄉其居也鴈以北方爲居何以謂之居生且長焉爾九月遰鴻鴈先言遰而後言鴻鴈何也見遰而後數之則鴻雁也何不謂南鄉也曰非其居也故不謂南鄉記鴻鴈之遰也如不記其鄉何也曰鴻不必當小正之遰者也（宋傅氏崧卿注）遰音遞案唐韻迢遰去也避也　（欽定禮記義疏）鴈非中國之鳥也月令記鴈爲詳以生於陰而能從陽非中國而知有中國故重之重之故詳之十二月鴈北鄉則七月鴈南鄉可知鄉之未啓行也正月鴻鴈歸啓行未至北也八月鴻鴈來啓行未至南也九月則若賓之至矣九月來賓則三月至其鄉可知而詳於南其所見也略於北其所不見也於南曰來曰來賓客之也以鴈固非中國之鳥也爵亦號嘉賓高氏賓爵之訓不爲無據而春秋孟仲皆言鴻鴈來則詞複不若來賓之義正（楊升庵曰）鴻鴈之鳥木落南翔冰泮北徂知時之鳥也然其時有先後八月鴻鴈

魚上冰不言負

虎交鵲巢早晚雉雊雞乳早晚各書記物候互異

來乃大鴈也鴈之父母九月鴻鴈來賓小鴈也鴈之子也十二月鴈北鄉亦大鴈鴈之父母正月候鴈北亦小鴈鴈之子也此說出晉之干寶宋人述之以爲的論〔案呂覽季秋紀〕候鴈來〔高誘註〕是月候時之鴈從北方來南之彭蠡蓋以八月來者其父母也其子羽翼穉弱未能及之於是月來過周雒也然則干寶之說本於高誘

魚上冰。夏小正曰。魚陟負冰。〔原注〕陟升也負冰云者言解蟄也〔案〕此夏小正戴氏傳文淮南曰。魚上負冰。〔原注〕注鯉魚應陽而動上負冰也〔程易田曰〕淮南原注魚上無鯉字〇〔高誘呂覽孟春紀〕注魚鯉鮒之屬也鹽石新論。宋吳仁傑撰謂小戴去一負字。於文爲闕。然時訓與月令同。呂氏春秋亦無負字。

仲冬虎始交。易通卦驗云。小寒季冬鵲始巢。詩推度災云。復之日雉雊雞乳。通卦驗云。立春。皆以節氣有早晚也。〔元圻案〕〔月令季冬正義〕鵲始巢者此據晚者若早者十一月始巢故詩緯推度災云復之日鵲始巢是也雉雊雞乳者〔易通卦驗云〕雉雊雞乳在立春節與此同以立春在此月也〔通卦驗又云〕小寒虎始交豺祭獸此季冬不言者文不具也若節氣晚則季冬虎交若節氣早則在仲冬故仲冬虎始交〔楊升庵曰〕予見王冰注素問亦引呂令七十二候與今世行呂氏春秋及歷中所載不同如桃始華爲小桃華雷乃發聲下有芍藥榮田鼠化爲鴽下有牡丹華王瓜生作赤箭生苦菜秀作吳葵華麥秋至作小暑至半夏生下有木槿榮蟄蟲坏戶下有景天華惟易通卦驗亦載節候而其書今亡類書所引若條風至而楊柳津景風至而博勞鳴蝦蟇無聲涼風至而鶴鳴閶闔風至而蜻蜓吟日至而泉躍泉躍卽水泉動也可考古今節候之異同備錄於此

司天有穹天說

宿離不貸

月令正義。穹天虞氏所說。不知其名。按天文錄云。虞昺作穹天論〔隋書經籍志〕梁天文錄三十卷祖暅作晉天文志云。虞聳立穹天論。聳。昺皆虞翻子也。虞喜安天論云。族祖河間立穹天。聳為河間相。然則非昺也〔閻按〕〔三國志虞翻傳〕聳第六子昺第八子也〇〔元圻案〕〔月令正義曰〕凡說天地形狀之殊有六等一曰蓋天二曰渾天三曰宣夜四曰昕天昕讀曰軒是吳時姚信所說五曰穹天云穹隆在上虞氏所說不知其名也六曰安天是晉虞喜所論〔宋書天文志〕晉成帝咸康中虞喜造安天論喜族祖河間太守聳又立穹天論云天形穹隆當如雞子幕其際周接四海之表浮乎元氣之上〔太平御覽二〕虞喜安天論曰言天體者三家渾蓋之說具存而宣夜之說絕滅有意續之而未遑也近見姚元道造昕天論又覩族祖河間相立穹天論鄙意多嫌喜以為天確乎在上有常安之形地魄焉在下有居靜之體當相覆冒方則俱方圓則俱圓無方圓不同之義也〔虞翻傳〕注會稽典錄曰聳字世龍翻第六子在吳歷清官入晉除河間相昺字子文翻第八子吳尚書侍中晉在濟陰抑強扶弱甚著威風〔晉書儒林傳〕虞喜字仲寧會稽餘姚人專心經傳兼覽讖緯乃著安天論以難渾蓋〔唐盧肇海潮賦序〕六曰穹天自注云虞聳作

宿離不貸。蔡邕曰。宿日所在。離月所歷。〔元圻案〕〔衛氏禮記集說〕山陰陸氏佃曰宿離不貸蔡邕曰宿者日所在也離月所歷歷非一度處之詞也歷象以初為常而已其測驗與時盈縮有變存焉〔鄭注〕離讀如儷偶之儷謂其屬馮相氏保章氏掌天文者相與宿偶當審候伺不得過差也唐邱光庭兼明書非之曰不顧經文妄為穿鑿諸儒亦鮮從鄭義者〔顏師古匡謬正俗曰〕按易之離卦彖辭曰日月麗乎天百穀草木麗乎土今云宿離不貸宿即星辰離則日月蓋覆上言星辰日月耳更為別義居然可曉何為改離作儷若然者離卦亦可以變為麗卦乎

地氣上騰。注。農書曰。土上〔案〕今本作土長〔國語註〕作春土冒橛。陳根可拔。耕者急發。正義云。氾勝之書也。〔正義曰〕農書九家百四十篇神農十七篇野老十七宰氏十七董安國十六尹都尉十四趙氏五氾勝之十八王氏六蔡葵一篇此所引先師謂氾勝之書也氾音凡成帝時爲議郎教田三輔先置橛以候土土長冒橛則陳根朽爛可拔而去之耕者急速開發其地也

唐中和節進農書。按會要乃武后所撰。兆人本業記三卷。呂温進表云。書凡十二〔案〕呂温集作二十篇。館閣書目云。載農俗四時種蒔之法。凡八十事。〔閻按〕氾勝之漢成帝時爲議郎使教田三輔有好田者師之書十八篇〇〔元圻案〕〔閻注〕是漢書藝文志文〔唐會要二十九〕貞元五年正月勅四序嘉辰歷代增置漢崇上巳晉紀重陽或說禳除雖因舊俗與衆宴樂誠洽當時朕以春方發生候維仲月勾萌畢達天地同和俾其昭蘇宜助暢茂自今以二月一日爲中和節請令玉海食貨門引會要請令上有李泌二字文武百寮以是日進農書六年二月百官以中和節宴于曲江亭上賦詩以錫其年以中和節始令百官進太后所撰兆人本業記三卷〔唐書呂温傳〕載代百寮進農書表云伏準故事每年二月一日以農務方興令百寮具則天大聖皇后所删定兆人本業記奉進者云云〔案會要〕於貞元五年正月書勅百寮於二月一日進農書又於六年二月書始令百官進太后所撰兆人本業記似是兩事而呂温表則似一事蓋武后所撰本業記本删定農家諸書而成意者貞元五年所進農書是氾勝之等所作六年所進則兆人本業記故會要書曰始令百官進太后所撰兆人本業記歟然則書雖兩書而勸農之意則一也故呂温表曰宏我政本寶惟農書　呂温河中人字和叔一字化光渭之子從陸贄治春秋梁肅爲文章唐書附入渭傳有呂衡州集十卷劉禹錫爲之敘

冬祀行祀井同義
唐刊定月令

鷹化鳩爵化蛤物類以陰陽互化

蠭號無稷曰明粢

月令冬祀行。淮南時則訓冬祀井。太元數二云冬爲井。唐月令冬祀井而不祀行。〔元圻案〕〔太元數第十一〕一六爲水爲北方爲冬帝顓頊神元冥星從其位類爲介爲鬼爲祠爲廟爲井〔大傳洪範五行傳〕仲冬之月御元堂正室牲先腎設主于井索祀于坎正〔呂氏春秋仲冬紀高誘注〕行門內地也冬守在內故祠之一作井水給人冬水王故祀之〔欽定禮記義疏〕揚雄蔡邕劉安皆謂冬祀井蓋井水竈火皆功在養人而夏火冬水亦於義爲合行卽井也易曰往來井井蓋祀井於汲道之旁故云行歟若行道之神出祖則祭之無常時不當列於五祀中也〔楊氏愼曰〕井卽行也蓋行井閒道也古者八家同井由家而至井井有八道八家所行也故井之爲字有八口角井甃亦八角祭井卽祭行也月令與時訓互言之非有異也〔王穀塍曰〕唐石經禮記第一卽御刪定月令十月之節其祀行開元禮明堂五時讀令冬月皆祀行唐六典祠部郎中條下冬享太廟兼祭行〔唐藝文志禮類〕御刊定禮記月令一卷集賢院學士李林甫等注解

鷹化爲鳩。陰爲陽所化。爵化爲蛤。陽爲陰所化。堇荼如飴。惡變爲美。荃蕙爲茅。美變爲惡。〔元圻案〕〔禮記集說〕嚴陵方氏慤曰鷹好殺而鷙以秋鼠好貪而出以夜皆陰類也鳩鴽皆陽類也卯辰者陽之中故仲春則鷹化爲鳩季春則田鼠化爲鴽蓋陰爲陽所化爵乳子而集以春雉求雌而雊以朝皆陽類也蛤蜃皆陰類也戌亥者陰之極也故季秋則爵入大水爲蛤孟冬則雉入大水爲蜃蓋陽爲陰所化物理如此〔詩大雅〕綿堇荼如飴箋周之原地在岐山之南膴膴然肥美其所生菜雖有性苦者甘如飴也〔離騷〕荃蕙化而爲茅注失其本性也以言君子更爲小人忠信更爲佞僞也

曲禮隋王劭勘晉宋古本皆無稷曰明粢一句。立

好問近乎知

執簡記奉諱惡

凡疑十二證。以爲無此一句。案此曲禮正義文〔集證〕〔惠氏九經古義曰〕王劭勘晉宋古本皆無稷曰明粢一句按周禮大祝六號五曰齍號注齍號爲黍稷皆有名號也〔曲禮曰〕黍曰薌合粱曰薌萁稻曰嘉蔬此注所引獨無稷曰明粢一句當在十二證之一也〔又獻帝宗廟祝嘏辭〕所薦一元大武柔毛剛鬣商祭明眎香合嘉蔬鹹鹾豐本而不及明粢又蔡邕獨斷載祭宗廟禮牲之別名及祭號等皆與曲禮同獨無稷曰明粢一句〇〔元圻案〕〔隋書王劭傳〕劭字君懋太原晉陽人秘書少監採擿經史謬誤爲讀書記三十卷時人服其精博〔陸氏釋文禮記音義一〕稷曰明粢音咨一本作明粱古本無此句〔衞湜禮記集說十四〕引項氏安世曰古本無稷曰明粢一句或與黍同號耳

公孫宏云。好問近乎知。今中庸作好學。〔閻按〕〔宋袁燮傳〕入對寧宗曰昨勸陛下勤於好問而聖訓有曰問則明〇〔元圻案〕〔惠氏九經古義說苑建本篇云〕中庸曰好問近乎智漢書公孫宏上書引禮記亦云好問〔師古曰〕疑則問之故成其智〔集證曰〕〔後漢馮衍杜密傳〕注引禮並作好問近乎知

王制。太史典禮執簡記。奉諱惡。保傅傳。大戴記篇名謂不知日月之時節。不知先王之諱與大國之惡。不知風雨雷電之眚。太史之任也。愚謂人君所諱言者。災異之變。所惡聞者。危亡之事。太史奉書以告君。召穆公所謂史獻書者也。〔元圻案〕王制鄭注簡記策書也諱先王名惡忌日

曾子問詳於變禮

禮運作者蜡賓之歎可疑不獨親其親子其子小康大同過乎別

若子卯（胡氏銓禮記解曰）諱惡謂人主所諱言而惡聞者（賈山云）人主惡聞其過是也故下云受諫（賈誼新書傳職篇）作不知日月之不時節與國之大忌

曾子問於變禮無不講。天圓篇。大戴記篇名言天地萬物之理。曾子之學。博而約者也。（閻按）此有謂曾子之學專用心於內者然歟（全云）講變禮言天地萬物之理豈用心於外耶是告子意外之說也閻說謬

禮運。致堂胡氏云。子游作。呂成公謂蜡賓之歎前輩疑之。以為非孔子語。不獨親其親。子其子。而以堯舜禹湯為小康。是老聃墨氏之論。朱文公答呂伯恭書謂程子論堯舜事業。非聖人不能。三王之事。大賢可為。恐亦微有此意。但記中分裂太甚。幾以帝王為有二道則有病。（元圻案）（呂成公與朱子書曰）胡文定春秋傳多拈出禮運天下為公意思蜡賓之歎自昔前輩共疑之以為非孔子語蓋不獨親其親子其子而以堯舜禹湯為小康真是老聃墨氏之論胡氏乃屢言春秋有意於天下為公之世此乃綱領本原不容有差不知嘗致思否（王穀塍曰）（禮運正義曰）自大道之行也至是謂大同為明五帝時事自今大道既隱至是謂小康為明三代俊英之事故朱子謂分裂太甚（魏鶴山師友雅言曰）嘗疑不獨親其親子其子近乎兼愛朱文公亦以為然及見橫渠說惟不獨親其親子其子故知能親親而子子與孟子老幼及人同意不費詞而足用

得夏時坤乾以觀禮

六情五性

仁者天地之性

夏時坤乾。何以見夏殷之禮。易象魯春秋。何以見周禮。此三代損益大綱領也。學者宜切磋究之。〔元圻案〕〔禮運言偃復問曰〕夫子之極言禮也可得而聞與孔子曰我欲觀夏道是故之杞而不足徵也吾得夏時焉我欲觀殷道是故之宋而不足徵也吾得坤乾焉坤乾之義夏時之等吾以是觀之 〔衞湜集說五十四〕金華應氏鏞曰觀其義與等者聖人之觀異乎他人之觀也夫上天下澤所以為禮而乾坤之書顧以坤為首者有其義也陰陽循環更相為始而夏時必以寅為首者有其等也玩乾坤之自下而上則知禮之交際者無不通且又有卑法地之意焉玩四時之自始而終則知禮之秩序者不可紊且又有無窮之象焉 〔昭公二年左傳〕晉侯使韓宣子來聘觀書於太史氏見易象與魯春秋曰周禮盡在魯矣〔杜注〕春秋遵周公之典以序事故曰周禮在魯 〔方氏慤禮記解〕易之所見者象禮之所形者器〔繫辭曰〕以制器者尚其象則觀易固可以知禮矣 〔史記太史公自序〕故春秋者禮義之大宗也

自虎通性情篇云。禮運記曰六情所以扶成五性也。〔原注〕今禮運無此語 五性仁義禮智信。〔何云〕三代兩漢之書所以可重 韓子愈原性與此合。〔元圻案〕〔真西山讀書記二〕自虎通論曰五常者何仁義禮智信也六情者何喜怒哀樂愛惡所以扶成五性也性所以五何人本含五行氣而生故內有五藏五藏肝仁肺義心禮腎智脾信也五性之名始見於此韓子原性曰性也者與生俱生者也情也者接於物而生者也性之品有上中下三其所以為性者五曰仁禮信義智情之品有上中下三其所以為情者七曰喜怒哀懼愛惡欲

仁者天地之心也。仁人心也。人而不仁。則天地之

懸弧禮木名矢數

冢宰降德于民內則言教以齊禮

心不立矣爲天地立心仁也〔元圻案〕〔禮運〕故仁者天地之心也五行之端也〔正義王肅曰〕人於天地之間如五藏之有心矣人乃生之最靈其心五藏之最聖也〔真西山讀書記七〕程子曰心生道也乃是得天地之心以生生物便是天地之心

內則桑弧蓬矢六射天地四方賈誼新書胎教篇懸弧之禮東方之弧以梧〔下云春木也〕南方之弧以柳〔夏木也〕中央之弧以桑〔中央之木也〕西方之弧以棘〔秋木也〕北方之弧以棗〔冬木也〕五弧五分矢東南中西北皆三射其四弧餘二分矢懸諸國四通門之左中央之弧餘二分矢懸諸社稷門之左內則國君世子之禮新書王太子之禮也〔元圻案〕〔內則〕國君世子生云云故曰世子之禮〔新書青史氏之記曰〕古者胎教之道王后有身云云故曰太子之禮

上帝降衷于民〔內則〕后王命冢宰降德于民降德所以全所降之衷也元后作民父母而作之師冢宰建六典而教典屬焉故曰周公師保萬民此

養老諸禮
悌達有四
家語大傳言
養老
文王治岐養
老

君相之職也二南之化以身教內則之篇以言教〔全云〕二南是道德內則是齊禮〔集證〕〔朱子曰〕周禮太宰掌建邦之六典而二曰教典則教民雖司徒之分職而冢宰無所不統故以其重者言之

養老在家語則孔子之對哀公在書大傳則春子之對宣王記禮者兼取之〔王制內則〕宣王問於春子〔案〕今本大傳作子春曰寡人欲行孝弟之義爲之有道乎春子曰昔者衛聞之樂正子曰文王之治岐也云云呂氏春秋〔特君覽驕恣篇〕春居問於齊宣王曰今王爲太室羣臣莫敢諫敢問王爲有臣乎王曰爲無春居曰臣請辟矣趨而出王曰春子春子反何諫寡人之晚也此即大傳所謂春子但其名不同

〔原注〕大傳名衞呂氏春秋名居○〔元圻案〕〔家語孔子曰〕虞夏殷周天下之盛王也未有遺年者焉高年者貴於天下也久矣次於事親是故朝廷同爵而尚齒七十杖于朝君問則席八十則不仕朝君問則就之而悌達乎朝廷矣其行也肩而不並不錯則隨班白者不以其任於道路而悌達乎道路矣居鄉以齒而老窮不匱强不犯弱衆不犯寡而悌達乎州巷矣古之道五十不爲甸役頒禽隆之長者而悌達乎蒐狩矣軍旅什伍同爵則尚齒而悌達乎軍旅矣〔大傳略說〕宣王問於子春曰寡人欲行孝弟之義爲之有道乎子春曰昔者衞聞之樂正

子能食能言之教人君教幼子法

子曰文王之治岐也五十者杖于家六十者杖于鄉七十者杖于朝注朝當爲國見君揖杖揖當爲去八十者杖于朝見君揖杖揖挾也君曰趣見客毋俟朝以朝車輲輪御爲僕送至于家而孝弟之義達于諸侯九十杖而朝見君建杖君曰趨見毋俟朝以朝車送之舍天子重鄉養卜筮巫醫御于前祝饐祝鯁以食棄車輲輪胥與就膳徹送至于家君如有欲問明日就其室以珍從而孝弟之義達于四海此文王之治岐也〔新序刺奢篇〕亦載春居諫齊宣王爲太室事與呂覽同春居作香居蓋因字相近而誤

蒙以養正。罔不在厥初生。古者能食能言而教之。自天子至庶人一也。慎子曰。昔者天子手能衣而宰夫設服。足能行而相者導進。口能言而行人稱辭。故無失言失禮也。慎子語見太平御覽七十六淮南主術訓魏文帝成王論。袁宏後漢紀論。皆用其語。通鑑宋紀文帝元嘉元年裴子野論。古者人君養子能言而師授之辭。能行而傅相之禮。亦本於此。〔原注淮南云〕心知規而師傅諭導耳能聽而執正進諫魏文帝云相者導儀袁宏云身能衣今慎子存者五篇其三十七篇亡此在亡篇〇〔元圻案〕內則子能食食則教以右手能言男唯女俞〔太平御覽八十九引魏文帝周成漢昭論云〕口能言則行人稱辭足能履則相者導儀〔袁宏後漢紀安帝紀論曰〕昔王侯身能衣而宰夫設服足能行而相者導儀口能言而行人稱辭〔四庫全書總目子部雜家類〕慎子一卷周慎到撰趙人其書漢志作四十二篇唐志作十卷崇文總目作三十七篇書錄解題則稱麻沙刻本凡五篇已非全書此本雖亦分五篇而文多刪削又非陳振孫之所見蓋明人掇拾殘剩重

數與方名教數日學書計六甲五方書計

四十始仕去就

為編次〔晉書文苑傳〕袁宏字彥伯自吏部郎出為東陽郡撰後漢紀三十卷〔梁書裴子野傳〕子野字幾元河東聞喜人曾祖松之祖駰齊永明末沈約所撰宋書既行子野更刪撰為宋略二十卷約見而歎曰吾弗逮也

六年教數與方名。數者一至十也。方名。漢志所謂五方也。九年教數日。漢志所謂六甲也。十年學書計。六書九數也。計者數之詳百千萬億也。漢志六甲五方書計。皆以八歲學之。與此不同。〔元圻案〕一〔內則註〕方名東西數日朔望與六甲也〔漢書食貨志上〕八歲入小學學六甲五方書計之事註蘇林曰五方之異書如今祕書學外國書也臣瓚曰辨五方之名及書藝也師古曰瓚說是也〔衛氏集說七十二嚴陵方氏曰〕書即周官保氏所謂六書也計即所謂九數也〔慶源輔氏廣曰〕六年教數一至十也十年學計百千萬億也計者數之總也

四十始仕。道合則服從。不可則去。〔內則文〕古之人自其始仕。去就已輕。色斯舉矣。去之速也。翔而後集。就之遲也。故曰以道事君。不可則止。〔元圻案〕〔真西山曰〕色斯舉矣去之速也衛靈公問陳而孔子行魯受女樂而孔子去翔而後集者就之遲也伊尹俟湯三聘而後幡然以起太公伯夷聞文王善養老而後出後世如漢穆生以楚王戊不設醴而去諸葛武侯必待先主三顧而後從之皆有得乎此者也

婦人守內則諸證

樝梨鑽之 樝亦作柤作查

士練帶率下辟

孟母曰。婦人之禮。精五飯。冪酒漿。養舅姑。縫衣裳而已。〔案〕此劉向列女傳文 程子之母誦古詩曰。女人不夜出。夜出秉明燭。〔見伊川文集上谷郡君家傳〕郡君姓侯氏程子之母也 唐時有不識廳屏而言笑不聞於鄰者。其習聞內則之訓歟

張彥遠云。鄭元未辯樝梨。按內則注樝梨之不臧者。案樝何本三箋本作柤釋文柤音矩 〔明王象晉羣芳譜曰〕樝與柤同又作查本草云酢澀而多滓故謂之樝 謂之未辯可乎。〔閻按〕謂鄭公不識樝乃陶宏景未辯耳○〔元圻案〕陸氏釋文樝側加反字亦作查 〔三箋本載何云〕樝是今之山查非梨之不臧者故謂其〔本草註陶宏景曰〕禮樝梨鑽之謂鑽去其核也鄭元不識以爲梨之不臧者 〔說文〕樝似梨而酢故康成云梨之不臧者 〔宋景文筆記〕乃謂今樝與梨絕不相類恐鄭所指非今樝也何也 〔唐宰相世系表〕彥遠乃宏靖之孫官祠部員外郎著法書要錄十卷末載畫譜郭若虛圖畫見聞志晁氏讀書志稱其字曰愛賓 〔續世說〕張敷從彭城還傳亮下船與別張不起授手著船戶外傳遂不執手熟視張面云查故是梨中不臧者便去〔按南史張敷傳〕敷小名樝父邵小名梨文帝戲之曰樝何如梨敷答曰梨是百果之宗樝何敢望之故傅亮云然此皆本康成之說陶宏景不知何以云然

玉藻士練帶率下辟句。注士以下皆禪不合而繂。〔釋文〕繂音律 積如今作幧頭爲之也。〔原注〕幧七消反 後漢向栩著絳綃頭注字

當作幧。古詩陌上桑云。少年見羅敷。脫巾著幧頭。儀禮注。如今著幓頭。自項中而前交額上。卻繞髻也。〔元圻案〕〔後漢書獨行傳〕向栩字甫興河內朝歌人向長之後少爲書生性卓詭不倫好被髮著絳綃頭　字當作幧以下皆章懷注文也　〔萬氏集證曰〕幧說文云斂髮也又通作綃〔釋名云〕綃頭綃鈔也鈔髮使上從也〔類篇云〕或作幓〔儀禮喪服注〕如今著幓頭也又通作帩晉書五行志大元中不復著帩頭

紫閒色也。孔子惡其奪朱。周衰諸侯服紫。玉藻云。元冠紫緌。自魯桓公始。管子云。齊桓公好服紫衣。齊人尚之。五素易一紫。鄭康成以紫緌爲宋王者之後服。賈逵杜預以紫衣爲君服。皆周衰之制也。〔閻按〕五素易一紫故蘇代書曰齊紫敗素也而賈十倍〇〔元圻案〕〔玉藻正義〕鄭疑紫緌僭宋者以祭周公用八牲乘大輅是魯用殷禮故疑紫緌僭宋後也　〔衛湜禮記集說七十四〕引馬氏晞孟曰紅紫碧綠在所不爲而紫尤君子所惡魯桓公以爲冠緌豈禮也哉鄭氏以僭宋王之後其說無據不可用也〔哀十七年左傳〕良夫紫衣狐裘註紫衣君服〔正義曰〕賈逵云然杜從之紫衣爲君服禮無明文要此云紫衣良夫不得服之玉藻云元冠紫緌自魯桓公始也〔鄭康成云〕蓋僭宋王者之後服也管子稱齊桓公好服紫衣齊人尚之五素而易一紫〔孔子云〕惡紫之奪朱蓋當時人主好服紫衣則臣不得僭故言紫衣君服也　閻氏引蘇代語見戰國策

皮弁以日視朝。玉藻文 沙隨程氏云。皮弁視朝。明目達

專誠

賜魯天子禮樂

魯重祭郊禘

成王以二王後待魯

聽。若黈纊塞耳。前旒蔽明。乃祀天大裘而冕。專誠絜也。〔元圻案〕〔衛氏禮記集說沙隨程氏曰〕先儒相傳謂前旒蔽明黈纊塞聽亦習之誤此獨祭祀之袞冕爲然欲其專精神以饗神也若視朝則皮弁服何旒纊之有哉與此條所引意同而文異

明堂位。成王命魯公祀周公以天子之禮樂。春秋意林〔全云〕劉原父作曰。魯之有天子禮樂。殆周之末王賜之。非成王也。魯惠公使宰讓請郊廟之禮於天子。天子使史角往。惠公止之。其後在魯。實始爲墨翟之學。使成王之世魯已郊矣。則惠公奚請惠公之請也。殆由平王以下乎。惠公事見呂氏春秋仲春紀。當染篇公是〔閻按〕公是即前劉原父始發此論。博而篤矣。石林葉夢得號止齋陳傅良號皆因之。〔元圻案〕劉氏春秋意林上大雩說者皆曰成王康周公故賜魯以天子之禮樂祀上帝禘文王吾未知其然成王者周之盛王也其亦謹於禮矣禮之有天子諸侯之別自伏羲以來未之有改也成王其惑歟然則魯之有天子禮樂殆周之末王賜之云云〔葉氏春秋傳十二〕僖公三十一年夏四月四卜郊不從乃免牲葉子曰周公有勳勞於天下故成王賜魯以重祭使得用天子禮樂內祭則禘也外祭則郊也此記禮者之言也夫成王賢君也立國

之衜孰大於禮樂周公雖有勳勞可以人臣而僭天子之制乎聞之呂不韋之書曰此平王之末造惠公請於周而假寵於周公〔陳氏春秋後傳五〕僖公四卜郊傳曰諸侯之有郊禘東遷之僭禮也故曰秦襄公始作西畤祠白帝僭端見矣位在藩臣而臚於郊祀君子懼焉則平王以前未有也魯之郊禘惠公請之也自註記禮者以爲魯禮皆成王賜之以康周公案衞祝鮀之言曰周公相王室以尹天下於周爲睦分魯以大路大旂夏后氏之璜封父之繁弱殷民六族以昭周公之德分之土田陪敦祝宗卜史備物典策官司彝器則成王命魯不過如此隱公考仲子之宮問羽數於衆仲周公閱來聘饗有昌歜白黑形鹽周公以爲備物辭不敢受衞寧武子來聘宴之賦湛露及彤弓武子不答賦曰諸侯朝正於王於是乎賦湛露諸侯敵王所愾而獻其功於是乎賜之彤弓陪臣其敢干大禮以自取戾假如明堂位之言得用郊禘兼四代器服官祝鮀不應不及況魯行天子之禮久矣則羽數何以始問於隱公昌歜形鹽以之饗天子之上公安用固辭湛露彤弓甯武子何以不答且致譏焉於以見魯僭未久上自天子之宰至於兄弟之國之卿苟有識者皆云魯遜謝而魯人並無一語及於成王之賜以自解乎〔伊川程子曰〕成王之賜伯禽之受皆非也以愚觀之成王未必賜伯禽未必受蓋魯人僭用天子禮樂耳　橫渠張子以爲成王之意不敢臣周公故以二王之後待魯而命以禮樂特伯禽不當受馬氏通考謂此說得之明堂位首言命魯公世世祀周公以天子之禮樂又云季夏六月以禘禮祀周公於太廟牲用白牡犧象云云即此二言觀之可見當時止許用郊禘之禮樂以祀周公未嘗許其遂行郊禘之禮亦可以備一解〔書錄解題〕春秋傳十卷權衡十七卷意林一卷說例一卷清江劉敞原父撰又春秋傳十二卷攷十三卷讞三十卷葉夢得撰又止齋春秋後傳十二卷左氏章指三十卷陳傅良撰

魯公之廟。文世室也。武公之廟。武世室也。按春秋成公六年立武宮。武公非始封之君。毀已久。而復立。蓋僭用天子文武二祧之禮。春秋之所譏。

魯有桓宣幽之弑明堂位言多誣

魯郊禘非禮

而記以爲禮乎。〔閻按〕季文子以鞍之功立武宮左氏明文〇〔元圻案〕明堂位鄭注此二廟象周有文王武王之廟也世室者不毀之名也魯公伯禽也武公伯禽之元孫也名敖〔公羊傳〕武宮者何武公之宮也立者何立者不宜立也穀梁傳亦以爲不宜立〔陸淳曰左氏云〕季文子以鞍之功立武宮非禮也聽於人以救其難不可以立武立武由己非由人也〔啖子曰〕傳意以爲武軍之宮如楚子所立者非也〔劉原父曰〕邱明以武宮爲武軍杜氏知其謬矣因復曰既立武軍又作先君武公之宮二說皆非是〔衞氏禮記集說卷八十〕新安王氏曰季氏立已毀之廟有二煬公之廟毀而復立煬公以弟繼兄者也武公之廟毀而復立武公舍長立少者也二者皆季氏有不臣之心春秋書立武宮立煬宮以罪季氏鄭不考其故乃曰世室者不毀之廟比之於武之世室亦甚乖春秋之旨矣

魯世家伯禽之孫濆弑幽公而自立周昭公之十四年也諸侯篡弑之禍自此始記謂君臣未嘗相弑。不亦誣乎。太史公魯世家贊曰。揖讓之禮則從矣。行事何其戾也。〔元圻案〕〔明堂位〕鄭註春秋時魯三君弑又士之有誄由莊公始婦人髽而弔始於臺駘君臣未嘗相弑政俗未嘗相變亦近誣矣〔禮記集說第八十一石林葉氏曰〕禮記雖出漢儒其言未必盡實然桓宣之弑不應滅裂不知至此吾嘗證呂覽以周賜周公得用天子禮樂爲在平王之世魯惠公之所請以是質之則明堂位之作宜在桓公之前正當惠隱之際魯初得周公之賜故記禮者因緝而載之所以不及弑事〇〔案明堂位〕果作於惠隱之際則桓宣之弑誠在後而幽公之弑已在前乃曰未嘗相弑仍失之誣王氏所以不舉桓宣之事以證也

孔子曰。魯之郊禘非禮也。周公其衰矣。春秋屢書

少儀退朝歸遊義

發慮憲離經辯志

以譏其僭。又書新作南門。（僖公二十年）新作雉門及兩觀。（定公二年）皆僭王制也。若以王禮爲當用。則以泮宮閟宮春秋不書矣。（〔元圻案林少穎曰〕經書郊九或因卜不吉或因牲死傷先儒止罪其屢卜與養牲之不謹不知聖人乃惡其非禮之大未暇及此瑣瑣也漢儒不知道者但見春秋書魯祭祀多天子禮始妄設周賜之說雖周郊以冬至魯郊以啓蟄天子四望魯三望似乎稍降但竊郊望之名已有罪矣予以春秋正以有故而不郊爲幸無故而郊爲罪也泰山不享季氏之旅魯上帝而享魯之郊乎至三卜四卜五卜不從可見天心之不享也春秋書乃不郊乃免牲其深矣乎其微矣乎）

少儀。朝廷曰退。進不可貪也。燕遊曰歸。樂不可極也。（〔元圻案陸農師蔡州召還上殿劄子記曰〕朝廷曰退燕遊曰歸燕遊有出而無歸則縱朝退有進而無退則爭〔衛氏禮記集說八十六〕陳氏祥道曰朝廷曰退寵榮之地人所競進君子之道雖行而猶請退也燕遊之事人所樂爲而忘本者衆故曰歸者不忘反其本也）

學記。以發慮憲。爲第一義。謂所發之志慮合於法式也。（〔鄭註〕憲法也言發計慮當擬度於法式也）一年視離經辯志。一年者學之始。辯云者。分別其心所趨向也。（〔鄭註〕離經斷句絕也辯志謂別其心意所趨向也）慮之所發必謹。志之所趨必辯。爲善不爲利。爲己不爲人。爲君子儒不爲小人儒。此學之本也。

畿內學庠序之數

弓先箕治先裘

能辯志。然後能繼志。故曰士先志〔元圻案〕〔衛氏集說八十八慶源輔氏曰〕發慮憲謂所發之志慮合乎法式朱子曰辯志者自能分別其心所趨向如爲善爲利爲君子爲小人也

畿內爲學二。爲序十有二。爲庠三百。諸侯之國半之。王無咎〔補之字〕之言也。陸務觀取焉。天子諸侯有君師之職。公卿有師保之義。里居有父師少師之教。〔集證〕〔戴陸務觀紹興府修學記〕周盛時天子所都既並建四代之學而又黨有庠遂有序畿內六鄉鄉有黨百五十六遂遂有鄙如黨之數遂序黨庠蓋互見之則是千里之內爲序十有二爲庠三百何其盛也〔元圻案書錄解題〕王直講集十五卷天台縣令南城王无咎補之撰无咎嘉祐二年進士曾鞏之妹夫從王安石遊最久將用爲國子學官未及而卒〔王介甫誌其墓曰〕君寡合常閉門治書唯與予言莫逆

列子湯問篇云。古詩言良弓之子。必先爲箕。良冶之子。必先爲裘。張湛注云。學者必先攻其所易。然後能成其所難。〔元圻案〕〔學記〕良冶之子必學爲裘良弓之子必學爲箕始駕馬者反之車在馬前鄭注學者亦須先教小事如操縵之屬然後示其業則道易成也〔記又曰〕善問者如攻堅木先其易者後其節目及其久也相說以解湛注蓋本於此〔書錄解題道家類〕列子八卷鄭人列禦寇撰穆公時人注晉光祿勳張湛處度撰釋文二卷唐當塗縣丞殷敬順撰

樂記言性與天理

樂記作者

大學之教正業

教學惟詩書禮樂

文子曰。人生而靜。天之性也。感物而動。性之害也。物至而應。智之動也。智與物接。而好憎生焉。好憎成形。而智怵於外。不能反己。而天理滅矣。此文子道原篇文與樂記相出入。古之遺言歟。致堂云。樂記子貢作。〔閻按〕文子明於人生而靜上繫以老子曰蓋古有是言而老子傳之記禮者亦傳之非必有取於老也〔樂記〕載子夏魏文侯問答爲文侯二十五年事是時子夏年一百有八歲子貢尙存乎〔何云〕張守節謂公孫尼子者猶有所受○〔元圻案〕〔四庫全書總目道家類〕文子十二卷案漢志道家文子九篇註曰老子弟子與孔子並時而稱周平王問似依託者也隋志文子十二篇史記貨殖傳有范蠡師計然語又因裴駰有計然姓辛字文子其先晉國公子語北魏李暹作文子注遂以計然文子合爲一人案馬總意林列文子十二卷註曰周平王時人師老君又列范子十二卷註曰計然者葵邱濮上人姓辛名文子其書皆范蠡問而計然答是截然兩人兩書更無疑義〔陳振孫曰〕默希子注文子以文子爲計然之字不可考信柳子厚亦辨其爲駁書而亦頗有取焉默希子晁公武以爲唐徐靈府自號〔史記注徐廣曰〕計然范蠡師名研〔史記孔子弟子列傳〕子貢少孔子三十一歲子夏少孔子四十四歲故閻氏云然

大學之教也。時教必有正業。學記文 朱子曰。古者惟習詩書禮樂。如易則掌於太卜。春秋則掌於史官。學者兼通之。不是正業。子思曰。夫子之教。必始

樂記言天理

王肅樂記註

禮主其減
禮有報而樂

於詩書而終於禮樂。雜說不與焉。〔閻按〕吳文正謂易者占筮之繇辭春秋者侯國之史記自夫子贊易修春秋後學者始以易春秋合先王教士之四術而爲六經余亦謂孔子世家孔子以詩書禮樂教弟子蓋三千焉此遵樂正之常法至及門高第方授以易春秋故曰身通六藝者七十有二人六藝乃六經非周官之所云六藝也○〔元圻案〕子思語見孔叢子雜訓篇

天理二字始見於樂記。如孟子性善養氣前聖所未發也。〔元圻案〕〔樂記〕人生而靜天之性也感於物而動性之欲也物至知知然後好惡形焉好惡無節於內知誘於外不能反躬天理滅矣〔程子曰〕天理云者百理俱備元無少欠

史記樂書引樂記。而註兼存王肅說。通典引大傳亦取肅注。肅字子雍。魏志有傳。〔原注〕〔集說〕以肅爲元魏人誤也有兩王肅在元魏者字恭懿不以經學名〔閻按〕北史王肅與劉芳合傳肅嘗執芳手曰吾少來留意三禮在南諸儒亟共討論今聞卿釋頓祛平生之惑非不知經特不及劉石經之精贍耳○〔元圻案〕〔書錄解題〕禮記集說一百六十卷直祕閣崐山衞湜正叔集諸家說自注疏而下爲一書著其姓氏〔集說〕前載所引姓氏有元魏王氏肅而不及子雍〔北史列傳〕王肅字恭懿琅邪臨沂人也少聰辯涉獵經史父奐及兄弟並爲齊武帝所殺自建業來奔進位開封儀同三司封昌國侯壽都督淮南諸軍事卒年三十八謚宣簡〔史記〕樂書注引王肅樂記注六十四條通典五十五引王肅大傳註一條七十五引四條

禮主其減。史記樂書作禮主其謙。〔原注〕王肅曰自謙損也〔一案〕〔肅又曰〕禮自減省所以

有反

石聲磬

樂記取公孫尼子

舜南風之詩

五音十二律

少宮少商少徵

古旋宮不用

禮有報而樂有反。進德修業也鄭注報讀爲褒。孫炎曰報謂禮尚往來。以勸進之。王孫二說俱見史記樂書集解石聲磬。鄭注磬當爲罄。樂書作石聲硜。原注口鼎反硜以立別。〔原注史記正義〕

樂記公孫尼子次撰〔集證〕〔按〕〔說文〕減損也王肅云謙自謙損也是減與謙皆有損義〔周禮春官〕太祝職九𢷎八曰褒𢷎注云褒讀爲報報拜再拜是也是報與褒通也說文硜古文磬何晏注論語硜硜云此硜硜者謂此磬聲也是磬與硜通也〇〔元圻案〕〔漢書藝文志〕儒家公孫尼子二十八篇七十子之弟子〔隋書樂志樂記〕取公孫尼子

南風之詩出尸子及家語。鄭氏注樂記云其辭未聞。〔元圻案〕鄭注南風長養之風也言父母之長養己其辭未聞也〔正義曰〕如鄭此言則非詩凱風之篇也熊氏以爲凱風非矣〔按聖證論〕引尸子及家語難鄭云昔者舜彈五絃之琴其辭曰南風之薰兮可以解吾民之慍兮南風之時兮可以阜吾民之財兮鄭云未聞失其義也〔今按馬昭云家語〕王肅所增加非鄭所見又尸子雜說不可取證聖經故言未聞也〔尸子綽子篇〕舜曰南風之薰兮可以解吾民之慍兮〔文選琴賦注〕引尸子曰舜作五絃之琴以歌南風南風之薰兮可以解吾民之慍均無南風之時二句惟家語辨樂篇有之〔漢書藝文志〕雜家尸子二十篇名佼魯人秦相商君師之〔四庫全書目錄〕儒家孔子家語二十一卷魏王肅註家語雖名見漢志而書則久佚今本蓋即王肅所依託以攻駁鄭學馬昭諸儒已論之詳矣〔琴操通典〕一百四十五引帝王世紀俱載南風之詩與家語同

艾軒曰。五音十二律。古也。舜彈五絃之琴。以歌南風。是琴之全體具五音也。琴之有少宮少商。則

二變七音六律

三老五更

里尹主之

不復有琴。樂之有少宮少徵。則不復有樂。以繁脆噍殺之調。皆生於二變也。（全云）古旋宮法不用二變詳見梨州黄氏律呂精義○（元圻案）詩名物疏琴有五絃文王增二絃曰少宮少商（唐書楊收傳）時有安涗問樂意收曰漢章帝時太常丞鮑業始旋十二宮以某律爲宮某律爲商某律爲角某律爲徵某律爲羽某律少宮某律少徵亦曰變曰比一均成則五聲爲之節奏此旋宮也（左傳昭公二十年）晏子有七音六音之論註武王伐紂自午及子凡七日王因此以數合之以聲昭之故以七同其數以律和其聲謂之七音正義曰賈逵註周語云周有七音謂七律爲七器音也黄鍾爲宮太蔟爲商姑洗爲角林鍾爲徵南呂爲羽應鍾爲變宮蕤賓爲變徵是五音以外更加變宮變徵爲七音也然則樂之有七音由來久矣

三老五更。按列子黄帝篇二。云禾生子伯宿於田。更商邱開之舍。更亦老之稱也。（全云）月令章句以更爲叟觀於田更之說則不必改字也○（元圻案）（殷敬順列子釋文）田更作田叟西口切張湛注更當作叟橫渠張子曰更疑爲叟（萬氏集證）引蔡邕問答云三老五更子獨曰五叟何也曰字誤也叟長老之稱其字與更相似書者轉誤遂以爲更嫂字女旁瘦字从叟今皆以爲更矣立字法者不以形聲何得以爲字以嫂瘦推之知是更爲叟也

雜記。里尹主之。注王度記。曰。百戶爲里。里一尹。其祿如庶人在官者。正義按別錄。王度記似齊宣王時淳于髡等所說也。（元圻案）王度記白虎通公羊傳疏周禮正義皆引之曲禮下正義引作大戴禮王度記雜記

正義又云似淳于髡等所說其說互異案漢書藝文志王度記不著於錄而後漢輿服志上註引作逸禮王度記疑是大戴禮中之逸篇也

孔子曰少連大連善居喪東夷之子也雜記文唐扶餘璋之子義慈號海東曾子頡利之子疊羅支其母後至不敢嘗品肉孰謂夷無人哉〔元圻案〕〔衛氏集說一百三引馬氏〕睎孟曰論語謂柳下惠少連言中倫行中慮少連之行可與柳下惠爲徒則豈特如孟獻子之流加人一等而已哉〔唐書東夷傳〕百濟扶餘別種也武德四年王扶餘璋卒冊其子義慈爲柱國紹王義慈事親孝與兄弟友時號海東曾子又突厥傳頡利子疊羅支有至性既舍京師諸婦得品供羅支預焉其母最後至不得給羅支不敢嘗品肉帝聞歎曰天稟仁孝詎限華夷哉厚賜之遂給母肉

祭法王爲羣姓立七祀曰司命曰中霤曰國門曰國行曰泰厲曰戶曰竈注司命主督察三命疏引孝經援神契謂命有三科有受命以保慶有遭命以譴暴有隨命以督行〔案疏〕又曰受命謂年壽也遭命謂行善而遇凶也隨命謂隨其善惡而報之孟子盡心章趙岐注云命有三名行善得善曰受命行善得惡曰遭命行惡得惡曰隨命孫子荊詩三命皆有極皆本援神契〔全云〕行善得惡豈可云遭命以譴暴乎當有誤文〔集證〕〔白虎通壽命篇〕命有三科以記驗有壽

可以保慶有遺命以遇暴有隨命以應行論衡命義篇傳曰說命有三一曰正命二曰隨命三曰遭命正命謂本稟之自得吉也性然骨善故不假操行以求福而吉自至故曰正命隨命者戮力操行而吉福至縱情施欲而凶禍到故曰隨命遭命者行善得惡非所冀望逢遭於外而得凶禍故曰遭命○〔元圻案〕〔文選注臧榮緒晉書曰〕孫楚字子荊太原人也征西扶風王駿與楚舊好起爲參軍馮翊太守此詩在祖餞類

祭義曰術省之。賈山至言。術追厥功。師古注術亦作述 術與述同。〔集證毛詩〕報我不述韓詩作術墨子非命篇窮人術之術與述同○〔元圻案〕〔祭義鄭注〕術當爲述聲之誤也正義術述也省視也循述而省視之反復不忘此孝子思念親之至也〔漢書賈山傳〕山潁川人孝文時言治亂之道借秦爲諭名曰至言〔熊朋來經說學記術有序注云〕術當爲述聲之誤也月令審端徑術則本注直云周禮作遂〔愚按〕遂述古字通用〔春秋文十二年〕秦伯使術來聘公羊作遂詛楚文遂取吾邊城遂之書作述術字從行述字從辵皆人所經行之地術述亦同義也

孔悝鼎銘。六月丁亥。公假於太廟。注謂以夏之孟夏禘祭。正義哀十五年冬。蒯聵得國。十六年六月。衛侯飲孔悝酒而逐之。此云六月命之者。蓋命後郤逐之也。愚按通鑑外紀目錄。是年六月丁未朔。則無丁亥。當闕疑。裴松之曰。孔悝之銘。行是人非。〔元圻案〕〔書錄解題史部〕編年類通鑑外紀十卷目錄三卷秘書丞高安劉恕道源撰〔宋書裴松之傳〕字世期河東聞喜人上使注陳壽三

經解以詩爲首

坊記引論語

坊記注引孟子異

中庸本大戴語

國志既成上書之曰此爲不朽矣

經解以經爲首。七略藝文志阮孝緒七錄用易居前。王儉七志。孝經爲初。〔全云〕今世著錄皆從阮氏例以時事之先後次之也○〔元圻案〕〔釋文序錄曰〕禮記經解之說以詩爲首七略藝文志所記用易居前阮孝緒七錄亦同此次而王儉七志孝經爲初〔大戴禮〕衛將軍文子問于子貢曰吾聞夫子之教也先以詩〔漢書劉歆傳〕歆字子駿河平中受詔與父向領校祕書向死卒父前業歆乃集六藝羣書種別爲七略語在藝文志〔梁書處士傳〕阮孝緒字士宗陳留尉氏人也年十三徧通五經屏居一室非定省未嘗出戶所著七錄等書二百五十卷行於世〔南齊書王儉傳〕儉字仲寶瑯琊臨沂人也祖曇首父僧綽儉上表求校墳籍依七略撰七志四十卷又撰定元徽四部書目

坊記引論語曰。三年無改於父之道。論語成於夫子之門人。則記所謂子云者。非夫子之言也。〔集證〕〔程子曰〕坊記不知何人所作觀其引論語曰則不可以爲孔子之言漢儒如賈誼董仲舒所言蓋得此篇之意或者其所作也

坊記注引孟子曰。舜年五十而不失其孺子之心。今本云五十而慕。康成注禮必有所據

孔子曰。國家有道。其言足以治國家。無道。其默足以容。蓋銅鍉伯華之行也。〔原注〕大戴禮家語〔閻按〕大戴禮記作銅提此從家語 曾子

仁有相人偶之義

曰孝子之事親也居易以俟命。不與險。〔大戴禮〕曾子險俱作儉行以僥倖。案見大戴禮記曾子本孝篇中庸之言本此。〔元圻案〕〔阮芸臺曾子注釋曰〕臧鏞堂云儉與險通左襄廿九年傳險而易行史記吳世家作儉元按困學紀聞引之作險康成中庸注險傾危也

仁者人也。注人也。讀如相人偶之人。以人意相存問之言。朱文公問呂成公。相人偶此句。不知出於何書。疏中亦不說破。〔原注〕呂答未見當考禮記集說削此二句○〔案〕〔朱子書又曰〕所謂人意相存問者卻是說得書義有意思也周禮夏官弁師注。璂讀如薄借綦之綦。考工記注韘讀如旃僕之僕。疏皆以為未聞。〔閻按〕鄭注大射儀揖以耦曰言以者耦之事成於此意相人偶也聘禮每曲揖曰以相人耦為敬也公食大夫禮賓入三揖曰相人耦賈公彥疏亦屢曰以人意相存耦〔全云〕薄借綦當是不借綦之誤〔集證〕表記仁者人也注人也謂施以人恩也春秋傳曰執未有言舍之者此其言舍之者何人也正義云施人以恩謂意相愛偶人也引春秋傳者成十六年公羊傳文傳稱欲人愛此行父故特言舍之引之者證人是人偶相存愛之義也〔定宇惠氏曰〕老子道德經如嬰兒之未孩河上公注云如小兒未能答偶人時也〔又曰丹鉛總錄周禮疏云〕薄借之語未聞按古今注云草履名不借漢文帝履不借以臨朝宋詩遊山雙不借取水一軍持〔按儀禮喪服繩菲注〕今時不借也疏云周時人謂之屨子夏時人謂之菲漢時謂之不借〔又按說文系部綥字說云〕綥帛蒼艾色詩曰縞衣綥巾未嫁女所服一曰不借綥渠之切或从綦升庵之說不為無據○〔元圻案〕〔劉熙釋名二〕齊人謂草屨曰屝屝皮也以皮作之不借言賤易有言各自蓄之不假借人也〔錢氏養新錄四〕說文人部偶桐人

期之喪達乎大夫
古不降服

大經大本

衣錦尚絅

尊德性道問學

也桐當作相中庸仁者人也康成讀如相人偶之人此其證也〔鮑彪注戰國策〕全據說文爲訓其注齊策亦云偶相人也是鮑所見說文猶作相也

期之喪達乎大夫呂與叔〔全云〕藍田呂大臨汲公之弟橫渠弟子之說詳矣朱文公答潘子善書謂古人貴貴之義然亦是周公制禮以後方如此故檀弓又云古者不降上下各以其親〔元圻案〕〔禮記集說〕一百二十九藍田呂氏曰期之喪達乎大夫者期之喪有二有正統之期爲祖父母是也有旁親之期爲世父母叔父母衆子昆弟昆弟之子是也正絕之期雖天子諸侯莫敢降旁親之期天子諸侯絕服而大夫降所謂尊不同故或絕或降也大夫雖降猶服大功不如天子諸侯之絕服故曰期之喪達乎大夫也如旁親之期亦爲大夫則大夫亦不降所謂尊同則服其親之服也諸侯雖絕服旁親尊同亦不降所謂不臣者猶服如始封之君不臣諸父昆弟封君之子不臣諸父而臣昆弟是也

大經大本注大經春秋也大本孝經也蓋泥於緯書志在春秋行在孝經之言其說疏矣

衣錦尚絅書大傳作尚蘔注蘔讀爲絅或爲絺〔元圻案〕〔今本大傳無此文〕〔盧氏文弨書大傳續補遺〕云碩人詩曰衣錦尚蘔見說文案今本說文艸部無蘔字系部絅字注急引也亦不引詩尚絅林部檾枲屬从𣏟省聲詩曰衣錦檾衣又衣部褧檾也詩曰衣錦褧衣示反古也皆不作蘔不知盧氏何以云然

朱文公答項平父書云子思以來教人之法惟以

服膺爲鏤心

尊德性道問學兩事爲用力之要子靜陸九淵之字所說專是尊德性事而某平日所論問學上多所以爲彼學者多持守可觀而看義理不細〔全云〕蓋指吾鄉楊文元袁正獻舒文靖沈端憲及端憲弟子季文一輩而某自覺於爲己爲人多不得力今當反身用力去短集長庶幾不墮一邊卽此書觀之文公未嘗不取陸氏之所長也太極之書豈好辨哉〔元圻案〕〔朱子答陸象山論無極書略曰〕老氏之言有無以有無爲二周子之言有無以有無爲一更請子細著眼未可容易譏評也無極而太極如曰無爲之無非謂別有一物也非如皇極民極之有方可以形象而但有此理之至極耳又云如有未然則我日斯邁而月斯征各遵所聞各行所知亦可矣無復可望其必同也

徐彥伯樞機論曰中庸鏤其心左階〔閻按〕今家語作右階銘其背中庸鏤心未詳所出但有服膺之語〔閻按〕鏤心卽服膺彥伯澀體芻狗爲卉人竹馬爲篠驂大抵如是〇〔元圻案〕〔文苑英華七百四十五〕徐彥伯樞機論曰言語者君子之樞機也得之者江海比鄰失之者肝腸楚越故中庸鏤其心右階銘其背〔唐書徐彥伯傳〕彥伯兗州瑕邱人名洪以字顯始武后時大獄興王公卿士以語言爲酷吏所引死徙不可計彥伯著樞機論以爲戒〔全唐詩話〕徐彥伯爲文多變易求新以鳳閣爲

建櫜義通臯比

葉公顧命語

深衣方領續衽鉤邊視不上於祫

鵜閣龍門爲虬戶金谷爲銑溪玉山爲瓊岳竹馬爲篠驂月兎爲魄兎進士效之謂之澀體

樂記。倒載干戈。包之以虎皮。名曰建櫜。字或作建臯。服虔引以解左傳蒙臯比。〔元圻案〕〔左傳莊公十年〕蒙臯比而先犯之杜註臯比虎皮〔正義曰〕僖傳稱胥臣蒙馬以虎皮今事與彼同知臯比是虎皮也〔樂記云〕倒載干戈包之以虎皮名之曰建櫜鄭以爲甲兵之衣曰櫜櫜韜也而其字或作建臯故服虔引以解此

緇衣葉公之顧命曰。毋以小謀敗大作。毋以嬖御人疾莊后。毋以嬖御士疾莊士大夫卿士。周書祭公篇。公曰。汝無以嬖御固莊后。汝無以小謀敗大作。汝無以嬖御士疾大夫卿士。汝無以家相亂王室而莫恤其外。〔原注〕葉公當作祭公疑記禮者之誤〔全云〕原注十二字乃正文〔集證九經古義〕葉公之顧命注云楚縣公葉公子高也臨死遺書曰顧命棟案其辭有莊后大夫卿士非葉公之言也此周書祭公謀父之辭穆王時祭公疾不瘳王曰公其告予懿德祭公拜手稽首曰嗚呼天子女無以云云祭公將歿而作此篇故謂之顧命其事亦見汲郡古文又曰此傳寫之誤非傳禮之誤二禮如明堂位文王官人皆采自周書

深衣方領。朱文公謂衣領之交自有如矩之象。續衽鉤邊者。連續裳旁。無前後幅之縫。左右交鉤。

卽爲鉤邊非有別布一幅裁之如鉤而綴於裳旁也康成注鉤邊若今曲裾文公晚歲去曲裾之制而不用愚以漢史攷之朱勃之衣方領見後漢書馬援傳謂之古制可也江充之衣曲裾見漢書本傳謂之古制可乎此文公所以攷司馬公之説〔元圻案〕〔正義曰〕稱深衣者以餘服則上衣下裳不相連此深衣衣裳相連被體深邃故謂之深衣〔方氏慤曰〕經曰有虞氏深衣而養老傳曰庶人服短褐深衣則自天子至於庶人皆服之也〔衛氏集説一百四十五〕涑水司馬氏曰〔按漢書〕江充衣紗縠禪衣曲裾後垂交輸如淳曰交輸割正幅使一頭狹若燕尾垂之兩旁見於後是禮深衣續衽鉤邊賈逵謂之圭蘇林曰交輸如今新婦袍之袿全幅繒角割名曰交輸裁也釋名曰婦人上服曰袿其下垂者上廣下狹如刀圭也然則別有鉤邊不在裳十二幅之數亦斜割使一端闊一端狹以闊者在上狹者在下交映垂之如燕尾有鉤曲裁其旁邊綴於裳之右旁以掩不相連之處案此説與朱子異〔温公又曰後漢馬援傳〕朱勃衣方領能矩步注引前書音義曰頸下施衿領正方學者之服也如此似於頸下別施一衿映所交領使之方正今朝服有方心曲領以白羅爲之方二寸許綴於圜領之上以繫於頸後結之或者袷之遺象歟〔後漢儒林傳曰〕服方領習矩步者委蛇乎其中注方領直領也〔春秋傳〕叔向曰衣有襘杜曰襘領會也工外反〔曲禮曰〕視不上於袷注曰袷交領也然則領之交會處自方卽謂袷疑更無他物今且從之以就簡易

大戴記投壺篇末云弓既平張四侯且良決拾有常既順乃讓乃揖乃讓乃隮其堂乃節其行既

志乃張射夫命射射者之聲御車之旌既獲卒莫此命射之辭也〔元圻案〕〔四庫全書〕本御車之旌作獲者之旌〔一宋熊氏朋來經說二〕貍首之詩古人以爲射節小戴射義所記詩曰曾孫侯氏四正具舉大夫君子凡以庶士小大莫處御於君所以燕以射則燕則譽此貍首之詩也大戴投壺篇所記上章本同而前一句曾孫侯氏爲數句隔斷恐泰射張侯等語本以解說侯氏因亂入正文爾下文又換韻曰弓既平張四侯具見云云此亦貍首之詩也首章必有貍首二字故以名其詩此必第二章三章也貍首之詩不幸逸於詩家幸而畧傳於禮家小戴得其一章而大戴尤詳

哀公問儒服非切

哀公之問非切問也故孔子於問舜冠則不對於問儒服則不知〔何云〕而史記乃以商羊楛矢爲言豈不陋哉○〔元圻案〕〔家語好生篇〕哀公問於孔子曰昔者舜冠何冠乎孔子不對公曰寡人有問於子而子無言何也對曰以君之問不先其大者故方思所以爲對亦見荀子哀公篇楊倞註云哀公不問舜德徒問其冠故不對也〔衞氏集說一百四十七〕陸氏佃曰某不知儒服猶問舜冠不對也

儒行言自立特立

儒行言自立者二特立者一言特立獨行者一人所以參天地者其要在此如有所立卓爾〔何云〕如有所立又別一義宏詞人誇多故誤引也〔全云〕如有所立卓爾深寧蓋以爲卓然自立之謂不主舊說何氏譏其誤引非也顏子言之立天下之正位先立乎其大者孟子言之

親民當爲新

盤銘以大學傳

知止后定兩義

惟善爲寶證史

大學之親民當爲新。〔案伊川程子曰〕親當作新言既自明其德而使人用此道以自新也猶金縢之新迎當爲親也。〔釋文〕新迎馬本作親迎皆傳寫之誤。〔元圻案〕〔朱子大學或問曰〕親民云者以文義推之則無理新民云者以傳文考之則有據

古之人文以達意非有意於傳也。湯盤銘以大學傳。虞人箴。襄公四年祈招詩。昭公十二年讒鼎銘。昭公三年以左氏傳楚狂滄浪之歌。以孔孟氏之書傳。〔元圻案〕〔東萊博議衛禮至爲銘篇曰〕天下不見湯之盤而能誦日新之銘者託於大學也天下不見周之量而能誦文思之銘者託於周官也

知止而后有定章句云志有定向或問云事事物物皆有定理其說似不同當以章句爲正。〔元圻案〕〔余兄靜軒先生曰〕大學大全載新安陳氏曰章句云知止則志有定向此云事物皆有定理合二說其義方備能知所止則此心光明見得事物皆有定理而志方有定向

子罕卻玉。左傳襄十五年韓起辭環。昭公十六年有無窮之名季氏之璠璵。定公五年向魋之夏璜。哀公十四年有無窮之惡故曰惟善以爲寶。

禮逸篇辨名記

禮器素青沿秦事

鄉飲酒義立三賓以象三光注三光三大辰也天之政教出於大辰焉公羊傳大火（原注心）代（原注參）北辰（原注北極）爲大辰漢文帝詔上以累三光之明顏注謂日月星（見漢書文帝紀〔集證鄉飲酒正義曰〕昭十七年有星孛于大辰公羊云大辰者何大火也北辰亦爲大辰故爾雅云大辰房心尾也大火謂之大辰北極謂之大辰是三大辰也〔方慤禮記解〕從顏氏漢書注則既曰設介僎以象日月又曰立三賓以象三光於義爲複）

春秋（宣公十五年）正義引辨名記云倍人曰茂十人曰選倍選曰儁千人曰英倍英曰賢萬人曰桀倍桀曰聖禮記（月令孟夏之月）正義引之以爲蔡氏白虎通（聖人篇）引禮別名記曰五人曰茂十人曰選百人曰俊千人曰英倍英曰賢萬人曰桀萬桀曰聖蓋禮記逸篇也

後漢崔琦對梁冀曰將使元黃改色馬鹿易形乎注言馬鹿而不言元黃按禮器或素或青夏造

聘義輕財重禮

徐容居稱駒王

殷因注云變白黑言素青者秦二世時趙高欲作亂或以青爲黑黑爲黃民言從之至今語猶存也琦所謂元黃改色卽此事也〔何云〕此條自當入攷史〇〔元圻案〕後漢書文苑傳崔琦字子瑋涿郡安平人梁冀聞其才請與交琦數引古今成敗以戒之乃作外戚箴冀曰君何激刺之過乎琦對曰將軍累世台輔不能結納賢良以救禍敗反欲鉗塞士口杜蔽主聽將使元黃改色馬鹿易形乎

荀子大略篇引聘禮志曰幣厚則傷德財侈則殄禮禮云禮云玉帛云乎哉此卽聘義所謂輕財重禮也〔閻按聘禮記〕多貨則傷於德幣美則沒禮荀子所引自本此於聘義無涉〔集證〕〔大略篇引聘禮志楊倞注云〕志記也是聘禮志卽聘禮記也聘義云云亦卽多貨傷德幣美沒禮下義疏

後漢東夷傳徐夷率九夷以伐宗周西至河上穆王畏其方熾乃分東方諸侯命徐偃王主之檀弓載徐容居之對曰昔我先君駒王西討濟於河然則駒王卽偃王歟濟河卽所謂西至河上

中庸注信知配水土

過可微辨不面數

也〔元圻案〕鄭注駒王徐先君僭號容居其子孫也

易乾鑿度水爲信土爲知中庸注水神則信土神則知服氏注左傳土爲信朱文公孟子人皆有不忍人之心章注謂信猶五行之土服說是也〔全云〕貞固足以幹事是知中兼信睿作聖是信中兼知理足以互備○〔元圻案〕〔乾鑿度孔子曰〕夫萬物始出於震震東方之卦也陽氣始生受形之道也故東方爲仁成於離離南方之卦也陽得正於上陰得正於下尊卑之象定禮之序也故南方爲禮入於兌兌西方之卦也陰用事而萬事得其宜義之理也故西方爲義漸於坎坎北方之卦也陰氣形盛陽氣含閉信之類也故北方爲信夫四方之義統於中央故乾坤艮巽位在四維中央所以繩四方行也智之決也故中央爲智〔天命之謂性正義皇氏云〕水神則信冬主閉藏充實不虛水有內明不欺於物信亦不虛詐也云土神則知者金木水火土無所不載土所含義者多亦所含者衆故云土神則知〔岳琦九經三傳沿革例曰〕中庸天命之謂性注木金火水土之神水神宜曰知土神宜曰信乃誤以信爲水神知爲土神而疏義又從而附會之亦不敢改今按乾鑿度云水土二行兼信與知易文言正義引乾鑿度文同

儒行云其過失可微辨而不可面數也子路喜聞過善人能受盡言如諱人之面數則面諛之人至而曾子不當二數子夏矣事見檀弓以是爲剛毅焉得剛故程子〔案〕程氏遺書第十七伊川謂游說之士所爲誇大之

兼職省費非王制

說。（元圻案）（禮記集說一百四十七呂氏大臨曰）其過失可微辨而不可面數也此一句疑尚氣好勝之言於義理有所未合也所貴於儒者以見義必為聞過而改也何謂可微辨而不可面數待人可矣自待則不可也子路聞過則喜孔子幸人之知過成湯改過不吝推是心也苟有過失雖怒罵且將受之況面數乎

方愨解王制云爵欲正其名故官必特置。祿欲省其費故職或兼掌。愚嘗聞淳熙（閻按）孝宗在位十二年甲午改元中或言秦檜當國時遴於除授。一人或兼數職。未嘗廢事。又可省縣官用度。於是要官多不補。御史中丞蔣繼周論之曰。往者權臣用事。專進私黨廣斥異己。故朝列多闕。今獨何取此。朝臣俸祿有限。其省幾何。而遺才乏事。上下交病。且一官治數司而收其廩。裴延齡用以欺唐德宗也。以是觀之。則兼職省費。豈王者之制乎。（元圻案）（唐書裴延齡傳）延齡河中河東人德宗擢延齡司農少卿嘗請斂財以實府帝曰安得而實之延齡曰開元天寶間戶口繁息百司務殷官且有缺者比兵興戶不半在今一官治數司足矣請後官闕不及補收其廩以實帑藏（經義考一百四十一）（方氏愨禮記解）通攷二十卷陳振孫曰政和三年表進自為之序以王氏父子禮記獨無解義乃取所撰三經義及字說申而明之著為此解浙江通

賜臣不過九命

志方慤字性夫桐廬人注禮記解政和八年進士仕至禮部侍郎〔又一百四十二〕蔣氏繼周禮記大義七卷佚括蒼彙記蔣繼周字世修青田人紹興甲戌進士歷館職二十年仕至御史中丞禮部尚書卒贈太師謚文恭

周官上公九命。王制有加則賜不過九命。伏生大傳謂諸侯三年一貢士。一適謂之好德。再適謂之賢賢。三適謂之有功。有功者天子一賜以車服弓矢。再賜以秬鬯。三賜以虎賁百人。號曰命諸侯。此言三賜而已。漢武紀元朔元年。有司奏議曰。古者諸侯貢士。壹適謂之好德。再適謂之賢賢。三適謂之有功。迺加九錫。九錫始見於此。遂爲篡臣竊國之資。自王莽始。禮緯含文嘉有九錫之說。亦起哀平間。飾經文姦以覆邦家。漢儒之罪大矣。〔集證曰韓詩外傳八傳曰〕諸侯之有德天子錫之一錫車馬再錫衣服三錫虎賁四錫樂器五錫納陛六錫朱戶七錫弓矢八錫斧鉞九錫秬鬯緯書起哀平間而韓嬰文帝時爲博士已有九錫之說〇〔元圻案〕〔後漢書荀彧傳注禮含文嘉曰〕九錫一曰車馬二曰衣服三曰樂器四曰朱戶五曰納陛六曰虎賁百人

殷人先罰後賞

仁右道左

沐粱沐稷

七曰斧鉞八曰弓矢九曰秬鬯謂之九錫錫與也九錫皆如其德

表記殷人先罰而後賞。漢武帝建元元年賢良策問謂殷人執五刑以督姦皆言殷政之嚴也書曰代虐以寬詩曰敷政優優豈尚嚴哉

仁右道左仁對道而言張宣公答吳晦叔書以爲言周流運用處右爲陽而用之所行也左爲陰而體之所存也〔元圻案〕〔表記〕仁者右也道者左也鄭注右也左也言相須而成也

國君沐粱大夫沐稷士沐粱司馬公曰禮別嫌明微大夫貴近於君故推而遠之以防僭偪之端士賤遠於君雖與之同物無所嫌也〔元圻案〕〔禮器〕君子之於禮有順而摭也〔正義曰〕摭猶拾取也謂若君沐粱大夫沐稷士用粱士卑不嫌是拾君之禮而用之也〔長編一百九十七〕仁宗嘉祐七年冬十月時學士院新定後宮封贈父祖制度皇后與妃皆及三代諫官司馬光等上言大禮之所謹在于尊卑之分別嫌明微故國君沐粱大夫沐稷士沐粱蓋以大夫貴近於君云云無所嫌也皇后敵體至尊母儀四海六宮之內無與等夷妃品秩雖貴而皇后猶爲女君今封贈之典混而爲一臣實惘焉

善教使人繼志證史

刑不上大夫

影寢不慚爲慎獨

善教者使人繼其志。弟子累其師。李斯韓非之於荀卿也。弟子賢於師。盧植鄭元之於馬融也。〔元圻案〕一〔史記老莊申韓列傳〕非爲人口吃不能道說而善著書與李斯俱事荀卿〔後漢書馬融傳〕融字季長扶風人有俊才坐高堂施絳帳前授生徒後列女樂鄭康成盧植皆其弟子

曲禮刑不上大夫。家語五刑解冉有問刑不上於大夫。孔子曰。凡治君子以禮御其心。所以屬之以廉恥之節也。其言與賈誼書同。〔案〕〔新書階級篇〕故古者禮不及庶人刑不至君子所以厲寵臣之節也而加詳焉。誼蓋述夫子之言也。秋官條狼氏誓大夫曰。鞭。恐非周公之法。〔元圻案〕〔王氏周禮詳說曰〕刑不上大夫此云鞭五百王氏以爲誓其大夫之屬

文子精誠篇曰。聖人不慚於影。君子慎其獨也。劉子慎獨篇曰。獨立不慚影。獨寢不媿衾。〔原注〕〔高彥先謹獨銘曰〕其出戶如見賓其入虛如有人其行無愧於影其寢無愧於衾四句並見劉子〔集證曰晏子外篇云〕嬰聞之君子獨立不慚於影獨寢不慚於魂是又劉子所本○〔元圻案〕劉子注見卷三三十一頁〔朱子文集七十九〕漳州州學高東溪祠記臨漳有東溪先生高公者名登字彥先靖康間遊太學與陳公少陽伏闕拜疏以誅六賊留种李爲請用事者欲兵之不爲動也紹興初召至政事堂與宰相秦檜論不合

咏歎淫液

月令言來歲二

共飯不澤手

去爲靖江府古縣令有異政〔書錄解題〕高東溪集十二卷今所存詩文僅數十頁而已厚齋所引之銘尚存集中其序曰靖康初高子以少故去豐關僦居景德僧寺兀兀終日咄咄書空因揭愼獨顏間爲之銘云其出戶如見賓云云請事斯語無怠厥終

大學章句咏歎淫液〔集證曰〕四字本樂記刊本誤爲淫泆

月令言來歲者二。一季秋爲來歲受朔日。秦正建亥也。季冬待來歲之宜。夏正建寅也。〔原注〕月令作於秦雖用夏時猶存秦制淮南時則訓與月令同漢太初以前猶以十月爲歲首〇〔元圻案〕季秋之月合諸侯制百縣爲來歲受朔日鄭注秦以建亥之月爲歲首於是歲終使諸侯及鄉遂之官受此法焉 季冬之月飭國典論時令以待來歲之宜鄭注周禮以正月爲之建寅而縣之今用此月則所因於夏殷也

理道要訣〔全云〕杜佑作云周人尚以手摶食故記云共飯不澤手。蓋弊俗漸改未盡。今夷狄及海南諸國五嶺外人皆以手摶食。豈若用匕筯乎。三代之制祭立尸。自秦則廢。後魏文成時高允獻書云祭尸久廢。今俗父母亡取狀貌類者爲尸敗化黷禮。請釐革。又周隋蠻夷傳巴梁間爲尸以祭

穎爲警枕

舜葬蒼梧南巳

今郴道州人祭祀迎同姓伴神以享則立尸之遺法乃本夷狄風俗至周未改耳以人殉葬至周方革猶未能絕［原注］秦穆公魏顆之父陳乾昔今戎狄尚有之中華久絕矣［閻案］立尸乃古法外裔猶存耳［何云］讀曾子問乃知君卿之論立尸誠謬朱子語類亦以君卿爲非乃不引經以折之何哉○［元圻案唐書藝文志］子部雜家類杜佑理道要訣十卷［書錄解題雜家類］理道要訣十卷唐宰相杜佑撰凡三十三篇皆設問答之詞末二卷記古今異制蓋於通典中撮要以便人主觀覽

少儀穎警枕也鄭注文謂之穎者頰然警悟也司馬文正公以圓木爲警枕少睡則枕轉而覺乃起讀書［集證］［范祖禹司馬温公布衾銘曰］公一室蕭然圖書盈几案竟日靜坐泊如也以圓木爲警枕少睡則枕轉而覺乃起讀書　馬氏叢書樓校本穎元板作頴

舜葬蒼梧之野案之閻本作山誤今從何本薛氏季宣曰孟子以爲卒於鳴條呂氏春秋孟冬紀安死篇舜葬於紀蒼梧山在海州界近莒之紀城鳴條亭在陳留之平邱今考九域志海州東海縣有蒼梧山［閻按］海州蒼梧山即山海經之郁州無舜葬於此之說［集證］［高誘呂覽安死篇］注曰傳曰舜葬蒼梧九疑之山此云於紀市九疑山下亦有紀○［元圻案］［畢氏沅曰］墨子云舜葬南巳之市御覽五百五十五作南紀引尸子作南巳［案路史注云

儒行之異十七條

儒行經解非聖言

家有塾證義

左塾右塾之坐

紀郎冀故紀后爲冀后今河東皮氏東北有冀亭冀子國也鳴條在安邑西北其地相近記謂舜葬蒼梧皇覽謂在零陵營浦縣尤失之〔梁伯子云困學紀聞五〕引薛氏言蒼梧在海州界近莒之紀城亦非〔書錄解題地理類〕元豐九域志十卷知制誥丹陽王存正仲集賢校理南豐曾肇子開官制所檢討邯鄲李德芻等刪定總二十三路四京十府二百四十二州三十七軍四監一千一百三十五縣

儒行言儒之異十有七條。程子以爲非孔子之言。〔案二程粹言〕子曰禮記之文多謬誤者儒行經解非聖人之言也夏后氏郊鯀之篇皆未可據也 胡氏謂游夏門人所爲。其文章殆與荀卿相類。

古者無一民不學也。二十五家爲閭。閭同一巷。巷有門。門有兩塾。上老坐於右塾。爲右師。庶老坐於左塾。爲左師。出入則里胥坐右塾。鄰長坐左塾。察其長幼揖遜之序。新穀已入。餘子皆入學。距冬至四十五日始出學。所謂家有塾也。〔集證曰〕此段約尚書大傳漢書食貨志白虎通之文 聞之先儒曰。先王之時。其人則四民。也。其居則六鄉。三采。五比。四閭也。其田則一井二牧。三屋。九夫也。其官則三吏。六聯。五侯。九伯也。其教則五典。十義。六德。六行也。其學則五禮六樂。五射。六〔閻按〕六當作五馭。六書。九數也。少而習焉。其心安焉。〔閻按〕先王之時至其心安焉皆魏華父瀘州學記之文其田以下其官以上有其食則九穀六畜五牲三犧也其服則九文六采五服五章也二句王氏節去猶可獨原文其教則五事五典由人身而人倫最妙易作五典十義十義出禮運卽父子有親君臣有義等也不與五典複乎惜不及其時而問之〔何云〕焯按恐王氏所見者初本傳於今者則華父又自改定也正歲。孟月之吉。黨正。社。禜之會。讀法。飲射。無非教也。〔集證〕此約周官之文弟子之職。攝衣。沃盥。執帚播灑。饌饋。陳膳。執燭。奉席。無非學也。〔集證曰〕管子弟子職第五十九攝衣共盥先生乃作沃盥徹盥汎拚正席先生將食弟子饌饋攝衽盥漱跪坐而饋置醬錯食陳膳毋悖堂上播灑室中握手執箕膺揲厥中有帚入戶而立其儀不忒執帚下箕倚於戶側昏將舉火執燭隅坐敬奉枕席問所何趾漢有三老。掌教化。父兄之教。子弟之率。〔案〕漢書司馬相如傳父兄之教不先子弟之率不謹寡廉鮮恥而俗不長厚也餘論未泯。清議在鄉黨。而廉恥興焉。經學有師法。而義理明焉。吁古道何時而復乎。

絜矩至不踰矩

射圃拒人非聖意

大戴撰注篇卷

絜矩。學者之事也。從心所欲而不踰矩。聖人之事也。〔何云〕非牽合此章所學者大學之道〔全云〕矩固無二然平天下之大道豈可僅以學者之强恕當之尚未圓融

孔子射於矍相之圃。呂與叔曰。孔子溫良恭讓。其於鄉黨。似不能言。未聞拒人如是之甚。疑不出於聖人。特門人弟子逆料聖人之意而爲此說將以推尊聖人。而不知非聖人之所當言。〔原注〕此言可以厲浮薄之俗故表而出之〇〔元圻案〕〔晁公武曰〕芸閣禮記解十卷呂大臨與叔撰與叔師事程正叔禮學甚精博經義考云未見 四庫全書亦未著錄蓋已佚矣〔衞氏禮記集說射義篇引藍田呂氏曰〕孔子於鄉黨恂恂如也互鄉難與言也猶與其進陽虎勸之仕則諾之以溫良恭儉讓之德行於天下未聞拒人如是之甚也孟子曰仲尼不爲已甚者故矍相之事疑不出聖人聖人沒門人弟子欲阿所好而爲此說將以推尊聖人而或不知其德雖逆料聖人之意或及於是而不知非聖人之所當言如記稱孔子曰我戰則克祭則受福固孔子之事也而謂孔子言之則非也

大戴禮記〔元圻案〕〔四庫書簡明目錄二〕大戴禮記十三卷漢戴德撰周盧辯注戴德書爲戴聖刪削之餘凡八十五篇隋志所錄已佚其四十七篇盧辯注亦僅存八卷

大戴禮哀公問投壺二篇。與小戴無甚異。禮察篇

大小戴荀賈書互同
大戴始三九終八一
大戴有闕有重出

大戴注誤鄭氏
盧辯為大戴解詁
明堂九室合洛書

首與經解同。曾子大孝篇與祭義相似。而曾子書十篇皆在焉。勸學禮三本見於荀子。保傅篇。則賈誼書之保傅傅職胎教容經四篇也。漢書謂之保傅傳。〔元圻案〕〔宋韓元吉大戴禮記序云〕漢興得先儒所記禮書凡二百四篇戴德刪之為八十五篇謂之大戴禮戴聖又刪德之書為四十九篇謂之小戴禮今立之學官者小戴書也然大戴禮始三十九終八十一當為四十三篇中間缺者四篇而重出者一篇其上不見者猶三十八篇復不能合於八十五篇之數豈但當為八十一邪其缺者或既逸其不見者抑聖所不取者也然哀公問投壺二篇與小戴書無甚異禮察篇與經解亦同曾子大孝篇與祭義相似則聖已取之篇豈其文無所刪者也勸學禮三本見於荀卿子至取舍之說及保傅則見於賈誼疏間與經子同者尚多有

大戴禮盧辯注。非鄭氏。朱文公引明堂篇鄭氏注二。云法龜文。未考北史也。〔閻按〕〔盧辯傳〕辯字景宣以大戴禮未有解詁乃注之○〔元圻案〕〔四庫全書總目經部禮類〕附錄大戴禮十三卷案朱子引明堂篇鄭氏注云法龜文殆以注歸之康成歟內徵引有康成譙周孫炎宋均王肅范甯郭象諸人下逮魏晉之儒困學記聞指為盧辯注據周書辯字景宣官尚書右僕射以大戴禮未有解詁乃注之其兄景裕謂曰昔侍中注小戴今爾注大戴庶纘前修矣王氏之言信而有徵　明堂篇者先儒於盛德篇明堂者古有之也以下別出為明堂篇也其文曰明堂凡九室又曰二九四七五三六一八注記用九室謂法龜文故取此數以明其制也　〔朱子文集八十四〕書河圖洛書後曰世傳一至九數者為河圖一至十數者為洛書考之於古正是相反而置之予於啓蒙辨之詳矣讀大戴禮又得一證其明堂篇有二九四七五三六一八之語而鄭氏注云法龜文也然則漢人固以此九數者為洛書矣

易本命篇同家語

武王十七銘金匱陰謀諸銘辭古帝王銘諸器

易本命篇與家語執轡篇同但家語謂子夏問於孔子
孔子曰然吾昔聞老聃亦如汝之言子夏曰商
聞山書曰云云大戴以子曰冠其首疑此篇子
夏所著而大戴取以爲記[元圻案]（易本命篇）自夫易之生人禽獸萬物昆蟲各有以生至篇終皆以爲夫子之言家語則作子夏問於孔子曰商聞易之生人至晝生者類父夜生者類母皆子夏之言而多是以至陰主牝至陽主牡敢問其然乎三句又加孔子曰然吾昔聞老聃亦如汝之言十四字下接子夏曰商聞山書曰地東西爲緯南北爲經至王者動必以道動靜必以道靜皆子夏述山書之言而多必順理以奉天地之性而不害其所生謂之仁聖焉三句而下又有子夏言終而退子貢進曰商之論也何如孔子曰汝謂何也對曰微則微矣然非治世之待也孔子曰然各其所能一段
踐阼篇載武王十七銘後漢朱穆傳注引太公陰
謀武王衣之銘曰桑蠶苦女工難得新捐故後
必寒鏡銘曰以鏡自照見形容以人自照見吉
凶觴銘曰樂極則悲沈湎致非社稷爲危崔駰
傳注引太公金匱武王曰吾欲造起居之誡隨
之以身几之書曰安無忘危存無忘亡孰惟二

者必後無凶〔集證〕几銘文選封禪文注引作太公陰謀杖之書曰輔人無苟扶人無咎太平御覽諸書引太公陰謀筆之書曰毫毛茂茂陷水可脫陷文不活（太平御覽六百五）箠之書曰馬不可極民不可劇馬極則躓民劇則敗（御覽三百五十九）又引金匱其冠銘曰寵以著首將身不正遺爲德咎書履曰行必慮正無懷僥倖書劍曰常以服兵而行道德行則福廢則覆書車曰自致者急載人者緩取欲無度自致而反書鏡曰以鏡自照則知吉凶（以上五銘並載御覽五百九十）門之書曰敬遇賓客貴賤無二（御覽百八十三）戶之書曰出畏之入懼之（御覽百八十四）牖之書曰闚望審且念所得可思所志（御覽百八十八）鑰之書曰昏謹守深察訛（御覽百八十四）硯之書曰石墨相著而黑邪心讒言無得汙白（御覽六百五）書鋒曰忍之

須臾乃全。汝軀書刀曰。刀利磑磑。無爲汝開。並載王氏

踐阼篇集解選注云出六韜書井曰。原泉滑滑。連旱則絕。取事有常。

賦斂有節。御覽百八十九蔡邕銘論謂武王踐阼咨於太

師。作席几楹杖器械之銘十有八章。〔案〕〔蔡中郎集銘論曰〕春秋之論銘

也曰天子令德諸侯言時計功大夫稱伐昔肅慎納貢銘之楛矢所謂天子令德也黃帝有巾几之法孔甲有盤杅之誡殷湯有甘誓之勤毚鼎有丕顯之銘武王踐阼咨於太師作席几楹杖器械之銘十有八章周廟金人緘口書背銘之以慎言亦所以勸導人主勖於令德者也

參考金匱陰謀之書。則不止於十八章矣。書於篇後。俾好古者有考。〔閻按〕

書於篇後謂踐阼篇也王氏嘗集解踐阼篇○〔元圻案〕〔王氏自書集解踐阼篇後曰〕有周盛時大訓在西序河圖在東序三皇五帝之書外史掌之丹書蓋前聖傳心要典也學記正義謂赤雀所銜丹書乃尚書帝命驗讖緯不經之言君子無取焉武王銘十有七章蔡邕以爲十八章豈有闕文與大戴禮有盧辯注今列於前鄭康成黃太史所書攷其文之異者又采諸儒之說爲集解金匱陰謀載武王銘書附著於末〔踐阼篇〕載武王席前左端之銘曰安樂必敬前右端之銘曰無行可悔後左端之銘曰一反一側亦不可以忘後右端之銘曰所監不遠視爾所代机之銘曰皇皇惟敬口生詬口戕口鑑之銘曰見爾前慮爾後盥盤之銘曰與其溺於人也寧溺于淵溺于淵猶可游也溺于人不可救也楹之銘曰毋曰胡殘其禍將然毋曰胡害其禍將大毋曰胡傷其禍將長杖之銘曰惡乎危于忿疐惡乎失道于嗜慾惡乎相忘于富貴帶之銘曰火滅修容慎戒必恭恭則壽屨屨之銘曰慎之勞勞則富觴豆之銘曰食自杖食自杖戒之憍憍則逃戶之銘曰夫名難得而易失無懃弗志而曰我知之乎無懃弗及而曰我杖之乎擾阻以泥之若風將至必先搖搖雖有聖人不能爲謀也牖之銘曰隨天之時以地之

武王東面受丹書

朱子山谷書踐阼篇

財敬祀皇天敬以先時劍之銘曰帶之以爲服動必行德行德則興倍德則崩弓之銘曰屈伸之義廢興之行無忘自過矛之銘曰造矛造矛少間弗忍終身之羞予一人所聞以戒後世子孫〔金匱陰謀〕漢志不著錄隋志兵家太公陰謀一卷太公金匱二卷

武王東面而立。師尚父西面道丹書之言。此踐阼篇文皇氏曰。王在賓位。師尚父在主位。此王廷之位。若尋常師徒之教。則師東面。弟子西面。與此異。〔闇按〕古弟子北面郭隗曰北面拘指逡巡而退以求臣則師傅之材至矣一曰詘指而事之北面而受學則百己者至〔集證〕皇氏說見禮記學記正義

山谷以太公所誦丹書及武王銘書於坐之左右。以爲息黥補劓之方。朱文公亦求程可久寫武王踐阼一篇。以爲左右觀省之戒。〔原注〕儀禮經傳刪且臣聞之至必及其世大學或問因湯盤銘及武王之銘〔集證曰玉海三十九〕紹熙五年閏十月戊子朱子侍講大學至盤銘曰新因論武王有丹書一篇皆人主憂勤警戒之意上曰近有人進此書蓋黃庭堅所書也〇〔元圻案〕〔黃山谷集題太公丹書後曰〕右太公所誦丹書之言故武王惕若恐懼書以爲戒於所起居服用皆勤銘如是余從事於俗甚漫意行不忌晚而待罪太史觀禮書得此銘以鑑小人之影去道遠矣乃書於坐之左右以爲息黥補劓之方〔晁子曰〕秦人之炙亦吾嗜也書以遺我故書〔莊子內篇大宗師意而子曰〕夫無莊之失其美據梁之失其力黃帝之亡其知皆在鑪錘之間耳庸詎知夫造物者之不息我黥而補我劓使我乘成以隨先生耶 朱子文集有求程可久寫踐阼篇書

夏小正傳注

聖人得國無日食

大戴記之夏小正。管子之弟子職。孔叢子之小爾雅。古書之存者。三子之力也。〔元圻案〕〔書錄解題時令類〕夏小正傳四卷〔漢戴德傳給事中山陰傅崧卿注〕此書本在大戴禮鄭康成注禮運夏時曰夏四時之書也其存者有小正後人於大戴禮鈔出別行〔漢書藝文志〕孝經家弟子職一篇應劭曰管仲所作〔朱子語類〕弟子職一篇若不在管子中亦亡矣此或是他存得古人的或是他自作俱未可知竊疑是他作內政時士之子常爲士因作此以教之〔書錄解題小學類〕小爾雅一卷漢有此書亦不著名氏唐志有李軌解一卷今館閣書目云孔鮒撰蓋孔叢子第十一篇也曰廣詁廣言廣訓廣義廣名廣服廣器廣物廣鳥廣獸凡十章又度量衡爲十三章當時好事者抄出別行

誥志篇。孔子曰。古之治天下者必聖人。聖人有國。則日月不食。星辰不孛。慈湖〔閻按〕慈湖楊簡號謂堯舜禹之時。歷年多無日食。至太康失邦。始日食。曆家謂日月薄食。可以術推者。衰世之術也。而亦不能一一皆中。一行歸之君德。頗與孔子之言合。一行之術精矣。而有此論。則誠不可委之數。〔元圻案〕此條全錄慈湖集家記中語記又云胡康侯於春秋誤解日食殊未讀大戴記孔子斯言世罕誦習故表而出之〔唐書曆志第十七下〕一行日食議曰古之太平日不蝕星不孛蓋有之矣若過至未分月或變行而避之或五星潛在日下禦侮而救之或涉交數淺或在陽曆陽盛陰微則不蝕或德之休明而有小眚焉則天爲之隱雖交而不蝕此四者皆德教之所由生也四序之中

勸學篇同荀子 鼫鼠五伎 蟹二螯八足

分同道至相過交而有蝕則天道之常如劉歆賈逵皆近古大儒豈不知軌道所交朔望同術哉以日食非常故闕而不論黃初以來治曆者始課日蝕疏密及張子信而益詳劉焯張胄元之徒自負其術謂日月皆可以密率求是專於紀曆者也

說苑建本篇引子思曰學所以益才也礪所以致刃也吾嘗幽處而深思不若學之速吾嘗跂而望不如登高之博見故順風而呼聲不加疾而聞者衆登丘而招臂不加長而見者遠故魚乘於水鳥乘於風草木乘於時與大戴禮荀子勸學篇略同隋唐志小學類又有蔡邕勸學篇一卷易晉九四正義引之云鼫鼠五能不成一伎術（原注）晉蔡謨讀爾雅不熟幾為勸學死謂勸學篇也

荀子梧鼠大戴云鼫鼠蟹六跪二螯大戴二螯八足（元圻案）（大戴禮勸學篇）孔子曰吾嘗終日思矣不如須臾之所學吾嘗跂而望之不如升高而博見也升高而招非臂之長也而見者遠順風而呼非聲加疾也而聞者著假車馬者非利足也而致千里假舟檝者非能水也而絕江海君子之性非異也而善假於物也荀子勸學篇文與此同（晉九四正義曰）晉如鼫鼠无所守也者蔡邕勸學篇云鼫鼠五能不成一伎王注曰能飛不能過屋能緣不能窮木能游不能度谷能穴不能掩身能走不能先人阮氏校勘記云不成一伎王（按盧文弨云）顏氏家訓作不成技術知

如長日加益行所聞則廣大

良賈深藏若虛

冠辭迎日辭公冠誤公符

王字誤也〔荀子勸學云〕蟹六跪而二螯非蛇蟺之穴無可寄託者用心躁也注跪足也韓子以刖足爲刖跪螯蟹首上如鉞者〔許叔重說文云〕蟹六足二螯也〔謝金圃師校刊荀子案曰〕說文有二敖八足大戴禮亦同此正文及注六字疑皆八字之誤〔勸學又云〕螣蛇無足而飛梧鼠五技而窮注梧鼠當爲鼫鼠蓋本誤爲鼯字傳寫又誤爲梧耳技才能也言技能雖多而不能如螣蛇專一故窮五技謂能飛不能過屋云云卽晉六四正義所引之辭也〔大戴禮勸學云〕蟹二螯八足非蛇蟺之穴而無所寄託者用心躁也又曰騰蛇無足而騰鼫鼠五伎而窮〔晉書蔡謨傳〕謨字道明陳留考城人也康帝時徵拜司徒謨初渡江見蟚蜞大喜曰蟹有八足加以二螯令烹之既食吐下委頓方知非蟹後詣謝尚而說之尚曰卿讀爾雅不熟幾爲勸學死

曾子曰。與君子游。如長日加益。而不自知也。曾子疾病篇文

董仲舒之言本於此。行其所聞則廣大矣。亦疾病篇文

仲舒云。行其所知。則光大矣。〔元圻案〕〔漢書董仲舒傳對策曰〕積善在身猶長日加益而人不知也積惡在身猶火之銷膏而人不見也又曰尊其所聞則高明矣行其所知則光大矣

曾子制言曰。良賈深藏如虛。君子有盛教如無。與

史記老子之言略同。〔元圻案〕〔史記老莊申韓列傳老子曰〕吾聞之良賈深藏若虛君子盛德容貌若愚

公符篇。載孝昭冠辭。其后氏曲臺所記歟。原注後漢禮儀志注引博物記

云迎日辭。亦見尚書大傳。〔原注〕三句與洛誥同〔方樸山云〕〔按大戴禮〕是公冠非公符見儀禮士冠

五儀穆穆純純

禮察篇言審取舍

禮賈釋甚明今本符字因字形相近而誤刻耳此書潛邱劄之義門校之而於此等處略不是正何耶〇〔元圻案大戴禮公冠篇〕陛下擢顯先帝之光耀以承皇天嘉祿欽順仲春之吉日遵並大道郊域秉集萬福之休靈始加昭明之元服推遠稚兒之幼志崇積文武之寵德肅勤高祖清廟六合之內靡不息陛下永永與天無極孝昭冠辭案此四字題上文以別於成王冠辭〔後漢禮儀志注引博物記孝昭冠辭曰〕陛下擢顯先帝之光耀以承皇天之嘉祿欽奉仲春之吉辰普遵大道之郊域秉率百福之休靈始加昭明之元服推遠沖孺之幼志蘊積文武之就德肅勤高祖之清廟六合之內靡不蒙德永永與天無極〔公冠篇〕維某年某月上日明光于上下勤施于四方旁作穆穆維予一人某敬拜迎于郊注古者帝王以正月朝聘率有司迎日于東郊也〔尚書大傳略說〕迎日之辭與公冠篇同〔漢書儒林傳曰〕后蒼說禮數萬言號曰曲臺記以授大小戴注服虔曰在曲臺校書著記因以爲名

哀公問五義〔案〕四庫全書大戴禮校本案儀各本訛作義今據荀子哀公篇人有五儀訂正據此義當作儀二云穆穆純純其莫之能循荀子二云繆繆肫肫其事不可循蓋古字通用楊倞二云繆當爲膠肫肫與訰同非也〔集證曰〕禮記大傳序以昭繆注繆讀若穆史記魯世家太公召公乃繆卜注徐廣曰古書穆字多作繆是穆繆古字通也儀禮士昏禮肫髀不升注肫全也釋文音純詩召南白茅純束箋純讀曰屯是純肫古字通也〇〔元圻案〕〔荀子哀公篇〕楊倞注繆當爲膠相加之貌莊子云膠膠擾擾肫與訰同雜亂之貌爾雅云訰訰亂也言聖人治萬物錯雜膠膠訰訰然而衆人不能循其事

賈誼審取舍之言見禮察篇〔元圻案〕〔漢書賈誼傳上疏曰〕爲人主計者莫如先審取舍取舍之極定於內而安危之萌應於外矣

東有開明 庶虞蜚征

商老彭仲隗 仲隗亦爲中蘬

綴學之徒

傳言以象胥 反舌舌人

爾雅以觀古

四代篇引詩云東有開明。(原注)避景帝諱也於時雞三號以興庶虞庶虞動。(案)(四庫全書大戴禮)校本案各本重庶虞二字蜚征作啬民執功百草咸淳。(原注)庶虞蓋山虞澤虞之屬馬融廣成頌用飛征(全云)以下六條小註俱係正文○(元圻案)(周禮地官)山虞掌山林之政令澤虞掌澤國之政令(後漢書馬融傳)融以爲文武之道聖賢不墜五才之用無或可廢元初二年上廣成頌曰諷諫其辭曰揪斂九藪之動物繯橐四野之飛征鳩之乎兹囿之中注飛征飛走也

虞戴德篇昔商老彭及仲隗。今本作仲傀政之教大夫官之教士技之教庶人。(原注)仲隗當攷○(元圻案)仲虺史記殷本紀作仲鸓荀子堯問作中蘬石經仲虺之誥作仲傀楊子注中蘬與仲虺同湯左相 四庫全書校大戴禮記云仲傀卽仲虺

小辯篇子曰綴學之徒安知忠信。(原注)劉歆書綴學之士本此○(元圻案)(漢書楚元王傳)歆移讓太常博士書曰往者綴學之士不思廢絕之闕苟因陋就寡分文析字煩言碎辭 班固典引亦曰綴學立制

傳言以象反舌皆至。(原注)象者象胥舌人之官也 (集證曰)周語坐諸門外而使舌人體委與之注舌人象胥之官也 呂覽爲欲篇蠻夷反舌注夷語與中國相反故曰反舌○(元圻案)(周禮秋官)象胥掌蠻夷閩貉戎狄之國使掌傳王之言而論說焉

爾雅以觀於古足以辨言矣注謂依於雅頌。(原注)張揖云卽爾雅也爾雅之名始見於此○(元圻案)(張揖上廣雅表曰)昔在周公制禮以導天下著爾雅一篇以釋其義傳于後學歷載五百墳典散零惟爾雅恆存禮三朝記哀公曰寡人欲學小辨

靈公殺洩冶鄧元去陳以族從
官人言少壯老無業
月令注引小正
夏小正無中氣日數
時訓因小正加詳
傅崧卿注夏小正

以觀於政其可乎孔子曰爾雅以觀於古足以辨言矣〔晁氏讀書志小學類〕博雅十卷隋曹憲撰魏張揖嘗採蒼雅文爲書名曰廣雅憲因揖之說附以音解避煬帝諱乃更之爲博云

保傅篇。靈公殺洩冶而鄧元去陳以族從〔原注〕鄧元事唯見於此當攷〔闓按〕鄧元事亦見賈誼新書卷之十 何云焯謂此不必注前固云即賈誼書之四篇矣〔集證曰〕鄧元事一見韓詩外傳七一見說苑尊賢篇〔外傳云〕紂殺王子比干箕子被髮佯狂陳靈公殺洩冶鄧元去陳以族從自此之後殷幷於周陳亡於楚以其殺比干洩冶而失箕子鄧元也說苑語與大戴略同

文王官人篇。闓按當作曾子立事其少不諷誦。其壯不論議。其老不教誨。亦可謂無業之人矣。〔原注〕此言可以儆學者〔闓按〕荀子引孔子曰少而不學長無能也老而不教死無思也是故君子少思長則學老思死則教余幾一日百誦之

傅氏夏小正序。鄭注月令。引小正者八。〔集證曰〕正月啓蟄魚陟負冰農率均田二月丁亥萬舞入學三月妾子始蠶執養宮事四月王萯莠五月啓灌藍蓼六月鷹始摯九月丹鳥羞白鳥 今按月令孟冬講武注。引夏小正十一月王狩。凡引小正者九。〔原注詩七月箋〕引小正者一〔集證〕曰四月王萯莠〇〔案〕原注九字何校本亦作正文今從闓本 朱子發曰。夏小正具十二月而無中氣。有候應而無日數。至時訓乃五日爲候。三候爲氣。六十日爲節。豈時訓因小

孔子三朝七篇

樂經以秦闕亡樂德樂語樂舞

五莖六英古皇六樂名異

正而加詳歟。〔元圻案〕〔四庫全書總目禮類〕附錄夏小正戴氏傳四卷宋傅崧卿撰崧卿字子駿山陰人官至給事中倣杜預編次左氏春秋之例列正文於前而列傳於下每月各爲一篇而附以注釋〔朱子發漢上易書〕李溉卦氣圖後曰二十四氣七十二候見於周公之時訓呂不韋取以爲月令焉其上則見於夏小正夏建寅故其書始於正月周建子而授民時巡狩承享皆用夏正故其書始於立春夏小正具十二月而無中氣有候應而無日數至於時訓乃五日爲候三候爲氣六十日爲節二書詳略雖異其大要則同豈時訓因小正而加詳歟

孔子三朝七篇。藝文志注。孔子對魯哀公語也。三朝見公。故曰三朝。此師古注文 大戴禮記。千乘。四代。虞戴德。誥志。小辨。用兵。少閒。凡七篇。〔集證曰〕〔漢志考劉向別錄云〕孔子見魯哀公問政比三朝退而爲此記凡七篇並入大戴禮史記兩漢書文選注所引謂之三朝記爾雅疏張揖引禮三朝記皆此書也○〔元圻案〕王氏著漢藝文志考

樂〔元圻案〕〔經義考一百六十七樂經〕隋志四卷佚漢書王莽傳元始三年立樂經應劭曰周室凌遲禮崩樂壞重遭暴秦遂以闕亡按周官成均之法所以教國子樂德樂語樂舞三者而已樂德則舜典命夔教冑子數言已括其要樂語則三百篇可被絃歌者是樂舞則鏗鏘鼓舞之節不可以爲經樂之有經大約存其綱領然則大司樂一章即樂經可知矣樂記從而暢言之無異冠禮之有義喪服之有傳即謂樂經於今具存可也

樂緯動聲儀。顓頊之樂曰五莖。帝嚳之樂曰六英。〔集證曰〕引見文選魏都賦注春官大司樂疏○〔案文選〕傅毅舞賦亦引之 漢樂志。白虎通禮樂篇二。云六莖

旋宮以明均律
變徵變宮相演
六十聲八十四調
七音清濁一均
二變四清半律子聲
王朴考正雅樂
黄鐘爲萬事根本
用尺量定律

五英帝王世紀高陽作五英高辛作六莖〔大戴禮帝繫篇〕昌意産高陽是爲帝顓頊蟜極産高辛是爲帝嚳列子〔周穆王篇〕張湛注以六瑩爲帝嚳樂淮南子〔原道訓〕注以六瑩爲顓頊樂通鑑外紀云漢志世紀放六樂撰其名故多異〔元圻案〕〔通鑑外紀一孝經鉤命決云〕伏犧樂曰立基神農曰下謀祝融曰屬續〔帝系譜云〕伏犧樂曰扶來神農曰扶持〔帝王世紀云〕少皞樂曰九淵〔樂緯云〕顓頊樂曰五莖帝嚳曰六英〔漢禮樂志云〕顓頊作六莖帝嚳作五英皆緯書帝系諸譜〔漢志世紀〕放六樂撰其名故多差異非本稱也〔宋均釋言云〕六英者能爲天地四方六合之英而五莖者能爲五行之道立根莖

徐景安樂章文譜曰五音合數而樂未成文案旋宮以明均律迭生二變方協七音乃以變徵之聲循環正徵復以變宮之律迴演清宮其變徵以變字爲文其變宮以均字爲譜唯清之一字生自正宮倍應聲同終歸一律〔案〕〔唐書藝文志〕徐景安歷代樂儀三十卷玉海一百五引中興書目新纂樂書唐協律郎徐景安撰一名歷代樂儀共三十篇自一至十述聲律器譜自十一至三十述祀樂之儀樂章文譜其二十篇之目也其詞曰樂章者聲詩也章明其情而詩言其志文譜樂句也文以形聲而句以局言〔唐書禮樂志〕祖孝孫以十二月旋相爲六十聲八十四調其法因五音生二變因變徵爲正徵因變宮爲清宮七音起黄鐘終南呂迭爲綱

吹律得聲
徐景安歷代樂儀
陳晉叔樂書
范鎮新定樂法
房庶亡補樂書
景祐樂府奏議
景祐廣樂記
皇祐新樂圖記
蔡元定律呂新書

紀黃鍾之律管長九寸王於中宮土半之四寸五分與清宮合五音之首也加以二變循環無間故一宮二商三角四變徵五徵六羽七變宮其聲繇濁至清爲一均〔唐會要周禮〕旋宮之義絕亡已久莫能知之一朝復古自孝孫始

陳晉之〔全云〕陳暘祥道弟樂書謂二變四清樂之蠹也四清之名起於鍾磬二八之文二變之名起於六十律旋宮之言非古制也〔案〕〔四庫全書總目經部樂類〕樂書二百卷宋陳暘撰暘字晉叔閩清人紹聖中登制科官禮部侍郎事跡具宋史本傳此書引據浩博辨論精審惟辨二變四清二條實爲紕繆自古論四清者以民臣相避以爲尊卑立說本屬附會暘則曰黃鍾至夾鍾四清聲以附正聲之次其意蓋爲夷則至應鍾四宮而設既謂黃鍾至夾鍾爲清又謂夷則至應鍾而設是兩四清也不知每均必具五聲夷則一均以南無無應爲次而闕角聲必須黃鍾清爲角南呂一均以南無應爲次而闕羽角二聲必須黃清爲羽太清爲角以調而論則謂夷南無應四律以聲而言則爲黃太太夾四清非有二也其不用正聲而用清聲者樂之高下以漸無驟高驟下之理以夷則一均言之如用夷南無應四正律則其聲以次而高而忽用黃鍾正律雖同在一均而高下不協故必以黃清協之也暘引李照十二鍾之說殊爲舛誤又論二變曰五聲者樂之指拇也二變者五聲之駢枝也五聲可益爲七音則五星五行五常亦可益而七之乎二變之說始於尙書而蔓衍於左傳國語書傳漢志是不知書之在治忽有五聲而無七始國語之七同有四宮而無徵也左氏爲七音之說蓋八音耳八音以土爲主而七音非土不和故書之益稷禮之樂記其言八者皆虛其一猶大衍虛其一也云云不知二變之生由於高下之次蔡元定相去二律則音節遠之說最有根據若不究其理之所由然而但以數相較則七較之五而多其二者將十二較之五而亦多其七是音不得有其七而律亦不得有其十二乎且五聲二變有管律絃度之不同半太蔟與正黃鍾應半夾鍾與正大呂應此理尤爲暘所不知也

朱文公〔答廖子晦書〕曰半律通典謂之子聲此是古法但後人失之

而唯存黃鍾大呂太蔟夾鐘四律有四清聲即半聲是也。變宮變徵始見於國語注〔周語王將鑄無射篇注〕黃鍾爲宮太蔟爲商姑洗爲角林鍾爲徵南呂爲羽應鍾爲變宮蕤賓爲變徵後漢志乃十二律之本聲自宮而下六變七變而得之者。非清聲也。凡十二律皆有二變。一律之內通五聲。合爲七均。祖孝孫王朴之樂皆同。所以有八十四調者。每律各添二聲而得之也。〔原注〕正聲是全律之聲如黃鍾九寸是也子聲是半律之聲如黃鍾四寸半是也宮與羽角與徵相去獨遠故於其間製變宮變徵二聲〔案通典樂三〕梁氏爲鍾以律計自倍半半者准半正聲之半以爲十二子律制爲十二子聲比正聲爲倍則以正聲於子聲爲倍以正聲比子聲則子聲爲半〔歐陽公五代史周臣傳〕王朴字文伯東平人也世宗顯德二年遷樞密使詔朴考正雅樂朴以謂十二律管互吹難得其真乃依京房爲律准以九尺之絃十三依管長短寸分設柱用七聲爲均樂成而和〔玉海一百五〕會要顯德六年正月王朴上疏曰梁唐晉漢僅有七聲作黃鍾之宮一調其餘八十三調於是泯絕宜示古今樂錄令臣討論遂作律准十三絃用七聲爲均均有七調聲有十二均合八十四調所補雅樂旋宮八十四調幷所定尺所吹黃鐘管所作律准並上進〔原注〕正聲云云乃朱子答張仁叔語見文集五十八仁宗實錄敘皇祐新樂云。古者黃鍾爲萬事根本。故尺量權衡。皆起於黃鍾。至晉隋間。累黍爲尺。而以制律容受。卒不能合。及平陳得古樂。遂用之唐興因其聲以制樂。其器雖無法。而其聲猶不失於古。王朴始用尺定律。而聲與器皆失之。太祖患其聲高。特減一律。至是又減半律。然太常樂比唐之聲猶高五律。比今燕樂高三律。失之於以尺而生律也。其言皆見於范蜀公樂書實錄。蓋蜀公之筆也。〔書錄解題起居注類〕仁宗實錄二百卷學士華陽王珪禹玉范鎮景仁知制誥常山宋敏求次道撰宰臣韓琦提舉

房庶言以律生尺。蜀公謂黃帝之法也。司馬公謂胡李〔全三五〕胡瑗李照之律生於尺。房庶之律生於量。皆難以定是非。〔宋史藝文志〕范鎮新定樂法一卷又房庶補亡樂書總要三卷〔書錄解題音樂類〕景祐樂府奏議一卷皇祐樂府奏議一卷殿中丞致仕胡瑗翼之撰景祐廣樂記八十卷翰林院侍講學士馮元等撰景祐元年判太常寺燕肅建言鐘律不調欲以王朴律準更加攷詳詔宋祁集賢與校理李照共領其事照言朴律太高比之古樂約高五律遂欲改定大樂制管鑄鐘弁弓聶冠卿爲檢討官又詔元等修撰樂書爲一代之典三年七月書成然未幾照樂廢不用〔四庫全書總目經部樂類〕皇祐新樂圖記三卷宋阮逸胡瑗奉勑撰仁宗景祐三年二月以李照樂穿鑿特詔較定鐘律考初置局時逸瑗與房庶等皆驛召預議詔命諸家各作鐘律以獻而持論互異司馬光主逸瑗

律當辰音當日六十律相生法錢氏三百六十律

之說范鎭則主房庶之說往反爭議卒不能相一〔司馬溫公傳家集與范景仁第四書曰〕古律既亡胡李之律生於尺房庶之律生於量皆難以定是非光爲景仁言之熟矣今不復云權量雖聖人所重又須更審法度修廢官然後政行於四方恐未可專恃以爲治也〔又蔡附載景仁答書曰〕以律生度黃帝之法也以尺生律蔡邕及魏以來諸儒之誤也

季通謂律度量衡。言蓋有序。若以尺寸求之。是律生於度。若以累黍爲之。是律生於量。皆非也。故自爲律吹之。而得其聲。〔原注〕蜀公父名度故以度量爲尺量然實錄不宜避私諱〇〔元圻案〕〔四庫全書總目樂類〕律呂新書二卷宋蔡元定撰元定字季通建陽人慶元中坐黨禁流道州卒事跡具宋史道學傳朱子序謂先求聲氣之元而因律以生尺則尤所謂卓然者

淮南子天文訓云。律以當辰。音以當日。一律而生五音。十二律而爲六十音。因而六之。故三百六十音。以當一歲之日。京房六十律。錢樂之三百六十律。本於此。〔繼序按〕錢樂之三百六十律何承天劉焯已譏之而萬寶常爲百四十四律歐陽之秀申其說曰百四十四律爲之體或變之又得二百一十六爲之用仍錢樂之法也杜佑十二變律蔡季通六變律亦皆從京房六十律得來〇〔元圻案〕〔後漢書律曆志上〕元帝時郎中京房知五聲之音六律之數上使韋元成試問房於樂府房對受學故小黃令焦延壽六十律相生之法以上生下皆三生二以下生上皆三生四陽下生陰陰上生陽終於中呂而十二律畢矣中呂上生執始執始下生去滅上下相生終於南事而六十律畢矣十二律之變至於六十猶八卦之變至於六十四也宓犧作易紀陰陽之初以爲律法建日冬至之生以黃鍾爲宮太簇商姑洗角林鍾徵南呂羽應鍾變宮

賈疏引樂經
新莽立樂
陽成子長作
樂經
大唐之歌樂
辭
漢鮑鄴等上
樂事
食舉之樂
樂經存亡

蕤賓變徵此爲聲氣之元五音之正也故各統一日其餘以次運行當日者各自爲宮而商徵之類從焉〔隋書音樂志〕宋元嘉中太史錢樂之因京房南事之餘引而伸之更爲三百律終於安運長四寸四分有奇總今舊爲三百六十律日當一管自黃鍾終於壯進一百五十律皆三分損一以下生自依行終於億兆二百九律皆三分益一以上生唯安運一律爲終不生

考工記磬氏疏。按樂云。磬前長三律二尺七寸。後長二律尺八寸。朱文公問蔡季通。不知所謂樂云者。是何書。今考三禮圖。以爲樂經。〔集證〕按三禮圖引樂經與磬氏疏樂云語同

書大傳亦引樂曰。舟張辟雍。鶬鶬相從。漢元始平帝年號四年立樂經。見王莽傳上續漢志鮑鄴引樂經。今其書無傳。〔閻按〕王充論衡陽成子長作樂經〔全云〕樂經王莽所立作尚書大傳者豈及見之其卽河間獻王所輯之雅樂伏生爲博士時嘗見而引之耳河間之樂存肄樂官而不御成帝時王禹宋皐等世傳其學能說其義則必有其書矣王莽時乃遂輯以爲經〔集證按論衡超奇篇〕陽成子長作樂經揚子雲作太元經對作篇陽成子張作樂揚子雲造元子張卽子長也○〔元圻案大傳劵豀讀傳〕作大唐之歌其樂曰舟張辟雝鶬鶬相從八風回回鳳皇喈喈〔後漢律曆志上注蔡邕書曰〕上以太常樂承鮑鄴等上樂事下車騎將軍馬防防奏言建初二年七月鄴上言王者飲食必道須四時五味故有食舉之樂所以順天地養神明求福應也今樂官但有太蔟皆不應月律可作十二月均各應其月氣乃能感天地和氣宜應明帝始令靈臺六律候而未設其門樂經曰十二月行之所以宣氣豐物也月開斗建之門而奏歌其律誠宜施行願與待詔嚴崇及能作樂器者共作治〔一四庫全書樂類總說曰〕沈約云樂經亡於秦考諸古籍惟禮記經解有樂教之文伏生尚書大傳引辟雝舟張四語亦謂之樂然他書均不云有樂經大抵樂之綱目具於禮其歌詞具於

雙劍飛白　挾琴赴曲　阮籍樂論　戴望之好樂

樂名歷代異稱　周禮奏九夏　宋樂名永　梁樂稱雅諸名義　周樂稱夏諸名義　唐樂稱和諸名義　宋樂稱安諸名義

詩其鏗鏘鼓舞則傳在伶官漢初制氏所記蓋其遺譜非別有一經爲聖人手定也又注曰隋志樂經四卷蓋元始四年王莽所立賈公彥考工記磬氏疏所稱樂曰當即莽書非古樂經也

晉戴邈上表曰。上之所好。下必有過之者焉。是故雙劍之節崇。而飛白之俗作。挾琴之容飾。而赴曲之和作。蓋用阮籍樂論之語。〔原注〕〔樂論云〕吳有雙劍之節趙有挾琴之容〇〔元圻案〕〔晉書戴邈傳〕邈字望之少好樂尤精漢史永嘉中凡百草創學校未立邈上疏云云〔又阮籍傳〕籍字嗣宗陳留尉氏人也高貴鄉公即位封關內侯徙散騎常侍籍本有濟世志屬魏晉之際天下多故名士少有全者籍由是不與世事遂酣飲爲常　樂論本傳不載見白帖樂類〔太平御覽五百六十五引樂論曰〕江淮以南其民好教漳汝之間其民好奔吳有雙劍之節趙有挾琴之容氣發於中聲傳於耳手足飛揚不覺其駭也

樂名周以夏。宋以永。梁以雅。周隋以夏。唐以和。本朝以安。〔元圻案〕〔通典一百四十二〕周享神諸樂多以夏名宋以永爲名梁以雅爲名後周亦以夏爲名隋氏因之今國家多以和爲名　〔周禮春官〕鍾師凡樂事以鍾鼓奏九夏王夏肆夏昭夏納夏章夏齊夏族夏祴夏驁夏　〔宋書樂志二〕左僕射建平王宏議祠廟迎神奏肆夏皇帝入廟門奏永至皇帝詣東壁奏登哥初獻凱容宣烈之舞終獻奏永安送神奏肆夏詔可　〔隋書音樂志上〕梁天監元年國樂以雅爲稱雅者正也止乎十二則天數也衆官出入奏俊雅取禮記司徒論選士之序者而升之學曰俊士也皇帝出入奏皇雅取詩皇矣上帝臨下有赫也皇太子出入奏允雅取君子萬年永錫爾允也王公出入奏寅雅取尚書周官三公宏化寅亮天地也上壽酒奏介雅取詩君子萬年介爾景福也食舉奏需雅取易雲上於天需君子以飲食宴樂也撤饌奏雍雅取禮記大饗客出以雍撤也牲出入奏滌雅取禮記帝牛必在滌三月也薦毛血奏牷雅取左氏傳牲牷肥腯也降神及迎送

號鐘繞梁綠綺諸琴蔡邕製焦尾琴事

奏誠雅取尙書至誠感神也皇帝飲福酒奏獻雅取禮記祭統尸飲五洗玉爵獻卿今之福酒亦古獻之義也燎埋俱奏禋雅取周禮大宗伯以禋禮祀昊天上帝也其辭並沈約所製〔又音樂志中〕周建德二年十月六代樂成朝會則皇帝出入奏皇夏皇太子出入奏肆夏王公出入奏驁夏五等諸侯正日獻玉帛奏納夏族人奏族夏食舉奏深夏〔又音樂志下〕開皇中牛宏等議周禮王出奏王夏尸出奏肆夏叔孫通法迎神奏嘉至今亦隨事立名皇帝出入皆奏皇夏羣官入出皆奏肆夏食舉上壽奏需夏迎送神奏昭夏薦獻郊廟奏誠夏宴饗殿上奏登歌並文舞武舞合爲八曲仁壽元年奇章公宏等創製雅樂歌辭其祀圜丘皇帝入至版位定奏昭夏之樂以降天神升壇奏皇夏之樂受玉帛登歌奏昭夏之樂皇帝降南陛詣罍洗洗爵訖升壇並奏皇夏初升壇俎入奏昭夏之樂皇帝初獻奏誠夏之樂皇帝既獻作文舞之舞皇帝飲福酒作需夏之樂皇帝反爵於坫還本位奏皇夏之樂武舞出作肆夏之樂送神作昭夏之樂就燎位還大次並奏皇夏〔唐書禮樂志十一〕開元定禮始復遵用祖孝孫十二和其著於禮者一曰豫和以降天神二曰順和以降地祇三曰永和以降人鬼四曰肅和登歌以奠玉帛五曰雍和凡祭祀以入俎又以徹豆六曰壽和以酌獻飲福七曰太和以爲行節八曰舒和以出入二舞九曰昭和皇帝皇太子以舉酒十曰休和皇帝以飲以肅拜三老十一曰正和皇后受册以行十二曰承和皇太子在其宮有會以行〔通典樂二〕開元中又造三和樂共十五和祴和王公升殿會訖下階履行則奏豐和享先農則奏宣和孔宣父齊太公廟奏之〔玉海一百五〕會要建隆元年竇儼上言改樂十二順爲十二安蓋取治世之音安以樂之義祭天爲高安祭地爲靜安宗廟爲理安天地宗廟登歌爲嘉安皇帝臨軒爲隆安王公出入爲正安皇帝食飲爲和安皇帝受朝皇后入宮爲順安皇太子軒乘出入爲良安正冬朝會爲永安郊廟俎入爲豐安祭享酌獻飲福受胙爲禧安文宣王武成王同用永安藉田先農用靜安

傅元琴賦。〔案〕據玉海一百十賦字下當有序字疑刊本脫去齊桓曰號鐘。楚莊曰繞梁。相如曰焦尾。伯喈曰綠綺。宋書樂志曰。世云焦

琴賦初學記言古琴

叔夜廣陵止息曲

廣陵散爲魏晉名

日宮散月宮散

歸雲引華嶽引

廣陵散始杜夔

尾伯喈琴。以傅氏言之。非伯喈也。〔宋書樂志一〕八音五曰絲絲琴瑟也齊桓曰號鍾楚莊曰繞梁相如曰燋尾伯喈曰綠綺事出傅元琴賦世云燋尾是伯喈琴伯喈傳亦云爾以傅氏言之則非伯喈也今按蔡邕傳注。引琴賦序相如綠綺。蔡邕焦尾。宋志恐誤。〔何云〕此唐人改琴賦以就傅非宋志誤○〔元圻案〕〔晉書傅元傳〕元字休奕北地泥陽人也博學善屬文解鍾律武帝爲晉王以元爲散騎常侍及受禪進爵爲鶉觚子卒謚曰剛〔後漢書蔡邕傳〕邕字伯喈陳留圉人也少博學好辭章數術天文妙操音律吳人有燒桐以爨者邕聞火烈之聲知其良木因請而裁爲琴果有美音而其尾猶焦故時人名曰焦尾琴焉〔章懷注傅元琴賦序曰〕齊桓公有鳴琴曰號鍾楚莊有鳴琴曰繞梁司馬相如綠綺蔡邕有焦尾皆名器也〔文選張載擬四愁詩〕李善注引傅元琴賦序與蔡邕傳注同〔又搜神記曰〕吳人有燒桐以爨者蔡邕聞其爆聲曰此良桐也因請之削以爲琴而燒不盡因名燋尾琴有殊聲焉〔又初學記樂部琴類梁元帝纂要曰〕古琴名有清角鳴廉脩況藍脅號鐘自鳴空中繞梁綠綺注司馬相如琴燋尾注蔡邕琴是燋尾之屬伯喈顯有明證〔王氏引章懷注〕以證宋志之誤而義門謂唐人改琴賦以就傅似誤會

嵇叔夜琴賦。曲引所宜。則廣陵止息。李善注應璩與劉孔才書曰。聽廣陵之清散。傅元琴賦曰。馬融譚思於止息。明古有此曲。〔全云〕通考有廣陵止息譜○〔案李善注〕廣陵等曲今並存未詳所出又曰引應及傅者明古有此曲轉以相證耳非嵇康之言出於此也韓皋謂嵇康爲是曲。當晉魏之際。以魏文武大臣。敗散於廣陵。始晉雖暴興。

終止息於此。今以選注考之，廣陵散止息皆古曲。非叔夜始撰也。〔原注〕魏揚州刺史治壽春，亦非廣陵。顧況廣陵散記云：曲有日宮散、月宮散、歸雲引、華嶽引。然則散猶引也。敗散之說非矣。〔元圻案〕〔韓皋廣陵散解云〕妙哉嵇生之爲此曲也，其當魏晉之際乎。其音商主秋聲，秋也者，天將搖落，肅殺其歲之晏乎。又晉乘金運，商金聲也，所以知魏云季而晉將代也。慢其商弦，而與宮同音，是知臣奪君之義也。此所以知司馬氏將篡也。王凌謀立荊王彪，毋丘儉、文欽、諸葛誕相繼爲揚州都督，咸有匡復魏室之謀，皆爲司馬懿父子所殺。叔夜以揚州故廣陵之地，彼四人者皆魏室文武大臣，咸敗散於廣陵，故名其曲爲廣陵散也。止息者，晉雖暴興，終止息於此也。叔夜撰此，將以貽後代之知音者，且避魏晉之禍，所以託之鬼神也。〔顧況王氏廣陵散記云〕衆樂，琴之臣妾也；廣陵散，曲之師長也。琅邪王淹兄女未笄，忽彈此曲，不從地出，不從天降，如有宗師存焉。中散沒而王女生，其間寂寥五六百年云云。〔夢溪筆談音樂一〕亦引韓皋之說而辨之曰：散自是曲名，如操弄序引之類。〔宋何薳春渚紀聞八〕韓皋初不詳考漢魏時揚州刺史治壽春，廣陵自屬徐州，至隋唐乃屬揚州耳。又劉潛琴議稱杜夔妙於廣陵散，嵇中散就其子猛求得此聲。按夔在漢爲雅樂郎，魏武平荊州得夔，甚喜，因令論製樂事。在夔已妙此曲，則慢商之聲，似不因廣陵興復之舉不成而製曲明矣。〔魏氏春秋止云〕康臨刑援琴而鼓，既而歎曰：雅音於是絕矣。惟嵇康別傳稱康臨終之言曰：袁孝尼嘗從吾學廣陵散，吾每靳固之不與，廣陵散於今絕矣。韓皋遂曲爲之解。魏氏春秋、別傳之說，俱見三國志二十一王粲傳注。韓皋字仲聞，太傅滉子，穆宗以舊恩加檢校尚書右僕射，唐書本傳稱其生知音律。

銅山西崩，靈鐘東應。世說注引東方朔、樊英事。樂

銅澡盤應鐘而鳴

劉歆鐘律書
隋牛宏樂議

周無射鐘毀
隋

纂又謂晉人有銅澡盤自鳴。張茂先曰。此器與洛陽鐘聲諧。宮中撞鐘故鳴。〔集證〕〔按世說文學門注東方朔傳曰〕孝武帝時未央宮前殿鐘無故自鳴三日三夜不止詔問東方朔朔曰臣聞銅者山之子山者銅之母子母相感山恐有崩弛者故鐘先鳴後五日南郡太守上書言山崩延袤二十餘里〔樊英別傳曰〕漢順帝時殿下鐘鳴問英對曰蜀岷山崩山於銅爲母母崩子鳴非聖朝災後蜀果上山崩日月相應又云魏時殿前鐘忽鳴張華曰蜀銅山崩此說與東方朔樊英事相類而人各不同〔太平御覽五百六十五若纂〕昔晉有銅澡盤自鳴張茂先曰此器與洛陽鐘聲諧宮中撞鐘故樂鳴以鑢之音殊其鳴可止後果如其言　此事亦見劉敬叔異苑

朱子語錄云。漢禮樂志。劉歆說樂處亦好。漢志無劉歆說樂。此記錄之誤。近思續錄亦誤取之。〔原注〕隋牛宏引劉歆鍾律書出風俗通○〔元圻案〕〔隋書牛宏傳〕宏字里仁安定鶉觚人也開皇九年詔改定雅樂宏上議曰劉歆鍾律書云春宮秋律百卉必彫秋宮春律萬物必榮夏宮冬律雨雹必降冬宮夏律雷必發聲　宏所引劉歆語與風俗通聲音篇同

周無射之鐘。至隋乃毀。〔何云〕詳見春秋正義　唐顯慶高宗七年丙辰改元之輅。至本朝猶存。物之壽亦有數邪。〔集證〕〔昭二十一年左傳正義〕景王無射之鐘在王城鑄之敬王居洛陽蓋移就之也秦滅周其鐘徙於長安歷漢魏晉常在長安及劉裕滅姚泓移於江東歷宋齊梁陳鐘猶在東魏使魏收聘梁收作聘遊賦云珍是淫器無射在懸是也開皇九年平陳又徙於西京置太常寺時人悉得見之至十五年敕毀之○〔元圻案〕〔沈括夢溪筆談〕大駕玉輅唐高宗時造至今進御自唐至今凡三至泰山登封其他巡幸莫記其數穩利

制氏樂止紀鏗鏘李延年變新聲

伏羲網罟歌神農豐年詠夏侯太初辯樂論黃帝龍袞頌元次山補樂歌諸辭竹彈歌

堅久歷世不能竊其法世傳有神物護之

徐氏之禮善盤辟之容。而不能明其本制氏之樂。紀鏗鏘之聲。而不能言其義。漢世所謂禮樂者。叔孫通之儀。李延年之律爾。禮缺而樂遂亡。徐氏之容制氏之聲。亦不復傳矣。〔元圻案〕〔史記儒林列傳〕禮自孔子時其經不具今獨有士禮高堂生能言之而魯徐生善爲容孝文帝時徐生以容爲禮官〔漢書禮樂志〕漢興樂家有制氏以雅樂聲律世世在太樂官但能紀其鏗鏘鼓舞而不能言其義〔公是先生弟子記〕劉子謂楊翼曰鼓舞鏗鏘吾不知其異於樂也然而不知其義者是制氏之樂也折還進退吾不知其異於禮也然而不知其理者是徐氏之禮也〔史記叔孫通傳〕叔孫通曰五帝異樂三王不同禮禮者因時世人情爲之臣願頗采古禮與秦儀雜就之上曰可試爲之令易知度吾所能行爲之〔又佞幸傳〕李延年善歌爲變新聲而上方與天地祠欲造樂詩歌弦之延年善承意弦次初詩佩二千石印號協聲律甚貴幸之

夏侯太初辯樂論。伏羲有網罟之歌。神農有豐年之詠。黃帝有龍袞之頌。元次山補樂歌。有網罟豐年二篇。文心雕龍章句篇云。二言肇於黃世。竹彈之謠是也。〔原注〕竹彈歌見吳越春秋〇〔元圻案〕〔魏志夏侯玄傳〕元字太初〔太平御覽五百七十一引辯樂論曰〕伏羲氏因時興利教民佃魚天下

琴曲十二操名義伯牙作水僊壞陵操

制律必得真秬黍縱黍橫黍尺律異楊傑元祐樂議

歸之時則有網罟之歌神農繼之教民食穀時則有豐年之詠黃帝備物始垂衣裳時則有龍袞之頌〔唐文粹元結補樂歌十篇〕網罟伏羲氏之樂歌也其義蓋稱伏羲能易人取禽獸之勞吾人苦兮水深深網罟設兮水不深吾人苦兮山幽幽網罟設兮山不幽豐年神農氏之樂歌也其義蓋稱神農教人種植之功猗太帝兮其智如神分草實兮濟我生人猗太帝兮其功如天均四時兮成我豐年〔隋書經籍志雜史類〕吳越春秋十二卷趙曄撰〔吳越春秋勾踐陰謀外傳〕陳音曰臣聞弩生於弓弓生於彈彈起古之孝子古者人民朴質死則裹以白茅投於中野孝子不忍見父母爲禽獸所食故作彈以守之故歌曰斷竹續竹飛土逐宍之謂也

韓文公琴操十首。琴有十二操。不取水僊壞陵二操。〔元圻案〕〔初學記樂部琴類琴操曰〕古琴曲有十二操一曰將歸操孔子所作孔子之趙聞殺竇鳴犢而作此曲二曰猗蘭操孔子所作傷不逢時三曰龜山操孔子作季桓子受齊女樂孔子欲諫不得退而望魯龜山作曲喻季氏若龜山之蔽魯四曰越裳操周公所作五曰拘幽操文王拘羑里作此曲六曰岐山操周人爲文王所作七曰履霜操尹吉甫子伯奇無罪見逐自傷作此曲八曰朝飛操牧犢子所作七十無妻見雉朝飛感而作此曲九曰別鶴操商陵牧子娶妻五年無子父母欲嫁之其妻聞之中夜悲嘯牧子感之作此曲十曰殘形操曾子夢一狸不見其首而作曲十一曰水仙操十二曰壞陵操並伯牙所作〔集證〕按通志樂略十二操韓愈取十操以爲文王周公孔子曾子伯奇牧犢子所作則聖賢之事也故取之水僊壞陵二操皆伯牙作則工伎之爲也故削之

范蜀公議樂曰。秬一稃二米。今秬黍皆一米。楊次公〔全云〕楊傑非之曰。爾雅秬黑黍秠一稃二米。〔案〕此釋草文其種異。以爲必得秠。然後制律。未之前聞也。〔原注〕

劉貺太學令壁記

唐呂才制尺八諧律尺八爲笛名元宗吹尺八謫人間房介然善竹笛

晁子止曰縱黍爲之則尺長律管容黍爲有餘王朴是也橫黍爲之則尺短律管容黍爲不足胡瑗是也○〔元圻案〕〔玉海一百五〕皇祐四年范鎮上書曰樂者和氣也發和氣者聲音而聲音生於無形古人以有形之物傳其法有形者秬黍也律也尺也龠鬴斛算數權衡鐘磬也十者必相合然後爲得今皆相戾許慎云秠一稃二米今秬黍一米俟真黍至然後爲樂又楊傑言鎮有元祐新定樂法與樂局所議不同竊緣其樂先經仁宗制作後經神考睿斷奏之郊廟朝廷久矣不可用鎮一家之說而遽改遂撰成元祐樂議七篇其二篇議秬秠　楊傑字次公無爲軍人嘉祐四年進士元祐中歷禮部員外郎出知潤州除兩浙提點刑獄著無爲集　原注引晁子止語見讀書志房庶補亡樂書下

新唐書樂志。多取劉貺太樂令壁記。〔元圻案〕唐書劉子元傳子貺爲太樂令貺字惠卿好學多所通解子元卒有詔訪其後擢起居郎歷右拾遺〔文獻通考經籍考十三〕太樂令壁記崇文總目唐協律郎劉貺撰分樂元正樂四夷樂合三篇

呂才傳云。製尺八凡十二枚。長短不同。與律諧契。尺八樂器之名。〔原注〕見摭言逸史仙隱傳房介然善吹竹笛。名曰尺八。〔元圻案〕〔唐書呂才傳〕才博州清平人貞觀時祖孝孫增損樂律與音家王長通白明達更質難不能決太宗詔舉善音者溫彥博白才天悟絕人王珪魏徵盛稱才製尺八云云卽召才直宏文館參論樂事〔集證〕〔容齋四筆十五〕唐盧肇爲歙州刺史會客於江亭請目前取一事爲酒令尾有樂器之名肇令曰遙望漁舟不闊尺八有姚巖傑者飲酒一器凭欄嘔噦須臾卽席還令曰凭欄一吐已覺空喉此語載於摭言〔又逸史云〕開元末一狂僧往終南回回寺一老僧令於空房內取尺八來乃玉笛也謂曰汝主在寺以愛吹尺八謫在人間此常吹者也汝當回可將此付汝主僧進於元宗特取吹之宛是先所御者孫夷中仙隱傳房介然專吹竹笛名曰尺八將死預將管打破告諸人曰可以同將就壙亦謂此云尺八之爲樂名今不復有呂才傳云云尺八之所出見於此無由曉其形製也爾雅釋樂亦不載

聽音觀樂知風俗

齊衰作大呂

孔子鼓瑟見貍鼠蔡邕以螳蜋疑殺聲

文子(精誠篇)曰。聽其音則知其風。觀其樂卽知其俗。見其俗卽知其化。與樂記意同。

呂氏春秋。齊之衰也。作爲大呂。卽樂毅書所云大呂陳於元英者。(集證)(按晏子春秋諫下篇)齊桓公泰呂成謂晏子曰吾欲與夫子燕云云泰呂卽呂氏春秋所謂大呂也○(元圻案)(呂覽仲夏紀侈樂篇)高誘注大呂陰律十二篇也畢氏沅曰此注非也貴直論無使齊之大呂陳之廷注云齊之鍾律也(案史記索隱云)大呂齊鍾名(史記樂毅傳)樂毅報燕惠王書曰齊器設於寧臺大呂陳於元英故鼎反乎磨室薊邱之植植於汶篁自五伯以來功未有及先王者也

孔子鼓瑟。有鼠出游。貍微行造焉。獲而不得。而曾子以爲有貪狼之志。(何云)事見韓詩外傳客有彈琴。見螳蜋方向鳴蟬。惟恐螳螂之失也。而蔡邕以爲有殺心。二事相類。(元圻案)(韓詩外傳七)孔子鼓瑟曾子子貢側門而聽曲終曾子曰夫子瑟聲殆有貪狼之志邪辟之行何其不仁趨利之甚子貢以曾子之言告子曰參其習知音矣鄉者某鼓瑟有鼠出游貍見於屋梁微行造焉而避厭目曲脊求而不得某以瑟淫其音參以某爲貪狼邪辟不亦宜乎(藝文類聚琴類華嶠漢書曰)初蔡邕在陳留鄰人有以酒召邕者比往客有彈琴於屏邕至門潛聽之曰以樂召我而有殺心何也遂反將命者告主人以蔡君至門而去邕素爲鄉邦所宗主人遂自追問其故邕具以告彈琴者曰我向見螳蜋方向鳴蟬蟬將去而飛螳蜋爲之一前一却吾心聳然唯恐螳蜋之失蟬也此豈爲殺心而形於聲者乎邕笑曰此足以當之矣

聶政琴成入韓

晉孔衍撰琴操

鐘磬二八一堵

十二子聲卽清聲

劉几王堯臣論樂

琴操曰聶政父爲韓王治劍不成王殺之時政未生及長入太山遇仙人學鼓琴七年琴成入韓見太平御覽三百四十二豈韓有兩聶政與〔閻按〕琴操多不足辯〇〔元圻案〕〔隋書經籍志樂類〕琴操三卷晉廣陵相孔衍撰　聶政其一見戰國策史記刺客傳

范蜀公曰清聲不見於經唯小胥注云鐘磬者編次之二八十六枚而在一簴謂之堵至唐又有十二清聲其聲愈高國朝舊有四清聲置而弗用至劉几用之與鄭衛無異案此范蜀公樂議論鐘之文〔玉海一百五〕元豐三年五月詔祕書監劉几乘驛赴詳定禮文所議樂六月同判太常王存乞召范鎮與几參考得失從之二十一日命知禮院楊傑同議大樂從劉几請也今考皇祐二年王堯臣等言準正聲之半以爲十二子聲之鐘故有正聲子聲各十二子聲卽清聲也唐制以十六爲小架二十四爲大架今太常鐘垂十六〔錢氏大昕曰〕宋人避諱改宮縣爲宮架其云鐘垂十六亦改縣爲垂也舊傳正聲之外有黃鍾至

禮樂互用無偏勝

禮樂無全書
詩與樂相須
子夏述樂記

夾鍾四清聲。又樂工所陳自磬簫琴籥巢笙五器本有清聲。塤篪竽筑瑟五器本無清聲。〔原注〕劉几用四清聲未可以爲非〔全云〕原注是正文〔又云〕劉几言樂律主於人聲不以尺度求合此爲正論〔元圻案〕〔歐陽公誌王堯臣墓曰〕公諱堯臣字伯庸應天虞城人也天聖五年舉進士第一嘉祐元年拜戶部侍郎參知政事謚曰文安

西山先生曰。禮中有樂。樂中有禮。朱文公謂嚴而泰。〔案〕〔西山自注云〕此即禮中有樂 和而節。此即樂中有禮 禮勝則離。以其太嚴須用有樂。樂勝則流。以其太和須用有禮。〔元圻案〕此條皆眞西山答問禮樂語

致堂胡氏曰。禮樂之書。其不知者指周官戴記爲禮經。指樂記爲樂經。其知者曰禮樂無全書。此考之未深者。孔子曰。吾自衛反魯。然後樂正。雅頌各得其所。是詩與樂相須。不可謂樂無書。樂記則子夏所述也。〔閻按〕此又以樂記子夏作〔全云〕致堂前以爲子貢作者恐是傳寫之訛 至於禮

魯賜禮樂不盡同周
魯君臣後僭禮樂
魯夷樂止東南

夫子欲爲一書而不果成夏杞殷宋之嘆是也。
魯雖賜以天子之禮樂其實與天子固有隆殺也。
樂有夷蠻而無戎狄也。門有雉庫而無皐應也。
尊用四代之尊而爵無虞氏之爵也。俎用四代
之俎而豆無虞氏之豆也。其後魯公僭天子之
制。三家僭魯公之制。陪臣僭三家之制。然魯有
郊廟之禮。始於惠公之請。在平王東遷之後。注〔原
說見前〔閻按〕〔小戴禮記〕原無明堂位祗緣馬融增入遂紛紛至今○〔元圻案〕明堂位
昧東夷之樂也任南蠻之樂也〔正義曰〕唯言夷蠻則戎狄可知或云正樂既不得六代故蠻
夷唯與二方也〔禮記集說嚴陵方氏曰〕夷樂有東南而無西北亦隆殺之義也〔明堂位〕
太廟天子明堂庫門天子皐門雉門天子應門〔正義曰〕此一經明魯門及廟制周公太廟制
似天子明堂魯之庫門制似天子皐門魯之雉門制似天子應門制度高大如天子不必事事
皆同也〔禮記集說清江劉氏曰〕明堂位所言蓋魯用王禮故門制同王門而名不同也　明
堂位泰有虞氏之尊也山罍夏后氏之尊也著殷尊也犧象周尊也爵夏后氏以琖殷以斝周
以爵又曰俎有虞氏以梡夏后氏以嶡殷以椇周以房俎夏后氏以楬豆殷玉豆周獻豆又曰
是以魯君孟春乘大輅載弧韣旂十有二旒日月之章祀帝于郊配以后稷　〔嚴陵方氏曰〕
周官司常日月爲常交龍爲旂此言日月之章謂之載常可也乃謂之載旂者大司馬天子載
常諸侯載旂魯公以諸侯而用天子之禮故雖有日月之章而止謂之旂此亦隆殺之微意也
又經曰牲用白牡〔長樂陳氏曰〕以天子之禮禘於廟而牲用白牡者異乎周官牧人所謂陽

鄉飲酒言三終四鄉樂爲房中之樂大射歌鹿鳴三終新宮三終無管詩

祀用騂牡書言文王騂牛一者也蓋以周公之勳勞不必有於天下故推而上之以同乎王然無以別之則不足以辨君臣之分詩曰周公皇祖白牡騂剛乃其意也〔欽定禮記義疏曰〕大戴禮逸周書俱有明堂篇而文迥別大戴言營建之制小戴刪之此篇取逸周書略加刪改以爲周公生踐天子位建不世之功殁用天子禮樂故魯以侯國而用王禮殊不知周公輔王以踐阼未嘗自踐阼也此必周末魯陋儒爲之或以爲馬融所增但鄭親受業馬氏而不言孔疏言於別錄屬明堂陰陽是劉向前已有此篇或原小戴收入者

鄉飲酒升歌三終。〔原注〕鹿鳴四牡皇皇者華 笙入三終。〔原注〕南陔白華華黍 閒歌三終。〔原注〕歌魚麗笙由庚歌南有嘉魚笙崇丘歌南山有臺笙由儀 合樂三終。〔原注〕周南關雎葛覃卷耳召南鵲巢采蘩采蘋 周南召南。燕禮謂之鄉樂。〔閻按〕周禮磬師謂之燕樂 亦曰房中之樂。大射歌鹿鳴三終。〔原注〕鹿鳴四牡皇皇者華 管新宮三終。〔原注〕其篇亡 笙詩無辭。則管詩亦無辭。〔原注〕〔左傳〕宋公享昭子賦新宮則新宮有辭

西元二〇二一年六月一日重製一版

困學紀聞 冊二（宋王應麟撰 清翁元圻注）

平裝四冊基本定價參仟元正
（郵運匯費另加）

發行人：張敏君
發行處：中華書局
臺北市內湖區舊宗路二段一八一巷八號五樓（5FL., No. 8, Lane 181, JIOU-TZUNG Rd., Sec 2, NEI HU, TAIPEI, 11494, TAIWAN）
客服電話：886-8797-8396
公司傳真：886-8797-8909
匯款帳戶：華南商業銀行西湖分行
179100026931
印刷：維中科技有限公司
海瑞印刷品有限公司

No. N2041-2

國家圖書館出版品預行編目(CIP)資料

困學紀聞/(宋)王應麟撰 ;(清)翁元圻注. -- 重製
一版. -- 臺北市 : 中華書局, 2021.06
冊 ; 公分
ISBN 978-986-5512-58-3(全套 : 平裝)

1.筆記 2.南宋

071.5 110008827